21世纪高等院校市场营销专业精品教材

Excellent Course of Speciality of Marketing for
High-level Universities in the 21st Century

Service
Marketing Course

服务营销学教程 (第五版)

李怀斌 主 编

万文倩 吴 雪 副主编

东北财经大学出版社
Dongbei University of Finance & Economics Press

·大连·

图书在版编目（CIP）数据

服务营销学教程 / 李怀斌主编．—5版．—大连：东北财经大学出版
社，2022.2

（21世纪高等院校市场营销专业精品教材）

ISBN 978-7-5654-4414-2

Ⅰ．服…　Ⅱ．李…　Ⅲ．服务营销-高等学校-教材　Ⅳ．F713.3

中国版本图书馆CIP数据核字（2021）第261456号

东北财经大学出版社出版

（大连市黑石礁尖山街217号　邮政编码　116025）

网　　　址:http://www.dufep.cn

读者信箱:dufep@dufe.edu.cn

大连东泰彩印技术开发有限公司印刷　东北财经大学出版社发行

幅面尺寸：170mm×240mm　　字数：413千字　　印张：20　　插页：1

2022年2月第5版　　　　　　　　2022年2月第1次印刷

责任编辑：朱　艳　　　　　　　责任校对：石建华　赵　楠

封面设计：沈　冰　　　　　　　版式设计：钟福建

定价：45.00元

第五版前言

《服务营销学教程》是东北财经大学出版社组织编写和出版的21世纪高等院校市场营销专业精品教材之一，也是国内系统介绍服务营销理论与实务的一本新书。该书可供高等院校相关专业的教师和学生使用，也可作为广大服务企业内部培训和经营管理人员自修的参考书。

服务营销学把服务业的市场营销活动和实物产品市场营销活动中的服务作为研究对象，是一个不断发展的学科。该学科于20世纪60年代兴起于西方发达国家。20世纪70年代，服务营销学主要研究服务与有形实物产品的异同、服务的特征、服务营销学与市场营销学研究角度的差异等。自1981年开始，服务营销的研究重点转移到服务的特征对消费者购买行为的影响，尤其集中于消费者对服务的特质、优缺点及潜在的购买风险的评估方面，如可感知性与不可感知性差异序列理论、顾客卷入服务生产过程的高卷入与低卷入模式等。20世纪80年代下半期以后，服务营销学更加集中于研究服务营销需要的营销工具，如服务营销7P组合、关系营销和服务系统设计、服务接触的系列观点和服务定价的3C（成本、需求和竞争）模型等。目前，服务营销在国内日益受到关注，具有广阔的发展前景。深化对服务营销的认识，加强对服务营销的研究和应用，是一个具有学术价值和实用意义的课题。我们编写和修订本书，就是在这方面的尝试和探索。

本书自2008年出版以来，已经多次再版和重印。根据服务营销学的发展和专业教学的需要，我们又做了此次修订。修订后的第五版保留了第四版原有的框架体系和特色，增强了其严谨性和科学性。一方面，在构建本书的框架体系时，按照服务营销内在的联系和顺序，把全书13章的内容分为有机的四个部分：第一部分（第1~2章），从整体和基础的角度，主要概述了服务和服务营销的特征和导向，顾客满意的服务营销目标，以及怎样为顾客提供价值，与顾客建立长期关系；第二部分（第3~4章），以外向的视角，以顾客为中心，分层次分析了服务营销的大环境和市场；第三部分（第5~12章），在明确环境与市场要求的基础上，有针对性地介绍了服务适应环境，争取市场的具体营销战略与策略；第四部分（第13章），从服务营销全程动态监控的角度，简述了对服务营销进行组织、计划和控制等管理实务。另一方面，在具体内容安排上，本书本着理论和实务并重、前沿和基础兼顾的原则，既有对服务营销一般原理的理论阐述，又有具体可行的实践方法介绍。另外，为了便于读者学习、研究和应用，我们还按"基本概念清楚，原理阐释简洁、有层次，方法和策略完整、实用，兼收并蓄国内外前沿理念和最新战略策略"的质量要求行文，并在各章后增加了本章小结、复习思考题和案例。在此基础上，本书第五版还对服务营销的内容做了修订。修正和完善了个别概念、原理和方法的界定和表述，更新和增补了部分章后案例、章节内例证和拓展阅读材料。通过这些努力，形成了本书的品位和特色，使本书更具精准性、时效性和可读性。

本书第五版由东北财经大学教授、博士生导师李怀斌任主编，博士研究生万文倩、吴雪任副主编。参编者及其编写分工如下：于宁、李怀斌编写第1章；李怀斌、李响编写第2章、第3章；张闯、李怀斌编写第4章、第5章；蒋其芳、李怀斌编写第6章、第7章、第11章；于丹凤、张妍编写第8章、第9章；孙晶、吴雪、万文倩编写第10章、第12章；周学仁、李怀斌、万文倩编写第13章。万文倩和吴雪选编了本书的章后案例和章节中的增补材料。

在本书修订和再版过程中，得到了东北财经大学出版社的领导和责任编辑的大力支持，另外，本书还参考借鉴了国内外理论界诸多前辈和同仁的大作和有价值的观点，在此，一并表示最诚挚的谢意。同时，也希望广大读者能够对本书的瑕疵之处不吝赐教，以便本书再版时修正。

编 者

2021年12月于大连

目　录

第1章　服务营销概述 ………………………………………………… / 1
　　1.1　服务营销的学科特征 ……………………………………… / 1
　　1.2　服务营销的概念和流程 …………………………………… / 7
　　1.3　服务营销的导向和目标 …………………………………… / 10
　　1.4　服务营销的系统策略开发 ………………………………… / 17
　　本章小结 ………………………………………………………… / 26
　　复习思考题 ……………………………………………………… / 27
　　案　例 …………………………………………………………… / 27
第2章　服务的顾客价值与顾客关系 ……………………………… / 30
　　2.1　顾客价值与顾客忠诚 ……………………………………… / 30
　　2.2　顾客的吸引与维系 ………………………………………… / 38
　　2.3　顾客关系营销 ……………………………………………… / 43
　　本章小结 ………………………………………………………… / 47
　　复习思考题 ……………………………………………………… / 48
　　案　例 …………………………………………………………… / 49
第3章　服务营销环境分析与调研 ………………………………… / 51
　　3.1　服务营销环境概述 ………………………………………… / 51
　　3.2　服务营销环境分析 ………………………………………… / 58
　　3.3　服务营销环境调研 ………………………………………… / 62
　　本章小结 ………………………………………………………… / 68
　　复习思考题 ……………………………………………………… / 69
　　案　例 …………………………………………………………… / 69
第4章　服务市场细分和目标市场选择 …………………………… / 71
　　4.1　服务市场的特征 …………………………………………… / 71
　　4.2　服务市场细分 ……………………………………………… / 77
　　4.3　服务目标市场选择 ………………………………………… / 84
　　本章小结 ………………………………………………………… / 89
　　复习思考题 ……………………………………………………… / 90
　　案　例 …………………………………………………………… / 90
第5章　服务定位与差别化 ………………………………………… / 92
　　5.1　服务定位与差别化的关系 ………………………………… / 92

5.2　服务定位的层次、程序和方法 ……………………………… / 99
5.3　服务差别化的途径 ………………………………………… / 105
本章小结 …………………………………………………………… / 110
复习思考题 ………………………………………………………… / 110
案　例 ……………………………………………………………… / 111

第6章　服务产品与品牌 ……………………………………………… / 113
6.1　服务产品与品牌概述 ……………………………………… / 113
6.2　基本服务和扩展服务 ……………………………………… / 119
6.3　服务产品组合与服务产品创新 …………………………… / 125
本章小结 …………………………………………………………… / 131
复习思考题 ………………………………………………………… / 132
案　例 ……………………………………………………………… / 132

第7章　服务定价 ……………………………………………………… / 134
7.1　服务定价概述 ……………………………………………… / 134
7.2　基本服务价格 ……………………………………………… / 138
7.3　扩展服务价格 ……………………………………………… / 142
7.4　服务定价策略 ……………………………………………… / 145
本章小结 …………………………………………………………… / 149
复习思考题 ………………………………………………………… / 150
案　例 ……………………………………………………………… / 150

第8章　服务网点和渠道 ……………………………………………… / 152
8.1　服务网点的位置决策 ……………………………………… / 152
8.2　服务渠道选择和评估 ……………………………………… / 159
8.3　服务渠道和网络的发展 …………………………………… / 166
本章小结 …………………………………………………………… / 175
复习思考题 ………………………………………………………… / 175
案　例 ……………………………………………………………… / 175

第9章　服务促销与沟通 ……………………………………………… / 178
9.1　服务促销与沟通概述 ……………………………………… / 178
9.2　服务促销与沟通工具 ……………………………………… / 184
9.3　服务促销与沟通策略 ……………………………………… / 193
本章小结 …………………………………………………………… / 200
复习思考题 ………………………………………………………… / 200
案　例 ……………………………………………………………… / 201

第10章　服务人员和内部营销 ……………………………………… / 203
10.1　服务人员与顾客的关系 …………………………………… / 203
10.2　服务人员应具备的条件 …………………………………… / 210

10.3　内部营销 …………………………………………………………… / 215

本章小结 ……………………………………………………………………… / 221

复习思考题 …………………………………………………………………… / 222

案　　例 ……………………………………………………………………… / 222

第11章　服务的有形展示 ………………………………………… **/ 225**

11.1　有形展示概述 ……………………………………………………… / 225

11.2　服务环境设计 ……………………………………………………… / 231

11.3　有形展示的其他重要类型 ………………………………………… / 239

本章小结 ……………………………………………………………………… / 245

复习思考题 …………………………………………………………………… / 245

案　　例 ……………………………………………………………………… / 245

第12章　服务流程设计与再造 …………………………………… **/ 247**

12.1　服务流程与流程再造概述 ………………………………………… / 247

12.2　服务流程设计和再造方法 ………………………………………… / 254

12.3　服务利润链流程再造 ……………………………………………… / 262

本章小结 ……………………………………………………………………… / 270

复习思考题 …………………………………………………………………… / 270

案　　例 ……………………………………………………………………… / 270

第13章　服务营销管理 …………………………………………… **/ 274**

13.1　服务营销策划 ……………………………………………………… / 274

13.2　服务营销组织设计 ………………………………………………… / 279

13.3　服务质量管理及其评估方法 ……………………………………… / 286

13.4　服务企业的社会责任营销 ………………………………………… / 295

本章小结 ……………………………………………………………………… / 303

复习思考题 …………………………………………………………………… / 305

案　　例 ……………………………………………………………………… / 305

参考文献 ……………………………………………………………… **/ 307**

第1章　服务营销概述

1.1　服务营销的学科特征

1.1.1　服务的概念、基本要素、特性和类型

1）服务的概念

服务（service）是一方能够向另一方提供的、基本上无形的任何活动或作业，其结果不会导致任何所有权的发生。它可能与某种有形产品密切联系在一起，也可能毫无联系。

服务的代表性概念有以下几种：

1960年，美国市场营销协会（AMA）将服务定义为"用于出售或者同产品连在一起进行出售的活动、利益或满足感"。1984年，AMA对1960年的定义重新修订为："服务是可被区分界定的，主要为不可感知，却可使欲望得到满足的活动，而这种活动并不需要与其他产品或服务的出售联系在一起。生产服务时可能会或不会利用实物，而且即使需要借助某些实物协助生产服务，这些实物的所有权将不涉及转移的问题。"

1990年，北欧学者格隆鲁斯（Gronroos）的定义为："服务是指或多或少具有无形特征的一种或一系列活动，通常（但并非一定）发生在顾客同服务的提供者及其有形的资源、商品或系统相互作用的过程中，以便解决消费者的有关问题。"

1993年，英国学者A.佩恩在分析了各国营销组织和学者对服务的界定之后，把服务界定为："服务是一种涉及某些无形性因素的活动，它包括与顾客或他们拥有财产的相互活动，它不会造成所有权的更换。条件可能发生变化，服务产出可能或不可能与物质产品紧密相连。"

1996年，北卡罗来纳大学营销学教授齐塞莫尔和比特纳（Valarie Zeithaml & Mary Jo Bitner）认为服务是行为、流程和绩效。

2001年，詹姆斯·菲茨西蒙斯（James Fitzsimmons）认为服务是一种顾客作为共同生产者的、随时间消失的、无形的经历。

2016，科特勒（Philip Kotler）和凯勒（Kevin Lane Keller）认为，服务是一方能够向另一方提供的任何本质上是无形活动或作业，并且其结果不会导致任何所有权的产生。服务可能与实体产品有着关联，也可能毫无关联。服务具有无形性、不可分性、可变性和易逝性四大独特特征。

综合以上各种定义，可将服务定义为：服务是具有无形特征却可给人带来某种利益或满足感的可供有偿转让的一种或一系列活动。

2）服务的基本要素

服务的实现具有三个基本要素：服务消费方、服务提供方及服务接触。

（1）服务消费方

服务的消费方提出服务的需求，既是服务流程的起点，又是服务流程的终点。传统服务管理研究的领域主要涉及的是个人消费者，但随着技术的发展和商务模式的演变，服务消费方的范围在逐渐扩大，涉及组织机构甚至是机器（或系统）。如在外包服务中，服务的消费者主要是企业及其他组织机构；而在网络计算领域，一个系统可以向另一系统提出计算请求，另一系统接受任务且完成计算后返回结果，其服务的消费方和提供方即为机器（或系统）。

（2）服务提供方

服务提供方提供服务，用以满足服务消费方的需求。服务提供方具有服务所需的资源，通过一定的程序（流程）实施服务。同样，服务提供方可以为个人、组织或机器。

（3）服务接触

服务接触是服务的提供者与服务的消费者之间通过一定的媒介进行的交互过程。服务接触是服务的本质特征，无论服务的提供方和消费方是直接还是间接的接触，它都是存在的且不可或缺。如学生在课堂上接受老师的教育是直接的服务接触，而通过网络进行教育可视为间接接触，但他们都有交互，如提出问题，解答问题，批改作业，师生及同学间的各种交流等。

如果是实物的交换或商品的买卖，其接触环节简单明了，即使有一定的交互，也能快速地解决问题。但对于专业性较强或对服务需求的判断不甚明了时，服务接触就是一个复杂而漫长的过程，如医疗、企业咨询等。对于服务管理来说，服务接触是一个非常关键的环节，它涉及至少三个核心问题：对服务需求的理解、服务消费者与提供者相互协作并共同完成服务、服务质量及客户满意的评价。

3）服务的特性

（1）无形性

无形性是指服务是看不见、尝不到、摸不着、听不到和闻不出的。这一点是与有形产品完全不同的，见图1-1。

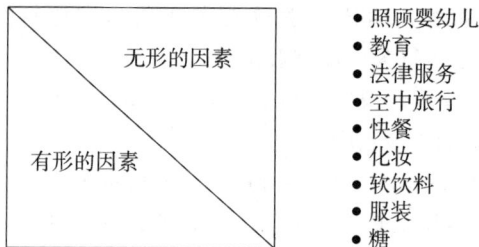

- 照顾婴幼儿
- 教育
- 法律服务
- 空中旅行
- 快餐
- 化妆
- 软饮料
- 服装
- 糖

图1-1　有形和无形的连续谱[①]

（2）不可分离性

不可分离性是指服务的生产和消费是同时进行的，当服务正在生产时，服务正在被消费。这与有形商品也不同，有形商品一般要经过生产、储存、转移、销售，最后

[①]　叶万春．服务营销学［M］．北京：高等教育出版社，2007：21．

才是消费。

（3）变化性

因为服务取决于由谁来提供，在何时、何地提供，所以，服务具有极大的变化性。

（4）易消失性

易消失性是指服务不能被存储。在供需不平衡时，服务的易消失性会给服务企业带来较大的麻烦。比如，公交企业在每天早晚交通拥挤时所需车辆多于全天的平均水平，而因为服务的易消失性，非早晚时段的公交服务并不能储存下来分给早晚时段来用，公交公司只能更多地准备运输设备。

‖ *小拓展* 1–1

有形产品与服务的比较见表 1–1。

表 1–1　　　　　　　　　　**有形产品与服务的比较**①

内容	有形产品	服务
性质	一种物品	一种行为或过程
形式	同类产品具有相似的形状	形式相异
生产	生产、销售与消费不同时发生	生产、销售与消费同时发生
价值	核心价值在工厂里被创造出来	核心价值在买卖双方接触中产生或体现
顾客参与	顾客一般不参与生产过程	顾客需要参与生产过程
存储	可以存储	不可存储
所有权	所有权可以转让	无所有权转让

4）服务的类型

按照市场供应中服务所占比重的多少，可将服务分为以下 5 种类型：

（1）纯粹有形商品，是指其中没有伴随任何服务。

（2）有形商品伴随服务，是指此种商品中附带旨在提高对顾客吸引力的一种或多种服务。

（3）有形商品与服务的结合，是指此种市场提供物中商品和服务的比重相当。

（4）主要服务伴随小物品和小服务，是指此类市场提供物主要是由一项主要服务和某些附加服务或辅助品构成的。

（5）纯粹服务，是指此类服务中没有任何有形商品。

以上 5 类可以排成一种连续谱系，如图 1–1 所示。

图 1–1 的连续谱所强调的是，大多数产品都是不同要素属性的结合体，纯粹的服务和纯粹的产品都很少。服务与产品的区别在于有形性程度的不同，从高度无形到高度有形之间存在一个连续谱。

---

①　格鲁诺斯. 服务市场营销管理 ［M］. 吴晓云，冯伟雄，译. 上海：复旦大学出版社，1998：29.

小拓展 1-2

关于服务，还有一些更具体的分类：

（1）以设备为基础的服务和以人为基础的服务。如汽车冲洗、自动售货机等属于前者，会计服务、中医按摩等属于后者。

（2）服务可以按照不同的服务过程来分类。如餐馆开发了像自助、快餐、便餐和烛光服务等不同风格的服务。

（3）客户必须在场的服务和客户可不在场的服务。如脑外科手术属于前者，汽车修理属于后者。

（4）满足个人需要的服务和满足业务需要的服务。如医生为私人看病属于前者，而为企业的员工做身体检查就属于后者。

（5）将是否营利和是否私有结合起来，可将服务分成私有营利性服务、私有非营利性服务、公有营利性服务和公有非营利性服务4种类型。

5）服务的综合分类（具有代表性的服务业一览表见表1-2）

表1-2　　　　　　　　　　　具有代表性的服务业一览表①

1.公用事业	5.工商服务、专业性和科学性服务
燃气供应	广告服务
电力	顾问咨询服务
供水	营销研究服务
2.运输与通信	会计服务
铁路	法务服务
乘客陆运	医药和牙医服务
货品陆运	教育服务
海运	研究服务
空运	6.娱乐和休闲业
邮政	电影和剧院
电信	运动和娱乐
3.分销业	旅馆、汽车旅馆、餐厅、咖啡室
批发	公用场地和俱乐部
零售	伙食包办费
经销商和代理	7.杂项服务
4.保险、银行和金融	修理服务
保险服务	理发
银行服务	私人家庭服务
金融服务	洗熨业服务
产权服务	干洗店

①　冯丽云，程化光. 服务营销 [M]. 北京：经济管理出版社，2002：19-20.

国际标准化组织制定的 ISO9000 中对服务业的分类按以下序列展开：

● 接待服务，即餐馆、饭店、旅行社、娱乐场所、广播、电视和度假村；

● 交通与通信，即空运、公路、铁路和海上运输、电信、邮政和数据通信；

● 健康服务，即医院、救护队、医疗实验室、牙医和眼镜商；

● 维修服务，即电器、机械、车辆、热力系统、空调、建筑和计算机；

● 公用事业，即清洁、垃圾管理、供水、场地维护、供电、煤气和能源供应、消防、治安和公共服务；

● 贸易，即批发、零售、仓储、配送、营销和包装；

● 金融，即银行、保险、地产服务和会计；

● 专业服务，即建筑设计、勘探、法律、执法、安全、工程、项目管理、质量管理、咨询和培训与教育；

● 行政管理，即人事、计算机处理、办公服务；

● 技术服务，即咨询、摄影、实验室；

● 采购服务，即签订合同、库存管理与分发；

● 科学服务，即探索、开发、研究和决策支援。

1.1.2 服务营销学的起源、发展及学科特点

1）服务营销学的起源与发展

（1）服务营销学的兴起

服务营销学兴起于 20 世纪 60 年代的西方。它的兴起缘于服务业的迅猛发展和产品营销中服务日益成为焦点的事实。1966 年，美国拉斯摩教授首次对无形服务同有形实体产品进行区分，提出要以非传统的方法研究服务的市场营销问题。1974 年由拉斯摩所著的第一本论述服务市场营销的专著面世，标志着服务市场营销学的产生。在服务营销学的形成过程中，北欧以格鲁诺斯和赫斯基为代表的诺迪克学派起了巨大的推进作用。他们有关服务质量理论及服务营销管理理论成为服务营销学的重要理论支柱。

（2）服务营销学的发展

服务营销学脱胎于市场营销学，但它和市场营销学又有着很大的区别。自 20 世纪 60 年代产生以来，服务营销学已走过了半个多世纪的历程，在自己的空间得以茁壮发展。在这半个多世纪的发展中，以齐塞莫尔和比特纳的研究为依据可将服务营销学的发展历程分为三个阶段。

第一阶段，20 世纪 60 年代至 20 世纪 70 年代——服务营销学的脱胎阶段。

在这一阶段，服务营销学刚刚从市场营销学中脱胎而出，人们对于服务营销的认识只是一个朦胧的概念，没有比较全面的认识，因此主要局限于对服务的本质和特征的研究。这一阶段主要集中在对有形实物产品与服务的异同、服务的特征、服务营销学与市场营销学研究角度的差异等问题的研究。代表人物主要有格鲁诺斯、艾利尔、贝利、洛夫劳克等。

第二阶段，1980—1985 年——服务营销学的理论探索阶段。

经过了十几年的发展，服务营销方面的研究越来越深入，人们对服务营销也有了

进一步的认识。这一阶段的研究开始转向消费者对服务的购买行为模式、特点、购买风险评价等方面，主要探讨服务的特征如何影响消费者购买行为，尤其集中于消费者对服务的特质、优缺点及潜在的购买风险的评估。西斯姆1981年在美国市场营销协会学术会议上发表了《顾客评估服务如何有别于评估有形产品》一文，文中肯定了服务特征对消费者购买行为的影响。萧斯塔克根据产品中所包含的有形商品和无形服务比重的不同，提出了著名的"从可感知到不可感知的连续谱系理论"，并且指出在现实经济生活中纯粹的有形商品或无形服务都是很少见的。戚斯则根据顾客参与服务过程的程度把服务区分为"高卷入服务"和"低卷入服务"。

第三阶段，1986年以后——服务营销理论的突破及实践阶段。

20世纪80年代下半期，营销学者开始将注意力转移到研究传统的营销组合是否能够有效地用于推广服务，服务营销需要有哪些营销工具。这一阶段，在第二阶段取得对服务基本特征的共识的基础上，集中研究了在传统的4P组织不够用来推广服务的情况下，服务营销应包括7种变量组合，即在传统的产品、价格、分销渠道和促销组合之外，还要增加"人"、"服务过程"和"有形展示"3个变量，从而形成7P组合。

营销学者逐步认识到"人"在服务的生产和推广过程中所具有的作用，并由此衍生出两大领域的研究，即关系市场营销和服务系统设计的研究。

对服务质量进行新解释，提出了服务接触的系列观点，包括服务员工与顾客沟通时的行为及心理变化，服务接触对整顿服务感受的影响，如何利用服务员工及顾客双方的"控制欲""角色"和对投入服务生产过程的期望等因素来提高服务质量等问题。

从对7P研究的深化，到强调跨学科研究的重要性，服务营销学强调从人事管理学、生产管理学、社会学以及心理学等学科领域观察、分析和理解服务行业中所存在的各种市场关系。

特殊的服务营销问题，如服务价格理论如何测定、服务的国际化营销战略、资讯技术对服务的生产、管理及市场营销过程的影响等。

服务营销学的发展过程也是服务营销学跨地域、跨国界的传播过程。

小阅读1-1

中国自改革开放以后开始引进市场营销学。首先，是通过对国外市场营销学书籍杂志及国外西方学者讲课内容进行翻译介绍。其次，自1978年以来选派学者、专家、学生赴国外访问、学习、考察国外市场营销学开设课程状况及国外企业对市场营销原理的应用情况，还邀请外国专家和学者来国内讲学。1984年1月，中国高等院校市场学研究会成立，继而各省先后成立了市场学会。这些市场营销学术团体对于推动市场营销学理论研究及在企业中的应用起了积极的作用。如今，市场营销学已成为众多高校开设的必修课程，市场营销的原理与方法也已广泛地应用于各类企业和组织中。

2）服务营销的学科特点

服务营销学是从市场营销学中派生的，与市场营销学相比较，服务营销学存在着如下的差异和特点：

（1）研究对象的差异

市场营销学是以产品生产企业的整体营销行为作为研究对象。服务营销学则以服务企业的行为和产品营销中的服务环节作为研究对象。服务业与一般生产企业的营销行为存在一定的差异。服务与产品也不能等量齐观。

（2）对待质量问题的着眼点不同

市场营销学强调产品的全面营销质量，强调质量的标准化、合格认证等。服务营销学研究的是质量的控制。质量控制问题之所以成为服务营销学区别于市场营销学的重要问题之一，就在于服务的质量很难像有形产品那样用统一的质量标准来衡量，其缺点和不足不易发现和改进，因而要研究服务质量的过程控制。

（3）服务营销学强调对顾客的管理

服务过程是服务生产与服务消费的统一过程，服务生产过程也是消费者参与的过程，因而服务营销学必须把对顾客的管理纳入服务营销管理的轨道。市场营销学强调的是以消费者为中心，满足消费者需求，而不涉及对顾客的管理内容。

（4）服务营销学强调内部营销管理

服务产品的生产与消费过程，是服务提供者与顾客广泛接触的过程，服务产品的优劣、服务绩效的好坏不仅取决于服务提供者的素质，也与顾客行为密切相关，因而研究服务员工素质的提高，加强服务业内部管理，以及顾客的服务消费行为十分重要，人是服务的重要构成部分。市场营销学也会涉及人，但市场营销学中人只是商品买卖行为的承担者，而不是产品本身的构成因素。

（5）服务营销学主要解决有形展示问题

服务营销学的特色之一是要研究服务的有形展示问题，包括服务产品有形展示的方式、方法、途径、技巧。市场营销学一般不涉及此问题的研究。

1.2　服务营销的概念和流程

1.2.1　服务营销的概念和特点

1）服务营销的一般定义

服务营销是市场营销的具体形式。服务营销是针对服务企业的服务行为和产品营销中的服务环节，为充分满足消费者的需求，通过创造、传递和传播优质的顾客价值，以吸引顾客、维护和增进与顾客的关系所采取的一系列活动。

小拓展1-3

关于服务营销，还有很多有价值的说法：

服务营销一般指依靠服务质量来获得顾客的良好评价，以口碑的方式吸引顾客、维护和增进与顾客的关系，从而达到营销的目的。

服务营销是一种通过关注顾客，进而提供服务，最终实现有利交换的营销手段。作为服务营销的重要环节，"顾客关注"工作质量的高低，将决定后续环节的成功与否，影响服务整体方案的效果。

服务营销是企业在充分认识消费者需求的前提下，为充分满足消费者需要在营销过程中所采取的一系列活动。

2）服务营销的特点

服务营销和一般的市场营销比较，有其自身的特点，主要表现为：

（1）供求分散

服务营销活动中，服务产品的供求具有分散性。这不仅因为需求方是涉及各种各类企业、社会团体和千家万户不同类型的消费者，还因为企业提供的服务也广泛分散，它们覆盖了第三产业各个部门和行业。服务供求的分散性，要求服务网点要广泛而分散，尽可能地接近消费者。

（2）营销对象复杂多变

服务市场的购买者是多元的、广泛的、复杂的。某一服务产品的购买者可能牵涉社会各行业不同类型的家庭和不同身份的个人，且不同消费者的购买动机和目的各异，即使购买同一服务产品，其用途也不同。营销对象的多变性表现为不同的购买者对服务产品需求的种类、内容、方式经常变化。影响人们对服务产品需求变化的因素很多，如产业结构的升级、消费结构的变化、科学技术水平的提高等。而文化艺术服务、休闲娱乐服务、旅游服务、保健服务、环保服务、科教服务等服务产品的市场吸引力将会越来越大。

（3）营销方式直接

有形产品的营销方式有经销、代理和直销多种，往往要经过若干个环节才能到达消费者手中。而服务营销则由于生产与消费的统一性，决定其只能采取直销方式，中间商的介入是不可能的，储存待售也是不可能的。服务营销方式的直接性，在一定程度上限制了服务市场规模的扩大，也限制了服务业在许多市场上出售自己的服务产品，这给服务产品的推销带来了难度。

（4）消费者需求弹性大

根据马斯洛的需求层次理论，物质需求是一种原发性需求，这类需求易产生共性，而精神需求属继发性需求，需求者会因各自所处的社会环境和各自具备的条件不同而形成较大的需求弹性。同时，服务需求受外界条件影响大，如季节的变化、气候的变化、科技发展的日新月异等对信息服务、环保服务、旅游服务、航运服务的需求造成重大影响。

（5）服务质量衡量变数大

服务者的技术、技能、技艺直接关系着服务质量。消费者对各种服务产品的质量要求也就是对服务人员的技术、技能、技艺的要求。而技术、技能、技艺又因人、因时、因地而异，服务质量衡量变数大，不可能有唯一的、统一的衡量标准，而只能有相对的标准和凭购买者的感觉体会。

1.2.2 服务营销的流程

1）服务营销的流程

服务营销是一个向社会、市场和顾客让渡满意价值的流程，这个流程由选择价值、提供价值和传播价值3个有机阶段构成（如图1-2所示）。

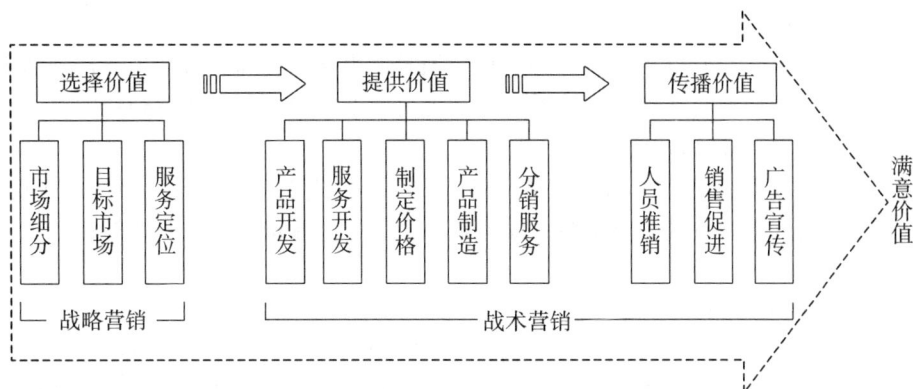

图1-2 服务营销的价值让渡过程

（1）选择价值阶段

选择价值是服务营销流程的战略营销阶段，主要包括进行市场细分、选择适当的目标市场、开发提供物的定位等，即"STP"营销——细分（Segmentation）、目标化（Targeting）、定位（Positioning）。

（2）提供价值阶段

提供价值是服务营销流程的战术营销阶段，主要包括开发特定服务产品、制定合理价格和建设分销渠道等内容。

（3）传播价值阶段

传播价值也是服务营销流程的战术营销阶段，包括组织销售力量、促销、广告和其他推广工作，以使企业的供应品为顾客所知和接受。

由图1-2可见，服务营销的各种活动并不是孤立的，而是在一定导向下环环相扣的。这个流程的起点不是发生于价值让渡过程的后半段，而是开始于业务计划过程之前，服务营销的目的首先不是盈利，而是向社会、市场和顾客让渡满意价值。正如菲利普·科特勒所说："服务营销成功的种子应该在企业开发产品时就播种下，中国企业需要花更多的时间研究和选择它的目标市场，然后为了目标市场而更好地设计产品，并且运用有效的分类方式，达到这个目标市场，再为目标市场创造不同的优越产品。"舒尔茨教授认为："对于营销组织的最大的挑战是更多地理解它们的客户和潜在客户的需求，在一个竞争市场环境，企业更需要知道谁是它们的客户，他们希望从企业得到什么，他们想得到什么样的待遇等。"

2）服务营销的其他流程

还有人提出，服务企业的营销活动过程可经历7个阶段，这7个阶段如图1-3所示。

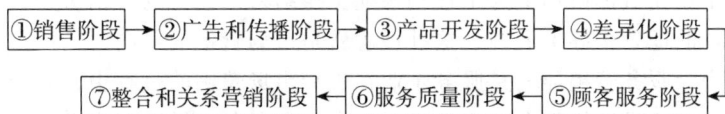

图1-3 服务营销的流程

（1）销售阶段

销售阶段的特点及后果是：竞争出现，销售能力逐步提高；重视销售计划而非利润；对员工进行销售技巧的培训；希望招徕更多的新顾客，而未考虑到让顾客满意。

（2）广告和传播阶段

广告和传播阶段的特点和后果是：指定多个广告代理公司；着意增加广告投入；推出宣传手册和销售点的各类资料；顾客期望值高，企业难以满足其期望；产出不易测量；竞争性模仿出现。

（3）产品开发阶段

产品开发阶段的特点和结果是：意识到新的顾客需要；引进许多新产品和服务，产品和服务得以扩散；强调新产品开发过程；市场细分，强大品牌的确立；竞争性模仿盛行。

（4）差异化阶段

差异化阶段的特点和结果是：通过战略分析进行企业定位；寻找差异化，制定清晰的战略；强化品牌运作；更深层的市场细分；市场研究、营销策划、营销培训。

（5）顾客服务阶段

顾客服务阶段的特点和后果是：顾客服务培训；微笑运动；改善服务的外部促进行为；利润率受一定程度影响甚至无法持续；得不到过程和系统的支持；缺乏竞争差异化。

（6）服务质量阶段

服务质量阶段的特点和后果是：确认服务质量的差距；设计服务蓝图；疏于保留老顾客。

（7）整合和关系营销阶段

整合和关系营销阶段的特点和后果是：经常地研究顾客和竞争对手；注重所有关键市场；严格分析和整合营销计划；数据基础的营销；平衡营销活动；改善程序和系统；改善措施以保留老顾客。

1.3　服务营销的导向和目标

1.3.1　服务营销的导向

1）服务营销导向的含义

在企业众多的市场营销活动背后，存在着多个相关的利益主体。企业需要在企业本身、顾客和社会三个大利益主体之间寻求平衡，并使三者的总利益最大化。为了做到这一点，企业在目标市场上为了达到预期交换结果而进行的营销努力，必须在一种兼顾各方利益的理念指导下展开，这种理念就是市场营销的导向。

一般认为，服务营销导向是服务企业在进行市场营销的过程中，处理企业、顾客和社会三者利益关系所持的态度、思想和观念。市场营销导向的意义在于，促使市场营销活动在效率、效果和社会责任方面，在经过深思熟虑后产生的某种思想观念的指导下进行。

服务营销导向是一个战略性的问题，它关系到企业的长期和全局发展。营销导向对于任何企业来说，既是其市场营销的指导思想，又是其营销活动方向的规范原则。而且，在营销实践中，市场营销导向又是贯穿营销活动的总纲。

2）服务营销导向的类型

服务营销导向主要有6种类型：生产导向、产品导向、推销导向、营销导向、顾客导向、社会营销导向和全面营销导向。其中，前3种称为传统营销导向，后4种称为现代营销导向。各种组织和企业无不是在其中某一导向的指导下从事其营销活动的。

（1）生产导向

生产导向是指导卖方营销者行为的最古老的市场营销导向之一。这种市场营销导向的基本假设是，消费者喜爱那些可以随处可以得到的、价格低廉的产品。这种导向的基本内容是：企业以改进、增加生产为中心，生产什么产品，就销售什么产品。

生产导向型企业的管理层总是致力于获得高生产率和广泛的分销覆盖面。这种导向指导下的企业认为消费者主要对产品可以买到和价格低廉感兴趣。当消费者或用户期求能够购得有用的产品，而不计较该产品具体特点或特性时，生产导向就产生并盛行。在生产导向指导下，企业的中心任务是组织所有资源，集中一切力量，提高生产效率和分销效率，扩大生产，降低成本以扩展市场。企业通过大量生产来取得利润，而不必考虑市场调研、销售促进等活动。

（2）产品导向

产品导向的基本假设是，消费者最喜欢高质量、多功能和具有某些创新特色的产品。在产品导向型企业里，企业经营的重心是不断改进产品性能，努力生产优质产品。

产品导向指引下的企业更多地把目光投放于企业内部，而忽视顾客等外部因素的真正需求。产品导向型企业在设计产品时一般不会或很少让顾客介入。它们相信自己的工程师知道该怎样设计和改进产品，甚至不考虑竞争者的产品。产品导向会使企业引发"营销近视症"，只重视产品而忽视了顾客需求。

小拓展 1-4

营销近视症是美国学者西奥多·莱维特提出的。1960年，莱维特在《哈佛商业评论》杂志上发表了题为《营销近视症》的论文，将企业以产品为中心的传统营销局限，"以一种简洁、直接而又生动有力的方式表述出来"，他指出，"制造商往往钟爱自己的产品，忘了顾客购买产品是为了满足某种需要。如果营销者把注意力集中在产品上而不是顾客需要上，这就患了营销近视症"。患有这种近视症的营销经理们迷恋自己的产品，总是认为自己的产品好，从而忽略了顾客的需要、利益和价值。

（3）推销导向

推销导向的基本假设是，消费者通常对某种产品具有购买惰性或者抗衡心理，如果企业不经过销售努力，而是让消费者自行选择，他们就不会大量或足量购买该产品。因此，企业必须进行主动推销和积极促销，才能达到较好的销售业绩。也就是说，企业努力推销什么产品，消费者或用户就会更多地购买什么产品。

推销导向被大量地用于推销保险、基金筹措业，学校招生机构和政治党派等。在推销导向指导下，企业十分注意运用推销术和广告术，向现有购买者和潜在购买者大肆兜售产品，以期压倒竞争者，提高市场占有率，获取利润。

（4）营销导向

营销导向认为，实现组织诸目标的关键在于正确确定目标市场的需要和欲望，并且比竞争对手更有效、更有力地传送目标市场所期望满足的东西。

营销导向指导下的企业十分重视市场调查研究，在消费者的动态变化中不断发现那些尚未得到满足的市场需求，并集中企业的一切资源和力量，千方百计地去适应和满足这种需求，以能在顾客的满意中不断扩大市场销售，长久地获得较为丰厚的利润。企业考虑问题的逻辑顺序是从市场上的消费需求出发，按照目标市场的需要与欲望，比竞争者更好地组织市场营销活动。

（5）顾客导向

顾客导向强调为特定的顾客增加个人的需要、建立顾客忠诚和关注顾客生命周期价值。

顾客导向指导下的企业注意收集每个顾客的历史交易记录、人文、心理特点、媒体偏好和购买偏好等方面的信息，通过建立高度的顾客忠诚和关注顾客生命周期价值，来获得利润的增长。正如菲利普·科特勒所指出的，客户为王。企业必须注意到一个事实，那就是客户的文化程度已经得到了普遍提高，他们可以利用互联网等工具对他们所要购买的商品进行精挑细选。客户已经取代了生产商、分销商成为强势的一方。因此，营销者应该意识到，营销活动的中心是购买者而不是销售者。营销人员必须运用有关人口统计学、心理学、文化和社会的影响来理解客户的需要、认知、偏好和行为，以找到更有效的营销战略。

小拓展 1-5

推销导向、营销导向和顾客导向之间存在一定的区别（见表 1-3）。营销导向与推销导向相比，推销导向注重卖方需要，营销导向则注重买方需要；推销导向以卖方需要为出发点，考虑如何把产品变成现金，而营销导向考虑如何通过产品以及与创造、传送产品和最终消费产品有关的所有事情，来满足顾客的需要。营销导向与顾客导向相比，二者本质上存在一致性，只是对市场和顾客的细分程度和手段的具体化程度有所不同，顾客导向更突出体现了顾客在市场中的重要地位和作用。

表 1-3　　　　　　　　　　**推销导向、营销导向与顾客导向的比较**

比较因素　　导向类型	出发点	重点	方法	目的
推销导向	企业	产品	推销和促销	通过销售获得利润
营销导向	目标市场	顾客需求	整合营销	通过顾客满意获得利润
顾客导向	单个客户	客户需要和价值	一对一营销和价值链	通过提升客户占有率、忠诚度和终生价值来获利

（6）社会营销导向

社会营销导向认为，企业的任务是确定目标市场的需要、欲望和利益，并以保护或提高消费者及社会福利的方式，比竞争者更有效、更有力地提供目标市场所期待的满足。也就是说，企业不仅要满足消费者的需要与欲望，而且要注重消费者和社会的长远利益，促进全社会的福利和进步。

社会营销导向要求企业的营销者在营销活动中考虑社会和道德问题。营销者必须平衡企业利润、消费者需要和社会利益三个方面的关系。许多企业开始采用和实践社会营销导向，并且已经取得了令人瞩目的利润和销售额。许多企业把社会营销导向看作提高企业声誉，提高品牌知名度，增加顾客忠诚，扩大销售额和引导新闻舆论的机会。

小拓展 1-6

1971 年，杰拉尔德·蔡尔曼和菲利普·科特勒提出了"社会营销"的概念，促使人们将营销学运用于环境保护、计划生育、改善营养、使用安全带等具有重大推广意义的社会目标方面。这一概念的提出，得到世界各国和有关组织的广泛重视，斯堪的纳维亚地区、加拿大、澳大利亚和若干发展中国家率先运用这一概念，一些国际组织，如美国国际开发署、世界卫生组织和世界银行等也开始承认这一理论，其是推广具有重大意义的社会目标的最佳途径。在此基础上，营销学家们进一步对"社会营销"的概念进行了扩充，认为企业应负有一定的社会责任。同时，还出现了"社会的营销""人道营销""社会责任营销"等相关概念。这些概念要求企业在决策时，不仅应考虑消费者需要和公司目标，还应考虑消费者和社会的长远利益。

（7）全面营销导向

全面营销导向是以开发、设计和实施营销计划、过程即活动为基础的，但同时也深入地认识到上述营销计划、营销过程和营销活动的广度和彼此之间的相互依赖性。在全面营销导向下，企业营销实践中的每个细节都是特别重要的。因此，全面营销试图充分认识并努力协调市场营销活动的范围和复杂性。图 1-4 勾勒出了全面营销的框架，并概括出其中所包含的 4 个关键要素：关系营销（确保顾客、渠道成员和其他营销合作伙伴之间令人满意的长期相互关系）、整合营销（确保创造、传递和传播的价值能被最佳地应用）、内部营销（确保组织中的每个人都有适当的营销法则，尤其是高层管理人员）和绩效营销（除了重视销售收入和品牌资产，还要了解社区、伦理、环境、法律等同社会营销活动和策划的结合作用）。

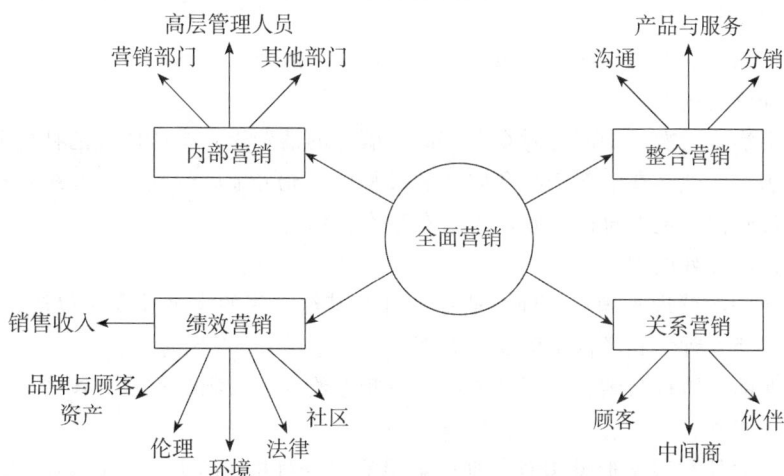

图 1-4 全面营销导向的主要维度[①]

---

① 科特勒，凯勒. 营销管理 [M]. 王永贵，译. 14 版. 上海：上海人民出版社，格致出版社，2012：21.

1.3.2　服务营销的目标

1）顾客满意的含义

服务营销的目标是顾客满意。顾客满意是指一个人通过对一种产品可感知的效果（或结果）与他或她的期望值比较后，所形成的愉悦或失望的感觉状态。购买者在购买后是否满意取决于与这位购买者的期望值相关联的供应物的功效。一般来说，满意水平是可感知效果和期望值之间的差别函数。如果可感知效果低于期望值，顾客就会不满意；如果可感知效果与期望值相匹配，顾客就会满意；如果可感知效果超过期望值，顾客就会高度满意或欣喜。

小思考1-1

在烈日炎炎的夏日，当你一路狂奔、气喘吁吁地在车门关上的最后一刹那，登上一辆早已拥挤不堪的公交车时，你是何等的庆幸和满足！

而在秋高气爽的秋日，你悠闲地等了十多分钟，却没有在起点站"争先恐后"的"战斗"中抢到一个意想之中的座位时，又是何等的失落和沮丧！

同样的结果——都是搭上没有座位的公交车，却因为过程不同，你的满意度大不一样，这到底是为什么？

小提示1-1

顾客满意与顾客忠诚之间并不是成比例的。很多企业不断追求顾客的高度满意，因为那些一般满意的顾客并不稳定，他们一旦发现更好的产品，还是很容易更换品牌的。而高度满意的顾客往往会忠诚于企业的产品或品牌，因为高度的满意和愉悦引起一种对品牌情感上的共鸣，而不仅仅是一种理性的偏好，正是这种共鸣创造了高度的顾客忠诚。

2）顾客满意服务的构成

顾客满意服务是个系统，它包括纵向的3个递进层次和横向的5个并列层次。

（1）纵向递进层次

●物质满意层次，即顾客对企业服务产品的核心层，如服务产品的功能、品质、品种和效用感到满意。

●精神满意层次，即顾客对服务方式、环境、服务人员的态度、提供服务的有形展示和过程感到满意。

●社会满意层次，即顾客对企业产品和服务的消费过程中所体验的社会利益维护程序感到满意，顾客在消费产品和服务的过程中，充分地感受到企业在维护社会整体利益时所反映出的道德价值、政治价值和生态价值。

（2）横向并列层次

●企业的经营理念满意，即企业经营理念带给顾客的满足程度，包括经营宗旨、经营方针、经营哲学和经营价值观等方面。

●企业的营销行为满意，即企业的运行状态给顾客的满足程度，包括企业的行为机制、行为规则、行为模式和行为实施程序等。

●企业的外在视觉形象满意，即企业具有可视性的外在形象给顾客的满足程度，包括其外在视觉形象标志、标准字、标准色、企业外观设计、企业环境和企业的各种应用系统等。

●产品满意，即企业的实物产品和服务产品载体带给顾客的满足状态，包括实物产品的质量、功能、设计、包装、品位、价格和服务产品载体相应因素。

●服务满意，即企业服务带给顾客的满足状态。服务业的服务是服务产品本身，实物产品的服务是产品的延伸，都必须从服务的完整性、方便性、绩效性、保证体系的完备性、时间的节约性和文化氛围的高品位等方面体现出来。

客户满意导向的目标是培养和建立顾客的忠诚。顾客忠诚是指顾客对某一企业、某一品牌的产品和服务形成偏爱并长期持续重复购买的行为。

1.3.3 顾客满意的衡量方式和方法

1）顾客满意的衡量方式

对于以顾客为导向的企业来说，顾客满意既是目标，也是营销工具。因此，企业必须关注它们的顾客满意度。顾客满意度的衡量方法多种多样，不拘一格。一般而言，企业可以使用如下4种方式来衡量顾客满意度：

（1）投诉与建议系统

投诉与建议系统可以使顾客方便、快捷地将自己的不满和抱怨及时反映给企业，而企业在迅速得到顾客满意与不满意的信息的同时，也能够获得很多来自顾客的关于改进产品与服务的建议，并且据此改进自己的产品和服务。企业可以根据其产品和服务的特点，在多种投诉与建议的方式中选择适合自己的方式。如很多餐厅、酒店、超市等服务企业都为顾客提供表格以反映他们的意见，这些表格可以通过服务人员主动地发放给顾客，也可以将其放在方便顾客主动索取的位置，而由顾客在其需要的时候，随时都可以将其意见反馈给企业。

企业通过这些途径，不仅能够更为准确和迅速地了解顾客的问题、顾客的满意水平，而且能够及时地解决顾客面临的问题，从而有效地弥补企业产品或服务方面的不足，挽回可能流失的顾客。这些来自顾客的信息也为企业带来了大量的创意，使企业能够更加准确地把握顾客的需求动态，从而更快、更准确地采取行动。

（2）顾客满意度调查

有研究表明，并不是所有的不满意顾客都会主动向企业投诉，如果企业仅仅依靠投诉和建议系统收集的信息，来判断其顾客满意度就会不可避免地产生偏差。因此，企业还须主动对顾客满意度进行周期性的调查，直接测量顾客的满意情况。企业可以在其现有的顾客中进行随机抽样，然后通过面谈、问卷、电话、网络互动等形式对顾客的满意情况，以及顾客对企业的看法与印象进行深入而系统的调研。

（3）佯装购物者

佯装购物者是企业常用的获得企业服务状况的方法，一般也称为"神秘顾客"或"幽灵购物法"，其具体做法是企业雇用一些人，装扮成潜在的顾客，以报告潜在购买者在购买本企业及其竞争者产品的过程中发现的优缺点。这些佯装购物者在购物过程中可以故意提出一些问题或找一些麻烦，以观察企业的销售人员处理问题和顾客抱怨的方式与能力。

小阅读1-2

除了雇用佯装购物者对企业的产品和服务情况进行调查之外，企业的管理者也可以以顾客的身份到销售现场去体验与观察本企业销售人员的服务；这些管理者也可以模仿顾客的口气写信或打电话给自己企业提出一些问题和抱怨，看企业的服务人员是如何处理这些问题的。国内很多零售企业都采用这种方法来获悉销售人员的服务态度，以及处理问题的方式、方法、态度与能力等方面的信息。如曾经名噪一时的郑州亚细亚商场，在推出一系列以顾客为中心的服务之后，为了改善其销售人员处理顾客抱怨的态度与方式，曾经较为成功地应用了此种调查方法。最初是商场的高层管理人员不定期地在商场里观察，发现问题后及时解决。后来当商场服务员熟识了企业的领导之后，往往在领导检查时做得很好，而实际上还存在一些问题。根据此种情况，商场雇用了一批伴装购物者，这些"神秘顾客"经常向商场营业员提出很多刁钻的要求，以此来考验营业员处理问题的能力。

（4）分析流失的顾客

企业要监控顾客流失率，并联系那些停止购买本企业产品的或者是转向其他供应商的顾客，从而找出顾客流失的原因。如果企业的顾客流失率在不断提高，那就意味着企业在达到其顾客的满意方面还存在问题与差距，企业必须全力以赴地找到问题的根源所在，从而通过提高顾客满意度来降低顾客流失率。

2）顾客满意的衡量方法

顾客满意程度可以用多种方法来衡量。

（1）顾客重复购买次数及重复购买率

在一定时期内，顾客对某一产品或服务重复购买的次数越多，说明客户的满意度越高；反之，则越低。由于产品的用途、性能、结构等因素也会影响顾客对产品的重复购买次数和重复购买率，因此在确定这一指标时，必须根据不同产品的性质区别对待，不可一概而论。

（2）产品或服务购买的种类数量与购买百分比

其即消费者经常购买某类商品或服务的种类（品牌）数及消费者最近几次购买中，购买各种品牌所占的百分比。这在一定程度上反映了顾客的品牌忠诚度。

（3）顾客购买的挑选时间

由于顾客对于某种产品或服务信赖程度的差异，在购买时的挑选时间是不同的，因此，从购买挑选时间的长短上，也可以鉴别其对某一品牌的忠诚度。一般来说，顾客挑选时间越短，说明他对某一品牌的忠诚度越高；反之，则说明他对这一品牌的忠诚度越低。

（4）顾客对价格的敏感程度

顾客对各种产品或服务的价格敏感程度不同。事实表明，对于喜爱和信赖的产品，消费者对其价格变动的承受能力强，即敏感度低；相反，对于不喜爱和不信赖的产品价格变动承受能力弱，即敏感度高。所以，据此可以衡量顾客对某一品牌的满意度与忠诚度。但必须注意到，只有排除人们对于产品或服务的必需程度、产品供求状况以及产品竞争程度三个因素的影响，才能通过价格敏感程度指标正确评价顾客对一个品牌的忠诚度。

（5）顾客对产品质量事故的承受能力

顾客对质量事故的不同态度反映了其初始满意度及忠诚度。如果顾客对一般性质量事故或偶然发生的质量事故抱以宽容和同情的态度，并且会继续购买该种产品或服务，表明顾客对某一品牌的忠诚度很高；否则，表明对这一品牌忠诚度不高。

1.4　服务营销的系统策略开发

1.4.1　服务营销组合策略开发

1）影响服务组合制定的因素

（1）业种问题

业种即行业的种类。服务业的业种区分和描述是制定营销策略的依据。例如，以"设备基础"还是"人为基础"区分服务。"设备基础"服务行业可能是自动化的（如自动洗车），也可能是由非专门技术人员操作的（如干洗店），或者是由专门技术人员操作的（如电脑）等。"人为基础"服务行业包括使用技术性劳力的（如家电修理）、非技术性劳力的（如清洁服务）或者专业性劳务的（如会计）服务。"人为基础"的行业在拟定策略时，必须注重卖主和买主之间的互动关系，可能的话应通过维护与强化交易关系上的个人因素，促使二者之间关系更密切。在专业性服务业方面，这点尤为重要。

（2）购买动机

策略制定的一个重要步骤是确认目标市场、了解顾客需求以及顾客购买动机。显然这些问题是所有营销导向的企业都会面临的，不过服务企业的问题可能会稍有不同。例如，对于消费者行为，虽然做出了许多理论上的解释，可是很少有人探讨消费者对服务的决策和基本选择模式。而有人对于特定类别服务业做过专门的研究，并有所发现：专业服务的买主是"购买"卖主的才能，因此当买主做决定时，他可能会评估服务企业的业主或代表人的行为和个性，此外也要评估该公司本身，即其所在地、声誉和外观等。

（3）竞争反应

每个服务公司都必须先考虑如何进入市场，然后再考虑如何建立并维持其竞争地位。要维持具有特色地位的方法虽然很多，但在服务业中实行起来并不容易，因为所提供的服务往往缺乏一个强有力的实体核心。因此要建立竞争优势，一个重要的方式是利用"服务差异化"，借此在消费者的眼中创造其服务的鲜明形象，并在市场上形成一种具有特色的定位，即消费者对服务产品和服务企业在市场上比较性地位的概念或形象。

（4）业务效率

许多服务企业试图以机械化、规范化和利用各种科技及系统方法来提高效率。在提高效率方面，服务业所面临的问题比制造业更多。虽然服务业可以用传统的"以资金取代劳动力"的解决方式，但并不是在所有的服务业领域中都行得通，尤其在"以人的要素为基础"的服务业，是不能"以资金取代劳动力"来解决问题的。各种策略性的挑战，在服务业市场总是与其他市场有所不同。

（5）产品开发

为了向顾客提供搭配均衡的服务类别，产品规划也很重要，可以采取系统的方式从事研究开发工作。当然，测试、开发和规范化服务产品有一定的困难，尤其是所谓的"以人为基础"的服务业，往往缺乏真正的创新，而以模仿居多（如航空公司和银行业的服务）。

2）营销组合概述

从营销组合理论的发展过程来看，有下列不同的营销组合理论：

（1）P营销组合

麦卡锡（McCarthy，1960）首先在《基础营销》中将营销策略一般性地概括为产品（Product）、价格（Price）、渠道（Place）和促销（Promotion）；菲利普·科特勒（Philip Kotler，1967）在《营销管理》中确认了4P营销组合，其后又扩展为11P（2001），包含4个市场营销战略，即市场调研（Probing）、市场细分（Partitioning）、市场择优（Prioritizing）和市场定位（Positioning），6个市场营销战术，即产品、价格、渠道、促销、权力（Power）、公关（Public）和一个市场营销成功保证因素——人（People）。

（2）C营销组合

美国学者劳特朋（Lauterborn，1990）提出了4C营销组合，即顾客问题解决（Customer Solution）、顾客成本（Customer Cost）、便利（Convenience）和沟通（Communication）。李振华和王浣尘（2002）在4C基础上增加以下3个C：信用（Credit）、创新（Change）和核心能力（Core Competence）。

（3）R营销组合

美国学者舒尔茨（Don E.Schuhz，1996）提出4R营销组合，即顾客关联（Relevancy）、市场反应（Response）、关系营销（Relationship）和利益回报（Reward）。

上述各种组合理论中，4P营销组合是最为广泛接受和使用的。

3）服务营销组合的要素

服务营销组合与4P营销组合相比，内容较为复杂，它由7个要素构成，即在传统的产品、价格、分销渠道和促销组合要素之外，还要增加"人"、"有形展示"和"过程"3个变量，从而形成7P组合（见表1-4）。

（1）产品

服务产品必须考虑提供服务的范围、服务质量和服务水准，同时还要注意的事项有品牌、保证以及售后服务等。服务产品中，这些要素的组合变化相当大。这种变化可以从对一家供应多种菜色的小餐馆和一家供应各色大餐的五级大酒店的比较之后看出来。

（2）价格

价格方面要考虑的因素包括：价格水平、折扣、折让和佣金、付款方式和信用。在区别一项服务和另一项服务时，价格是一种识别方式，因此顾客可从一项服务获得价值。而价格与质量间的相互关系，在许多服务价格的细部组合中是重要的考虑对象。

表1-4　　　　　　　　　　　　　　　服务营销组合的要素

要素	内容
1.产品（Product）	（1）领域（Range）。（2）质量（Quality）。（3）水准（Level）。（4）品牌名称（Brand Name）。（5）服务项目（Service Line）。（6）保证（Warranty）。（7）售后服务（After Sales Service）
2.价格（Price）	（1）水准（Level）。（2）折扣（Discounts包括许可Allowances及佣金Commissions）。（3）付款条件（Payment Terms）。（4）顾客的认知价值（Customer's Perceived）。（5）质量/定价（Quality/Price）。（6）差异化（Differentiation）
3.地点或渠道（Place）	（1）所在地（Location）。（2）可及性（Accessibility）。（3）分销渠道（Distribution）。（4）分销领域（Distribution Coverage）
4.促销（Promotion）	（1）广告（Advertising）。（2）人员推销（PS）。（3）销售促进（SP）。（4）宣传（Public）。（5）公关（PR）
5.人（People）	（1）人力配备（Personnel）：①训练；②选用（Discretion）；③投入（Commitment）；④激励（Incentives）；⑤外观（Appearance）；⑥人际行为（Interpersonal Behavior）。（2）态度（Attitudes）。（3）其他顾客：①行为；②参与程度（Involvement）；③顾客/顾客之接触度
6.有形展示（Physical Evidence）	（1）环境：①装潢（Furnishings）；②色彩（Color）；③陈设（Layout）；④噪声水准（Noise Level）。（2）装备实物（Facilitating）。（3）实体性线索（Tangible Clues）
7.过程（Process）	（1）政策（Policies）。（2）手续（Procedure）。（3）机械化（Mechanization）。（4）员工裁量权（Employee Discretion）。（5）顾客参与度（Customer Involvement）。（6）顾客取向（Customer Direction）。（7）活动流程（Flow of Activities）

（3）地点或渠道

提供服务者的所在地以及其地缘的可达性在服务营销上都是重要因素，地缘的可达性不仅是指实物上的，还包括传导和接触的其他方式。所以，销售渠道的形式以及其涵盖的地区范围都与服务可达性的问题密切相关。

（4）促销

促销包括广告、人员推销、销售促进或其他宣传形式的各种市场沟通方式，如公关。

上述4项是传统"组合"要素，但服务营销组合，有必要增添更多的要素。例如人、有形展示和过程。

（5）人

营销组合中人的行为在服务业公司很重要，表情愉悦、专注和关切的工作人员，可以减轻顾客由于必须排队等待服务而产生的不耐烦感觉，或者平息技术上出问题时的怨言或不满。

服务营销组合中人的要素不只限于人员推销的情况，至少还有两项：

第一，在服务业公司担任生产或操作性角色的人（如在银行做职员或在餐馆做厨师），在顾客眼中其实就是服务产品的一部分，其贡献也和其他销售人员相同。大多数服务业公司的特色是操作人员可能担任服务表现和服务销售的双重任务。也就是说，在服务业公司的服务执行者工作得如何，就像一般销售活动中销售能力如何一样重要。据此，营销管理必须和作业的处理工作方面协调合作，才能影响并控制顾客和公司工作人员之间的某些关系层面。公司工作人员的任务极为重要，尤其是"高接触度"的服务业务方面，即营销管理者也应注意雇用人员的筛选、训练、激励和控制。在服务业，成功的秘诀在于认清与顾客接触的工作人员才是公司最关键的角色。

第二，对某些服务业而言，顾客与顾客间的关系也应重视。因为一位顾客对一项服务产品质量的认知，很可能是受到其他顾客的影响。在这种情况下，管理者面对的问题，是在顾客与顾客间相互影响的质量控制。

（6）有形展示

在市场交易上没有有形展示的"纯服务业"极少，因此有形展示的部分会影响消费者和客户对于一家服务营销公司的评价。有形展示包括的要素有：实体环境（如装潢、颜色、陈设和声音）以及服务提供时所需用的装备实物（如汽车租赁公司所需要的汽车），还有其他的实体性线索（如航空公司所使用的标示或干洗店将洗好的衣物加上的"包装"）。

（7）过程

过程即服务递送过程。即使工作人员有良好态度，其对出现的问题也是不可能全部补救的。整个体系的运作政策和程序方法的采用、服务中器械化程度、雇用人员裁量权的使用情形、顾客参与服务操作过程的程度、咨询与服务的流动、订约与侍候制度等都是经营管理者要特别关注的事情。

在许多服务经营上，服务表现、人和过程是密不可分的。营销管理者必须重视服务表现和递送的过程顺序，在营销组合中也应包括它们。从事服务业经营的管理者们，通常都扮演综合性的经营角色，即人事、生产、营销和财务等功能无所不包。

4）制定营销组合战略

服务营销组合7个元素的每一个部分互相影响，在制定营销组合战略时，服务营销人员需要考虑这些组合元素间的关系，以求尽可能好地适应企业的内部和外部环境。

营销组合元素间的相互作用表现为3种程度：

（1）一致性，营销组合中2个或更多个元素之间存在一种合理的和有益的彼此适应。

（2）整合性，包括组合元素之间一种和谐的相互作用。

（3）杠杆作用，包含关于充分利用每个元素的优势支持整个营销组合的方法。

营销组合中的每个元素和它们的次级元素都需要专注在一致性、整合性和杠杆作用方面的互相支持上，聚集在加强定位和作为目标市场细部所要求的服务质量交付上。协同服务营销组合如图1-5所示。

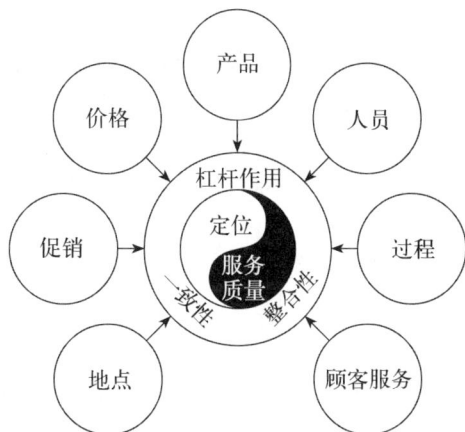

图1-5 协同服务营销组合

为制定营销组合战略，需要考虑每个营销组合元素在所选市场细部内的影响。这意味着确保以下方面：

● 营销组合和每个目标市场的适合性。

● 营销组合和公司战略能力的适合性，发挥它的长处并把弱点降到最小。

● 认识竞争对手的能力，包括回避他们的优势和利用他们的弱点。

1.4.2 服务营销阶段性策略开发

按照服务企业与顾客接触所处的阶段，可将服务营销策略分为接触前服务营销策略、接触中服务营销策略和接触后服务营销策略。

1）接触前服务营销策略

传统的4P营销策略主要适用于有形产品，而对服务来说，还要增加某些要素。布恩斯（Booms）和彼特纳（Bitner）认为服务营销还要增加3个P，即人员、实体证明和过程。在与顾客接触前，企业对人员要素可以采用内部营销策略，对实体证明和过程可以采用服务差异化策略。

（1）内部营销策略。内部营销策略是指企业对员工的培养和激励工作，以使其更好地为顾客服务。与之相区别的是外部营销，即指企业为顾客准备的服务、定价、分销和促销等常规工作。

好的服务企业都认为积极的员工态度可以促进顾客忠诚，因此，对于内部员工的营销策略主要有：一是企业应该尽可能地吸引和招聘优秀的员工；二是应该定期检查员工对工作的满意度；三是针对员工的满意度情况进行内部激励和管理调整。

（2）服务差异化策略。服务差异化策略包括实体证明差异化、过程差异化和形象差异化。

实体证明差异化是指在服务的实体供应上增加一些创新。顾客期望的是在基本服务组合上增加一些次要的服务特色。比如在航空运输业，有些企业已经引入了一些次要服务特色，包括机舱电影、预订座位、销售商品、空对地电话业务等。但是，实体证明差异化很容易被竞争者模仿，企业只有通过不断地服务创新和开发才能保持差异化的连续优势。

过程差异化是指企业对服务的提供过程或交付系统所进行的差异化。过程差异化的程度有三种：一是可靠性，比如供应商比其竞争者提供更可靠的准时投递、订单完成及订购循环业务；二是灵活性，比如有些供应商更善于处理紧急情况、取消产品和回复问讯；三是创新性，比如有些供应商提供更好的信息系统，引进条形码和其他手段来为顾客服务。

形象差异化是指企业可以通过符号、象征和品牌标记等来创造服务的差别化形象。

2）接触中服务营销策略

按照服务提供过程中是否有企业服务人员参与，可以将接触中的服务策略分为"真实的瞬间"策略和自助服务策略。

（1）"真实的瞬间"策略。"真实的瞬间"策略是指在特定的时间和地点，服务提供方抓住机会以特定的方式向顾客展示其服务质量的短暂过程。一项服务往往是在顾客与服务提供人员的直接接触中发生的交往行为的结果，在这一交往行为发生时，顾客与服务提供人员直接面对，这时他们的行为由自己来决定，企业对服务人员和顾客的行为无法产生影响，这一时刻被称为"真实的瞬间"。一个服务供应方提供的服务往往是由一系列"真实的瞬间"构成的。比如，一位旅客入住旅馆，从走进旅馆大厅到接触服务员，从办理入住手续到走进订好的房间，直到最后离开旅馆，其间旅客与旅馆之间不知要发生多少个真实的瞬间。每个"真实的瞬间"都会影响顾客对服务质量的感知，而"真实的瞬间"产生的影响主要掌控在服务人员手中，因此，企业在实施"真实的瞬间"策略时，要从内部营销和服务过程设计与管理入手。

（2）自助服务策略。自助服务策略是指企业依靠自助服务技术和设备向顾客提供服务的策略。比如通过自动售货机、自动取款机、加油站的自动加油器、旅店的自动核对系统、火车站的自动售票器等提供服务。因为在服务提供的过程中没有服务人员参与，所以顾客的注意力会集中在自助服务的设备和其他提供物上。这样，顾客体验的服务质量将主要是技术性质量，这对企业来说，服务过程的设计和控制会更简单一些。

小阅读1-3

为了更好地了解售出服务后的顾客满意度，企业可以采用比较性购物、伴装购物、顾客调查、建议和投诉表格、服务审计、总裁信箱等方式。在伴装购物方式中，神秘顾客（即受公司雇用暗中购物，然后将得出的服务质量报告反馈给公司的人）已经成为一个大行业，在全球此行业的开支达到了5亿美元，其中美国为3亿美元。快餐连锁店、大卖场、加油站，甚至庞大的政府机构，也雇用神秘顾客来查明和确定在向顾客提供服务过程中存在的问题。

3）接触后服务营销策略

（1）售后服务策略。售后服务策略主要是指在企业向顾客提供产品或服务之后，针对售出产品和服务提供的维修、部件更换、使用人员培训、顾客问题解答等服务。为了提供更高质量的售后服务，企业应该做到以下几点：一是提高服务提供部门的售后服务意识和服务质量；二是设立专门的售后服务部门，帮助顾客解决产品或服务使用过程中的问题；三是提高分销商的售后服务能力和水平；四是与专门的售后服务企业合作，开展对本企业顾客的售后服务。

（2）服务再现策略。服务再现策略主要是指处理顾客抱怨和投诉的策略。当出现服务质量问题时，企业对问题事件进行解决和服务补救的过程被称作服务再现。

在所有服务再现的事件中，企业处理投诉和解决问题的能力如何，将是决定企业保留还是丧失投诉顾客的一个重要因素。当投诉得到满意的解决时，顾客保持品牌忠诚和继续购买那种商品或服务的可能性就更大了。有研究表明，对投诉解决结果表示完全满意的投诉者有再次购买同种商品意图的占69%～80%，而认为不满意的投诉者对再次购买同种商品感兴趣的只有17%～32%。因此，解决投诉问题的结果是否令顾客满意是服务再现的关键。

企业有效处理顾客投诉问题的要点有：对顾客投诉做出快速反应；承认错误但不要太多辩解；表明从每一个顾客的观点出发认识问题；不要同顾客争论；认同顾客的感受；给顾客怀疑的权利；阐明解决问题需要的步骤；让顾客了解进度；考虑给顾客补偿；坚持不懈地重获顾客的信任。

1.4.3 服务营销特征性策略开发

服务营销策略体系与服务基本特性密切相关，也就是说，服务营销策略体系的构建是以服务基本特性为轴心的。而服务基本特性对服务营销的影响既有有利的一面，也有不利的一面，克服服务基本特性对服务营销不利一面的营销策略就构成了服务营销策略体系的主体。

1）服务有形化

服务的有形化可以克服服务无形化的不利影响。服务的有形化，是指服务机构有策略地提供服务的有形线索，以帮助顾客识别和了解服务，并由此促进服务营销。服务的有形线索，是指服务过程中能被顾客直接感知和提示服务信息的有形物。顾客看不到服务，但能看到服务环境、服务工具、服务设施、服务人员、服务信息资料、服务价目表、服务中的其他顾客等有形物，这些有形物就是顾客了解无形服务的有形线索。服务的有形化，在某种意义上，可以理解为服务有形线索的"营销"。服务的有形线索，从营销学角度可分为：服务包装、服务品牌、服务承诺、服务定价、服务广告。这里讲的服务有形化主要指服务的包装化、品牌化和承诺化。

小阅读1-4

服务企业希望能通过服务的有形展示使顾客感受到服务能给自己带来的利益，进而激发顾客对服务的需求。有的服务企业在顾客的消费经历中注入新颖的、娱乐性的因素，从而改善顾客的厌倦情绪。例如，旅客期望五星级酒店的外形设计独具特色，期望客房格调高雅、舒适安静，期望餐厅优雅、别具一格等；医院的候诊室里，病人可以阅读报刊、看电视、喝咖啡，以便消除焦虑的心理；国际航班上、国内的长途汽车上，有各种娱乐节目的播放，以消除长途旅行的疲劳。

（1）服务包装化，是指服务环境。服务包装或环境，作为服务的有形线索，能够提示它所包装的服务的信息。以零售服务的环境为例，繁华地段提示商店的服务档次不低；整洁的环境提示认真、仔细和严谨的服务态度；新鲜而芳香的店堂空气提示所出售的商品更新速度较快等。服务包装化从某种意义上讲，就是服务环境的营销，也就是让顾客通过接触环境来识别和了解服务理念、质量和水平的信息，从而促进服务的购买或交易。服务包装化使抽象的服务理念通过有形的服务包装或环境得到具体的提示，从而有利于顾客识别。如美国谢拉顿饭店靠引进"生态保护理念"取得了成功。可见，服务包装有利于识别服务特色，也有利于烘托和提高服务质量。

（2）服务品牌化，是指服务机构或其服务部门、服务岗位、服务生产线、服务活动、服务环境、服务设施、服务工具乃至服务对象的名称或其他标识符号，是一个涵盖面很广的概念。服务品牌化，就是服务机构建立自己各种服务品牌和利用品牌来促进营销，也就是品牌营销。而服务品牌作为服务的一种有形线索，能向市场提示服务特色，从而有利于服务特色的识别和建立。服务机构一旦树立了自己的品牌，无论对保持老客户、争取新客户或发展社会关系都十分有利。一是品牌尤其名牌或所谓"老字号"店牌，可以不断提醒老顾客保持对服务机构的忠诚。二是品牌有助于老顾客进行口碑宣传，从而有利于发展新顾客。三是品牌可以传播机构形象，从而有利于发展服务机构与供应商、中间商、人才市场、金融市场和社区等各方面的关系。

（3）服务承诺化，是指公布服务质量或效果的标准，并对顾客加以利益上的承诺或担保。服务承诺化，就是服务机构对服务过程的各个环节、各个方面的质量实行全面的承诺，并以此促进服务营销，也就是承诺营销。如广州白云机场、大连出租汽车公司等都推出了"承诺"营销。由于服务承诺是看得见的利益保证，因此也是一种服务有形化营销的策略。服务机构要推出服务承诺，就要制定所承诺的服务质量标准，而这种标准既要自己做得到，又要对顾客有吸引力，这就推动服务机构去深入了解服务消费者对服务的各种要求、需要和顾虑，树立"顾客第一"的观念，减少服务消费者的认知风险。如英国航空公司在制定服务承诺的过程中，专门对顾客做了调查，了解了他们对空运服务的要求和公司的薄弱环节，从而找到改进服务的关键。值得一提的是，服务承诺所承诺的质量标准，不仅对顾客是一种吸引力，而且对服务人员是一种压力、一种挑战、一种激励。这有助于增强服务人员的责任心和振奋他们的精神。事实上，一家服务机构敢于推出服务承诺本身就是对这家机构人员的一种激励。有了承诺，就有了判断服务是否合格的依据，是有营销吸引力的。

2）服务可分化

服务的可分化能克服服务不可分性的不利影响。服务的可分化是指在服务过程中使服务生产者与服务消费者实行部分的分离。而服务的不可分性，是指服务的生产与消费和交易是同时进行的，并且有顾客的参与，也就是服务生产者与服务消费者之间的不可分离性。这会增加服务生产人员的负担，会增加服务质量管理和服务创新的难度，会使服务生产过程变得复杂，会限制服务生产力，从而对服务营销不利。克服的办法就是向制造业学习，让服务生产者与服务消费者实行部分的分离，也就是实行服务的可分化。在服务业中，电信业服务的可分化是最明显的，银行信用卡也是服务可分化的一个典型。服务可分化的方式主要有：

（1）服务的自助化，即服务生产者向顾客提供某些服务设施、工具或用品，让部分服务由顾客自行完成。这样等于服务生产者部分地从服务过程"隐退"，即一定程度地"离开"服务消费者，就像制造业生产者在生产过程中离开消费者一样。

（2）服务的渠道化，即服务生产者将服务或部分服务通过服务渠道提供给服务消费者。服务渠道的存在，等于"隔离"或部分地隔离了服务生产者与服务消费者，就像产品中间商隔离了制造业（产品）生产者与消费者一样。

（3）服务的网络化，即服务生产者将服务或部分服务通过因特网提供给服务消费者。这是服务可分化的一种最新方式。

3）服务规范化

（1）服务的理念化，是指服务机构建立自己的理念并用理念来规范服务人员的心态和行为。理念是指机构用语言文字向社会公布和传达的自己的经营思想、管理哲学和企业文化，主要有企业的使命、目标、方针、政策、原则、精神等。

在服务机构或公司的理念中，"宗旨"和"精神"的思想层次较高，但较抽象，很难操作；"目标"、"方针"和"政策"较具体，较易操作，但思想层次相对较低；"使命"和"原则"的思想层次、操作性介于上述两组理念之间。

有关服务业理念的例子如下：

美国快餐业汉堡王公司的理念是："任你称心享用。"

美国零售业沃尔玛公司的理念是："作为一家公司，我们的目标是：不仅为顾客提供最好的服务，而且具有传奇色彩。"

这些服务理念有利于服务的有形化，有利于体现和建立服务特色。

（2）服务标准化，是指服务机构系统地建立服务质量标准并用服务质量标准来规范服务人员的行为。服务质量是一种"过程的质量"，包括服务过程中服务环境的质量和服务人员行为的质量。服务标准化作为服务规范化的一种方式，是服务"软件"，即服务人员行为的规范化。行为来自理念，行为规范是理念规范的具体化、实施化，因此，服务标准化可以看成服务理念化的实现形式。

（3）服务可控化，是指服务机构依据机构理念和服务标准对服务活动及其质量进行全面的监控，使服务活动及其质量的偏差被控制在尽可能小的范围内。服务可控化是服务规范化的保障。服务可控化的作用就是保障服务理念化和标准化的实施。事实上，一家缺乏服务监督或服务失控的服务机构，即使理念讲得再动听、标准定得再完善，最终也会因为服务质量差而吓跑顾客。在服务营销中，服务标准化是实现服务理念化的必要条件，而服务可控化又是实现服务标准化的必要条件。因此，服务可控化是实现整个服务规范化的必要条件。如美国的麦当劳、肯德基、迪士尼、联合航空等服务业公司，都是实行高度服务可控化的机构。

4）服务可调化策略

服务可调化策略是指服务机构通过对服务时间、服务地点的调整和对服务供求的调节来克服不能用服务储存来平衡供求矛盾的困难。服务具有不可储存性，这使得服务业难以像制造业那样用库存产品来平衡供求矛盾。克服的办法，就是对服务时间、服务地点加以调整和对服务供求加以调节，以解决供求矛盾，也就是实行服务的可调化。服务可调化的具体方式包括服务时间可调化、服务地点可调化和服务供求可调化等。

（1）服务时间可调化，是指服务机构通过对服务时间的调整来满足服务需求和平衡服务供求的矛盾。如我国的一些服务业通过延长营业时间，提供预约服务等开展服务营销就属于此类。

（2）服务地点可调化，是指服务机构通过对服务地点的调整来满足服务需求和平衡服务供求的矛盾。服务地点是一个空间问题，而空间与时间是可以互相替换的，因此，服务地点的可调化可以看作服务时间可调化的一种替代。当服务时间的调整不足以达到服务营销的目的时，可以以服务地点的调整来补足。从服务营销的实践看，服务地点的调整主要有上门服务、流动服务、多地点服务、跨地区布点和服务品牌输出等种类或方式。

（3）服务供求可调化，是指服务机构通过对服务供给和需求的调节来实现二者之间的平衡。当服务需求超过服务供给时，可以用增加供给的办法来实现供求平衡。上述增加服务地点就是增加服务供给的一种办法。服务自助化也常常被用来增加服务供给，如一些医院设立家庭病床，减轻了住院病床紧缺的压力，这就是一种服务供给的增加。当服务需求超过服务供给时，也可以用调低服务需求的办法来实现供求平衡，而调低服务需求的办法最常用的就是服务提价。不过，调低需求的办法与营销观点相违背，应当慎用。当服务需求低于服务供给时，可以用刺激需求的办法来实现供求平衡。服务供求的可调化，无论增加服务供给或刺激服务需求，其作用都是实现服务供求之间的动态平衡。

本章小结

服务是具有无形特征却可给人带来某种利益或满足感的可供有偿转让的一种或一系列活动，也是一方能够向另一方提供的各种基本上是无形的活动或者作业，它具有无形性、不可分离性、变化性和易消失性。

服务营销就是以满足人类各种需要和欲望为目的，通过一系列有组织的活动来创造、沟通和传递顾客价值，以维系企业和顾客的关系，从而使企业和相关者都受益的一种社会和管理过程。它具有全面性、系统性和导向性3个特征，并且是由选择价值、提供价值和传播价值3个有机阶段构成的，以向社会、市场和顾客让渡满意价值为导向的流程。

服务营销导向是企业在营销过程中处理企业、顾客和社会三者利益关系所持的态度、思想和观念。目前市场营销导向主要存在着6种类型：生产导向、产品导向、推销导向、营销导向、顾客导向和社会营销导向。其中，前3种称为传统营销导向，后3种称为现代市场营销导向。营销导向下服务营销的目标是顾客满意。顾客满意是指一个人通过对一种产品可感知的效果（或结果）与其期望值相比较后，所形成的愉悦或失望的感觉状态。企业需要持续地关注其顾客的满意水平，并通过建立投诉与建议系统、顾客满意度调查、伴装购物者和分析流失的顾客等方法来监测与衡量顾客的满意度。

服务营销导向要通过企业的营销规划将其转化为行动，服务营销组合是其中重要的一步。服务营销组合较之传统的营销组合不仅多了"人"、"过程"和"有形展示"3个要素，而且还表现为服务营销组合步骤是人的直觉和理性研究的结果。服务营销组合受业种、竞争反应、业务效率、购买动机和服务产品开发等因素的影响，制定协同的服务营销组合策略对企业而言非常重要。

按照企业服务与顾客接触所处的阶段，可将服务营销策略分为接触前服务营销策略、接触中服务营销策略和接触后服务营销策略。在企业的服务与顾客接触前，企业对人员要素可以通过采用内部营销策略，对实体证明和过程可以采用服务差异化策略。内部营销策略是指企业对员工的培养和激励工作，以使其更好地为顾客服务。服务差异化策略主要包括实体证明差异化、过程差异化和形象差异化。按照服务提供过程中是否有企业服务人员参与，可以将接触中的服务策略分为"真实的瞬间"策略和自助服务策略。接触后服务营销策略主要包括售后服务策略和服务再现策略。

服务具有无形性、不可分性、不一致性和不可储存性4个基本特征，克服其不利影响的相应营销策略就是实行服务的"有形化"、"可分化"、"规范化"和"可调化"。

复习思考题

1.服务有什么特征？如何克服服务特征对营销的负面影响？

2.服务营销的流程由哪些环节构成？应该怎样整合这些环节？

3.服务营销活动应以什么理念为导向？其直接目标是什么？

4.服务营销策略按服务特征流程和组合分为哪几类？

案 例

花旗银行：服务营销的创始者

花旗银行（Citibank）迄今已有近200年的历史。进入21世纪，花旗集团（Citigroup）的资产规模已达9 022亿美元，一级资本为545亿美元，被誉为"金融界的至尊"。时至今日，花旗银行已在世界100多个国家和地区建立了4 000多个分支机构，在非洲、中东，花旗银行更是外资银行抢滩的先锋。花旗的骄人业绩无不得益于其1977年以来银行服务营销战略的成功实施。服务营销在营销界产生已久，但服务营销真正和银行经营相融合，从而诞生银行服务营销理念，还源于1977年花旗银行副总裁列尼·休斯坦克的一篇名为《从产品营销中解脱出来》的文章。花旗银行可以说是银行服务营销的创始者，同时也是银行服务营销的领头羊。花旗银行能成为银行界的先锋，关键在于花旗独特的金融服务能让顾客感受并接受这种服务，进而使花旗成为金融受众的首选。多年以来，银行家们很少关注银行服务的实质，强调的只是银行产品的盈利性与安全性。随着银行业竞争的加剧，银行家们开始将注意力转移到银行服务与顾客需求的统一性上来，银行服务营销也逐渐成了银行家们考虑的重要因素。

自20世纪70年代花旗银行开创银行服务营销理念以来，就不断地将银行服务寓于新的金融产品创新之中。而今，花旗银行能提供多达500种金融服务。花旗服务已如同普通商品一样琳琅满目，任人选择。1997年，花旗与旅行者公司的合并，使花旗真正发展成为一个银行金融百货公司。在20世纪90年代的几次品牌评比中，花旗都以它卓越的金融服务位列金融业的榜首。今天，在全球金融市场步入竞争激烈的买方市场后，花旗银行更加大了它的银行服务营销力度，同时还通过对银行服务营销理念的进一步深化，将服务标准与当地的文化相结合，在加强品牌形象的统一性时，又注入了当地的语言文化，从而使花旗成为行业内国际化的典范。

花旗服务营销的新内涵

金融产品的可复制性，使银行很难凭借某种金融产品获得长久竞争优势，但金融服务的个性化却能为银行获得长久的客户。著名管理学家德鲁克曾指出："商业的目的只有一个站得住脚的定义，即创造顾客""以顾客满意为导向，无疑是在企业的传统经营上掀起了一场革命"。花旗银行深刻理解并以自身行动完美地诠释了"以客户为中心，服务客户"的银行服务营销理念，在营销技术和手段上不断推陈出新，从而升华花旗服务，引领花旗辉煌。

花旗通过变无形服务为有形服务，提高服务的可感知性，将花旗服务派送到每一位客户手中。花旗银行在实施银行服务营销的过程中，以客户可感知的服务硬件为依托，向客户传输花旗的现代化服务理念。花旗以其幽雅的服务环境、和谐的服务氛围、便利的服务流程、人性化的设施、快捷的网络速度以及积极健康的员工形象等传达着它的服务特色，传递着它的服务信息。

花旗在银行服务营销策略中，鼓励员工充分与顾客接触，经常提供上门服务，以使顾客充分参与到服务生产系统中来。通过"关系"经理的服务方式，花旗银行建立了跨越多层次的职能、业务项目、地区和行业界限的人际关系，为客户提供并办理新的业务，促使潜在的客户变成现实的用户。同时，花旗还赋予员工充分的自主服务权，在互动过程中为客户更好地提供全方位的服务。

通过提升服务质量，银行服务营销赋予花旗新的形象。花旗在引导客户预期方面决不允许作过高或过多的承诺，一旦传递给客户允诺就必须保质保量地完成。如承诺"花旗永远不睡觉"，其实质就是花旗服务客户价值理念的直接体现。花旗银行规定并做到了电话铃响10秒之内必须有人接，客户来信必须在2天内给出答复。这些细节就是客户满意的重要因素。同时，花旗还围绕构建同顾客的长期稳定关系，提升有针对性的银行服务质量。针对客户需求提供相应的产品或服务，缩短员工与客户、管理者与员工、管理者与客户之间的距离，在确保质量和安全的前提下，完善内部合作方式，改善银行的服务态度，提高银行的服务质量，进而提高客户的满意度，提高服务的效率并达到良好的效果。

花旗银行服务营销的启示

花旗银行服务营销的成功实施，拓展了服务领域，强化了服务质量，从而使得花旗品牌深入人心，客户纷纷而至，以至于每4个美国人中就有一个是花旗银行的客户。在当今信息技术引发的金融创新浪潮中，各个银行之间试图通过网点优势、人缘优势、技术优势、产品优势拉开与竞争对手差距的时代已成为过去，银行服务营销开展的优劣将成为银行成败的关键。

资料来源 贾凯君. 花旗银行：服务营销的创始者 ［J］. 西部论丛，2005（10）：55-56.

第2章 服务的顾客价值与顾客关系

从美国市场营销协会2004年对市场营销的定义来看，现代市场营销思想和实践越来越将顾客、顾客价值、顾客忠诚与客户关系管理视作市场营销的核心。目前从全球市场竞争日益激烈的趋势来看，企业如何服务于顾客、如何留住顾客，就成了企业制定营销战略与策略的前提和出发点。

2.1 顾客价值与顾客忠诚

2.1.1 顾客价值

1）顾客感知价值

顾客感知价值是指总顾客价值与总顾客成本之差。总顾客价值就是顾客从产品、服务、人员和形象等因素中所获得的经济性、功能性和心理性的一组认知货币价值；总顾客成本是顾客在评估、获得和使用该产品或服务时产生的认知成本支出。顾客感知价值的构成如图2-1所示。

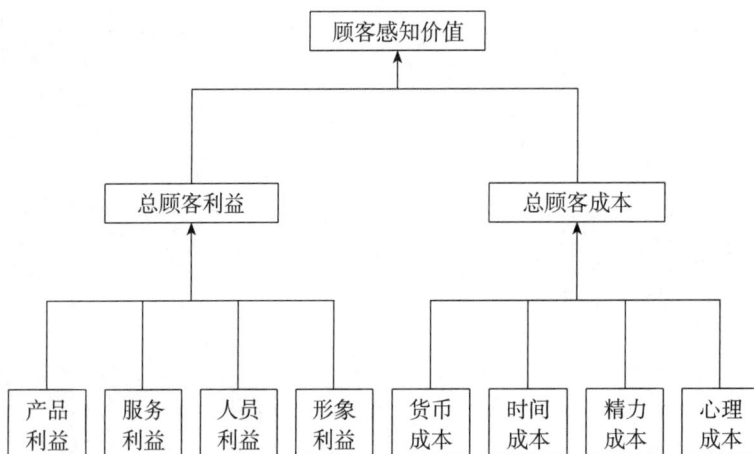

图 2-1 顾客感知价值的构成图

（1）总顾客利益的构成

总顾客利益由产品利益、服务利益、人员利益和形象利益四个方面构成。

产品利益是由产品的质量、功能、规格、式样等因素所产生的价值。产品利益是满足顾客需求的基础，其高低是顾客选择商品或服务所考虑的重要因素。在不同的经济条件下，消费者对产品利益评价的侧重点是不同的；在一定的经济条件下，对于相同的产品，由于不同人的需求差异，他们对产品的评价与要求往往存在较大的差异。这实际上也要求企业必须细分不同类型的顾客，有针对性地满足其个性化的需求。

服务利益是指伴随着实体产品的出售，顾客在获得产品价值以外得到的各种附加服务所产生的价值。服务利益是构成总顾客价值的重要部分，也是满足顾客需求、建立顾客对产品或品牌忠诚的重要因素。一般而言，伴随着实体产品的销售而附加的服务包括产品介绍、送货、安装、调试、维修、技术培训、产品保证等方面。随着市场竞争日益激烈，产品同质化程度越来越高，服务已经成为企业获得竞争优势的重要手段，如海尔集团一流的服务是其确立市场优势地位的重要因素。此外，随着生活水平的不断提高，消费者在购买产品的同时也越来越看重企业能够提供的服务类型和质量。显然，企业能够为顾客提供的服务类型越多、质量越高，顾客所获得的服务利益就越大。

人员利益是指企业员工的经营思想、知识水平、业务能力、工作效率与质量、经营作风以及应变能力等所产生的价值。人员利益对企业进而对顾客的影响作用是巨大的，企业的全体员工是否形成了共同信念和准则，是否具有良好的文化素质、市场及专业知识，以及能否在共同的价值观念基础上建立起崇高的社会目标，作为规范企业员工一切行为的最终准则，决定着企业为顾客提供的产品与服务的质量，也决定顾客购买的总价值和顾客对企业的忠诚。企业要提高人员利益，就需要充分重视内部营销，着力培养优秀的企业员工。

形象利益是指企业及其产品在社会公众中形成的总体形象所产生的价值。形象利益是企业各种内在要素（如产品质量、服务质量、技术开发能力、企业家素质、发展潜力、综合经营能力、企业精神等）质量的反映，任何一个内在要素的质量欠佳都会使企业的整体形象遭受损害，影响顾客对企业的忠诚。所以，企业形象利益的竞争已成为企业市场竞争的重要方面，而形象利益的竞争实际上是企业在全方位、广角度、宽领域的时空范围内展开的反映本企业综合实力的高层次竞争。

▌小拓展 2-1

识别目标顾客感知价值，找出顾客最关注的价值领域

根据 Wolfgang Ulaga 等人的实证研究，实际上可以把顾客价值的驱动因素分成三类：产品相关特性，如产品的一致性、产品特征、产品范围、使用方便性；服务相关特性，如供应的可靠性与敏捷性、技术支持、快速响应、产品创新、技术信息；促销相关特性，如形象、个人关系、公司的可靠性、公共关系、上游整合等。在对顾客的调研中发现，在顾客价值的驱动因素中，质量的主动作用要远远大于价格的驱动力量，前者是 63.3%，后者是 36.7%（也就是说，在工业品市场中，顾客看重的是质量，而对价格的敏感性则比较低）。而在构成产品质量的各项具体要素中，在产品相关特性中，产品的一致性具有最强的驱动力量，为 19.8%，其次是产品的技术特性、使用方便性，分别为 18.4%、4.9%；在服务相关特性中，交货的速度与可靠性具有最强的驱动效果，为 7.8%，其次是技术支持与运用、快速服务与响应、产品创新和技术信息提供，其驱动能力的重要性分别为 6.8%、6.5%、3.7% 和 2.3%；在促销相关特性中，公司的可靠性驱动能力最强，重要性为 6.9%，其次为个人关系和公司的可靠性，重要性分别为 4.1% 和 2.9%。由此可见，光靠产品质量是不能创造和传递优异顾客感知价值的，必须通过深入了解顾客及其偏好，持续与顾客互动，并识别顾客价值的关键驱动因素及其动态变化，清楚地知道顾客在购买产品时是如何考虑得失进行选择的。要找出对顾客来说最重要的价值领域是什么，并考察这些价值领域受哪些因素影响。如果企业真正研究清楚目标顾客的价值，将有助于企业培育适合自身的核心竞争力。

（2）总顾客成本的构成

总顾客成本由货币成本、时间成本、精力成本和心理成本四个方面构成。

货币成本是顾客在购买过程中需要消耗和支付的全部经费和货款总和。一般情况下，货币成本是顾客购买过程中的首要限定因素，即顾客需要首先考虑其所要购买产品的货币成本的大小。如果货币成本超出了顾客的付款能力，顾客对此产品的需求也就消失了。

时间成本是顾客在求购所期望的商品或服务的全过程中所需消耗的全部时间的代价。在总顾客利益和其他成本一定的情况下，顾客购买所花费的时间越少，其所花费的总成本也就越少。对于企业而言，应当合理安排服务的流程，提高工作效率，以在保证产品与服务质量的情况下，尽量减少顾客购买的时间成本。

精力成本是顾客在购买所需产品或服务过程中所承受的精力方面的耗费与支出。为了购买到满意的产品，顾客总是要在不同的售卖者之间进行比较，这个过程包括了信息的搜寻与加工，比较、研究与学习等行为，而产品购买完成之后，还担心产品的售后服务问题等，这些都构成了顾客的精力成本。因而，企业应当采取合适的营销策略，有效地降低上述购买过程中发生的精力成本，从而降低顾客购买的总成本。

心理成本是顾客由于购买前的决策失误或在产品的使用过程中受到不可预知的环境因素影响而造成的心理损失或不适。在总顾客利益和其他成本不变的情况下，顾客购买过程中的心理成本越低，其所支付的总成本就越低。这就要求企业在营销管理的各个环节合理设计服务组合与流程，以降低顾客的心理成本。

顾客在购买产品时，总是希望把各项成本降到最低限度，而同时又希望从中获得更多的实际利益，以使自己的需要得到最大限度的满足。例如，家庭在商店里选购一台电冰箱时会综合考虑价格高低、维修是否方便、售后服务、品牌、送货，以及保证等因素，最后总是会选择他们认为相对满意的电冰箱。在他们看来，这台电冰箱价值最高，成本最低，即顾客感知利益最大，应将这样的商品顾客作为首选对象。

▌小案例 2-1

选择麦当劳的总顾客成本

货币价格。尽管在各国以各国货币来计价，麦当劳的一份快餐的货币价格相对较低，不超过2美元。美国的家庭主妇们认为比她们自己做的还省钱。

时间成本。麦当劳接待一名顾客的时间不超过1分钟，顾客的时间成本相当小。

体力成本和精神成本。对于一些人，尤其是儿童来说，进入麦当劳店是一种娱乐，体力和精力成本几乎为零，甚至是一种享受。

2）顾客感知价值的实现

（1）价值链与顾客感知价值的实现。价值链是指企业的产品或服务的设计、原料采购、生产、销售、送货和其他支持活动等一系列蕴含着价值增值的环节和过程。从最终顾客的角度来看，其在某个产品或服务上所获得的总顾客价值和付出的总顾客成本，均要受到价值链上各个环节的影响。因此，提高顾客让渡价值须从企业价值链上的每个环节入手。

价值链的概念是由哈佛大学的迈克尔·波特（Michael Porter）于1985年提出来的。在波特的竞争理论中，价值链是一种用以识别如何创造更多顾客价值的工具。波特认为每一个企业都是进行设计、生产、营销、送货和支持其产品生产与销售各种辅助性活动的集合体，企业的每一个部门都可以看作企业价值链中的一个环节。价值链将企业的经营活动分解为在战略上相互关联的9项活动，其中包括5项基本活动和4项支持性活动（如图2-2所示）。企业要提高顾客感知利益，就必须检查每个价值创造活动的成本与绩效，并寻求改进，同时还必须估计竞争者的成本和绩效，以此作为超越的基准。

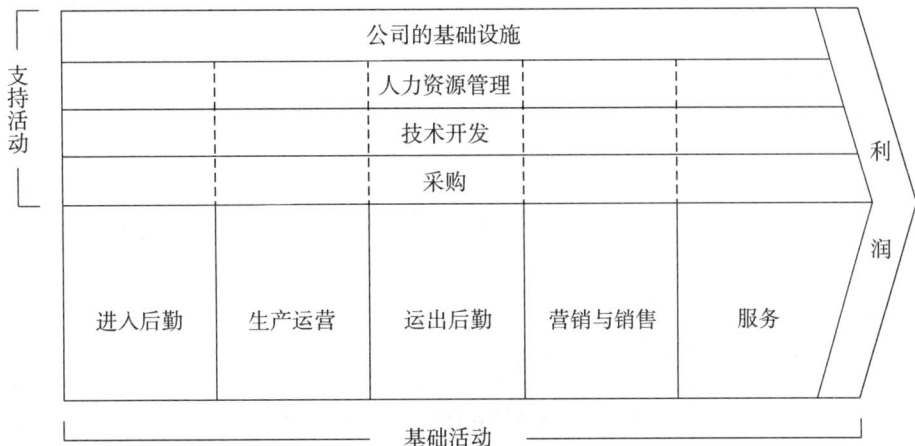

图2-2　一般价值链示意图

小拓展2-2

价值链上的4种支持性活动是贯穿于5种基础活动中的。基础活动是指以企业购进原材料（进入后勤），进行加工生产，制造出最终产品（生产运营），将其运出企业（运出后勤），上市销售（营销与销售），再到售后服务（服务）依次进行的活动。这些活动构成了企业生产经营的基本过程，每个环节都与其他环节紧密相关，这个过程的完成还需要企业的支持。企业的成功不仅取决于每一个部门做得如何，还取决于不同部门之间的协调与配合情况。因此，不但营销部门以外的其他部门的员工要具有营销观念，还需要加强对核心业务过程的管理，而其中的大部分活动都涉及跨职能部门的合作。企业核心业务过程一般包括：新产品的实现过程、存货管理过程、顾客探测和维系过程、订单—付款过程、顾客服务全过程等。

企业将各个核心业务过程中所涉及的各种活动高效率地组织起来，就可以使企业内部各个部门之间的衔接变得更为顺畅，同时也使价值链中各种价值创造活动的联结更加紧密，从而会提高企业创造价值和传递价值活动的效率和效果，并有效降低这些活动的成本。

（2）价值让渡网络与顾客感知利益的实现。价值链直观地描述了企业内部创造价值和向顾客传递价值的各种活动，从而为企业的经营管理者对价值创造和传递过程的管理提供了一个非常有力的工具。但是，企业为了提高顾客感知利益和获取竞争优势，除了要管理好其自身的价值链之外，还必须超越其自身的价值链，进入其供应商、分销商，乃至最终顾客的价值链。这种不同企业的价值链有效联结的结果就是创造了一个价值让渡网络，或称为供应链。这种价值让渡网络是建立在不同企业之间紧密合作的基础上的，通过这种紧密的合作发展共同的战略，共同改进顾客让渡价值网络的绩效。这种价值让渡网络建立的另一个影响是，竞争不再表现为单体企业之间的竞争，而是表现为企业网络之间的竞争，是价值让渡网络之间的竞争或供应链之间的竞争。

小案例 2-2

著名的牛仔服装生产企业李维斯公司（Levi's）与其供应商和零售商的合作是典型的价值让渡网络（如图2-3所示）。李维斯公司最大的零售商是西尔斯公司（Sears）。每天晚上，李维斯公司都可以通过电子信息交换系统了解通过西尔斯以及其他大型零售商销售的牛仔服的尺码和款式。而后，李维斯公司根据这些销售信息，再通过电子信息系统向其牛仔服布料供应商——米利肯公司订购生产已售出牛仔服所需要的布料。而米利肯公司则根据李维斯公司的订货量，向其纤维供应商——杜邦公司订购牛仔服布料纤维。通过这种方式，整条供应链上的成员被紧密地联系起来，并且根据最新的销售信息来组织自己的生产和销售活动，而不是根据可能与实际需求数量存在较大差异的预测量来进行生产活动，从而提高了企业的运营效率。在这样的价值生产和传递网络中，价值的生产和传递是靠需求来拉动的，而不是供应的推动，这就是所谓的快速反应系统。李维斯公司实现了将其价值链与其供应商、零售商，以及上游供应商和下游顾客价值链的有效联结，从而构成了一个紧密协作的顾客价值创造和传递系统。

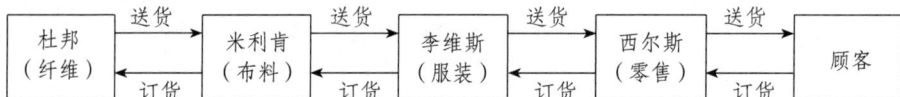

图2-3　李维斯公司的价值让渡网络

2.1.2　顾客长期价值

顾客长期价值是指企业在与其利益顾客长期交易中所能获得的利益。这里主要涉及三个重要的概念：利益顾客、顾客终身价值和顾客资产。

1）利益顾客

利益顾客是指能给企业带来持续收入流的顾客（个人、家庭或企业），并且该收入应超过企业用于吸引、销售和服务于该顾客所花费的成本。需要指出的是，这里的收入和成本均是长期的，并不是某一笔交易所产生的。

对企业来说，究竟哪些顾客是利益顾客是很难分清的，也就是说企业很难测定顾客的盈利能力。如果一个企业知道哪些顾客是盈利的，哪些顾客是亏损的，就可以对不同的顾客采取不同的营销策略。比如，对非盈利顾客采取提高服务费用和减少服务支持等措施，以增加在这些顾客身上的盈利性，或最终剔除非盈利顾客和亏损顾客。

小拓展 2-3

影响顾客盈利能力的因素有很多，包括需求性质和大小、顾客的讨价还价能力、顾客的价格敏感度、顾客的地理位置和集中度等。企业可以通过顾客-产品盈利性分析矩阵对具有不同盈利能力的顾客采取不同的营销策略。如图2-4所示，三个具有不同盈利能力的顾客C1（高盈利顾客）、C2（无利润顾客）和C3（亏损顾客），与四种具有不同获利能力的产品P1（高盈利产品）、P2（盈利产品）、P3（无利润产品）和P4（亏损产品）构成了顾客-产品盈利性矩阵。每个方格代表企业向该顾客出售某产品所能获得的利润（"+"代表盈利，"-"代表亏损）。以某企业为例，顾客C1购买了企业的三个产品P1、P2和P3，产生的利润较高；顾客C2购买了一个盈利产品和一个非盈利产品；顾客C3购买了一个盈利产品和两个非盈利产品，是典型的亏损顾客。

对于顾客C2和C3，企业的营销策略有三种选择：一是提高无利润产品的价格，或者取消这些产品；二是尽力向这些无利可图的顾客推销企业的盈利产品；三是放弃这些亏损顾客，甚至可以鼓励这些顾客转向竞争企业。

	C1（高盈利顾客）	C2（无利润顾客）	C3（亏损顾客）
P1（高盈利产品）	+	+	+
P2（盈利产品）	+		
P3（无利润产品）	+		−
P4（亏损产品）		−	−

图2-4 顾客–产品盈利性分析矩阵

2）顾客终身价值

顾客终身价值是指在维持顾客的条件下，企业从该顾客持续购买中所获得的未来利润流的现值。企业可以从预期收入中减去用来吸引和服务顾客所花费的预期成本。对于不同的产品和服务，企业的顾客终身价值是不同的。

小拓展2-4

顾客终身价值主要取决于三个因素：一是顾客购买所带来的边际贡献；二是顾客保留的时间长度；三是贴现率。用数学公式表示如下：

$$LTV=\sum a\cdot t\,(1+i)^{-t}$$

式中：a——顾客购买所带来的边际贡献；

i——每年的贴现率；

t——顾客保留时间长度（年）。

从公式可以看出，这里定义的顾客终身价值仅仅是顾客的边际贡献在时间上的累积。对于影响顾客终身价值的因素来说，顾客的单位边际贡献取决于企业在一定时期内的成本控制能力，营销策略难以对其发生作用；而贴现率与政府的宏观政策密切相关，是企业无法控制的外部因素。因此，企业要力求使顾客终身价值达到最大，只有寄托于将各种营销策略落实到如何与每一个顾客建立尽可能长久的关系，使顾客流失率降到最低。

3）顾客资产

顾客资产是指企业所有顾客终身价值的贴现总值。因此，顾客对企业越忠诚，顾客资产就越高。

顾客资产来源于多个不同的营销观念，比如，直接营销、数据库营销、服务质量、关系营销和品牌资产。顾客资产的提出更能使企业从顾客价值的角度去考虑营销方案，并且有意识地将顾客作为企业的一项战略资产来管理和经营。

小拓展2-5

拉斯特（Rust）、齐塞莫尔（Zeithaml）和莱蒙（Lemon）认为，顾客资产主要受三个因素的影响：一是价值资产，即顾客基于与成本相关的利益看法所形成的对商品效用的客观评价；二是品牌资产，即顾客对品牌主观上的无形评价和超出客观理解的价值；三是关系资产，即顾客与品牌连接后，超出商品本身价值的主观评价。此外，布莱特伯格（Blattberg）、盖兹（Getz）和托马斯（Thomas）认为，顾客资产受三种因素驱动：获利能力、保持能力和增加销售能力。

2.1.3 顾客忠诚及其衡量

1）顾客忠诚的定义

顾客忠诚是指顾客在对某一产品或服务的满意度不断提高的基础上，重复购买该产品或服务，以及向他人热情推荐该产品或服务的一种行为表现。

企业的忠诚顾客一般表现出以下几个特征：

（1）顾客对企业有明显的感情倾向性（而非随意性）；

（2）顾客对本企业产品或服务在购买行为上有实际的重复反应（即购买的频次很高）；

（3）顾客对本企业及其产品或服务在长期内有偏好；

（4）顾客对本企业的新产品或服务几乎没有顾虑地首先购买；

（5）受忠诚顾客的影响，形成了一个顾客群体；

（6）顾客能承受企业有限的提价，并能够抵制竞争者的降价或倾销。

小阅读 2-1

顾客忠诚主要包含两个要素：情感因素和行为因素。其中，顾客忠诚情感因素主要表现为顾客对企业的经营理念、行为和形象等方面具有高度的认同、信任、满意和支持。忠诚顾客对企业的这种情感促使其可以容忍企业偶然的失误，但却很难容忍他人对企业的指责；而当竞争企业的产品或服务价格低于本企业，或者企业推出新产品或服务，而价格偏高时，忠诚的顾客更会表现出一种强烈的情感倾向，即首先购买企业的新产品或服务，而对竞争者的降价与倾销行为不敏感。顾客忠诚的行为因素主要表现在顾客高频率的重复购买，并且顾客愿意向他人推荐企业的产品或服务，从而愿意成为企业产品或服务的义务推销员。

2）顾客忠诚对企业发展的意义

实践表明，提高顾客的忠诚度对企业的发展具有以下几个方面的重要意义：

（1）忠诚顾客可以为企业带来更多的利润，这些利润主要来自于忠诚顾客的重复购买行为和对企业新产品和服务的鼎力支持；

（2）忠诚顾客可以对其他顾客产生影响，从而可以为企业带来新的顾客，增加企业的市场份额，这主要来自忠诚顾客对企业的义务宣传；

（3）忠诚顾客可以为企业提供很多意见和建议，而这些意见和建议可以为企业改进和提高管理水平、提高产品或服务的质量、设计开发新产品或服务提供有益的参考；

（4）借助于忠诚顾客的影响，企业可以更加容易地处理不满意顾客的投诉和抱怨；

（5）忠诚顾客群体的扩大有助于企业竞争能力的提升，从而有利于企业长期卓越的发展，因为忠诚顾客群体构成了企业坚实的市场基础。

小案例 2-3

相较于高星级酒店，经济型酒店顾客忠诚度的培育一直是其经营管理中的难点，因为其提供的产品差异性小、服务同质化严重，且潜在消费者对价格波动较为敏感。汉庭酒店很早就率先采用"忠诚用户"等词语替代了"顾客""消费者"等酒店行业对受众的传统称呼。汉庭酒店管理层认为，所谓的忠诚用户可以从两个层面定义：第一是产品层面，即对品牌旗下的产品和服务有较为固定的消费习惯；第二是品牌层面，即对于品牌本身具有高度认同感，能够长期关注品牌动态并积极参与品牌活动。二者既相对独立，又相辅相成。汉庭酒店基于"华住会"，即华住酒店集团旗下所有用户的常客俱乐部，采用积分制和会员制方式推进忠诚度管理，并突破传统积分制相对孤立的模式，将会员积分打造成一种开源的、可流通的虚拟财产。用户主动寻找其他获取积分的方式，积极参加汉庭酒店的各项活动，进而培养起对汉庭酒店的依赖性。对这种依赖性又通过活动以积分的方式给予奖励，从而形成"需求—奖励—需求"的闭环，最终形成对汉庭酒店乃至华住酒店集团品牌的高度忠诚。截至 2018 年第一季度，华住酒店集团的忠诚度计划"华住会"已吸引超过 1.08 亿名会员，并且会员贡献了超过 76% 的客房间夜量，超过 87% 的客房间夜量来自其直销渠道。

3）顾客忠诚的衡量

一般来说，企业可以通过以下几个方面来衡量顾客忠诚度：

（1）顾客的重复购买次数及重复购买率

在一定的时期内，顾客对某一产品或服务重复购买的次数越多，说明顾客忠诚度越高；反之，则越低。由于产品的用途、性能、结构等因素会影响顾客对产品的重复购买比率，因此在确定这一指标的合理界限时，必须充分考虑产品或服务的特性，不可一概而论。

（2）产品或服务购买的种类、数量与购买百分比

这是指顾客经常购买某类产品或服务的种类（品牌）数量，以及消费者最近几次购买中，购买各种品牌所占的比例。顾客经常购买的品牌数量越少，即专注于一个或少数几个品牌，或者某一品牌产品在最近几次购买中所占的比例越高，则表明顾客对该品牌的忠诚度也就越高。

（3）顾客购买挑选的时间

顾客对于某种产品或服务信任程度的差异会在其购买此产品时所花费的挑选时间上反映出来。因此，从顾客购买挑选的时间上也可以鉴别其对某一品牌产品的忠诚度。一般而言，顾客挑选的时间越短，说明他对这个品牌产品的忠诚度就越高；反之，则越低。

（4）顾客对价格的敏感程度

顾客对于不同产品或服务价格的敏感程度是不同的。一般而言，对于喜爱和信任的产品，顾客对其价格变动的承受能力较强，即价格敏感度较低；相反，对于不信任的产品，则对价格的敏感度较高。使用此标准判断顾客忠诚度时，需要注意将该产品或服务对于顾客的必需程度、产品供求状况，以及产品竞争程度三个因素的影响排除，才能通过价格敏感度来正确判断顾客对某一品牌产品或服务的忠诚度。

（5）顾客对竞争产品的态度

顾客转换产品供应商多是基于对竞争产品或服务的比较而产生的。所以，根据顾客对竞争产品的态度，可以判断其对某一品牌产品或服务的忠诚度。顾客对竞争产品的降价与促销行为越不敏感，则顾客对现有企业品牌的忠诚度就越高；反之，则越低。

（6）顾客对产品质量事故的承受能力

产品质量事故是任何产品都可能出现的，顾客对产品质量事故的不同态度反映了其对该产品的忠诚情况。一般而言，顾客如果对一般性质量事故或偶然发生的质量事故能够报以宽容和同情的态度，并且会继续购买该产品或服务，则表明顾客对这一产品或服务的忠诚度较高；反之，则较低。

小拓展 2-6

客户净推介值（Net Promoter Score，NPS），用于考察客户的忠诚度，是衡量客户关系的一个尺

度。它提出了一个终极问题：你愿意把产品推荐给你的朋友吗？NPS值用以区分以不断增加客户价值而获得的"良性利润"和以损害客户关系为代价而换来的"不良利润"。

2.2 顾客的吸引与维系

只有满意的顾客才会形成顾客忠诚，而忠诚顾客又是企业顾客资产的主要源泉，最大化顾客价值就是要培养长期的顾客关系。因此，越来越多的企业开始认识到顾客满意和维系现有顾客的重要性。

2.2.1 顾客的发展过程

企业要使一个新顾客发展成为忠诚度很高的老顾客，并与其保持牢固的关系，需要经过一定的步骤。也就是说，企业的顾客具有一定的发展过程（如图2-5所示）。

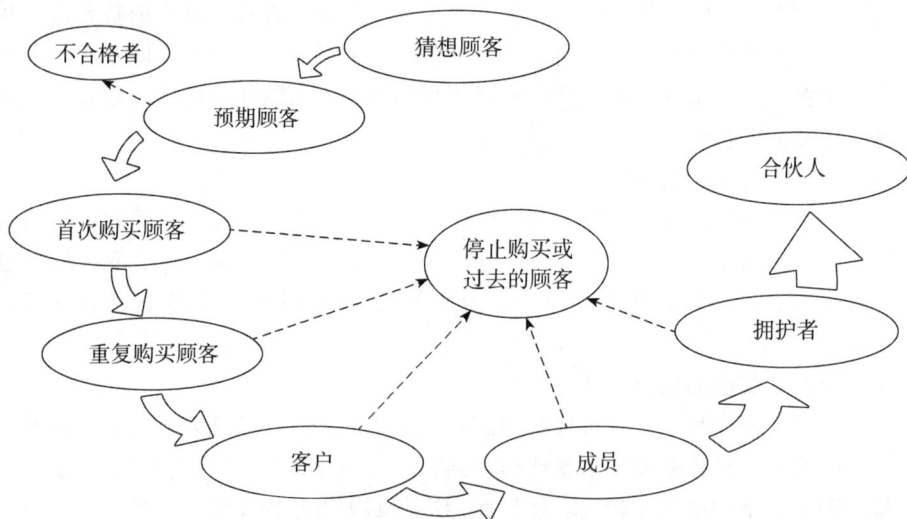

图2-5 顾客的发展过程示意图

（1）企业首先要分析第一个可能会购买产品或服务的人，即猜想顾客；

（2）企业通过接触猜想顾客，掌握顾客的需求、财务状况等信息，以确定哪些顾客是预期顾客，即那些看过产品介绍之后有意向、有机会和能力实施购买的顾客；

（3）企业要力争使预期顾客转变成首次购买顾客；

（4）企业要使首次购买顾客变成重复购买顾客；

（5）进一步地，企业通过加强与顾客的深入交往和沟通，使重复购买顾客成为企业的客户；

（6）更具挑战性的是企业把客户转化为企业的成员，即企业开始为那些长期购买的顾客提供整套利益计划方案；

（7）企业将成员身份的顾客转化为拥护者，拥护者可以为企业带来良好的口碑，并鼓励他人购买本企业的产品；

（8）企业将拥护者发展成企业的合伙人，让其参与企业营销方案的制订、产品的设计与开发等营销活动。

从图2-5可以看出，顾客的离开或者流失是不可避免的。从顾客成为首次购买顾客到成为企业的拥护者，随时都有可能停止购买或离开。那么，对企业来说，其最重要的是通过赢回战略，使那些不满意的顾客再次成为主动购买的顾客。一般来说，重新吸引失去的顾客要比寻找新顾客更为容易，因为企业知道流失顾客的姓名和购买历史，关键在于要通过沟通和对离开顾客的调查分析顾客变动的原因。

小阅读2-2

企业在吸引和维系顾客的投入和产出方面，存在以下一些有趣的数据：

（1）企业获取一个新顾客的成本是保留一个老顾客成本的5倍。转变一个当前供应商的满意顾客需要大量的努力。

（2）一个企业平均每年流失10%的顾客。

（3）一个企业如果将其顾客流失率降低5%，其利润就能增加25%～85%。

（4）顾客利润率主要来自延长老顾客的生命周期。

2.2.2 客户关系管理

1）客户关系管理的过程

客户关系管理（Customer Relationship Management，CRM）是一个对顾客个人详细信息及顾客的"接触点"进行认真管理，以最大化顾客忠诚的过程。其中，接触点（Touch Point）是任何顾客可能接触品牌或产品的机会，这种机会包括顾客的实际体验、个人或群体的交流、不经意的观察等。比如，对于一个旅馆来说，顾客的接触点包括房间预订、登记、交款、经常性项目、房间服务、业务服务、康体设施、洗涤服务、餐厅和酒吧等一切细节。

客户关系管理是企业进行顾客吸引与维系的有效方式，它使企业可以通过客户个人信息的有效利用来提供卓越的实时顾客服务。由于企业知道每个有价值的顾客信息，因此就可以以定制化的方式提供产品、服务、项目和信息等。

客户关系管理在吸引和维系顾客方面主要采用一对一营销模式，一对一营销与大规模营销存在一定的区别（见表2-1）。

表2-1　　　　　　大规模营销与一对一营销的区别

区别点	大规模营销	一对一营销
顾客性质	一般顾客	个性化顾客
了解顾客程度	不注重顾客名字	剖析顾客
产品差异性	标准产品	个性化产品
生产方式	大批量生产	定制化生产
分销方式	大批量分销	个性化分销
广告方式	大规模密集广告	个性化传播
促销方式	大规模密集促销	个性化激励
沟通方式	单向沟通	双向沟通
适用经济	规模经济	范围经济
追求目标	市场份额	顾客份额
顾客范围	所有顾客	有利益顾客
顾客关系重点	吸引顾客	维系顾客

其主要步骤如下：

（1）确定企业的潜在顾客和当前顾客。通过来自所有顾客接触点的信息，建立、维持和开发一个全面的顾客信息数据库。

（2）依据顾客的需要和顾客对企业的价值进行顾客细分，以便在最有价值的顾客身上进行更多的营销努力。

（3）与单个顾客进行交流和沟通，以增加对顾客个体需要的认识，建立更加强大的关系。

（4）为每一个顾客定制产品、服务和信息。通过企业的联系中心和网络来促进企业与顾客的交流。

2）客户关系管理的内容

（1）顾客满意度的管理

顾客满意度是一个很难测量的、不太稳定的顾客心理状态，它是衡量顾客是否愿意继续和企业维持关系的重要指标。如果企业顾客群的满意度普遍较高，那么说明企业与客户的关系是处于良性发展状态的；反之，企业则需在客户关系管理上多下功夫。顾客满意度的测量一般遵循以下几点：

① 顾客重复购买的次数和重复购买率。在一定时期内，顾客对产品或服务的购买次数越多，说明顾客的满意度越高；反之，则越低。

② 顾客对所购产品或服务的挑选时间。挑选时间越短，说明顾客满意度越高。

③ 顾客对企业的产品或服务购买的种类数量与购买百分比。如果顾客总是购买某个企业的产品或服务，那么顾客多半对企业是满意的。

④ 顾客对企业的产品或服务价格的敏感程度，即顾客对企业产品和服务价格变动的承受能力。如果价格的轻微变动都会引起顾客的转移，说明顾客的满意度是不高的。

⑤ 顾客对竞争对手产品和服务的态度。

⑥ 顾客对产品质量和服务质量事故的承受能力。当企业的产品或服务出现质量事故时，顾客如果能表现出容忍的态度，那么顾客对企业绝不是一般的满意。

（2）服务企业的客户关系发展途径

服务企业一般可以通过以下5种途径中的一种或几种发展与客户的关系：

① 吸引新顾客。不断通过营销努力争取更多的潜在顾客成为新顾客。

② 鼓励现有顾客购买更多单位数量的服务。

③ 鼓励现有顾客购买更高价值的服务或更新的服务。比如饭店鼓励老顾客吃更贵的菜，而不只是原来那几种。

④ 降低因有利的顾客不再光顾所带来的流失或变动的程度。

⑤ 适时终止没有盈利能力的、停滞不前的或者前景不好的客户关系，并代之以能够更好地同企业的利润、成长和定位目标相匹配的新顾客。事实上，并非目前所有的顾客关系都值得保留，有些顾客不再适合企业的定位策略，可能是因为策略本身发生了变化，或是因为顾客的需求和行为改变了，有些客户关系维持起来要比放弃它所带来的损失更大，这是需要注意的。

（3）发展客户关系的基本方法

贝里和帕拉索拉曼曾提出了一系列服务企业可以用来维持和加强客户关系的策略和方法，其中三个基本的方法是：公平对待顾客、提供附加服务以及开展大量顾客定制的服务营销。

①公平对待顾客

公平对待顾客是指服务企业应将企业与顾客置于平等的地位，而不要认为顾客是被动接受服务的，或者认为顾客是无知的。具体表现在：企业与客户都有各自的目标，或有利可图；企业能耐心地听取客户的意见，并迅速做出反应；双方必须开放有关交易的任何准确的信息，并且信守承诺。

公平与否，是一种感觉。顾客的不公平感可能来自企业很小的细节性失误，也可能来自制度和理念上的漏洞。例如，有些顾客抱怨一家旅馆不守信用，预订的客房无法按时入住，旅馆没有任何补偿行为，而顾客退房稍迟就要接受罚款，这明显具有不公平的倾向。企业在提供服务过程中，应始终关注这样做或这样规定对顾客是否公平的问题，只有这样，顾客才愿意和企业继续建立长期的关系。

②提供附加服务

提供附加服务就是指服务企业开展主营或核心服务之外的服务项目，并与主营服务相结合，用以与竞争对手相区别。实际上，营销人员提供附加服务是为了使总体服务更具有吸引力，要求企业找出顾客认为有价值的额外服务，这些服务经常是易于模仿的，具有财务上和实施上的灵活性。

也正是附加服务具有的易模仿性，使得它的潜在性利益减弱。例如，现在许多旅馆的客房里，枕边放着薄荷，浴室里加了大量的化妆品，早上送报纸，壁橱里甚至挂着毛巾布袍等。这些附加服务被顾客看作企业应该提供的，并且是有价值的。但这些服务又是极易被竞争对手在短时间内学去的，因此，附加服务的优势不会保持太久。所以，服务企业在附加服务的设计上，应该尽量突破其易被模仿的限制，达到三级关系营销的结构性优势，使竞争对手在模仿上有困难，这样就便于留住顾客。

③开展大量顾客定制的服务营销

这种方法就是把每个顾客都看成是一个细分市场，服务营销人员通过与顾客保持联系，并提供个性化服务，以留住他们。这就要求企业：一要提供给顾客接近服务的途径，每个顾客随时都可以将自己的意见反映到服务企业；二要主动与顾客交流，了解顾客的个性化需求，以便于提供个性化的服务；三要建立高度组织化和信息化的管理系统，用于管理大量顾客的需求信息，准确记忆单个顾客的资料，从而可以使服务更具有针对性，令每个顾客特殊需求的满足成为可能。

2.2.3 顾客流失的代价和顾客维系方法

1）顾客流失的代价

吸引新顾客和维系老顾客是关系营销不可或缺的两个组成部分，有的营销学者将这两个部分称为"两次行动"，并指出二次行动，即维系老顾客是更为重要的。如果这个环节没有被重视起来，则必然引起大量的顾客流失。这里有一个形象的比喻叫作

"漏桶理论"，如图 2-6 所示。桶代表企业的服务，桶上的洞是服务营销过程中出现的差错和缺陷，比如粗鲁无礼、技术水平低、质量差、选择性差、可靠性差和反应性差等。从桶里流出来的水流是曾经接受过企业服务的顾客。企业为了保住桶里的水，即企业有营业额，必须从桶顶注入新的水——新顾客来予以补充。这样的过程是昂贵的，即企业要付出很高的代价。顾客不断流失，企业将要付出的代价包括：

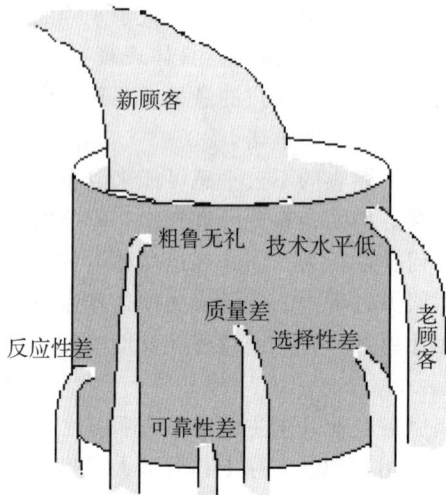

图 2-6　漏桶理论图示

（1）说服新顾客需要增加一定的费用

据经验估计：争取一个新顾客较说服一个老顾客再次购买至少多花 5 倍的费用，如果要想重新争取到一个因不满意而离开的顾客，则至少要多花 25 倍的费用。企业还要向新顾客提供初始服务，做大量的重复的前期宣传，这些都会导致企业成本的增加。

（2）老顾客离开带走了大量的销售额

美国《哈佛商业评论》杂志发表的一篇研究报告指出：多次光顾的顾客比初次登门的顾客可多为企业带来 20%～85% 的利润，当市场占有率达到 50% 以上时，重复购买和更新购买则会大大超出首次购买的数字。失去 20% 的老顾客意味着带走80% 的市场。

（3）因不满意而离开的顾客会给企业形象带来巨大的负面影响

研究表明，生气的顾客会将一次不愉快的经历告诉大约 11 个人，这 11 个人又会向别人诉说，最终甚至会有 60 多人知道此事。这种类似核裂变式的反应，给企业的形象造成的伤害是巨大的。企业必须拿出一定的资金去弥补企业形象的下降，从而使企业的经营成本又一次增加了。

2）顾客维系的方法

企业在维系顾客上可以通过以下 6 个方法：

（1）建立较高的顾客转换成本

当顾客发现转换品牌需要付出较高的资金成本、较高的新产品搜寻成本和失去忠诚顾客的优惠待遇时，他们就不会轻易地转向其他竞争企业。

（2）传递较高的顾客满意

高度满意的顾客很难被竞争企业的低价或其他利益诱惑手段所吸引和转移。在这一点上，企业对顾客投诉的反应的及时和有效，对于保持较高的顾客满意度是非常重要的。

（3）与顾客互动

对于维系顾客而言，倾听是至关重要的。很多公司已经建立了一套持续运作的机制以让管理者知晓顾客的反应。但是倾听只是营销手段的一部分，公司若期望能与顾客站在同一战线上，理解顾客的想法也同样重要。

（4）开发忠诚项目

顾客忠诚项目包括频繁奖励项目和俱乐部会员项目。频繁奖励项目指给予经常和大量购买产品和服务的顾客频繁的奖励。例如，航空公司针对特定的乘客提供会员卡，持这种卡可享受特殊的服务。俱乐部会员项目是公司成立的面向部分顾客开放的组织，倾向于建立长期的顾客忠诚。

（5）个性化营销

越来越多的公司已经意识到顾客关系管理中个人因素的重要性。公司根据各种顾客的个人需求和爱好，将产品和服务个性化、私人化，以强化顾客关系，将顾客变成客户。

（6）建立结构性联系

公司可以向顾客提供某种特定的设备或服务，以帮助客户管理他们的订单、账单、存货等。由于涉及较高的资金成本、搜寻成本和转换成本，顾客不会轻易转向购买其他公司的产品。

小阅读 2-3

有资料表明：96%的不满意顾客是不会投诉的，他们仅仅是停止购买，因此，最好的方法是企业使顾客投诉变得非常方便；在所有投诉的顾客中，有54%～70%的顾客在其投诉得到解决后，还会再次购买该企业的产品或服务；如果顾客感到投诉得到很快解决，该数字会上升到惊人的95%；顾客对企业的投诉得到妥善解决后，他们每人就会把处理的情况告诉他们遇到的5个人。

2.3　顾客关系营销

2.3.1　关系营销概述

1）关系营销的概念

关系营销是指企业着眼于长远利益，通过互利交换和共同履行诺言，建立、保持并加强与顾客之间的关系，以使关系各方都实现各自的目的。关系营销是把营销活动看成是一个企业与消费者、供应商、分销商、竞争者、政府机构及其他公众发生互动作用的过程，其核心是建立和发展与这些公众的良好关系。

目前，关系营销理论研究和实践，已从单纯的顾客关系扩展到了企业与供应商、中间商、竞争者、政府、社区等关系。关系营销涉及的市场范围也从消费者市场扩展到了供应商市场、内部市场、竞争者市场、分销商市场、影响者市场、招聘市场等，从而大大地拓展了传统市场营销的含义和范围。

▌小阅读2-4

关系营销是从"大市场营销"概念衍生、发展而来的。1984年，菲利普·科特勒提出了"大市场营销"概念，目的在于解决国际市场的进入壁垒问题。在传统的市场营销理论中，企业外部环境是被当作"不可因素"来对待的，其暗含的假设是，当企业在国际市场营销中面临各种贸易壁垒和舆论障碍时，就只得听天由命，无所作为。因为传统的4P组合策略，在贸易保护主义日益盛行的今天，已不足以打开封闭的市场。要打开封闭的市场，企业除了需要运用产品、价格、分销及促销四大营销策略外，还必须有效运用政治权力和公共关系这两种营销工具。这种策略思想称为大市场营销。虽然关系营销概念直接来自科特勒的"大市场营销"思想，它的产生和发展同时也得益于对其他科学理论的借鉴、对传统营销理念的拓展以及信息技术浪潮的驱动。

▌小拓展2-7

20世纪90年代之后，关系营销成为市场营销研究的重点（见图2-7）。关系营销的早期定义是吸引、维系以及通过多种形式发展与顾客的关系。后来，许多营销学者给出了各自的定义，但是基本上没有离开关系营销的实质，即致力于与顾客建立和维持一种良好的关系，以谋得长期的利益。

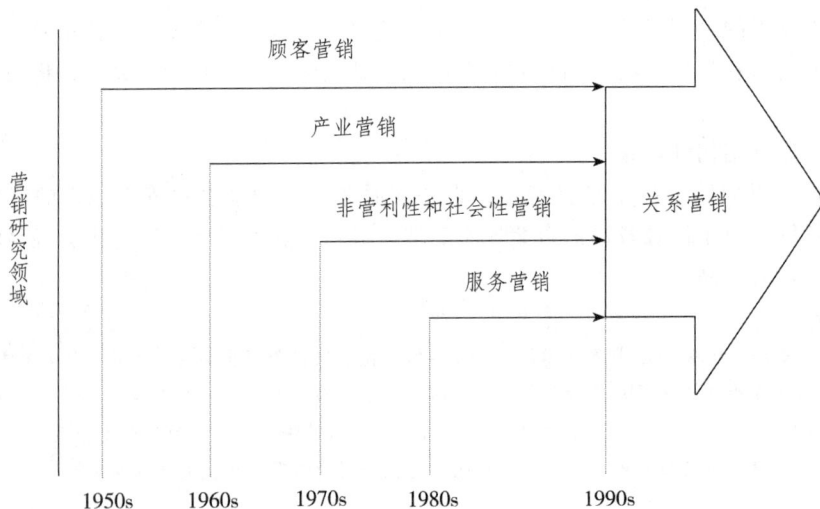

图2-7 营销研究领域的演进[①]

2）关系营销与交易营销的区别

企业要与顾客建立和发展深入的关系，首先要了解关系营销同传统的交易营销的区别（见表2-2）。交易营销与关系营销适合于不同类型的顾客和市场环境，但越来越多的企业已经意识到了与其关键成员建立长期稳定交易关系的重要性，这种关系是长期导向的，并且建立在相互信任的基础上，其结果是关系双方的"双赢"。而这种关系的维系与发展则有赖于不断的承诺和给予对方高质量的产品、优质的服务和卓越的价值。

---

① 佩恩. 服务营销［M］. 郑薇，译. 北京：中国人民大学出版社，1997：30.

表2-2 交易营销与关系营销的区别

营销方式 项目	交易营销	关系营销
适合的顾客	目光短浅和低转换成本的顾客	具有长远眼光和高转换成本的顾客
核心概念	交换	建立与顾客之间的长期关系
企业的着眼点	近期利益	长远利益
企业与顾客的关系	不牢固，易被竞争者吸引	比较牢固，竞争者很难破坏这种关系
对价格的看法	是主要的竞争手段	不是主要的竞争手段
企业强调	市场占有率，不一定要顾客满意	回头客比率、顾客忠诚度与长期关系
营销管理追求	单项利润的最大化	追求与对方互利关系的最佳化
市场风险	大	小
了解对方文化背景	没有必要	非常必要
最终结果	未超出"营销渠道"的概念范畴	超出"营销渠道"的概念范畴，可能成为战略伙伴，发展成为营销网络

2.3.2 关系营销的层次

关系营销可以分为一级关系营销、二级关系营销和三级关系营销（三者关系如图2-8所示）。这三个层级的关系营销依次加大了企业为维护与顾客的关系的投入，同时也提升了企业与顾客关系的质量。

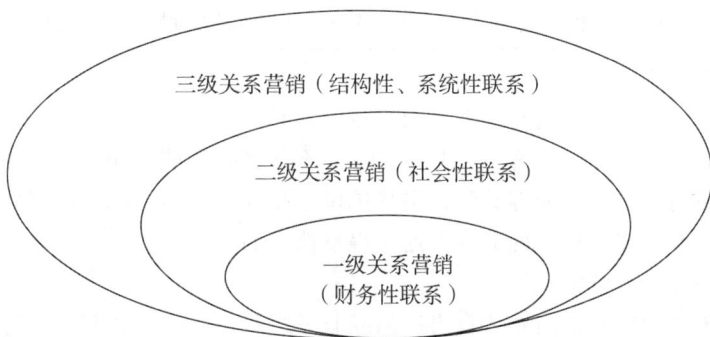

图2-8 关系营销层次之间的关系

（1）一级关系营销。一级关系营销主要是进行财务性联系，即指营销人员主要使用价格刺激来鼓励顾客与企业进行更多的交易。例如，超级市场经常向顾客提供打折、购物优惠卡或者额外的赠券。

（2）二级关系营销。二级关系营销主要是进行社会性联系，比一级关系营销优越得多。二级关系营销强调个性化服务和把潜在顾客、新顾客变成关系顾客。它并不是放弃了价格因素的重要性，而是在财务性联系基础上寻求与顾客建立社会性的联系。二级关系营销强调企业的营销人员了解顾客的想法和需要，注意顾客的细节，比如记住顾客的名字或将顾客资料存入顾客信息数据库，以备随时调用。企业应该赞赏服务人员与顾客建立良好的社会关系，虽然这种社会关系通常不能克服高价或劣质，但是它能在顾客缺少交易伙伴的强烈动因的情况下，与顾客保持联系。

（3）三级关系营销。三级关系营销通过结构性、系统性的联系来巩固与顾客的关系，比上述一级、二级关系营销在营销范围和使用的资源上提高了一个层次。所谓结构性、系统性是指企业的产品和服务经常被设计成一个价值的传递系统，而不仅仅依靠个人与顾客建立关系的行为。如果三级关系营销实施得好，将会增加顾客转向竞争者的机会成本，因为他们将放弃很多东西，同样，也会吸引更多的竞争者的顾客，因为他们将得到更多的东西。三级关系营销的产品或服务经常以技术为基础，并能为顾客提高效率和产出。

2.3.3　关系营销的类型及其选择

1）关系营销的类型

按照企业与顾客关系的水平不同，关系营销可以分为5种类型（见表2-3）。

表2-3　　　　　　　　　　关系营销的类型及其基本特征

类型	基本特征
基本关系营销	企业只是简单地出售产品
被动式关系营销	企业出售产品，并鼓励顾客，如有什么问题、建议或不满意就打电话给公司
负责式关系营销	企业在售后不久就打电话给顾客，以了解产品是否与顾客的期望相吻合，推销员还从顾客那里征集各种有关改进产品的建议及任何不足之处
主动式关系营销	企业经常与顾客用电话联系，讨论有关改进产品用途或开发新产品的各种建议
伙伴式关系营销	公司与顾客一起找出影响顾客的花钱方式或者帮助顾客更好的行动的途径

（1）基本关系营销

基本关系营销是指企业与顾客之间发生的起码的交易关系。在顾客与企业的服务接触后，企业不再做出任何努力去联系顾客，不作售后的调查和咨询等工作。一般来讲，这种关系适用于企业顾客数量较多且单位产品或服务的边际利润很低，再做过多营销关系努力就会增加很大的成本，这是得不偿失的。

（2）被动式关系营销

被动式关系营销是指当企业售出产品或服务之后，一旦有顾客找上门来咨询或提出不满意见时，企业有专门负责接待和处理此事的相关部门。

（3）负责式关系营销

负责式关系营销是指企业对售出的产品或服务在顾客方面的感受表现出负责的态度。企业会通过各种途径了解产品或服务是否达到顾客的预期，并且收集顾客有关改进产品或服务的意见，把这些信息及时反馈给企业各相关部门。

（4）主动式关系营销

主动式关系营销是指企业的服务营销人员经常主动地与顾客取得联系，询问顾客对产品或服务的感受，并征询顾客对企业的各方面意见，或是提供新服务和产品的信息，促进新产品和服务的销售。

（5）伙伴式关系营销

伙伴式关系营销是指企业与顾客之间高度亲密和平等的关系，一项服务或产品的设计、生产到最后销售出去，都需要企业和顾客的共同参与。比如，飞机制造公司卖给某个国家航空公司的飞机，需要按照用户的要求进行产品开发与生产，并与其保持紧密的联系。这种营销关系适用于顾客很少，但产品和服务的边际利润很高的企业。

2）关系营销的选择

在明确了上述 5 种顾客关系类型的基础上，企业可以根据其顾客或分销商数量的多少、产品或服务边际利润水平的高低来选择关系营销的类型（如图 2-9 所示）。

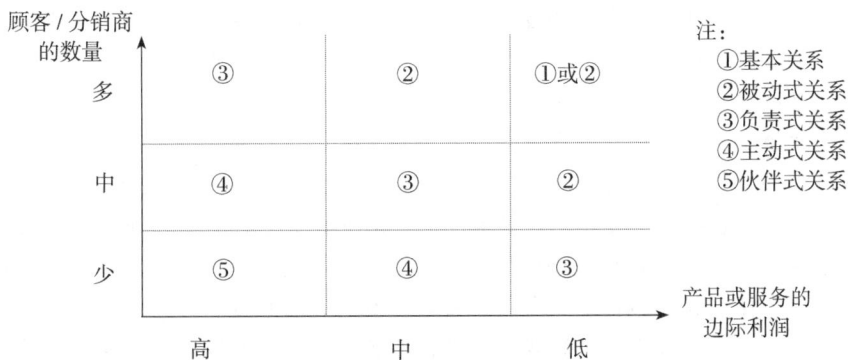

图 2-9　关系营销的选择

如果企业拥有为数众多的顾客，并且其产品或服务的边际利润比较低，适合的关系营销层次就是基本型营销。比如，可口可乐公司并不想给每一位购买其饮料的顾客打电话向其表示感谢，甚至多对顾客的问题做出解答。如果企业的顾客很少且产品或服务的边际利润也很高，企业就应该采取伙伴型营销来维护、发展与其顾客的关系。如像波音公司这种特殊产品和大型产品的生产企业就需要与其顾客保持紧密的合作关系，按照顾客的要求来设计和生产，以满足其特殊的需求。在这二者之间的其他情况，则适用其他几个类型的关系营销。

本章小结

顾客感知利益是总顾客利益与总顾客成本之间的差额。总顾客利益包括产品利益、服务利益、人员利益和形象利益 4 个方面；总顾客成本包括货币成本、时间成本、精力成本和心理成本 4 个方面。

顾客长期价值是指企业在与其利益顾客长期交易中所能获得的利益。其中，利益顾客是指能给企业带来持续收入的顾客（个人、家庭或企业），并且该收入应超过企业用于吸引、销售和服务于该顾客所花费的成本。顾客终身价值是指在维持顾客的条件下，企业从该顾客持续购买中所获得的未来利润流的现值。顾客资产是指企业所有顾客终身价值的贴现总值。

　　顾客忠诚是指顾客在对某一产品或服务的满意度不断提高的基础上，重复购买该产品或服务，以及向他人热情推荐该产品或服务的一种行为表现。一般来说，企业可以通过调查顾客的重复购买次数及重复购买率，产品或服务购买的种类、数量与购买百分比，顾客购买挑选的时间，顾客对价格的敏感程度，顾客对竞争产品的态度以及顾客对产品质量事故的承受能力来衡量顾客的忠诚度。

　　企业的顾客发展需要经过一个演变过程，依次包括猜想顾客、预期顾客、首次购买顾客、重复购买顾客、客户、成员、拥护者、合伙人。企业吸引和维系顾客重要的方式是进行客户关系管理，即对顾客个人详细信息及顾客的"接触点"进行管理，以最大化顾客忠诚。客户关系管理在吸引和维系顾客方面主要采用一对一营销模式。企业在维系顾客上可以采用建立较高的顾客转换成本、传递较高的顾客满意、与顾客互动、开发忠诚项目、个性化营销和建立结构性联系等方法。

　　关系营销是把营销活动看成一个企业与消费者、供应商、分销商、竞争者、政府机构及其他公众发生互动作用的过程，其核心是建立和发展与这些公众的良好关系。关系营销分为3个层次：一级关系营销，主要是进行财务性联系，即指营销人员主要使用价格刺激来鼓励顾客与企业进行更多的交易；二级关系营销，主要是进行社会性联系，强调个性化服务和把潜在顾客、新顾客变成关系顾客；三级关系营销，通过结构性、系统性的联系来巩固与顾客的关系，即指企业的产品和服务经常被设计成一个价值的传递系统，而不仅仅依靠个人与顾客建立关系的行为。

　　按照企业与顾客关系的水平不同，关系营销可以分为5种类型，即基本关系营销、被动式关系营销、负责式关系营销、主动式关系营销和伙伴式关系营销。企业可以根据其顾客或分销商数量的多少、产品或服务边际利润水平的高低来选择关系营销的类型。

复习思考题

1.简述顾客感知利益的构成。
2.总顾客成本由哪些成本构成？
3.试述如何通过价值链实现顾客感知利益。
4.试述价值让渡网络与顾客感知利益的关系。
5.简述顾客感知利益与顾客满意的关系。
6.顾客终身价值的含义是什么？
7.顾客资产的含义是什么？请你谈谈对顾客资产构成的理解。
8.什么是忠诚顾客？顾客忠诚的特征有哪些？
9.衡量顾客忠诚度应通过哪几个方面？
10.简述顾客的发展过程。

11. 试述你对客户关系管理的理解。

12. 简述维系顾客的方法。

13. 什么是关系营销？

14. 关系营销分为哪几个层次？

15. 简述关系营销的类型。

16. 关系营销与交易营销有哪些区别？

案 例

新加坡航空公司如何保持顾客忠诚度

如何通过高质量的产品或者服务保持顾客的忠诚度，这是一个令众多公司绞尽脑汁、冥思苦想的问题，因为忠诚的顾客往往带来高额的商业利润。不可否认，享誉世界的新加坡航空公司无疑是最有资格回答这一问题的公司之一。

1) 关注客户——优质服务塑造客户对公司的忠诚度

"不管你是一名修理助理，还是一名发放工资的职员，或者是一名会计，我们能有这份工作，那是因为客户愿意为我们付费，这就是我们的'秘密'"。新加坡航空公司前总裁 Joseph Pillay 在创业伊始就不停地以此告诫员工，塑造和灌输"关注客户"的思想。事实上，正是持之以恒地关注客户需求，尽可能为客户提供优质服务，新加坡航空公司才有了今天的成就。

在40多年的经营中，新加坡航空公司总是果断地增加最好的旅客服务，特别是通过旅客的需求和预测来推动自身服务向更高标准前进。早在20世纪70年代，新加坡航空公司就开始为旅客提供可选择餐食、免费饮料和免费耳机服务；20世纪80年代末，新加坡航空公司开始第一班新加坡至吉隆坡之间的"无烟班机"；1992年年初，所有飞离新加坡的新加坡航空公司客机都可以收看美国有线电视网络的国际新闻；2001年，新加坡航空公司在一架从新加坡飞往洛杉矶的班机上首次推出了空中上网服务——乘客只需将自己的手提电脑接入座位上的网络接口，就可以在飞机上收发电子邮件和进行网上冲浪。在过去3年内，新加坡航空公司花费将近4亿元提升舱内视听娱乐系统，为将近七成（所有远程）飞机换上这个系统，花费了超过6亿元提升机舱娱乐设施和商务舱座位。

随着竞争的加剧，客户对服务的要求也像雨后春笋一样疯长，"人们不仅仅把新加坡航空公司和别的航空公司做对比，还会把新加坡航空公司和其他行业的公司从多个不同的角度进行比较"。为了在竞争中保持优势地位，新加坡航空公司成了世界上第一家引入国际烹饪顾问团和品酒师的航空公司，该顾问团每年为新加坡航空公司提供4次食谱和酒单。硬件只是基础，软件才是真功夫。

当然，服务的一致性与灵动性同时受到关注。比如，怎样让一个有十三四个人的团队在每次飞行中提供同样高标准的服务？新加坡航空公司在对服务进行任何改变之前，所有的程序都会经过精雕细琢，研究、测试的内容包括服务的时间和动作，并进行模拟练习，记录每个动作所花的时间，评估客户的反应。

2）向内"吆喝"——培育员工对公司的忠诚度

所有培育客户忠诚度的理念文化、规章制度都需要人来执行。这就意味着，如果新加坡航空公司内部员工没有对公司保持足够的满意度和忠诚度，从而不努力工作，没有把好的服务传递给顾客，那么，客户的忠诚度将无从谈起。

注意倾听一线员工的意见，关注对员工的培训，这些都是新加坡航空公司能够在市场上取得优异表现的根本所在。换句话说，只有内部员工对企业忠诚，才能使外部客户对企业忠诚。

"新加坡航空公司对待员工的培训几乎到了虔诚的地步！"在以动态和专注于培训而闻名的新加坡航空公司，从上到下，包括副总，每个人都有一个培训的计划，一年会有9 000名员工被送去培训。新加坡航空公司所属的新加坡航空集团有好几个培训学校，专门提供几个核心的职能培训：机舱服务、飞行操作、商业培训、IT、安全、机场服务和工程。即使在受到经济不景气打击时，员工培训仍然是新加坡航空公司重点优先投资的项目。假如你完成了很多培训课程，就可以休息一段时间，甚至还可以去学习一门语言，做一点儿新的事情，其目的是"使员工精神振奋"。

注意倾听一线员工的意见是新加坡航空公司的另一个传统，因为他们认为机组人员和乘客的接触是最紧密的，他们是了解客户的"关键人物"。

新加坡航空公司不仅仅致力于为客户提供优质的服务，而且通过各种方式力求达到服务成本与商业利润之间的平衡。的确，新加坡航空公司希望提供最好的座椅、最好的客舱服务、最好的食物以及最好的地面服务，但是它同时还要求代价不能太高。

1972年，新加坡航空公司还只是一个拥有10架飞机的小型航空公司，如今，几乎每年新加坡航空公司都会获得各种世界性的营销服务大奖，也一直是世界上最盈利的航空公司之一。对于这家保持领先30多年，并总是能够获得丰厚利润的航空公司而言，成功的原因可能很多，但是，"致力于培养员工和客户对企业的忠诚度"无疑是其中一个重要的因素。

资料来源　丁兴良. 大客户战略服务［EB/OL］.［2016-11-20］. http：//www.chinadmd.com/file/azesuoeccuovu6useeacpuir_1.html.

第3章 服务营销环境分析与调研

3.1 服务营销环境概述

3.1.1 服务营销环境的含义、构成与特征

1）服务营销环境的含义

服务营销环境是指影响服务企业生存和发展、制约服务企业营销决策的内外部各种因素和力量的集合。营销环境包括企业为之制定相应营销策略的不可控行动者与力量。具体的含义就是：一个企业的营销环境由企业营销管理职能外部的行动者与力量所组成，这些行动者与力量冲击着企业营销管理当局发展和维持同目标顾客进行成功交易的能力。

▌小阅读 3-1

对服务营销环境的认识是一个不断发展的过程。20世纪初，西方的企业仅将销售市场作为营销环境。到了20世纪30年代以后，政府、工会、竞争者等对企业有利害关系者被看作环境因素；进入20世纪60年代，西方企业家又把自然生态、科学技术、社会文化等作为重要的环境因素；20世纪70年代以来，随着资本主义国家政府对经济干预力度的加强，西方企业家开始重视对政治、法律环境的研究，这种对市场营销环境研究不断扩大的过程，国外市场学称之为"企业的外界环境化"；20世纪80年代后期至90年代，企业家们普遍认识到环境对其企业生存和发展的重要性，因而将对环境的分析研究作为企业营销活动最基本的课题。

2）服务营销环境的构成

（1）微观环境和宏观环境

企业的营销环境主要由微观环境和宏观环境两部分构成。微观环境是指那些直接影响企业为市场服务能力的行动者，如企业、供应商、营销中介、顾客、竞争者和公众。宏观环境是指那些影响企业微观环境所有行动者的较大力量，即人口的、经济的、物质的、技术的、政治法律的和社会及文化的力量。

（2）可控因素和力量与不可控因素和力量

按照影响营销因素和力量的可控性来分，这些因素又由可控因素和力量与不可控因素和力量二者构成。其中可控因素和力量主要是指企业的营销管理职能范围内的职能与活动，如产品、价格、促销和分销等；不可控因素和力量主要是指与企业的营销活动有密切联系的外部行动者以及较大的社会力量，如顾客、中间商、竞争者、公众以及政治、法律、经济、社会技术等（如图3-1所示）。

▌小提示 3-1

环境与外界是有区别的。外界是指除了属于企业内部资源及其影响因素之外的一切东西。它显然包括影响企业生存和发展的企业营销管理职能外部的各种因素和力量，即包括企业的营销环境，环境是外界的子集（如图3-2所示）。

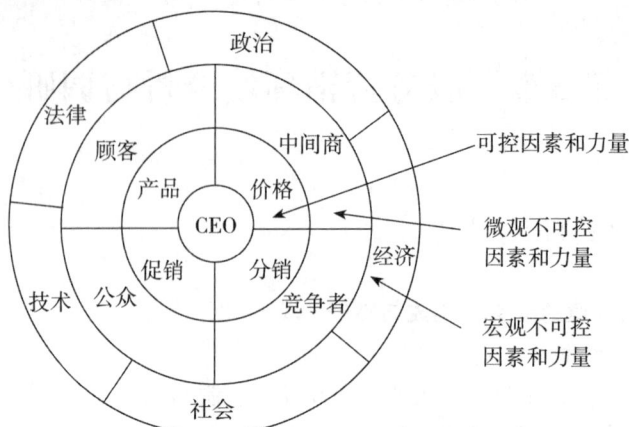

图3-1　市场营销环境构成图

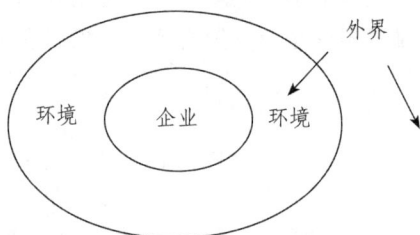

图3-2　环境与外界的关系示意图

　　影响营销环境的因素和力量之间的关系不是明确清晰和固定不变的。这些因素和力量都存在于一个"模糊集"当中，可控与不可控因素和力量之间的界限以及宏观和微观环境之间的界限也不是明确和稳定的，即影响营销环境的因素和力量始终处于动态的不断变化的状态，它们之间没有明确的界限。但是，研究营销环境可以在某一时间或空间抓取瞬时的营销环境场景，然后在相对稳定的假设前提下进行综合分析和调研。

　　"边界漂移假说"认为企业存在双重边界：一是法律边界，也叫所有权边界，是由企业所有或自有的资源要素构成的边界；二是营销边界，是指企业外部的利益相关群体和其他可利用资源构成的边界。营销边界可以比法律边界小，也可以比它大。法律边界在一定时期内相对稳定，一旦变化，法律边界有逐渐缩小的趋势。而营销边界是频繁变动的，没有固定的形态，从长期来看，营销边界的变化是不断扩大的。

　　3）营销环境的特征

　　随着社会和经济的发展变化，企业的营销环境呈现出以下几个特征：

　　（1）"外界环境化"的趋势

　　"外界环境化"指原来处于企业营销环境之外的外界因素和力量进入企业营销环境，与企业的营销活动联系更为密切。

　　（2）环境因素主次地位互换

　　环境因素主次地位互换是说原来营销环境的主导因素变为次要因素，或者原次要因素变成主要因素。比如，我国从计划经济体制转变为市场经济体制过程中，顾客这一要素的地位就发生了根本的变化。

（3）环境因素的可控性不断变化

比如计划经济时期，国有企业垄断市场，价格这一因素是企业可以控制的，而随着市场经济的确立，竞争程度不断升级，使价格越来越成为企业只能被动接受的因素。

小拓展 3-1

虽然服务营销环境在各个时期是不同的，但其仍具有如下几个特点：

（1）客观性。企业总是在特定的社会经济和其他外界环境条件下生存、发展的。

（2）差异性。这不仅表现为不同的企业受不同环境的影响，而且同样一种环境因素的变化对不同企业的影响也不相同。

（3）相关性。市场营销环境是一个系统，在这个系统中，各个影响因素是相互依存、相互作用和相互制约的。

（4）动态性。营销环境是企业营销活动的基础和条件，这并不意味着营销环境是一成不变的、静止的。

（5）可影响性。企业可以通过对内部环境要素的调整与控制，来对外部环境施加一定的影响，最终促使某些环境要素向预期的方向转化。

3.1.2 服务营销环境要素

1）宏观营销环境要素

宏观营销环境是指那些给企业造成市场机会和威胁的主要社会力量，包括人口环境、经济环境、自然环境、技术环境、政治与法律环境及社会与文化环境。

（1）人口环境

人口是构成市场的基本要素，因此，人口环境与市场营销的关系十分密切。在收入水平一定的条件下，人口的多少直接决定市场潜在容量的大小。世界人口的规模、地理分布、人口密度、流动趋势、年龄构成、出生率、结婚率、死亡率，以及人种、种族和宗教结构等人口特性，对市场需求格局和企业的市场营销活动产生深刻的影响。人口环境对营销的影响主要表现在人口结构上，即人口的年龄结构、性别结构、家庭结构、社会结构以及民族结构。

小阅读 3-2

目前，世界人口环境的主要变化趋势有：世界人口迅速增长；美国等发达国家的人口出生率下降，儿童减少；许多国家的人口趋于老龄化；许多国家的家庭状况在变化；西方国家非家庭住户迅速增加；有些国家的人口流动性大，人口从农村流向城市，从城市流向郊区；有些国家的人口由多民族构成。

（2）经济环境

经济环境是指影响消费者货币收入、生活费用、利率、储蓄及举债方式等的主要经济变量。市场需求不仅需要人口，还需要购买力。消费者的实际购买力及消费支出模式的变动趋势值得营销者密切关注。此外，经济发展水平、经济体制、地区与行业发展状况、城市化程度和国家经济政策的变化等经济因素对企业营销活动也具有间接影响。

消费者收入是影响购买力的最重要因素，因为消费者的购买力来自消费者的收入。消费者的收入主要来自消费者个人工资、红利、租金、利息、退休金、馈赠等方面。分析购买力，要区别可支配的个人收入和可随意支配的个人收入。可支配的个人收入是影响消费者购买力和消费者支出的决定性因素。可随意支配的个人收入的总量、支出结构是影响奢侈品、汽车、旅游用品等商品销售的主要因素。名义收入（货币收入）和实际收入是不一致的，由于通货膨胀、失业和税收等的影响，名义收入增加而实际收入却可能下降，实际收入会影响实际购买力。

消费者支出模式也受消费者收入的影响。此外，消费者支出模式还受家庭生命周期的阶段和消费者家庭所在地点的影响。恩格尔曲线显示了收入与消费支出模式的关系，即随着家庭收入增加，恩格尔系数（家庭收入中用于购买食品的支出所占的比重）不断下降（如图3-3所示）。同时，用于住宅建筑和家务经营的支出占家庭收入的比重基本不变，用于其他各方面（如服装、交通、娱乐、卫生保健、教育）的支出和储蓄占家庭收入的比重会逐渐上升。

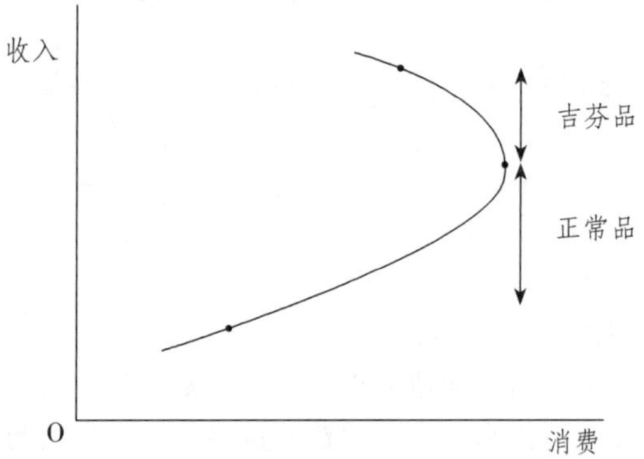

图3-3　恩格尔曲线

消费者储蓄和消费信贷及其变化对社会购买力和消费者支出也有直接的影响。在一定时期内货币数不变的情况下，储蓄增加，购买力和消费支出便减少；储蓄减少，购买力和消费支出便增加。消费者还可以通过消费者信贷来增加购买力。目前，消费者信贷主要有短期赊销、购买住宅的分期付款、购买昂贵消费品的分期付款、信用卡信贷四种形式。

（3）自然环境

自然环境主要是指自然界的物质资料和物质产品，它们是构成市场的物质基础，主要包括矿产资源、森林资源、土地资源、水力资源等。目前，自然环境的变化主要呈现的动向有：一是某些物质资源即将短缺，如粮食、石油和煤、铀、锡、锌等矿物；二是能源成本增加，这会导致一些主要依靠自然资源的企业生产经营成本的上升；三是环境污染程度日益增加，企业所要负担的社会成本会有所增加；四是政府对自然资源管理与环境保护方面的干预日益加强。

（4）技术环境

技术环境包括创造性的新技术的发展变化以及技术的发展趋势。技术又被企业界称为"创造性的破坏力"，一旦本企业的产品被新技术产品替代，那么有可能对这个企业造成致命的打击。因此，企业应该注意以下几种技术环境的变化趋势：一是技术变革步伐加快，技术革新的周期已经大大缩短；二是革新机会无穷无尽，各种各样的领域里技术革新的可能性都在上升；三是研究费用和开发预算不断变化，总的趋势是不断的、大幅度的增加；四是新技术革命对消费模式产生冲击，比如电脑、网络和传真机的普及应用已经使得笔和墨水等文具的销量下降了；五是关于技术变革的规定逐渐增多，技术变革后的知识产权保护体系不断完善。

（5）政治与法律环境

政治与法律环境是由政府、法律机构和在社会上对各种组织及个人有影响和制约的压力集团构成的。其中，对企业营销环境影响力最大的三种力量是：对企业进行管理的大量立法；政府机构更严的执法；公众利益团体增强的力量。

政治环境指企业市场营销活动的外部政治形势和状况以及国家方针政策的变化对市场营销活动带来的或可能带来的影响。政治因素调节着企业营销活动的方向，法律则为企业规定商贸活动行为准则。政治与法律相互联系，共同对企业的市场营销活动发挥影响和作用。

（6）社会与文化环境

社会与文化环境一般是指在一种社会形态下已经形成的信息、价值、观念、宗教信仰、道德规范、审美观念以及世代相传的风俗习惯等被社会所公认的各种行为规范。社会与文化环境是较为复杂的，它不像其他环境那样显而易见或易于理解，但却又时刻影响着企业的营销活动。它主要包括人们赖以成长和生活的社会形成的基本信仰、价值观念与生活准则。人们几乎是不自觉地接受了规定着他们相互之间，与其他人、组织、社会，与自然界及与宇宙关系的世界观。

小提示 3-2

企业在营销过程中需要注意的其他文化特点主要有：核心文化价值观念具有高度的持续性；亚文化由有共同的价值观念体系所产生的共同生活经验或生活环境的人类群体所组成；次文化价值观念随时间的推移而发生变化。企业必须制造符合社会核心价值观和次文化价值观的产品，增加在社会上对不同亚文化产品的需要的满足。

小阅读 3-4

进入 21 世纪，我国企业面临的宏观营销环境的变化主要有：

（1）从政治、社会和经济环境来看，政企职责分开后，联结企业与政府的隶属关系被切断，企业进入法人治理结构阶段。政府对企业的行政干预转变为政策上的宏观调控，完善的法制体系将规范、制约企业行为。

（2）从市场的变化趋势上来看，我国买方市场已逐步形成，各类商品和劳务供求总态势是供大于求，消费需求趋向选择性、个性化、档次化、感性化。统一的单一需求的大市场不复存在，无差异化目标市场战略将逐渐失效。市场竞争加剧，行业渗透加强，竞争在愈来愈多的行业中变得异常严酷。我国已加入 WTO，伴随着信息技术革命，每个企业都将面临全球化挑战。

（3）从消费者需求行为上来看，流行化消费、商品大众化、消费趋向品牌化、消费者推崇感性消费和软性消费等逐渐成为消费行为的趋势。

（4）从社会人文环境来看，灰领阶层将成为社会的主力军。灰领阶层是指在经营决策、研究开发、技术攻关、工程设计或市场开拓等领域内，具有高度专门知识和技能的人。企业文化将成为重要的软性经营资源。

（5）从技术环境来看，高、精、尖技术将以更快的速度被开发运用，知识力将成为继经济力、资本力之后的重要推力。数字化信息革命极大地改变了全球政治、经济、文化格局，同时给企业的市场营销活动带来了巨大的冲击。

2）微观营销环境要素

微观营销环境是指对企业服务其顾客的能力构成直接影响的各种力量。它包括企业本身及中间商、顾客、竞争者和公众（如图 3-4 所示）。供应商-企业-营销中介-顾客这一链条构成了企业的核心营销系统。一个企业的成功还受到另外两个群体的影响，即竞争者和公众。这些都属于不可控的微观营销环境，但并不是绝对不可控的，企业可以通过努力对这些因素进行不同程度的控制。

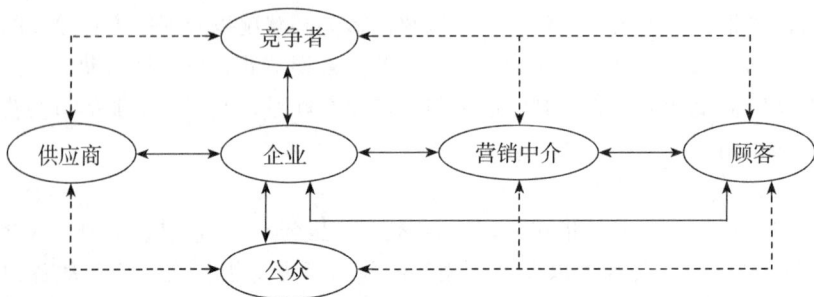

图 3-4　企业的微观营销环境要素

（1）供应商

供应商是向企业及其对手供应生产产品或劳务所需要的各种资源的企业和个人。企业要选择在质量、价格、服务及运输、信贷、承担风险等方面条件最好的供应商。

（2）营销中介

营销中介是协助企业推广、销售和分配产品给最终购买者的那些单位，主要包括中间商、实体分配公司（仓储公司、运输公司、货物搬运公司）、营销服务机构（调研公司、广告公司、咨询公司等）及金融机构（银行、信托公司、保险公司）等。中间商又分为商人中间商和代理中间商。前者是从事商品购销活动，并对其所经营的商品拥有所有权的中间商。后者是协助买卖成交，推销商品，但对所经营的商品没有所有权的中间商。实体分配公司协助企业储运产品。营销服务机构协助企业选择目标市场，帮助企业向选定的市场推销产品。金融机构为企业的生产和销售融通资金。

（3）顾客

顾客构成市场，是企业经营活动的出发点和归宿，是企业的生存之本，企业的营销活动是以满足顾客的需要为中心的。按照购买者及其购买目的的不同，整个顾客市场可以分为五类：消费者市场，是为了个人消费而购买的个人和家庭所构成的市场；生产者市场，是为了生产、取得利润而购买的个人和企业所构成的市场；中间商市场，是为了转卖、取得利润而购买的批发商和零售商所构成的市场；政府市场，是为了履行职责而购买的政府机构所构成的市场；国际市场，是由国外的消费者、生产者、中间商、政府机构等构成的市场。企业必须认真地研究顾客的类别、需求特点、购买欲望和动机、购买规律以及从事购买的人员或组织的特点、购买方式等，以全面、细致地理解自己的目标顾客。

（4）竞争者

企业必须识别和战胜自己的竞争对手，才能在激烈的竞争中立于不败之地。对于企业来说，并非仅仅迎合目标顾客的需求，而是要通过有效的产品定位，使本企业产品与竞争者产品相比，在顾客心目中形成明显差异，取得竞争优势。从消费者的角度划分，企业的竞争者包括：愿望竞争者，即提供不同产品以满足消费者的不同需求的竞争者；平行竞争者，即能满足购买者某种愿望的各种方法的竞争者；产品形式竞争者，即能满足购买者某种愿望的各种产品型号的竞争者；品牌竞争者，即能满足购买者某种愿望的同种产品的各种品牌。

小提示 3-3

产品形式竞争者和品牌竞争者是同行业中的竞争者。在同行业竞争中，卖方密度、产品差异和进入难度的变化是3个特别需要重视的方面。卖方密度是同一行业或同一类产品经营中卖主的数目。产品差异是指同一行业中不同企业生产同类产品的差异程度。进入难度是指企业试图进入某行业的困难程度，特别是技术难度和资金规模。另外，原材料供应者和顾客的讨价还价能力与潜在加入者的潜在威胁也是企业必须考虑的竞争因素。

（5）公众

公众是指对企业营销活动有实际或潜在兴趣和影响的群体。公众一般有以下几种类型：金融公众，指关心并可能影响企业获得资金能力的团体；媒体公众，指报社、杂志社、广播电台和电视台，以及门户网站等大众传播媒介；政府公众，指负责企业的业务、经营活动的政府机构和企业的主管部门；群体公众，指消费者组织、环境保护组织及其他群众团体；当地公众，指企业所在地附近的居民和社区组织；内部公众，指企业内部的所有员工和管理者；一般公众，指对企业产品并不购买，但深刻地影响着消费者对企业及其产品的看法的个人。

小提示 3-4

从更微观的角度来看，市场营销部门还要面对企业内部的营销环境。企业内部营销环境要素主要是指企业内部除营销部门以外的其他职能部门，如高层管理者、制造部门、采购部门、研究与开发部门、财务部门等。市场营销部门通常由市场营销副总裁、销售经理、推销人员、广告经理、市场营销研究经理、市场营销计划经理、定价专家等组成。市场营销部门在制定决策时，首先要考虑其他业务部门的情况，与之密切协作，共同研究制订年度和长期计划。其次要考虑最高管理层的意图，以最高管理层制定的企业任务、目标、战略和政策等为依据，制订市场营销计划，并报最高管理理层批准后执行。

企业内部营销环境要素还可以划分为三类：人、企业文化和企业组织结构。人员是企业营销策略的确定者与执行者，是企业最重要的资源。企业管理水平高低、规章制度的优劣决定着企业营销机制的工作效率；资金状况与厂房设备等条件是企业进行一切营销活动的物质基础，这些物质条件的状况决定了企业营销活动的规模。

此外，企业文化和企业组织结构是两个需要格外注意的内部环境要素。企业文化是指企业的管理人员与职工共同拥有的一系列思想观念和企业的管理风貌，包括价值标准、经营哲学、管理制度、思想教育、行为准则、典礼仪式以及企业形象等，它在调动企业员工的积极性，发挥员工的主动创造力，提高企业的凝聚力等方面有重要的作用；企业的组织结构主要是指企业营销部门与企业其他部门之间在组织结构上的相互关系。营销部门在整个企业组织中的地位影响营销活动能否顺利进行。

3.2　服务营销环境分析

服务营销环境分析就是运用恰当的分析方法评估环境机会与威胁，根据环境的实际与发展趋势，制定调整营销策略，利用环境机会，防范可能出现的威胁。在企业识别营销机会与威胁的过程中，使用较为广泛的是SWOT分析。所谓SWOT分析，就是对企业的优势（Strength）和劣势（Weakness）、营销环境的机会（Opportunity）和威胁（Threat）所进行的全面评估。

小拓展3-2

SWOT分析思想是由安索夫于1956年提出的，后来经过多人的发展成为一个用于企业营销战略分析的实用方法。SWOT分析的核心，就是通过对企业外部环境与内部条件的分析，明确企业可利用的机会和可能面临的风险，并将这些机会和风险与企业的优势和劣势结合起来，形成企业不同的战略措施。SWOT分析具有显著的结构化和系统性的特征。就结构化而言，首先在形式上，SWOT分析法表现为构造SWOT结构矩阵，并对矩阵的不同区域赋予不同分析意义；其次在内容上，SWOT分析法强调从结构分析入手，对企业的外部环境和内部资源进行分析。SWOT方法的重要贡献就在于用系统的思想将这些似乎独立的因素相互匹配起来进行综合分析，使企业战略计划的制订更加科学全面。SWOT方法自形成以来，广泛应用于企业战略研究与竞争分析，成为战略管理和竞争情报的重要分析工具，分析直观、使用简单是它的重要优点，即使没有精确的数据支持和更专业化的分析工具，也可以得出有说服力的结论。

3.2.1　分析营销环境的机会与威胁

企业应该善于利用那些未满足的需求和趋势实现盈利。趋势是具有某些势头和持久性事件的方向或演进。环境发展趋势基本上分为两大类：一类表示威胁；另一类表示机会。分析营销环境的目的在于找出营销环境的机会和避免环境的威胁。

1）营销机会

营销机会是指对企业营销行为富有吸引力的领域，且企业在该领域内拥有竞争优势和差别利益。

以"机会成功的概率"和"机会的潜在吸引力"为变量，可以构建营销机会矩阵。如图3-5所示，横向表示机会成功的概率，纵向表示机会的潜在吸引力。企业所面临的最佳机会是图左上角的那些机会，企业应该准备若干计划以追求一个或几个机会。右下角的机会太小了，可以不予考虑。右上角和左下角的机会应该密切加以关注，因为其中任何一个机会的吸引力和成功概率都可能发生变化。

营销机会对于不同的企业是不相等的，同一个营销机会对于一些企业可能成为有利的机会，而对于另一些企业就可能造成威胁。营销机会能否成为企业的机会，要看此机会是否与企业目标、资源及任务相一致，企业利用此机会能否比其竞争者带来更大的利益。

2）环境威胁

环境威胁是指环境中一种不利的发展趋势所形成的挑战，如果不采取果断的营销行动，这种不利趋势将导致公司市场地位被侵蚀。

	高	适当投资和发展	关注
机会的潜在吸引力			
	低	关注	不予考虑

	高	低

机会成功的概率

图 3-5　营销机会矩阵

　　以"环境威胁的概率"和"威胁的潜在严重性"为变量,可以构建营销环境威胁矩阵。如图 3-6 所示,横向表示出现环境威胁的概率,纵向表示威胁的潜在严重性。左上角的威胁是关键性的,因为它们会严重地危害企业利益,并且出现的可能性也最大。企业需要为每一个这样的威胁制订一个应变计划,这个计划将预先阐明在威胁出现之前或者当威胁出现时,企业将进行哪些改变。右下角的威胁比较微弱,可以不加理会,右上角和左下角的威胁不需要应变计划,但是需要密切加以关注,因为它们可能发展成为重大威胁。

	高	反抗 / 减轻 / 转移	关注
威胁的潜在严重性			
	低	关注	不予理会

	高	低

环境威胁的概率

图 3-6　营销环境威胁矩阵

　　企业营销经理应该在其营销计划中把企业所面临的威胁识别出来。这些威胁应按其严重性和出现的可能性分类。企业对主要环境威胁可以选择的对策主要有三种:一是反抗策略,即试图限制或扭转不利因素的发展;二是减轻策略,即通过调整市场营销组合等来改善环境,以减轻环境威胁的严重性;三是转移策略,即决定转移到其他盈利更多的行业或市场。

▌小拓展 3-3

　　以企业某项业务所面临的营销机会和环境威胁为变量,就可以得出具有不同前途的 4 种业务类型(如图 3-7 所示):

　　一是理想业务,即高机会和低威胁的业务;

　　二是冒险业务,即高机会和高威胁的业务;

　　三是成熟业务,即低机会和低威胁的业务;

　　四是困难业务,即低机会和高威胁的业务。

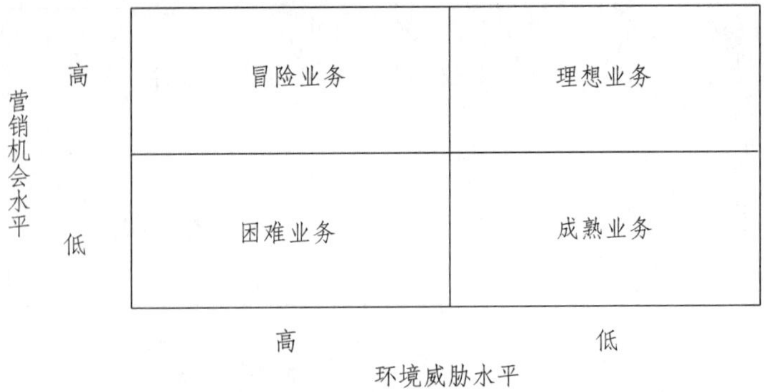

图3-7　按照营销机会和环境威胁划分的企业业务类型

营销环境的威胁与机会的分析、评价对企业来说是非常重要的，其分析和评价的方法适当、结果正确是企业制定对策的基础；反之，如果这种分析、评价不客观，就会给企业营销决策带来风险。

3.2.2　企业的优势与劣势

1）优势

优势是指一个企业超越其竞争对手的能力，这种能力有助于实现企业的主要目标——盈利。但值得注意的是：竞争优势并不一定完全体现在较高的盈利率上，因为有时企业更希望增加市场份额，或者多奖励营销人员或其他员工。

2）劣势

劣势是指影响企业经营效率和效果的不利因素和特征，它们使企业在竞争中处于弱势地位。一个企业的劣势主要表现在以下几个方面：缺少关键的技能或能力、设备陈旧、盈利较少甚至亏损、缺乏经验、研究和开发工作落后、企业形象差、销售渠道不畅、营销技巧差、产品质量不高、成本过高等。

每个企业都要定期进行自身的优势和劣势评估。在评估上可以采用列表排查的方式，企业可以从营销能力、财务能力、制造能力和组织能力等方面详细列出影响要素，并对每一要素评分，然后按照特强、稍强、中等、稍弱或特弱进行归类，最后得出企业在各项能力上的优势和劣势水平。

小提示3-5

企业的优势和劣势是相对于竞争对手的情况而言的。对于企业而言，竞争对手的竞争优势就是企业自身的竞争劣势。比如，当两个企业处在同一市场或者它们都有能力向同一顾客群体提供产品和服务时，如果其中一个企业有更高的利润率或盈利潜力，说明这个企业比另外一个企业更具有竞争优势。

3.2.3　营销环境的全面分析

企业的营销环境全面分析就是将机会、威胁、优势和劣势4个变量汇总在一起进行综合分析，即SWOT分析。前面关于机会与威胁分析、优势与劣势分析，是SWOT分析的基础，SWOT分析的关键是最终得出企业所应选择的营销策略。总体来讲，企业的基本营销策略无非是抓住机会、避免威胁、利用优势和克服劣势。从更具体角度来看，SWOT分析下的不同业务应该有针对性地选择适当的营销策略（见表3-1）。

表 3-1　　　　　　　　　　　　SWOT分析下的不同业务的营销策略选择

营销环境 ＼ 企业内部	优势（Strength） ◇ 企业具有规模经济 ◇ 现代管理模式下的企业运营机制 ◇ 产品质量过硬，企业品牌知名度高 ◇ 利润率高于行业平均水平 ◇ 人员素质较高	劣势（Weakness） ◇ 营销体系不健全，信息掌握不准 ◇ 产品研发能力不强，生产成本高 ◇ 企业资金短缺 ◇ 培训工作力度不够，资金投入少 ◇ 企业物流能力较差
机会（Opportunity） ◇ 行业发展趋势好，市场空间较大 ◇ 国家政策的支持 ◇ 产品需求差异化增加 ◇ 市场尚未出现真正的领导品牌	S+O：利用优势，抓住机会 ◇ 扩大产品市场占有率 ◇ 扩大企业的规模 ◇ 创建世界性品牌 ◇ 管理创新	W+O：克服劣势，抓住机会 ◇ 完善企业营销管理体系 ◇ 加大研发投入，开发新产品线 ◇ 加强员工的培训 ◇ 加强物流建设
威胁（Threat） ◇ 国外品牌资金雄厚，抢走市场份额 ◇ 国内各大小品牌逐步走向正轨 ◇ 消费者价格敏感性增加，易引发 价格战 ◇ 消费者对新产品需求逐步增加	T+S：利用优势，避免威胁 ◇ 制定富有竞争力的价格 ◇ 缩短新产品研发周期 ◇ 提供差异化的产品	T+W：克服劣势，避免威胁 ◇ 加强应收账款的管理，回收资金 ◇ 加强成本控制 ◇ 加强客户关系管理

在进行SWOT分析之后，服务营销人员还需要整理、归纳以上对企业环境进行调查、分析和预测的结果，这是环境分析的最后阶段。将整理后的各种数据和资料编写成环境分析报告，供企业最高领导层作为设计营销战略方案和进行营销决策的基本依据。

环境分析报告是环境分析结果的概括和总结，一般应包括以下内容：

（1）企业今后将面临什么样的环境？

（2）各个环境因素的变化趋势对企业将产生怎样的影响？

（3）未来企业面临哪些环境机会与威胁？它们出现的概率是多大？

（4）企业适应未来环境的初步设想和战略课题是什么？

环境分析报告应力求简明扼要，论证要用事实和数据说明，结果可采用直观醒目的图表说明，如表3-2所示。

表 3-2　　　　　　　　　　　　　　环境分析结果汇总

环境因素		未来变化预测			对企业的影响		适应环境的 战略课题	可以考虑 的对策
分类	因素名称	状态	概率	时间	优势和机会	劣势和威胁		
一般 因素								
特定 因素								

小总结 3-1

SWOT分析法主要有以下内容：

（1）分析环境因素。运用各种调查研究方法，分析企业所处的各种环境因素，即外部环境因素和内部环境因素。外部环境因素包括机会因素和威胁因素，它们是外部环境中直接影响企业发展的有利和不利因素，属于客观因素。内部环境因素包括优势因素和劣势因素，它们是企业在其发展中自身存在的积极和消极因素，属于主观因素。在调查分析这些因素时，不仅要考虑企业的历史与现状，而且要考虑企业未来的发展。

（2）构造SWOT矩阵。将调查得出的各种因素根据轻重缓急或影响程度等排序，构造SWOT矩阵。在这个过程中，要将那些对企业发展有直接的、重要的、大量的、迫切的、久远的影响因素优先排列出来，而将那些间接的、次要的、少许的、不急的、短暂的影响因素排在后面。

（3）制订行动计划。在完成环境因素分析和SWOT矩阵的构造之后，便可以制订相应的行动计划了。制订计划的基本思路是：发挥优势因素，克服劣势因素，利用机会因素，化解威胁因素；考虑过去，立足当前，着眼未来。运用系统分析的方法，将排列与考虑的各种因素相互联系并加以组合，得出一系列企业未来发展的可选择对策。

3.3 服务营销环境调研

从服务营销管理的过程来看，营销调研是开展市场营销管理过程的依据和基础，一方面，它为营销决策者在选择环境与市场机会时提供信息支持；另一方面，市场营销调研是市场营销信息系统的重要组成部分，可以及时地向营销者提供市场环境的变化和本企业营销策略执行情况的反馈信息，以便营销决策者对营销战略和战术进行控制。

3.3.1 服务营销调研的含义与类型

1）营销信息系统

营销调研是企业营销信息系统的重要组成部分，因此，有必要首先介绍营销信息系统的构成。营销信息系统是由人、设备和程序所组成的，为营销决策者收集、挑选、分析、评估和分配有价值的、及时的和准确的信息。

营销信息系统的作用是评估经理的信息需要，收集所需要的信息，为市场营销管理人员改进市场营销计划、执行和控制工作提供依据。营销信息系统是由内部报告系统、营销情报系统、营销调研系统和营销决策支持系统4个子系统构成的（如图3-8所示）。

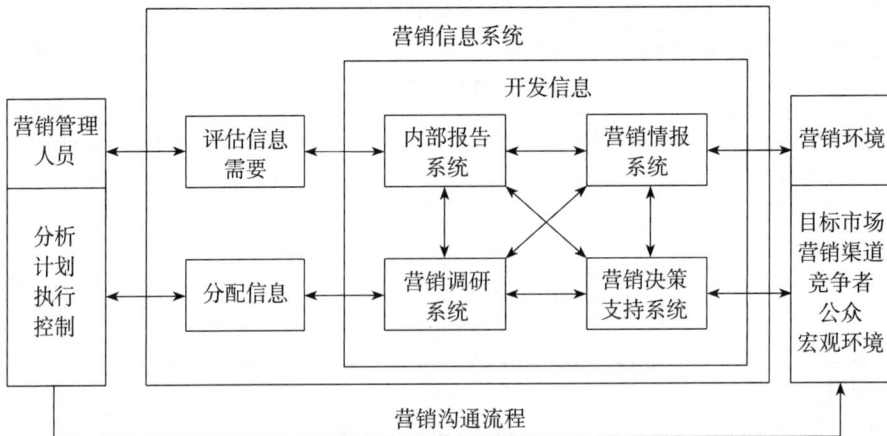

图3-8 营销信息系统结构图

（1）内部报告系统

内部报告系统亦称内部会计系统，其主要功能是向营销管理人员及时提供有关订货数量、销售额、价格、产品成本、存货水平、现金流、应收账款、应付账款等各种反映企业经营状况的信息。通过对这些信息的分析，营销管理人员能够发现市场机会，找出营销管理中的问题，同时可以比较实际状况与预期水准之间的差异。内部报告系统的主要流程包括订单-收款循环、销售信息系统和各类数据库（包括顾客数据库、产品数据库、销售人员数据库等）。

（2）营销情报系统

营销情报系统是指市场营销管理人员用以获得日常的有关企业外部营销环境发展趋势信息的一整套程序和来源。它的任务是利用各种方法收集、侦察和提供企业营销环境最新发展的信息。营销情报系统与内部报告系统的主要区别在于，后者为营销管理人员提供事件发生以后的结果数据，而前者为营销管理人员提供正在发生和变化中的数据。

（3）营销调研系统

营销调研系统的任务就是系统地、客观地识别、收集、分析和传递有关市场营销活动各方面的信息，提出与企业所面临的特定的营销问题有关的研究报告，以帮助营销管理者制定有效的营销决策。营销调研系统不同于营销信息系统，它主要侧重于企业市场营销活动中某些特定问题的解决。

（4）营销决策支持系统

营销决策支持系统是一个组织，它通过软件和硬件支持，协调数据收集、系统、工具和技术，解释企业内部和外部环境的有关信息，并把它们转化为营销活动的基础。它通过对复杂现象的统计分析、建立数学模型，帮助营销管理人员分析复杂的市场营销问题，做出最佳的市场营销预测和决策。

2）服务营销调研的含义

服务营销调研是系统地设计、收集、分析和提出数据资料，以及提出与服务企业所面临的特定营销状况有关的调查研究结果。

服务营销调研的含义有狭义和广义之分。狭义营销调研属于市场调研，是指仅将营销调研的领域锁定在对顾客或消费者需求研究方面；广义营销调研是将营销调研的领域扩展为一切与市场营销活动有关的方面。可以从两个方面来理解广义的营销调研：一是从纵向上看，营销调研贯穿于服务营销活动全过程；二是从横向上看，服务营销调研涵盖所有服务营销活动的领域，只要企业的服务营销活动与信息有联系，就需要进行营销调研。

小拓展 3-4

服务营销调研通过信息把营销者和消费者、顾客及公众联系起来，通过这些信息来辨别和界定营销机会和问题，生成改善和评估市场营销方案，监控市场营销行为，改进对市场营销过程的认识，帮助企业营销管理者制定有效的市场营销决策。它的内容从识别市场机会和问题、制定营销决策到评估营销活动的效果，涉及企业营销活动的各个方面。常见的市场营销调研内容包括：市场需求和变化趋势调研、购买动机调研、产品调研、价格调研、分销调研、广告调研、市场竞争调研和宏观环境调研。

3）服务营销调研的类型

服务营销调研具有4种基本功能：探索、描述、解释和预测。与之对应，服务营销调研分为如下4种类型：

（1）探索性调研。探索性调研的主要功能是"探测"，即帮助调研主体识别和了解企业的市场机会、市场问题及其影响变量，以便确定下一步营销调研或市场营销努力的方向。

（2）描述性调研。描述性调研的基本功能是对特定的市场情报和市场数据进行系统地收集与汇总，以达到对市场情况准确、客观地反映与描述。描述性市场营销调研要求具有比较规范的市场营销调研方案、比较精确的抽样与调查表设计，以及对调研过程的有效控制。

（3）因果性调研。因果性调研也称解释性市场营销调研，其目的在于对市场现象发生的因果关系进行解释和说明。因果性调研的功能是在描述性调研的基础上，经过对调研数据的加工计算，再结合市场环境要素的影响，对市场信息进行解释和说明。

（4）预测性调研。预测性调研是在市场描述性调研和因果性调研的基础之上，依据过去和现在的市场经验和科学的预测技术，对市场未来的趋势进行测算和判断，以便得出与客观事实相吻合的结论。预测性调研的目的在于对某些市场变量未来的前景和趋势进行科学的估计和推断，比如，对行业市场销售前景的预测，对企业未来市场份额的预测等。

3.3.2 服务营销调研的程序

服务营销调研程序主要包括5个步骤：确定问题和调研目标、制订调研计划、收集信息、分析信息和陈述研究发现（见图3-9）。

确定问题和调研目标 → 制订调研计划 → 收集信息 → 分析信息 → 陈述研究发现

图3-9 服务营销调研的程序

1）确定问题和调研目标阶段

服务营销调研首先要解决调研什么的问题。调研基本问题界定的过程也称市场诊断，其主要功能是为后期的市场研究导航。营销调研主题的确定在整个营销调研过程中是非常重要的，它既是营销调研的出发点，也是营销调研的归宿。因此，营销调研人员应该十分重视对市场营销调研主题的研究。

确定市场研究目标一般要经历4个阶段：

（1）提出一个笼统的和不确定的市场问题；

（2）对市场问题的症结提出多种假设，并对其进行梳理、排列、筛选和排除；

（3）建立或确定营销调研基本主题，形成营销调研的基本假设；

（4）当营销调研主题确定以后，还要对其可行性及能够达到的基本目标进行评估，并确认调研结果对企业营销决策的价值。

2）制订调研计划阶段

这是制订一个收集所需信息的有效计划的阶段。调研计划是整个市场营销调研活动的纲领性文件，是营销调研过程的行动指导。营销调研的这一过程中最能够体现营销调研人员的组织设计能力与创造能力。调研计划的基本内容包括对营销调研主题的陈述、营销调研提纲的拟定、调研途径与方法的确定、调研时间表、调研预算等内容（如图3-10所示）。

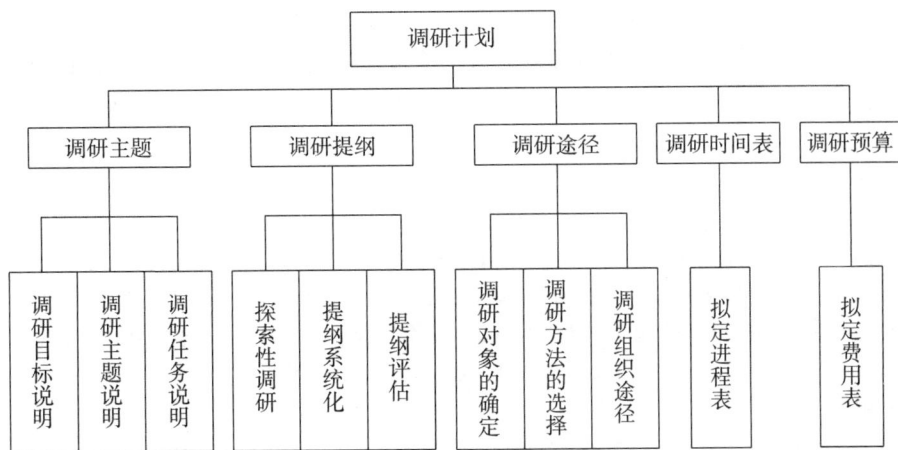

图3-10 服务营销调研计划的基本内容

（1）陈述调研主题

在调研方案中，首先要对已经确定的营销调研主题的背景、基本内容、所要达到的基本目标进行简明扼要的陈述与说明。

（2）拟定调研提纲

调研提纲是根据营销调研主题的要求，对营销调研的具体内容或项目进行确定。它是对营销调研主题目标的具体指标分解，使抽象的营销调研主题转化为具有可操作性的营销调研项目。

（3）选择调研途径

调研途径的设计主要解决营销调研纲要如何实施的问题，其内容主要包括3个方面：调研对象的确定、调研方法的选择和调研组织途径。

（4）制定调研时间表

服务营销调研是一项注重时效性的工作，营销调研人员应在一定的时间限定条件下完成营销调研的全过程。因此，为了保证市场营销调研进程的顺利进行，制定市场营销调研进度表是非常必要的。营销调研进度表一般采用简明表格的形式，先列出营销调研过程所包括的主要工作环节，然后注明对各种工作环节的时间分配。

（5）制定调研预算

服务营销调研费用预算是营销调研工作的重要限定条件。制定调研预算的最好方式是将营销调研中所涉及的所有费用项目通过列表的方式进行逐项阐明。

3）收集信息阶段

服务营销调研信息的收集是一项花费很高而且容易出错的工作。它工作量大、成本高、过程复杂、所涉及的市场营销调研的方法与手段多，同时也是最难控制，然而却最终决定市场营销调研质量与结果的关键一环。市场信息资料的收集方式主要有下面两种：

（1）文案调研

文案调研也称二手资料的收集，是指对各种现成资料的收集。一般来说，文案调研能够收集到有关企业经营环境方面的市场情报与信息。虽然市场环境情报比较概括或笼统，但是由于成本较低，可以收到事半功倍的效果。同时，文案调研也是做好实地调研的重要基础。

小拓展 3-5

营销调研的信息分为第一手资料和第二手资料。第一手资料也称原始资料，是企业营销人员为研究需要首次亲自收集的资料；第二手资料也称间接资料，是别人已经收集到，并经过编排、加工处理的资料。第二手资料的来源主要有：内部来源，包括企业的利润表、资产负债表、销售统计、销售访问报告、发票、存货报告和调查前的准备报告等；政府出版物，比如各类统计年鉴、普查数据等；期刊和书籍；商业资料，比如权威营销调研公司的调查报告。

小案例 3-1

19世纪德国学者恩格尔研究了大量的描述居民收入和支出的二手资料，发现市场购买力投向食物的比例与社会财富程度呈反比，这个描述性调查的结果就是著名的"恩格尔定律"。恩格尔运用的就是典型的文案调查法，仅仅利用了二手资料。

（2）实地调研

实地调研是在确定的营销调研计划指导下，调研人员通过深入现场，与调查对象进行直接的接触与观察，以便收集第一手市场情报。对实地调研环节的控制主要包括两方面内容：一是对实地调研科学方法的选择与控制，收集方法主要包括抽样、调查表、访问、试验等方法；二是对实地调研计划执行的控制。

4）分析信息阶段

服务营销调研人员必须对收集到的信息进行必要的筛选、整理和分析，为后期营销调研报告的撰写，以及最后正确的市场决策做好必要的准备。营销调研信息的分析是根据调研主题的要求，利用科学的分析方法，如综合指标分析、时间数列分析、回归分析，以及各种统计技术和分析模型，在信息整理的基础上，对调研信息进行预测分析，对市场现象的发展变化规律及各种现象之间的相互关系进行研究，并具体、明确地说明营销调研的结果。

市场信息资料整理过程就是对大量的原始的市场数据进行筛选和提炼，使其系统化和条理化的过程。这一过程一般包括如下三个方面的内容：

（1）信息筛选，从收集到的调研资料中挑选出对调研目标有重要参考价值的资料，并对这些资料的可靠性进行审核；

（2）信息整理，将有用的和可靠的资料按照营销调研主题的要求进行分组与汇总；

（3）信息分析，根据要求，用统计图或统计表的方式将信息资料的整理结果表现出来。

小阅读 3-5

营销调研人员必须对收集到的大量信息进行分析，利用统计技术揭示信息中潜在的各种关系。营销调研信息的分析系统由统计工具、模型库和优化程序组成（见表3-3）。其中，统计工具的功能是采用各种统计分析技术从大量数据中提取有意义的信息。模型库包括由管理科学家建立的解决各种营销决策问题的数学模型，如新产品领先测试模型、马尔可夫过程模型、排队模型、销售反应模型等。

表 3-3   **营销调研信息分析的计量工具**

统计工具	多元回归	设计最合适的估计公式，以显示一组自变量变化时因变量的变化情况
	判别分析	将目标或人分成两个或两个以上类别的统计技术
	因子分析	在一组较多相关变量中发现可以构成和说明其相互关系的少数基本因子的统计方法
	集群分析	将要统计的目标纳入多维数据库，消灭组的同质性
	联合分析	对被访问者分解不同的提供物进行偏好排列，以确定每种排列特征的个人推测功能和各个特征之间关系
	多维排列	把有代表性的目标作为一点，对其特征用多维空间描述，其点与点之间的距离用不对称的方法衡量
模型库	马尔可夫过程模型	这种模型显示了从当前状态向新状态移动的概率
	排队模型	该模型显示任何系统中，预期的等待时间和排队长度，得出到达和服务时间以及服务渠道的数目
	新产品领先测试模型	该模型包括了在消费者偏好基础上的用户知晓、试用和重购之间的功能关系，并对营销供应物和促销活动进行预测
	销售反应模型	该模型用于一个或多个营销变量之间，如销售人员模型、广告开支、促销费用等，估计其功能关系和得出需求水平
优化程序	微分计算	这种技术通过应用严格定义的公式求出最大值和最小值
	数据规划	这种技术会帮助找到在一组约束条件下，某些变量所代表的目标函数的最佳化
	统计决策理论	测定一个活动能产生的最高期望值
	博弈理论	测定一项行动在面临一个或数个竞争者或自然现象的不确定变量时，最大损失最小化
	启发式探索法	使用一套经验法则以缩短所要求的时间，以便在复杂的系统中找出合理的好的解决办法

5）陈述研究发现阶段

这是营销调研的最后一步，调研人员应该提出与管理层进行主要营销决策有关的一些营销调研结果，即进行营销调研报告的撰写与汇报。一份优秀的营销调研报告不仅要清楚、简捷地阐明营销调研的结论，更重要的是还要写明得出这些结论的营销调研数据，以及这些数据资料的收集方法和分析方法。营销调研报告的呈送方式也非常重要，为了能够有效地展示营销调研的结果，营销调研人员应该认真考虑营销调研报告的呈送方式。

小拓展 3-6

一项较好的营销调研应该具有如下几个特征：

（1）应用科学的方法。其原则有：仔细观察、建立假设、预测和试验。

（2）调研的创造性。营销调研最好能发展出创新方法，以解决特定的问题。

（3）采用多种方法。好的营销调研要避免过分依赖一种方法，必须认识到有必要通过多种方法收集信息来验证调研结果。

（4）模型和数据的依存性。好的营销调研所选用的模型要能较好地解释现实，并能较好地指导数据和信息的收集。

（5）信息的价值和成本。好的营销调研应该关心衡量信息的价值和成本之间的比值，也就是说要尽量用较少的调研费用得到更有价值的调研结果。

（6）有益的怀疑论。对营销高层管理人员的市场运作方式和传统的假设持有有益的怀疑。

（7）道德营销。好的营销调研应该不至于对消费者造成侵害。比如，不应该侵犯消费者的隐私权或者错误地引诱消费者购买某些产品或服务。

本章小结

服务营销环境是指影响企业生存和发展的企业营销管理职能外部的各种因素和力量。企业的营销环境分成企业的宏观环境和微观环境。宏观环境是指那些影响企业微观环境所有行动者的较大社会力量；微观环境是指那些直接影响企业为市场服务能力的行动者。按照影响营销的因素和力量的可控性来分，这些因素和力量由可控因素和力量与不可控因素和力量二者构成。

宏观营销环境包括人口环境、经济环境、自然环境、技术环境、政治和法律环境及社会和文化环境。微观营销环境包括供应商、竞争者、顾客和公众，这些都会影响企业对其目标市场服务的能力。

分析营销环境的目的在于找出营销环境的机会和避免环境的威胁。环境威胁是指环境中一种不利的发展趋势所形成的挑战，如果不采取果断的营销行动，这种不利趋势将导致公司市场地位被侵蚀。营销机会是指对企业营销行为富有吸引力的领域，在这一领域里，该公司将拥有竞争优势和差别利益。SWOT分析方法是指对企业的优势和劣势、营销机会和环境威胁的全面评估。

服务营销调研是企业营销信息系统的重要组成部分。营销信息系统是由人、设备和程序所组成的，为营销决策者收集、挑选、分析、评估和分配有价值的、及时的和准确的信息，它由内部报告系统、营销情报系统、营销调研系统和营销决策支持系统4个子系统构成。服务营销调研系统的任务就是系统地、客观地识别、收集、分析和传递有关市场营销活动各方面的信息，提出与企业所面临的特定的营销问题有关的研究报告，以帮助营销管理者制定有效的营销决策。

服务营销调研是系统地设计、收集、分析和提出数据资料，以及提出与企业所面临的特定营销状况有关的调查研究结果。营销调研具有4种基本功能：探索、描述、分析和预测。有效的营销调研程序主要包括5个步骤：确定问题和调研目标、制订调研计划、收集信息、分析信息和陈述研究发现。

复习思考题

1. 简述服务营销环境的构成。
2. 企业对付环境威胁的策略是什么？
3. 试述市场营销环境的特点，分析市场营销环境的意义。
4. 试述SWOT在企业营销活动中的应用。
5. 简述营销信息系统的构成。
6. 服务营销调研系统的任务是什么？
7. 试述服务营销调研的基本功能。
8. 试述服务营销调研的程序。

案　　例

麦当劳的数字化转型

2014年以前，麦当劳这个日均客流量共计2 600万的全球餐饮业巨无霸还没有和消费者进行过任何数字化互动，甚至连一个面向美国市场的App都没有，麦当劳的交易大都还是在实体柜台进行。

数字化这个词在社交媒体上平均1.5秒就会被人提及一次。任何一个企业都无法忽视这样的数字化热度。麦当劳自然也不得不迅速加入数字化市场，吹响抢占市场份额的号角。

对于公司来说，数字化就意味着全面转型——从食品菜单到服务过程，从品牌整体理念到数字价值观，都会有变化。最先进行数字化改革的就是食品部——这个食品企业的核心部门。

现在，麦当劳每个月大约能与消费者进行200万次的直接互动，根据Adobe的市场统计工具，麦当劳获得了 10% 左右的回复率。今年头 3 个月，麦当劳的数字化产品还获得了超过 1 000 万次的下载量，并且下载时间点和互动时间点非常接近。

麦当劳还面临一个难题：如何将实体店和数字化结合起来？麦当劳坚持的核心原则是品质、服务、便利。如何把这些原则一并带入麦当劳创造的虚拟世界？如何把数字化和实体店无缝对接，使得用户体验能够一以贯之？伴随着麦当劳声势浩大的全球化脚步，麦当劳实体店迅速扩展，麦当劳的商业网络过于庞大，想要变革并不容易。数字化很有可能无法落实到每一个细节中，继而会拖累麦当劳整体用户体验。例如移动点餐，不但需要流畅的网络点餐系统，还需要数字和实体的无缝对接，任何一个环节的差错都可能影响消费者对麦当劳的整体印象。

以数字化为核心，可以延伸出很多有趣的点。不过对于像麦当劳这样的公司来说，数字化转型最重要的不是面面俱到，而是立足自身，把握好节奏，平衡数字化服务与实体店服务。

麦当劳作为最早加入移动支付阵营的公司之一，很快就在这场游戏中尝到了甜头。它的尝试也证明了，对于市场上的新生事物，就是要勇敢尝试，风险其实并没有想象中的那么可怕。

麦当劳和 Adobe 合作了一个数字项目，利用 Adobe 的追踪工具，在得克萨斯州进行试验发现，得克萨斯州人很喜欢阅读本地消息，如果把优惠消息以本地消息的形式进行推送的话，点击率能增加 3.5 倍。

麦当劳现在的数字化道路和很多品牌动不动搞个"大新闻"不同，它着重完善细节处的用户体验。

数字化转型之所以艰难，其实是因为很多品牌都还没弄懂数字化到底是什么，而自己又适合什么。数字化不等于炫技，不等于未来主义，也不等于假大空的数据堆砌。数字化的真正内涵，应该是让技术为品牌和消费者服务。数字化所要达成的目的，应该是塑造更卓越的品牌形象，创造更便利、更完善的用户体验。

资料来源   深深. 麦当劳 CMO：为什么数字化转型如此艰难 [EB/OL]. [2016-09-21]. http：//socialbeta.com/t/99048.

第4章 服务市场细分和目标市场选择

市场是商品交换关系的总和，由于服务自身的特点，服务市场也不同于有形产品市场。本章从服务市场的含义和特征入手，分析服务消费者的购买行为，进而讨论服务市场的细分与目标市场选择的策略与方法。

4.1 服务市场的特征

4.1.1 服务市场的含义、特征及发展趋势

1）服务市场的含义

在认识什么是服务市场之前，我们先来了解一下市场的含义。市场是商品经济的产物，人们对市场的认识是随着经济的发展而不断深入的，人们对市场认识的角度不同，对市场的理解也不一样。人们对市场的解释通常可以概括为如下三种：

（1）市场是指聚集买卖双方以交换货物的实际场所。这是传统的市场概念，它强调的是交易的场所或地点。

（2）市场是交换关系的总和。所谓交换关系的总和，是泛指交换某种特定商品的所有买者和卖者的总和。它强调的是商品交换的这一行为或行动，既包括买方，也包括卖方。

（3）市场是指某项产品或服务现实的或潜在的购买者的总体。这是站在企业或卖方的角度上对市场的理解，它强调的是买方，即购买者，包括现实的购买者和潜在的购买者。

相应地，我们也可以对服务市场做出解释。服务市场就是服务商品市场，是组织和实现服务商品流通的交换体系和销售网络，是服务生产、交换和消费的综合体。从其反映的经济关系来看，服务市场是参加服务商品交易活动的所有买者和卖者的集合。而对于一个服务企业而言，它的市场则是其特定的服务对象，即顾客。另外，服务市场也可以指某些有形的交易场所。

小拓展 4-1

传统的服务市场是狭义概念，是指生活服务的经营场所和领域，主要指旅社、洗染、照相、饮食和服务性手工业所形成的市场。现代服务市场是一个广义的概念，所涉及的行业不仅包括现代服务业的各行各业，而且包括物质产品交换过程中伴生的服务交换活动。现代服务市场所涉及的服务业的范围包括以下方面：金融服务业、公用事业、个人服务业、企业服务、教育慈善事业、各种修理服务、社会公共需要服务部门和其他各种专业性或特殊性的服务行业。

服务市场是一个庞大的市场系统，根据不同的标准，可以将服务市场划分为以下几种类型：

生产服务市场。生产服务市场主要是指以满足企业生产活动为目的，直接为企业生产过程提供服务的市场。它主要包括：机器设备维修服务、生产线的装配、零部件的更换、机器的保养服务；生产经营管理活动服务；劳动力的培训服务。

生活服务市场。生活服务市场主要是指以满足人们生活需要为目的，提供满足人们生活需要的服务商品的市场。它主要包括：加工性服务、活动性服务、文化性服务。

流通服务市场。流通服务市场主要是指提供商品交换服务和金融业服务的市场。它主要包括：生产过程服务，如保管、包装、搬运等业务；交换性服务，如柜台销售、业务洽谈等商业活动；金融业服务，如存贷款、储蓄、支票管理、结算和代客户转移支付等服务。

综合服务市场。综合服务市场主要是指交叉性服务市场。它主要包括：公共事业服务、运输服务、旅游服务、信息传递服务。

2）服务市场的特征

由于服务本身的特征，服务市场通常具有以下几个特征：

（1）供需直接见面

由于服务具有不可分割性，决定了服务产品的生产和消费是同时进行的，这就决定了服务市场中产品的销售不能通过中间商，而必须由生产者和消费者直接见面，采用直销的方式。正是由于服务产品在销售时必须有消费者参与，因此不仅服务生产者对服务的结果有影响，而且接受服务的消费者也在一定程度上决定着服务的效果。

（2）供求分散

一方面，从需求方面来看，由于服务的销售方式只能是供需直接见面的直销方式，而服务的需求方不仅包括广大个人消费者，还包括各类组织消费者，这些消费者的需求各不相同，从而决定了服务需求的分散性，另一方面，从供应方面看，服务产品的生产和供给方式也具有分散性的特点。由于服务的生产和消费必须同时进行，服务企业面对的是具有不同需求的分散的消费者，必须提供各种各样分散的服务。这就要求服务企业在制订营销计划时，必须充分地考虑到这种分散性。

（3）供求弹性大

在供应方面，一是表现为服务设施、设备的设计能力与实际能力是两个不同量，通常是实际能力大于设计能力，如营业时间的延长等；二是表现为服务者的接待能力具有一定的弹性。在需求方面，一是自我服务与社会服务经常处于相互转换状态；二是服务商品和一般商品在某种程度上可相互替代；三是顾客的需求在不同的时间内有较大的差别，如公共交通在上下班的高峰期比较拥挤等。所以，服务的需求通常是一条波动的曲线。

（4）需求多样且多变

首先，服务市场上的消费者多种多样，既有数以万计的个人消费者，又有规模、性质不同的社会组织，其对服务的需求各不相同。个人消费者的性别、年龄、文化程度及消费水平、习惯等特征决定了其需求的多样性；社会组织的性质、规模等因素也决定了其需求各不相同。

其次，随着社会经济的发展，人们生活水平的提高，购买服务的人越来越多，其对服务的需求也会相应地发生变化，表现出多变性的特征。

（5）销售渠道单一

由于服务产品无形性的特点，服务企业在销售时就不可能像工业品那样陈列、展销，以便消费者挑选。所以，消费者在购买服务之前，一般不能进行检查、比较和评价，只能凭借经验、品牌和推销宣传信息来选购。而服务企业要想吸引消费者，只能靠富有想象力和创造力的方法和行之有效的广告宣传，只能靠良好的商品信誉和较好的企业形象来销售服务产品，招徕顾客。

3）服务市场的发展趋势

从历史上看，服务市场是伴随着商品市场出现的，但服务市场的发展却是在第二次世界大战（以下简称二战）后的几十年间，尤其是在20世纪80年代以后，服务市场获得了快速发展。纵观服务市场发展变化的过程，其发展呈现出以下几个趋势：

（1）服务市场规模扩大、服务营销的发展速度很快

国际服务市场在20世纪后期得到了迅速发展，我们可以从下面的一组统计数字中看出其发展变化的轨迹：1970年，国际服务贸易的出口额仅71亿美元，到了1996年，这个数字增长到了1 260亿美元，26年间增长了近17倍，平均每年增长11.7%，高于国际货物商品出口额的增长率。服务贸易在整个国际贸易中所占的比重由七八十年代的约20%，上升到90年代的25%。21世纪服务营销将成为国际市场的主要对象和内容，尤其是世界上的一些发达国家，服务经济进入全盛时期，预计美国的经济结构中，服务业将占到近90%。

（2）服务领域不断拓宽，服务市场结构日臻完善

国际服务市场领域在二战前后发生了巨大的变化。二战前，国际服务市场的主要项目是劳务输出，其他服务业的国际交换所占比重很低，其发展缓慢。二战后，国际服务市场的领域迅速拓宽，国际服务市场项目由劳务向金融、运输、电信、旅游、信息业、知识产权等领域扩展，这主要得益于发达国家第三次产业革命的完成。

4.1.2　服务消费者购买行为分析

现代市场营销观念指出，企业的市场营销行为必须以顾客的需求为中心来设计和规划，因而分析和了解顾客的购买行为乃是企业进行营销活动的前提。由于服务产品区别于有形产品的特性，服务消费者的购买行为也必然不同于有形产品的购买行为。为了有效地进行服务营销活动，服务营销部门必须仔细认真地了解服务消费者的购买行为。

1）服务消费者购买的心理特征

一般来说，服务消费心理主要体现在以下几个方面：

（1）希望方便

这是人们购买服务时最基本的心理。

（2）希望周到、热情

服务消费者往往希望服务提供者能主动、热情，能考虑到消费者的各种不同需求，并给予有效的满足。

（3）希望安全

这一点对于那些关系到消费者生命和健康的服务尤为重要，如饭店的卫生标准和医院手术的安全性等。

随着消费者生活质量和消费水平的提高，他们对服务的需求呈现出多样化和个性化的趋势，其服务购买心理也呈现出新的特征：

（1）追求时尚与新奇

现代人对"旧"和"老"都很忌讳，他们喜欢那些新鲜而健康的东西。相应地，他们不仅对服务的内在质量要求高，而且喜欢服务的新奇。

（2）崇尚健康与自然

由于现代生活节奏的加快和各种压力的增加，不仅老年人注重健康，而且中青年人也十分重视健康。因此，现代人崇尚健康自然，渴望返璞归真，回归自然，回避现代社会的喧嚣与繁乱，这给很多服务企业提供了大量的市场机会。

（3）追求个性与高档

现代人的需求越来越呈现出个性化的趋势，越来越多的人喜欢按照自己的喜好去消费，表现与众不同的个性。同时，由于收入水平与教育水平的提高，人们越来越重视服务消费的档次，中高档品牌的市场空间越来越大。

（4）注重方便与情趣

随着现代社会生活节奏的加快，消费者越来越重视服务消费的便利，以节约时间适应快节奏的生活。同时，人们工作压力的变大也促使人们热衷于寻找、追求情趣来调节刻板而枯燥的生活。这同样为一些服务企业提供了丰富的营销机会。

小拓展4-2

不同年龄消费者的购买心理特征：

青年消费者：对消费时尚敏感，喜欢购买新颖时髦的产品；购买具有明显的冲动性，购买动机易受外部因素影响；购买能力强，不太考虑价格因素，是新产品的第一批购买者。

中年消费者：多属于理智性购买，比较自信；讲究经济实用；喜欢购买已被证明具有使用价值的新产品；对能够改善家庭生活条件、节约家务劳动时间的产品感兴趣。

老年消费者：喜欢购买用惯的东西，对新商品持怀疑态度；购买心理稳定，不易受广告宣传影响；希望购买方便舒适的商品；对导购人员的态度反应敏感；对保健类产品感兴趣。

2）服务消费者的购买决策过程

按照消费者购买与消费服务的顺序，我们把服务购买决策过程划分为三个阶段，即购前阶段、购买决策及消费阶段和购后评价阶段。

（1）购前阶段

购前阶段是指消费者购买服务之前的一系列活动。这一阶段还可以细分为问题认识、信息收集、方案评价三个阶段。

① 问题认识。严格的说，购买过程是从购买者对某一问题或需要的认识开始的。当人们意识到现实境况与预期境况之间的差异时，便会产生需求的冲突，内部和外部因素的刺激都可以引发需求。

② 信息收集。当消费者的需求被唤起后，他们便可能去收集相关的信息，以寻找一种能有效满足需求的途径。通常消费者获取信息的来源有如下几种：一是人际来源；二是商业来源，包括广告、推销员等；三是公共来源，包括大众媒体、消费者评审组织等；四是经验来源。由于服务产品的特性，人际信息与经验对服务消费者的影响要相对大一些。

③ 方案评价。消费者在收集到了充足的有关服务产品的信息后，就要对各种不

同方案进行综合评估，以便做出科学的决策。但由于服务产品的不可感知性，对服务产品的评价较之有形产品的评价更为复杂和困难。根据菲利普·尼尔森（Philip Nelson，1970）、达比和卡尼（Darbv & Karnl，1973）的解释，区分顾客对有形产品和服务评价过程的不同，主要依据三个特征，即可寻找特征（Search Quality）、经验特征（Experience Quality）和可信任特征（Credence Quality）。

可寻找特征是指消费者在购买前就能够确认的产品特征，比如颜色、价格、款式、硬度和气味等。像服装、家具等有形产品都具备较强的可寻找特征，而像度假、理发等服务则不具备可寻找的特征。

经验特征是指那些在购买前不可以了解或评估，但在购买后或经过享用该产品才可以体会到的特征，如产品的味道、耐用程度和满意程度等。如只有理过发后才能知道理发师的技术和服务水平，只有听过课后才能了解教师的水平和能力等。

可信任特征是指那些消费者购买并享用之后很难评价，只能相信服务人员的介绍，并认为这种服务确实为自己带来了期望所获得的技术性、专业性好处的服务特征。比如诉讼寻找律师，诉讼者无法判断律师的服务水平，只能听信律师的分析等。

一般而言，消费者购买产品和服务的评价过程的差异性主要表现为以下方面：

① 信息搜寻。消费者通常从人际来源（Personal Source）和非人际来源（Nonpersonal Source）来获得有关产品的信息。购买有形产品时，这两种来源都比较有效，而购买服务时，消费者更依赖于人际来源。

② 质量标准。在购买有形产品时，消费者可以凭借产品的款式、颜色、商标、包装和价格等多种标准来判断产品的质量，而在购买服务时，顾客的评价标准只能局限在价格和各种服务设施等方面。

③ 选择余地。由于服务品牌的单一，消费者购前所获信息的有限性以及同一区域同类服务企业的有限性等因素，消费者购买服务的选择余地要比购买一般产品小得多。

④ 创新扩散。创新扩散的速度取决于消费者对五种创新的认识，包括相对优势、兼容性、可沟通性、可分离性与复杂性。显然，如果一个创新产品比现有产品具有较高的比较优势和兼容性，并且容易演示和介绍，那么它的扩散速度就会很快；反之，就会很慢。由于服务的不可感知性，它们难以被演示、讲解和比较，而且每个消费者对同一服务的感受、评价又各不相同，所以服务比较复杂和难以沟通。

⑤ 风险认知。由于服务具有较高的不可感知性和经验性特征，以及服务质量缺乏统一的衡量标准、服务结果难以恢复原状等原因，服务购买者要比有形产品购买者承担更大的风险。

⑥ 品牌忠诚度。由于服务购买者要承担更大的风险，以及服务自身的特性，决定了消费者购买服务较之购买有形商品有更高的品牌忠诚度。

⑦ 对不满的归咎。与消费者购买有形商品的不满归咎不同，由于消费者要参与服务的生产过程，消费者通常会将不满部分地归咎于自己，而不是全部地归咎于生产者。

（2）购买决策及消费阶段

经过购买前的一系列准备，消费者的购买过程进入实际购买和消费阶段。由于服务具有生产和消费同时进行的特点，消费者购买服务的过程也就是其消费服务的过程。但是消费者究竟是如何决策的呢？针对这一问题许多学者提出了不少理论模型来说明消费者购买服务的决策过程：

①风险承担理论

风险承担理论的基本思想是，在购买过程中，消费行为具有一定的风险性，由于不确定性的存在，消费者的任何行动都可能造成其不希望的甚至是不愉快的后果。第一次引入这一概念的保尔认为风险认知包括两个结构层面，即后果（Consequence）与不确定性（Uncertainty），而消费者作为风险的承担者要面临四个方面的风险，即财务风险、绩效风险、物质风险和社会风险。而消费者要降低风险的策略主要表现在如下方面：一是忠诚于品牌或商号；二是注重口碑传播；三是听从舆论领导者的意见。

②多重属性模型

该模型的基本思想是，消费者通过给服务的不同特征打分，然后计算其总体表现，从而做出购买决策。比如我们要测定乘客对 A、B、C、D 四家航空公司的评价，对于每个公司可以运用五个标准（或属性）进行测量，包括安全性、准点程度、价格、机型和空姐仪表。假设在乘客心中这五个标准的权重分别是 10、8、9、5、7，然后通过调查，让乘客给这四家航空公司进行打分，以 10 分为最佳，1 分最差，其结果如表 4-1 所示。

表 4-1 多重属性评分表

公司 属性	A	B	C	D	权重
安全性	10	10	9	8	10
准点程度	10	8	7	6	8
价格	9	9	10	10	9
机型	10	10	9	8	5
空姐仪表	9	9	10	8	7

据表 4-1 数据，计算各公司的加权平均值，即为乘客对每一家公司的评价。显然 A 航空公司的得分最高，说明乘客更喜欢 A 航空公司的服务。

③心理控制论

心理控制论是指现代社会中人们不再为满足基本的生理需求而困扰，而要以追求对周围环境的控制为自身行为的驱动力的一种心理状态。这种心理控制包括对行为的控制和对感知的控制两个层面。

从行为的角度看，行为控制表现为一种控制能力。在服务购买过程中，一方面，如果消费者的控制能力增强，则企业的经济地位可能受到损害；另一方面，如果服务人员拥有较多的控制权，则消费者会因为缺乏平等的交易地位而感到不满意。实际上，服务交易是一个消费者付出金钱和控制权而换得好处和利益，交易各方都尽可能多地获得更多优势的过程。实际上，这种满意的结果很难达到，因为行为控制只是控制概念的一个层面，而心理感知层面同样十分重要。在实际购买过程中，如果消费者感知到自己对周围环境的控制能力较强，则其对服务的满意度就高。所以，消费者的满意度实际上与其感知控制能力是相关的，这一结论也同样适用于企业的服务人员。

（3）购后评价阶段

实际上，由于服务传递过程的延长，顾客对服务产品的评价不单单是在购买之后阶段，而是在消费过程中就已经开始了。顾客对服务的满意度决定了其对服务质量的评价。我们在后面的相关章节中会详细地讨论影响顾客评价服务质量的各种因素，顾客对服务质量的判断取决于其将自己和他人的经验与自己的期望价值的比较。由于服务产品本身的特性，服务的购后评价是一个比较复杂的过程。它开始于顾客做出购买决策的那一刻，并一直延续至整个消费过程。所以，顾客的评价就不仅受到其需求、企业形象、顾客口碑等因素的影响，而且一些来自社会和环境方面的其他因素也将起很大作用。从某种意义上说，顾客的评价如何将取决于企业是否善于管理顾客与顾客、顾客与雇员、顾客与企业内部环境及雇员与内部环境之间的关系。

4.2 服务市场细分

任何一个企业都不能单凭自己的资源和力量来满足整个市场的需求，这不仅是由企业自身的条件决定的，而且从经济效益方面来看也是不足取的。因此，企业应该分辨出它能有效为之服务的最具吸引力的细分市场，集中力量，而不是四面出击。服务企业也是如此。

4.2.1 市场细分概述

1）市场细分的含义

市场细分是20世纪50年代由美国著名市场营销学家温德尔·史密斯首先提出的，此后受到了广泛的重视和普遍应用。所谓市场细分，是指企业按照一种或几种因素，把整个市场分割为若干个有相似需求和欲望的消费者群，形成子市场的市场分类过程。不同的细分市场之间，消费者的需求差别比较明显；而在每一个细分市场内部，消费者的需求则比较相似。

市场细分理论的提出，是基于如下两个理论基础：

一是消费者需求的异质性。也就是说，并不是所有的消费者的需求都是相同的，只要存在两个以上的顾客，需求就会有所不同。由于消费者的需求、欲望及购买行为是多元化的，因此其需求满足呈现差异。

二是企业资源的有限性和为了进行有效的市场竞争。现代企业由于受到自身实力的限制，不可能向市场提供能够满足所有需求的产品或服务。另外，即使是处于市场领先地位的企业也不可能在市场营销的全过程中占有绝对优势，因此，为了进行有效的竞争，企业必须将市场细分化，选择最有利可图的目标市场，集中企业资源，制定有效的竞争策略，以获得或增强竞争优势。所以，企业资源的有限性和进行有效竞争是对市场进行细分的外在要求。

2）市场细分的意义

（1）分析市场机会，选择目标市场

通过市场细分，企业一方面可以了解到不同消费群体的需求情况和目前的满足状况，发现尚未满足或没有完全满足的市场需求；另一方面，企业可以掌握细分市场中其他竞争者的营销实力及市场占有情况，使企业避重就轻，选择最适合企业发展的目标市场。

（2）集中企业资源，以小博大

这对广大中小企业来说意义尤为重大。资源和市场经营能力都很有限的中小企业，不可能与大企业展开正面竞争，只能通过市场细分，把握住力所能及的市场机会，选择有利的细分市场，集中人、财、物及信息等一切资源投入该细分市场，以企业的全部对抗大企业的局部，变竞争劣势为竞争优势，使自己在市场竞争中能生存和发展。

（3）增强市场营销战略的有效性

企业在未细分的整体市场上一般只会采取一种营销组合，但由于整体市场的需求差异性较大，企业的营销活动往往不能取得令人满意的效果。而且由于整体市场的需求变化较快，企业难以及时把握，企业的营销活动就缺乏时效性。而在细分市场上，市场需求具有同质性，企业又能密切关注市场需求的变化，并相应地及时调整营销战略，从而取得市场主动权。

3）市场有效细分的条件

将市场进行细分、形成有效的细分市场必须具备以下条件：

（1）可衡量性，即各个市场的购买力和规模大小可能被衡量的程度；

（2）可达到性，即企业能有效地达到细分市场并为之服务的程度；

（3）可盈利性，即细分市场的规模大到足以使企业有利可图的程度；

（4）可行动性，即为吸引和服务细分市场而系统地提出有效计划的可行程度。

小拓展 4-3

1956年，美国市场营销学家温德尔·史密斯（Wendell R.Smith）提出市场细分的概念，这是继以消费者为中心的观念后对营销理论的又一突破，市场细分理论的出现使营销理论更趋于完整和成熟，被视为市场营销学的"第二次革命"。

4.2.2　服务市场细分的依据

服务市场细分是选择目标市场的基础，对搞好服务营销具有重要的意义。恰当地选择细分变量，是有效细分市场的重要前提。一般而言，可用两类变量进行市场细分：一是依据服务对象的自然属性因素进行市场细分；二是依据服务对象的行为属性因素进行市场细分。

1）依据自然属性细分市场

依据自然属性对服务对象进行细分的主要变量有地理变量、人口统计变量和社会经济变量。

（1）按地理因素细分

这是根据消费者工作和居住的地理位置进行细分的方法，即按不同的地理单位，如国家、省、区、县进行细分的方法。由于地理环境、自然气候、文化传统、风俗习惯和经济发展水平等因素的影响，同一地区人们的消费需求具有一定的相似性，而不同地区的人们又形成不同的消费习惯和偏好。因此，地理因素得以成为市场细分的依据。由于这种方法简单明了，为许多服务企业所偏爱。

（2）按人口统计因素细分

人口统计细分是将市场按人口统计变量如年龄、性别、家庭人数、生命周期阶段等变量划分为不同的消费者群。人口统计变量是区分消费者群最常用的依据，因为消费者的欲望、偏好和使用率等经常与人口统计变量密切相关，而且人口统计变量比其他类型的变量更容易衡量。如美国的一些银行根据顾客的生命周期划分市场，它们把顾客生命周期分成单身、年轻新婚、年轻满巢、中年满巢、年老空巢就业和年老空巢退休等六个阶段，银行可以根据处于不同生命周期阶段的顾客的不同需求提供适合顾客需求的服务。

（3）按社会经济因素细分

社会经济细分因素包括收入水平、受教育程度、职业、社会阶层和宗教与种族等变量，一个人的教育背景、职业与收入等变量之间存在着直接关系。一般来说，一个人的受教育水平越高，其越可能获得较高的地位与收入。近年来，按职业进行市场细分正得到一些企业的重视，如很多公司将双重收入者作为目标市场。另外，诸如社会阶层、住所的类型、家庭所有权因素等变量也在被一些公司使用，如关注住所的类型对那些以租赁为主业的公司有很大的现实意义。

小案例 4-1

在金融服务市场上，信用卡提供给顾客的是信誉、便利和声望。美国运通公司瞄准旅游和休闲市场，向商业人士和拥有较高社会地位的人士提供价格高昂的运通卡。这种信用卡实际上同维萨卡和万事达卡没有什么区别，但由于它更强调信用卡使用者的声望而吸引力倍增。

2）依据行为属性细分市场

消费者的行为属性通常包括心理变量与行为变量两种。

（1）按心理因素细分

作为市场细分的心理因素包括生活态度、生活方式、个性和消费习惯等一些变量。当运用人口统计和社会经济变量难以清晰地划分出细分市场时，结合消费者的心理因素加以考虑常常会很有效，许多服务企业已经越来越倾向于采用心理因素进行市场细分。生活方式是指个人或集团对消费、工作和娱乐的特定习惯。人们形成和追求的生活方式不同，消费倾向也不同，则需要的服务也不同，因而可以将其作为有效的市场细分变量。

（2）按行为因素细分

在行为细分中，根据消费者对某一种服务的了解程度、态度、使用情况或反应，将他们划分成不同的群体。行为细分要素通常包括以下一些变量：

①顾客寻求的利益。顾客之所以购买某项服务，是因为他们能够从中获得某种利

益。因此，可以根据顾客在购买过程中所寻求的利益进行市场细分。这种方法侧重于消费者的反应，而不是产品的购买者本身。如有一项对百余名消费者的问卷调查表明，消费者购买产品或服务时有以下几种倾向：追求质量的消费者占52%；追求实用的占51%；追求方便的占32%；追求廉价的占27%；追求信誉的占10%；追求新奇的占5%；追求名牌的占3%。寻求不同利益的消费者具备不同的特征，这为服务企业按此变量细分市场提供了很好的依据和参考。表4-2是按消费者追求的利益对MBA市场的细分。

表4-2　　　　　　　　　　　　　　　　MBA市场细分

1.质量追求者渴望得到最高质量的教育。他们相信一流的教育将给他们整个经营生活带来利益，并最终导致工作的进步和职业生涯的改变

2.特长追求者渴望一个特别的教育能使其在所感兴趣的领域成为专家。集中方案就适合此种需求，他们将挑选能提供需要的机构

3.事业转变者想要新工作岗位或新雇主，并确信MBA学位将给他们带来事业进步和变动工作的机会。他们已经工作许多年了，并典型地直觉上认为自己在干没出路的工作

4.知识追求者愿意学习并相信知识就是力量。他们相信受过MBA教育将是他们以后在社会、社区、政治或企业生活中从事一切活动的财富

5.地位追求者感到毕业于MBA将会增加他们的收入和声望

6.学位追求者相信学士学位还不够，MBA是在当今商业环境中竞争好工作所必要的。他们积极向上并具有独立性

7.业务进步者力争爬上公司梯子的更高处。他们想要业务进步、收入增加、工作灵活和向上提升。他们是严肃的、面向未来型的，并且希望在公司现有组织结构中建立事业生涯

8.逃避者寻求MBA教程，因为其只要求他们付出很少的努力。他们觉得所有的学校都给他们基本上相同的教育。他们的动机是"另辟捷径"，他们想选择低成本和低质量的教程

9.方便寻求者在那些离其住家或工作单位最近的MBA教育机构中入学，还要有简单的注册程序。他们对有这些特征和低价格的任何学校都感兴趣

10.无须入学考试者想参加MBA课程而不经过正式的申请程序。他们被那些无须正式申请就可开始MBA课程的学校所吸引

---

②使用状况。这是根据顾客对服务的使用方式及其程度进行细分。按此标准可将消费者细分为"从未使用者""曾经使用者""潜在使用者""首次使用者""经常使用者"等几个细分市场。服务企业往往关注那些经常使用者，因为他们比其他类型的使用者对企业的贡献更大。

此外，行为因素还包括促销反应、忠诚程度、态度、待购阶段、购买时机等细分变量。

最后需要说明的是，服务企业在使用这些变量进行市场细分时往往是几个变量同时使用，而不是只使用其中的某一变量，这样可以将市场更好地进行细分。

4.2.3　服务市场细分的过程

通过调查研究，服务市场细分一般包括三个步骤：确定相关市场；确定最佳细分变量；细分市场。

1）确定相关市场

所谓相关市场，是指企业向其推广服务产品的目标顾客群。如某家投资银行将资产超过一定数额的人士作为自己的目标客户；某家酒店则瞄准商务人员市场等。为确定企业的相关市场，服务营销者要与消费者进行非正式的接触，并将消费者分成若干个小组，以便了解他们的动机、态度和行为，进而通过问卷调查向消费者收集相关的市场资料，如服务产品的知名度、服务产品的使用方式、对该服务产品所属类别的态度等。在了解这些信息的基础上，企业必须对自身的资源状况做一分析，明确自己的优势和劣势，然后确定企业服务产品线的宽度、顾客的类型、地理范围等营销要素。

2）确定最佳细分变量

前面我们介绍了很多可以用来细分服务市场的变量，实际上，企业在选择细分市场的依据时，并不能照搬这些标准，而必须对其进行甄别或有所创新。所以，企业必须确定最佳的细分变量。

一般而言，在确定最佳细分变量时，首先要把各种潜在的、有用的标准都罗列出来。在列出这些标准之后，要对其重要性做一评估，选择出那些被认为是重要性的标准。同时，还需对那些重要的标准再作进一步的详细划分，以确定最佳细分变量。一般而言，一项好的或适合的细分变量应具备以下三个特征：

（1）恰当性。这是好的细分标准必须具备的第一个特征。这意味着它必须与消费者对指定的产品或服务的行为与态度有密切的联系，或者说，它所定义的所有细分市场必须在对指定产品或服务的行为和态度中显示出各自鲜明的区别。

（2）测量的可能性。一项合适的标准应当是易于测量的，或者至少是可识别的。如细分标准中人口统计、地理等标准总体上符合这一条件，而个性和心理因素则不太容易测量。如焦虑可以作为细分人寿保险市场的标准，但却很难获得关于特定的人群中有多少人是焦虑的、多少人是沉着的统计材料，而且也很难从调查中获得相关的统计。

（3）实际操作价值。合适的细分标准应具备的第三个特征是对市场营销人员有实际用途，以引导他们向某个或某些特定的细分市场努力，或者使他们根据不同的细分市场确定不同的营销组合。

3）细分市场

在这一阶段，服务营销者按照确定的细分标准，将消费者划分成不同的集群，然后根据主要的不同特征给每个不同的细分市场命名。

最后需要说明的是，由于细分市场是不断变化的，因此市场细分的过程必须定期、反复进行。在这个过程中，要密切地关注市场出现的新变化、新特征，尤其应当关注新的服务类型的出现及其对本企业市场的影响，以便及时调整营销策略。

小提示4-1

企业可以选择不同的细分标准，运用以上步骤对市场进行细分。但是，市场细分并不是越细越好。如果太细，营销人员就会陷入无法完全应对众多细分市场的困境之中。并且，过多的子市场会使服务种类多而批量减少，无法发挥规模经济的优势。

4.2.4 服务市场细分的方法

一个服务市场在细分前是由许多无规则散布的潜在顾客构成的。笼统地看，他们的需求似乎基本相同，但实际上是既存在共性，又存在着差异性，客观上呈群组分布或者呈散点状分布。通过市场细分，可以寻找这种共性中的差异和差异中存在的共性，进而发现具有不同偏好的顾客群组，并将其用各种可见的形式和手段反映或固定下来。市场细分及其方法的实质就是同中求异、异中求同的过程。

1）传统细分法

一般来说，市场细分的标准确定后，可按一定方法进行细分。市场细分的方法很多，多年来，传统沿用的细分方法有平行细分法、交叉细分法、立体细分法。

（1）平行细分法，又称单指标细分法。这种方法仅用一个细分变量，在这个标准下，再分出若干个档次。比如，用消费者收入这一标准，在这一变量之下还可以分出高、中、低等若干个档次。运用这种方法，可以把一个整体市场细分为几个平行的子市场，而细分后的子市场数，则等于这个标准的档次数，如按月收入水平细分的某服务市场（见表4-3）。

表4-3　　　　　　　　　　　　　按月收入水平细分的服务市场

细分市场1	细分市场2	细分市场3
1 000元以下	1 000～2 000元	2 000～3 000元

（2）交叉细分法，又叫双指标细分法。它是指按两个变量（每个细分变量又可以分为若干档次）细分市场。使用这种方法细分后的子市场数目是两个细分标准档次数的乘积，如按月收入和性别细分的某服务市场（见表4-4）。

表4-4　　　　　　　　　　　　　按月收入和性别细分的服务市场

细分市场 收入 性别	800元以下	800~1 000元	1 000~2 000元	2 000元以上
女	A1	A2	A3	A4
男	B1	B2	B3	B4

按月收入和性别两个变量交叉细分市场就可以得到8个细分市场，即：2×4=8。其中，收入档次为4个，性别为2个。

（3）立体细分法，又称三维细分法。这种方法所用的细分变量是三个，每个变量又可以再分若干个档次。用这种方法细分后的子市场数等于各个变量档次数的连乘积。若第一个变量到第三个变量的档次数分别用n_1、n_2、n_3表示，用q表示细分市场数，则：$q=n_1 \times n_2 \times n_3$。

2）服务对象细分的方法创新——系统聚类分析

传统细分方法简单可行，但细分标准比较多，而且在要求定量描述细分过程与结果时，这种方法就不适用了。为了打破这种方法的局限性，我们移植现代数理统计中的系统聚类分析，来解决市场的复杂细分问题。

系统聚类，也叫最小距离细分法，是一种复合高级分组方法。这种方法所用的细分变量不受限制，细分过程定量化，细分结果综合性较好，适用于大型、复杂的市场细分研究项目。用这种方法细分市场的基本思路是：把顾客之间的需求差异（或指标差异）用定量化的距离表示，进而选其最短的距离进行聚类细分。当采用两个细分标准时（当然可再多些），各顾客之间的距离（需求差异程度）计算公式为：

$$D_{ij} = (X_i - X_j)^2 + (Y_i - Y_j)^2$$

式中：X_i、X_j分别是顾客 i 与 j 在第 X 个细分标准上的评分；Y_i、Y_j分别是顾客 i 与 j 在第 Y 个细分标准上的评分；D_{ij}则是顾客 i 与 j 之间的距离，它反映 i、j 两顾客之间的综合需求差异。

例如，某服务营销人员拟从文化程度和收入水平两个方面对五个潜在顾客进行系统聚类细分。这五个顾客的文化程度、收入资料如表4-5所示。

表4-5 顾客文化程度、收入资料

顾客（C）	收入水平（X）		文化程度（Y）	
	实际值（元）	评分（分）	实际值	评分（分）
C_1	100	1	小学	1
C_2	100	1	中学	2
C_3	600	6	大学	3
C_4	800	8	中学	2
C_5	800	8	文盲	0

根据以上资料进行聚类细分的步骤是：

第一步，把顾客细分标准的实际值转化为评分值。具体换算是对各档次的收入水平和文化程度规定标准分值，如以收入100元定为一档，每100元为1分，而文化程度的评分与此同理。换算结果见表4-5评分栏。

第二步，计算各顾客之间的距离。如 C_1 与 C_3 之间的距离为：

$$D_{13} = (X_1 - X_3)^2 + (Y_1 - Y_3)^2 = (1-6)^2 + (1-3)^2 = 29$$

同理，按以上方法可求其他顾客之间的距离，组成如下矩阵：

	C_1	C_2	C_3	C_4	C_5
C_1	0	1	29	50	50
C_2	1	0	26	49	53
C_3	29	26	0	5	13
C_4	50	49	5	0	4
C_5	50	53	13	4	0

第三步，按最小距离聚类（即将顾客细分为不同的群组）。假设把新归聚成的群组以 C_6 来表示，则 C_6 的距离就是 min ｛D_{ij}｝=D_{12}，也就是说 C_1、C_2 两顾客之间的距离最小，其需求差异最小。所以，这两位顾客可聚为一类，形成一个新的细分市场。

如果经过以上计算还未达到细分要求，则可再由第二步开始，求出新顾客（C_6）与原顾客（C_3、C_4、C_5）的距离，然后再按最小距离原则进行第二次聚类。如此重复下去，直到达到要求为止。

■ 小拓展 4-4

PRIZM 市场细分法[①]

PRIZM，是美国克拉瑞塔斯市场研究公司（Claritas）开发的一套基于地理、人口统计因素分析的市场细分理论和工具。PRIZM 市场细分法的基本思想是具有相同文化背景、谋生手段和观点的人们，自然而然地会相互吸引，他们选择与具有相容生活方式的人毗邻而居。一旦安居下来，人们自然会模仿邻居，他们采用相似的社会价值观，形成类似的品位与期望，在产品、服务的购买以及媒体使用等方面展现共有的区域性行为模式。PRIZM 方法根据邮编制定的潜在市场等级指数，把美国所有的邮政编码分为 62 类，并按收入、家庭价值观和职业排序，从最富有的"贵族"阶层到最贫穷的"公共救济"群集。不同群集的居民在产品消费上表现出显著的差异。

4.3 服务目标市场选择

服务目标市场是服务企业决定进入的、具有共同需求或特征的顾客集合。也就是说，服务企业在细分出来的若干子市场中，根据其自身的条件，选择出对自己最有利的、决定要进入的市场。

4.3.1 评估细分市场

市场细分揭示了服务营销者所面临的市场机会，接下来服务营销者就要对这些细分市场进行评估，以确定最终要进入的目标市场。对细分市场的评估必须考虑四个因素：细分市场的规模和发展潜力；细分市场的盈利能力；细分市场的结构吸引力；企业的目标和资源。

1）细分市场的规模和发展潜力

潜在的细分市场要具有适度规模和合适的预期增长率，只有规模和预期增长率适当的细分市场才能成为服务企业进入的驱动力。这里的适当规模和预期增长率是一个相对量，对实力雄厚的大企业来说，它是指规模大、增长速度快的细分市场；而对中小企业而言，由于其资源和实力的有限性，则是指不被大企业看好的、规模较小的、增长速度比较平缓的市场。但无论是实力雄厚的大企业，还是实力相对较弱的中小企业，都必须考虑目前的销售量和预期增长率，选择这两项指标与自身条件相适应的细分市场作为目标市场。

衡量一个企业在某一细分市场的发展潜力可以采用购买力指数（Buying Power Index）法。购买力指数以 3 个指标为基础：细分市场消费者人数与总市场人数之比；细分市场消费者实际工资与总市场消费者的实际工资之比；细分市场的销售额与总市

---

① 佚名. PRIZM 市场细分法 [EB/OL]. [1999-12-08]. http://www.chinabaike.com/z/jingji/hg/708442.html.

场的销售额之比。细分市场的购买力指数（BPI）为：

$$BPI = 0.2 \times \frac{\text{细分市场消费者人数}}{\text{总市场人数}} + 0.5 \times \frac{\text{细分市场实际工资}}{\text{总市场实际工资}} + 0.3 \times \frac{\text{细分市场的销售额}}{\text{总市场的销售额}}$$

　　假设该市场的总年销售额是 X，那么该细分市场中的潜在销售额是 X·BPI。如果公司在细分市场中的实际销售额是 Y，那么该公司完成了潜在销售额的 Y/X·BPI（%）。公司结果与现阶段市场中的份额相比，如果比较后的结果大于1，则说明该公司在该市场发展的余地较大，结果的正向差异越大，说明市场潜力越大。

　　2）细分市场的盈利能力

　　细分市场不但要具备理想的规模和预期增长率，还要有理想的盈利能力。当然，不同的服务企业，其目标利润率是不同的，即使是同一个服务企业，其在不同时期的利润率也是有差异的，甚至有的时候利润率可能是零或是负的。但从长期来看，任何服务企业都必须保证一定的获利水平，否则该企业将无法维持其生存和发展，那么企业也失去了进入这一细分市场的意义。

　　3）细分市场的结构吸引力

　　理想的盈利能力会使细分市场变得更具吸引力，但即使是具有相同的市场盈利能力的细分市场，由于其市场结构的差异，对企业的吸引力也是不同的。我们通常从以下五个方面研究一个细分市场的结构：

　　（1）细分市场内的竞争状况

　　如果某个细分市场已经有了为数众多的、实力强大的或竞争意识强烈的竞争者，则该细分市场就会失去吸引力。如果企业面临着该细分市场正处于稳定或萎缩状态、生产能力大幅扩大、固定成本过高、市场退出壁垒过高或竞争者投资很大等状况，要坚守该市场，通常要付出高昂的代价。

　　（2）新加入的竞争服务产品的提供者状况

　　若某个细分市场的盈利能力过高，则可能吸引新的竞争者加入，他们会投入大量的资源，增加新的生产能力，并争夺市场份额，那么这个细分市场可能就失去了吸引力。反之，如果新的竞争服务面临着森严的进入壁垒，并且有可能遭受市场内原有服务产品的强烈报复，则他们就很难进入。

　　（3）替代服务

　　如果某个细分市场已经出现了替代服务或者具有潜在替代服务，该细分市场就失去了吸引力。替代服务会限制细分市场内价格和利润的增长，服务营销者必须密切关注替代服务的发展状况。

　　（4）购买者的议价能力

　　如果某个细分市场中购买者的议价能力很强或正在增强，则该细分市场的吸引力就较小。拥有强大议价能力的购买者会设法压低价格，对服务提出更高要求，这会使服务提供者的利益受到损害。

　　（5）供应商的议价能力

　　如果服务企业的原材料或设备供应商有较强的议价能力，则可能导致价格的上升或降低供应产品或服务的质量，使企业蒙受损失。这样的细分市场也是缺乏吸引力的。对于服务企业来说，最佳的防卫办法是与供应商建立良好的合作关系或开拓多种供应渠道。

4）企业的目标和资源

即使某一细分市场具有合适的规模和增长速度，也具有较好的盈利能力和结构性吸引力，服务营销者仍需将本企业的目标和资源与其所在细分市场的情况结合起来考虑。例如，某一细分市场虽然具有较大的吸引力，但不符合企业的长远发展目标，则企业也不能只顾眼前利益而损害长远的战略利益，这样的细分市场也只能放弃。另外，即使某一细分市场符合企业的目标，企业也必须考虑到其是否具备进入该市场，并在竞争中取得优势的资源和技术条件。如果企业没有超过竞争者的技术和资源，甚至缺乏赢得市场竞争的必备力量，那么也不应该进入该细分市场。

另外，服务企业在选择目标市场时除了要认真考察上述四个要素外，还应当考虑到营销的社会责任这一越来越受关注的因素。这表现为企业选择目标市场时应当尽量避免将脆弱的或处于不利地位的顾客当成目标市场，或向消费者提供有争议的或具有潜在危险性的商品。如近年来备受家长谴责的电子游戏厅即为这方面的典型例子。

4.3.2　选择目标市场

1）细分市场的进入模式

通过对不同细分市场的评估，服务企业会发现一个或几个值得进入的细分市场，下一步就是要决定进入哪几个市场。通常情况下，服务企业可以选择以下五种方式中的一种进入选定的细分市场。

（1）密集单一市场模式

这是一种最简单的进入方式，服务企业只选择一个细分市场进入，并向该市场只提供一种服务，以取得企业在这一特定市场上的竞争优势。这个细分市场可能会成为企业服务延伸的基点，如图4-1（a）所示。

（2）产品专业化模式

产品专业化即企业集中生产一种服务产品，并向各类顾客销售这一服务。如图4-1（b）所示，企业用服务产品P_2去满足M_1、M_2、M_3三个子市场的需求。企业可以通过这一策略在某个服务产品方面获得很高的声誉，并且利于企业降低成本，但这种策略在面临替代服务的威胁时，对企业很不利。

（3）市场专业化模式

市场专业化即企业专门为满足某个顾客群体的需要而提供各种服务。这一策略可以使企业在特定的顾客群体中获得良好的声誉，并可能成为这个顾客群体所需要的各种新产品或服务的提供者或销售代理商，如图4-1（c）所示。

（4）有选择的专业化模式

有选择的专业化即企业决定同时进入几个不同的细分市场，为不同的顾客群体提供相应的服务。其中，每个被进入的细分市场都具有吸引力，并且符合企业的经营目标和资源状况，但各个细分市场之间很少或根本没有联系，然而在每个细分市场上企业都可获利。此种进入策略较之于单一细分市场策略，更利于企业分散经营风险，如

图4-1（d）所示。

（5）整体市场模式

整体市场即企业全方位进入市场，用各种服务产品满足各种顾客群体的需求。只有那些资源实力雄厚的大型企业才可能采用此种策略，如图4-1（e）所示。

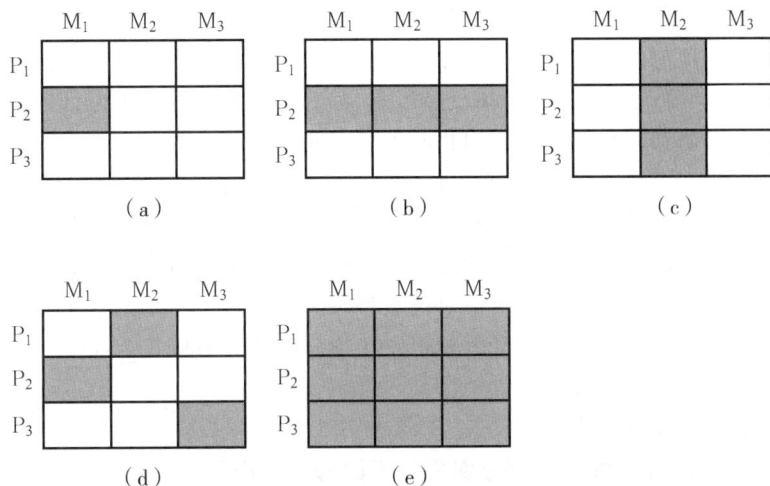

P：服务产品　　　M：细分市场

图4-1　目标市场进入模式

2）市场覆盖的战略

市场覆盖战略即目标营销战略，一般来说，有三种市场覆盖战略可供服务企业选择，即无差异性市场营销战略、差异性市场营销战略、集中性市场营销战略。

（1）无差异性市场营销战略

无差异性市场营销战略即企业只推出一种服务产品，运用一种营销组合，在整个市场上进行销售，试图吸引尽可能多的顾客，如图4-2（a）所示。

（a）无差异性市场营销战略

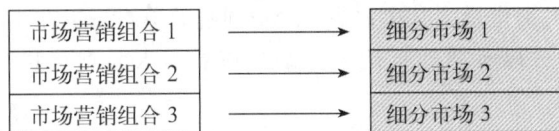

（b）差异性市场营销战略

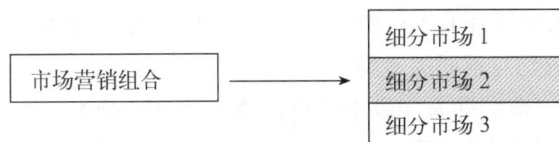

（c）集中性市场营销战略

图4-2　目标市场覆盖战略

　　企业采用这一战略的前提应是消费者需求的同质性，即认为面对的是同质市场，或忽略消费者需求的异质性，而着眼于其共同的需求和偏好，不进行市场细分，将整个市场当作目标市场，针对共同的需求，推出一种产品和单一的营销手段加以满足。

　　采用无差异性市场营销战略的优势是可以获得规模效益，它是一种与大规模生产和标准化生产相适应的营销方法。首先，无差异性的广告宣传、单一的销售程序、相同的管理模式，降低了销售费用和管理费用；其次，以整个市场作为目标市场，节约了市场细分的调研和规划费用，从而也降低了企业的经营成本。

　　无差异性市场营销战略也有其不足：首先是无法满足消费者需求的差别性偏好。实际上很难找到一个需求是完全同质的市场，所以用同一种营销策略去满足所有消费者的需求是不可行的。尤其是消费者需求个性化、差别化的趋势日益明显，这一目标营销战略正面临着严峻挑战。其次是对抗竞争风险的能力较差。无差异性市场营销战略容易受到竞争者的冲击，一旦竞争者将市场细分化，从而从各个细分市场进入，则企业的市场地位将面临危机。

　　（2）差异性市场营销战略

　　差异性市场营销战略即企业分别提供不同的服务产品，运用不同的市场营销组合，为若干个细分市场服务，满足每个细分市场的不同需求，如图4-2（b）所示。

　　企业采用这一战略主要是着眼于消费者需求的差异性，在市场细分的基础上，针对各个细分市场的不同需求和偏好，制订相应的营销方案去满足消费者的需要。现在，越来越多的服务企业采用差异性市场营销战略，如美国爱迪生兄弟公司就是个典型的例子。爱迪生兄弟公司经营着900家鞋店，分为4种不同的连锁店形式，每一种都服务于不同的细分市场：钱德勒连锁店专营高价鞋；贝克连锁店专卖中档价格的鞋；勃特连锁店专售廉价鞋；瓦尔德派尔连锁店专营时装鞋。这种策略使该公司不同类型的连锁店即使距离很近，也不会彼此影响，因为它们针对的是不同的细分市场。这种策略已使该公司成为全美最大的女鞋零售商。

　　差异性市场营销战略的优点是能扩大销售，提高企业的竞争能力。首先，以多种不同的服务产品、多种营销组合，可以更好地满足不同消费者的需求和偏好，争取更多的顾客，从而扩大销售量。其次，服务企业通过此战略可以在不同的细分市场上都占有一定的份额，可以有效地抵抗某一细分市场需求、竞争状况突变时对企业的威胁。

　　同时，差异性市场营销战略也有不足之处：因为差异性市场营销战略要比无差异性市场营销战略投入更多的研究开发费用、市场细分调研及规划费用，以及差异性的广告宣传等费用，致使企业总的经营成本偏高。此外，此种战略要求服务企业有较强的综合管理能力，分别对不同的市场设计不同的营销组合，并使企业整体经营状况协调一致，因而管理的难度更大。所以，对于那些资金、技术实力较弱的中小企业来说，原则上不适合采用此种战略。

　　（3）集中性市场营销战略

　　集中性市场营销战略即企业集中力量设计生产一种或一类服务产品，采用一种市场营销组合，为一个细分市场服务，如图4-2（c）所示。

采用这一战略的服务企业也是着眼于消费者需求的差异性，但其目标不是整个市场或多个细分市场，而是将资源和精力集中在一个细分市场上。在这个细分市场上，利用有限的资金和力量，向纵深发展，追求较高的市场占有率，而不追求在整个市场或多个细分市场上都占有相对较小的份额。如日本有一家帽子店，销售的帽子有千种之多，在该细分市场获得了较大的竞争优势。

集中性市场营销战略的优点主要表现在两个方面：一是有利于企业集中力量在一个小的范围内，对消费者的需求有更深入的了解，便于服务企业制定有针对性的营销组合，提供最好的服务，增强企业的竞争力。二是有利于降低经营成本。

集中性市场营销战略的不足之处主要表现为风险大。由于采用此种战略的企业的目标范围较小，一旦目标市场内出现剧烈的需求波动或出现强大的竞争者，企业就容易陷入困境。

上述三种不同市场覆盖战略各有利弊，分别适用于不同的企业和市场情况。一般而言，实力较强的大中型服务企业通常可采用无差异性市场营销战略或差异性市场营销战略；那些实力薄弱的小企业虽无力与大企业竞争，但其灵活性强，可以"见缝插针"地在一些大中型服务企业不参与、竞争不激烈的某个狭小的细分市场上立足，即采用集中性市场营销战略。

本章小结

市场有多重含义：市场是商品买卖的场所；市场是商品交换关系的总和；市场是商品购买者的集合。服务市场是组织和实现服务商品流通的交换体系和销售网络，是服务生产、交换和消费的综合体。服务市场具有供需直接见面，供求分散，供求弹性大，需求多样、多变，销售渠道单一等特征。

服务消费者的购买决策过程包括购前阶段、购买决策及消费阶段、购后评价阶段。其中，有代表性的服务购买决策模型有风险承担理论、多重属性模型和心理控制论。

市场细分理论的提出是基于市场需求的异质性和企业资源的有限性两个理论前提。有效的市场细分应满足的条件包括可衡量性、可达到性、可盈利性、可行动性。服务企业可依据消费者的自然属性和行为属性将市场进行细分。市场细分的方法有平行细分法、交叉细分法、立体细分法和系统聚类细分法。

选择目标市场之前，应对各细分市场进行评估，评估的标准包括细分市场的规模和发展潜力、细分市场的盈利能力、细分市场的结构吸引力、企业的目标和资源四个方面。服务企业进入目标市场有五种模式，即单一密集市场、产品专业化、市场专业化、选择性专业化和整体市场。服务企业可选择的市场覆盖战略有无差异营销、差异性营销、集中性营销三种。

复习思考题

1. 简述服务市场的含义及特征。
2. 简述消费者购买服务的过程。
3. 细分服务市场有哪些标准?
4. 简述服务目标市场的选择的过程。

案　　例

滴滴"职场焕新之旅"

2016年9月23至9月25日,滴滴快车和领英联合开启了"职场焕新之旅"。一辆职业照快车在3天时间里分别停靠在深圳大学、会展中心和万象城,免费为深圳市民拍摄职业照。

把照相馆搬进车里面

不同于传统的自助照相亭,此次职业照拍摄活动是把整个照相馆搬进了一辆双层快车里。4名化妆师会在一层为参与者耐心设计专属职场形象;二层为拍摄区域,3位摄影师将巧妙运用光影的魅力,捕捉记录参与者自然阳光的笑容。拍摄完成的照片会交给专业修图师进行调光、调色、修补瑕疵等后期调整。用户将在自己的邮箱中收到经过领英和滴滴快车团队携手打造的完美职业照。

这次"职场焕新之旅"线上收到了几千份报名信息,最终在3天时间里为500多名参与者进行了换装改造。在活动现场,酷炫的职业照快车设计和车外大排长龙的状况,常常引得行人驻足观望。

看到这里,你也许会疑惑,滴滴是做出行服务的,什么时候开始了照相业务?殊不知,这次滴滴快车玩了一把跨界营销,几处"小心机"显创意。

为什么选择领英? 时间节点洞察——求职季

9月,是毕业的季节,伴随着大批大学毕业生涌入就业市场,正是求职的高峰期,坊间还有"金九银十"的说法。在这个时间节点上,"求职"是一个关键词。围绕这个关键词,需寻找恰当的合作伙伴。领英作为全球职场人士的沟通平台,在业内具备良好的口碑。滴滴快车选择领英作为合作伙伴,这次活动更能吸引职场人士的关注和参与。

为什么是拍照? 用户心理洞察——颜值经济

在这个"颜值即正义"的时代,一个不注重颜值的求职者是很难获得招聘单位青睐的。颜值当然不是狭隘地指长得好看,更是指一种充满活力的精神气质。现实中很多人并不是不知道颜值的重要性，只是无奈简历上的证件照呆板木讷，毫无神采可言。这次滴滴快车举办的"职场焕新之旅"主打关键词正是"职场颜值"，邀请了专业的造型和摄影团队为参与者服务，希望为参与者打造焕然一新的职业照形象。究其本质，这个活动是准确把握住了很多用户的痛点，投其所好。

"职场颜值"只是滴滴快车在求职季拿来做文章、吸引眼球的一个话题而已。"职场焕新之旅"的载体为一辆双层快车即是巧妙的隐喻。滴滴快车的品牌价值在于"便捷、优质"，它希望能够成为广大用户出行时的重要选择，在求职面试时呼叫一辆滴滴快车，而不是挤公交地铁，免去汗流浃背的尴尬，多一份从容优雅，为求职面试增加一份好心情，这才是隐藏在这次"职场焕新之旅"活动背后真正的逻辑。

资料来源　CLOVEY. 玩一把跨界营销，这次滴滴把照相馆搬进了车里［EB/OL］.［2016-10-08］. http：//socialbeta.com/t/didi-cross-border-marketing-2016-10.

第5章　服务定位与差别化

服务企业在确定了目标市场之后，还必须决定在这些市场中它想要取得怎样的市场地位。这直接关系到企业能否突出自己的特色，能否在竞争中获得竞争优势，并发展壮大。本章将从服务定位与服务差别化的关系入手，逐渐展开对服务定位的层次、程序和方法，以及服务如何实现差别化的讨论。

5.1　服务定位与差别化的关系

5.1.1　定位理论的演进

定位的概念是由艾·里斯（Al Ries）和杰克·特劳特（Jack Trout）于1969年首次提出的。他们把定位看成是对现有产品的创造性实践。其定义如下：定位起始于产品。一件商品、一项服务、一家公司、一个机构，甚至是一个人……然而定位并非对产品本身做什么行动。定位是指要针对潜在顾客的心理采取行动，即要将产品在潜在顾客的心目中定一个适当的位置。艾·里斯和杰克·特劳特提出了定位理论发展的三个时代的观点。

1）产品至上时代

20世纪50年代，市场处于竞争初期，产品品种比较单一，同类同质商品较少。市场竞争主要通过产品本身的性质特点及功能利益造成的差异性来实现。受生产力发展和消费水平的制约，消费者比较重视产品的实效，因而广告以理性诉求为主，R.雷斯的USP理论迎合了这一时代的特征，成为营销的主流。USP（Unique Sale Point）被称为"独特的销售主张"。该概念强调要先搞清什么是产品的唯一特征，然后在广告中向消费者强调它的独特之处在什么地方，它将给消费者带来什么具体利益。在这一理论的指导下，营销人员的主要任务就是不遗余力的找出R.雷斯所说的"独特的销售主张"，为此广告甚至不惜夸大产品的特性和功能。

2）形象至上时代

到了20世纪50年代末期，随着科技的迅速发展，各种替代品和模仿品大量涌现，寻找USP日益困难，产品至上时代土崩瓦解了，取而代之的是形象至上时代。这一时期同类同质产品充斥市场，产品之间的差异性缩小，通过产品的特性来区分产品变得困难。并且随着生活水平的提高，消费者的观念也发生了变化，更注重心理上的满足。60年代大卫·奥格威（David Ogilvy）提出的品牌形象论很快被广泛接受和采纳。该理论认为广告的主要目标是为塑造品牌形象服务，任何一个广告都是对品牌的长期投资，强调消费者购买时追求的是"实质利益+心理利益"，强调用品牌形象去满足消费者的心理需求。在这一理论的指导下，奥格威成功策划了哈撒韦（Hathaway）衬衫、劳斯莱斯汽车等经典广告。

3）定位至上时代

随着竞争的进一步加剧，产品日益同质化，具有高度的相似性。信息量也急剧膨胀，各种讯息相互干扰，当各企业各施奇招通过形象来制造差别的时候，没有几家能够成功，品牌形象论似乎也难以解决这个难题。艾·里斯和杰克·特劳特在1969年提出了定位理论。他们认为消费者的头脑中存在着一级级的小阶梯，他们将产品按一个或几个方面的要求在这些小阶梯上排队。定位就是要找到这些小阶梯，并将产品与某一阶梯联系上。定位理论认为，广告的目标是使某一品牌、公司或产品在消费者的心目中获得一个据点；广告要将重点放在消费者的心智上，而不是产品本身；应该运用广告在消费者的心目中创造出一个独特的位置；广告所要表现的差异不是指出产品的具体功能或利益，而要显示或实现品牌之间的类的区别。

虽然定位理论是在广告领域提出来的，但是经过几十年的发展，定位理论早已超越了广告领域，而上升到营销战略的高度，成为与市场细分、目标市场选择并列的营销基本战略要素之一。

小案例 5-1

你所熟悉的成功定位

西南航空：造就美国最值得尊敬的公司

当美国所有航空公司都效仿美国航空公司（American Airlines）的时候，美国西南航空公司（Southwest Airlines）却独树一帜，重新定位"单一舱级"的航空品牌，以针对美国航空的多级舱位和多重定价。很快，美国西南航空公司从一大堆跟随者中脱颖而出，1997年起连续五年被《财富》杂志评为"美国最值得尊敬的公司"。

七喜汽水：赢得可乐大战

20世纪80年代，"七喜"汽水重新定位为"不含咖啡因的非可乐"，此举痛击了可口可乐与百事可乐，使七喜汽水一跃成为仅次于可口可乐与百事可乐的美国饮料业的第三品牌。

方太：高端突围

中国厨电行业中的高端品牌曾一度是清一色的洋品牌，方太的高端定位战略让其在洋品牌的竞争中脱颖而出。品牌定位："方太，中国高端厨电专家与领导者"；品牌故事："中国卖得更好的高端油烟机，不是洋品牌，而是方太，因为方太更专业"。

5.1.2 服务定位与竞争性差别化

1）服务定位的含义

一般而言，定位是指企业设计出自己的产品和形象，并在消费者心目中占据与众不同的有价值的地位。定位不仅用于营利性的公司，还可用于包括非营利机构在内的各种组织和个人，例如学校、政府、国家等。

其他有代表性的定位表达还有：定位指消费者关于某品牌（产品、公司）所有联想的集合，包括品质、价格、特性、风格、使用、购买点等。定位是消费者对某品牌（产品、公司）与其竞争对手相比较，形成的相同或相似的心理位置。定位是消费者心中的独特印象。

理解定位的要点，一是定位发生的顺序是在市场细分和目标市场选择以后，这一点是区别目标市场选择和定位的关键。二是定位要解决的问题是在目标市场或顾客心目中，自己和竞争者比较有哪些差别。

综合而言，服务定位可以表述为，服务营销者为本企业的提供物在目标市场顾客心目中寻找和确定一个与竞争对手相比有差别并使之产生联想的位置。这个含义可由

图 5-1 表示。

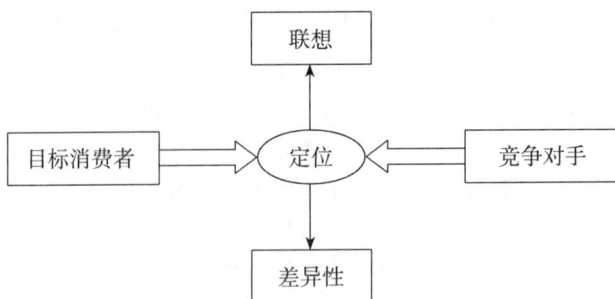

图 5-1　定位-差异图

定位是一项战略性营销工具，借此，企业的主管人员能够明确企业现有的位置和希望占据的市场位置，企业可以借此确定自己的市场机会，并且当竞争情况发生变化时，明确自己能够采取的措施。如前文所述的定位发展的三个阶段表明，定位是一种沟通行为，但这种被称为"沟通定位"的定位并不是定位的全部。定位和促销一样，都会受到服务营销组合内所有因素的影响，如价格、分销渠道、消费者、程序及服务产品本身等。其中，尤以服务程序的影响最大，出于定位的需要，程序应得到细致、战略性的关注。最后，我们将服务定位定义如下：所谓服务定位，是指服务企业根据市场竞争状况和自身资源条件，建立和发展差异化竞争优势，以使自己的服务产品在消费者心目中形成区别并优越于竞争者产品的独特形象。因此，当企业在目标市场内遇到了竞争对手时，进行定位分析是一种必然的选择。企业需要了解在这一细分市场上，顾客心目中所期望的最好的服务是什么，竞争对手所提供的服务在多大程度上满足了顾客的期望，本企业的服务理念是否同顾客需求相吻合。如果顾客的期望尚未或很少得到满足，那么企业应该如何调整经营策略使自己提供的服务切合顾客的需要等一系列问题。

2）服务定位与差别化的关系

从上文的论述中，我们能够看出，定位与服务企业的差别化之间存在着密切的联系。定位为服务差别化提供了机会，即通过定位，每个服务企业及其服务产品在顾客心目中都占据一定的位置，形成特定的形象，从而影响消费者的购买决定。

（1）定位能创造差异

企业通过市场细分与目标市场选择，选定了自己的目标市场。但仅确定了目标消费者还是远远不够的，因为企业此时还处于"一厢情愿"状态，令目标消费者同样以本企业的服务为购买对象才是关键。为此，企业要将其服务定位在目标消费者所偏爱的位置上，并通过一系列营销活动向消费者传达定位信息，使本企业与竞争者的差异凸显于消费者面前，从而引起消费者的注意并使之感到本企业的服务就是他们所需要的。如果本企业的定位是与消费者的需求相吻合的，则企业就在消费者心目中占据了有利位置。

小案例 5-2

香港特别行政区的金融业非常发达，占其产业的1/4。在这个弹丸之地，各类银行多达几千家，竞争异常激烈。如何在这个狭小的市场内找到自己的生存空间？它们的做法是通过定位来凸显各自的差异性特征，从而获得竞争优势：汇丰银行——定位为分行最多，全港最大的银行，展示其强大的实力。20世纪90年代以来，为拉近与顾客的情感距离，汇丰银行将其定位改为"患难与共，伴同成长"，旨在与顾客建立同舟共济、共谋发展的亲密朋友关系。恒生银行——定位为充满人情味的、为服务态度最佳的银行；渣打银行——定位为历史悠久的、安全可靠的英资银行；中国银行——定位为有强大后盾的内地资本银行；廖创兴——定位为助你创业兴家的银行，以中小工商业者为主要服务对象。

（2）定位形成竞争优势

迈克尔·波特（Michael Porter）提出，企业获得竞争优势的两个基本途径是低成本和差异化。定位可以创造出本企业区别于竞争企业的独特性，并通过定位沟通将此差异化深植于消费者的心智，从而获得较为持久的竞争优势。在这个定位时代，企业必须明确的是，关键不是对产品本身做什么，而是在消费者的心目中做什么。以香港地区的报业为例，香港共有报纸60多种，在狭小的市场空间内竞争十分激烈，而其中的佼佼者无不是通过定位战略来确定其竞争优势的。如《明报》定位于政论性，《信报》定位于财经、商业，《东方日报》定位于市民家居，《星岛日报》定位于社区新闻等。

3）实现定位差异化的方法——价值链分析

市场定位的过程在很大程度上取决于企业有效地为顾客提供卓越交付价值（Superior Delivered Value）的能力。

提供卓越的交付价值的方法之一是价值链（Value Chain），利用价值链分析，企业能够发现通过增加价值而创造差异化的途径。例如，管理咨询企业的价值链如图5-2所示。

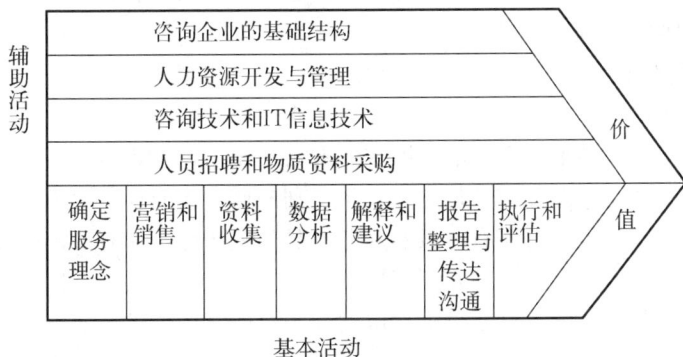

图 5-2　管理咨询企业的价值链

由图5-2可见，管理咨询企业的基本活动由以下部分组成，确定服务理念、营销和销售、资料收集、数据分析、解释和建议、报告整理与传达沟通、执行和评估。类似的，一家银行的价值链的基本活动是产品创造、策划、营销、销售、单一目标销售和售后服务。卓越的交付价值产生于企业组织和完成价值链当中各项分立活动的办法，因此，为特定的服务企业开发一个识别其活动的特殊价值链要比依赖于普通价值链有用得多。通过价值链分析，企业将明确如何从价值链上的各项活动着手建立竞争优势。为了获得竞争优势，一个企业必须能够通过比其竞争对手更有效地完成它的价值活动（低成本优势），或者用唯一的能创造更大卖主价值（差异化优势）的方法进行它的活动，从而提供给顾客更多的价值。

应该明确的是，价值链上的各项活动并非独立进行的，它们之间存在着相互影响、相互作用的关系，有必要考虑到进行某个活动会与其他活动的成本和效率相冲突的联结部位。在服务企业内，由于服务的特性，这些活动之间的边界更加模糊，如营销、经营和人力资源管理等活动之间并不存在真正的独立。因此，企业有必要根据实际情况对这些活动或职能进行协调和整合，以达到更有效地为顾客提供卓越价值的目的。

价值链的每个元素代表了应该彻底考察和辨别现有的和潜在的、企业可以实现其成本优势或差异性优势方法的一个领域。为了获得差异性，将竞争对手的价值链作一考察是很有必要的。价值链的分析方法可在如下方面对服务企业有所帮助：

（1）企业可通过价值链分析，对自己的价值链有一个清晰的认识和了解，并且可以寻找到赢得差异性或成本优势的资源，从而实现给顾客卓越的交付价值。

（2）通过价值链分析，企业可以了解适合其顾客的价值链在什么地方。如果顾客是普通的制造企业，则其价值链与上文所述的普通价值链基本相同；如果顾客是服务企业，则企业应当将其价值链从一般价值链中区分出来；如果顾客是个体消费者而不是企业，则个人价值链也应被考虑在内。

（3）企业可以通过价值链分析，了解其供应商或分销商的价值链，以便更好地与之合作。

（4）企业可以了解竞争对手的价值链，并将其作为自己的竞争基准。

价值链分析的最终目的是系统化地识别企业差异化的适当方法，使其可以更好地为顾客提供卓越的交付价值。这种差异化需要通过定位与顾客联系起来。

5.1.3　服务定位的原则与方式

1）差异化特征的评价

定位提供了服务差异化的机会。每个服务企业以及它的产品和服务在顾客心目中有其定位或形象，这种形象会影响到顾客的购买决定。策划定位的目的是在顾客心目中创造能够使该企业的服务与其他竞争对手区别的服务差异性，而无论这种差异性是实质的、感觉上的还是二者兼有。虽然服务产品的差异化不如有形产品那样明显，但每一种服务都能让消费者感受到互不相同的特征。所以，企业进行定位时必须尽可能地使产品具有十分显著的特色，以最大限度地满足顾客的要求。通常按以下标准评价差异化特征：

（1）重要性。该差异所体现出的需求对顾客来说是相当重要的。

（2）显著性。企业的服务与竞争对手的服务之间有明显的差异。

（3）优越性。该差异明显优于通过其他途径而获得的相同的利益。

（4）沟通性。该差异能够很容易地为顾客所理解和认知。

（5）独占性。该差异是其竞争者难以模仿的。

（6）可支付性。目标顾客认为因产品差异而付出额外的花费是值得的，从而愿意并有能力购买这种差异。

（7）盈利性。企业能够通过此差异而获得利润。

另外，服务企业在定位时还面临一项重要的决策，即向其目标顾客推出多少差异，一个还是多个。有的营销人员强调推出一种差异而在顾客心目中获得领导地位；而有的营销人员则强调应推出多种差异，以便寻找更多的市场机会并拉开与竞争者之间的距离。但无论怎样，企业在定位时必须遵循的是，服务企业必须承认和接受服务产品在顾客心目中已有的形象和看法；另外，企业的定位应致力于满足那些顾客认为是重要的而又没有或很少被满足的需求。

2）定位与服务特性

在本书的第 1 章，我们已经讨论过服务的基本特征，这些特征对于服务企业市场定位和选择合适的产品特征具有重要意义，尤其是服务的不可感知性、差异性和不可分离性等特征对服务企业的市场定位意义更为重大。

（1）服务的不可感知性。服务的这一特征使得服务营销不同于有形产品的营销，因为企业无法根据产品看得见、摸得着的实体特征来推销其产品。但市场定位却可以使无形的服务变得有形化，它通过实物证据的作用使顾客感知到无形的利益。如酒店可以通过干净整齐的家具来向消费者传达其想获得的清洁的利益。

（2）服务的差异性。这种易变的性质在很大程度上取决于服务人员在服务生产过程中的作用。如餐馆服务人员的表现直接影响着顾客对餐馆的评价。所以，企业在市场定位时也可以从提高人员的素质的角度进行。如麦当劳就充分认识到了这一点，开办了"麦当劳汉堡包大学"，对其雇员进行严格培训，从而在人员素质方面同其他快餐店形成差异。

（3）服务的不可分离性。这一特性决定了服务人员向顾客提供服务的同时也是顾客消费服务之时，即服务的生产和消费过程同时进行，其中离不开顾客的参与。因此，企业也可以从管理顾客参与的角度实现产品的差异化。

关于服务如何实现差别化，我们将在第 3 节中详细讨论。

3）成功定位的原则

企业在确立了自己的市场位置之后，应当努力维持或提升其相对于竞争者的市场位置。托马斯·康斯尼克（Thomas Kosnik）提出了下列成功定位必备的特征：

（1）定位必须是有意义的。定位不应是华丽的宣传口号，而应当具有实际意义，否则企业可能陷入困境。如苹果公司，它一直把自己树立成年轻的、具有自由精神的、立志要改变世界的硅谷公司形象，这种形象在家庭和教育市场上很受欢迎，可在相对保守的企业市场上似乎并没有得到认可。可以说，在企业市场上，苹果公司的这种定位有华而不实之嫌。所以，苹果公司开始在解决顾客问题方面加大投入，在宣传中也注意强调这一点，使其定位更有实际意义。

（2）定位必须是可信的。服务企业的市场定位必须能让其目标顾客信服，而不是一厢情愿地宣传一些在其顾客看来并不可信的东西。如许多公司声称能为所有的人提供所有的服务，这显然是令人难以信服的。即使是那些行业中的领先者，也没有声称自己无所不能，而是集中于某一特定领域做一个可信任的企业。虚假夸大的、不可信任的定位往往适得其反，给企业带来不利影响。

（3）定位必须是唯一的。企业应当在既定的目标市场上，发掘能持续地使自己保持领先地位的市场定位。

4）可供选择的定位方式

里斯和特劳特提出了三种较为宽泛的定位方式可供企业选择：

（1）避强定位。这是一种避强就弱、抢占市场薄弱环节的定位方法。为此，服务企业可以采取避免激烈冲突而强化当前位置的定位方法。如阿维斯（Avis）出租汽车公司为避免与行业领先者赫茨（Hertz）公司正面竞争，发明了经典而可信的定位主题："阿维斯在租车行业只算老二，为什么不选我们？我们更努力！"服务企业还可以采用确定空缺的市场位置、打击竞争者弱点的定位方法。如联合泽西银行（United Jersey Bank）是新泽西州的一家小银行，其把自己定位为"一个快速行动的银行"，以在与花旗银行（Citibank）等大银行竞争时，攻击其反应较慢的弱点。

（2）迎头定位。这是一种以强对强的市场定位方法。由于与强有力的竞争对手对着干，所以这种方法存在风险，但同时也能激励企业以较高的目标要求自己，奋发向上。如麦当劳和肯德基在很多地方的竞争就属于这种定位策略。

（3）重新定位。当企业产品出现滞销、市场反应迟钝或第一次定位不准确时，就需要第二次定位，这就是重新定位。重新定位主要是基于如下三种情形：

●原有定位不能达到营销目标。此种情形或是因为传播的困难，或是因为虽有效地向目标顾客传递了企业的定位观念，但市场占有率、利润率等营销目标不理想。

●发展新市场的需要。新的市场有不同的市场环境和不同文化、社会背景的消费者，原有定位可能变得不再适合，需重新定位。

●竞争的需要。企业在竞争中可能会丧失原来在某些方面的明显优势，而使建立在原有优势上的定位无法再使企业具有竞争力，而需重新定位。

一般而言，重新定位具有一定风险，这些风险主要表现为以下几个方面：

●企业内部形成共识的困难；

●消费者认同的困难；

●资金投入的困难；

●企业成败面临较大的风险。

小拓展 5-1

表 5-1 具体的定位方式

定位选择	含义
市场份额领先者	最大的规模
质量领先者	最好的或最可信的产品或服务
服务领先者	最迅捷地为顾客解难
技术领先者	最早发现新技术
创新领先者	在技术应用上最具创造性
灵活领先者	最具适应性
关系领先者	最致力于顾客的成功
特权领先者	最具排斥性
知识领先者	最好的功能和技术
全球领先者	在国际市场上占据最佳位置
折扣领先者	最低的价格
价值领先者	最好的价格/性能比

企业在考虑这些定位选项哪一个最为合适时，应回答下面的问题：

● 哪一种定位最能体现企业的差异化优势？

● 哪一种定位为主要竞争对手所占据？

● 哪些定位对每一目标细分市场最有价值？

● 哪些定位有众多的竞争者？

● 哪些定位目前的竞争尚不激烈？

● 哪些定位最适合于企业的产品和产品线定位战略？

5.2　服务定位的层次、程序和方法

5.2.1　服务定位的层次

市场定位是一个系统，而不是一个孤立的问题。我们前文所述的定位多是指企业所提供的产品或服务的定位，而作为一个系统的市场定位一般包括以下层次：

● 行业定位，即把整个服务行业当作一个整体进行定位。

● 企业（机构）定位，即把组织、机构当作一个整体进行定位。

● 产品组合定位，即对企业提供的一系列相关产品和服务进行定位。

● 个别产品和服务定位，即对某种特定的产品和服务进行定位。

1）服务行业和服务企业定位

在考虑企业定位及产品定位之前，服务企业必须对自己所在的整个行业在整个服务产业中的位置有所了解，即进行行业定位。图 5-3 显示了部分服务行业在整个产业中的相对位置。

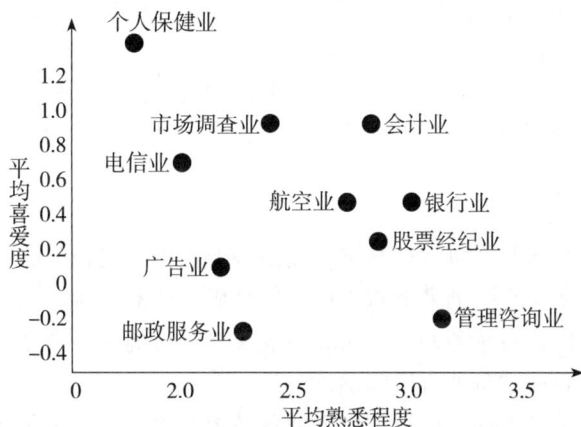

图 5-3　部分服务行业的相对位置图

服务企业定位与服务产品定位是相辅相成的，企业定位处于定位层次的高层，服务企业必须先定位它们的产品，然后方能在公众中树立起良好的企业形象；而企业定位则对先前的产品定位起着强化的作用。一旦企业的定位成功，使企业获得了良好的社会声誉，则企业的产品定位也会相应地得到巩固，并会为企业带来长期效益。

一般而言，企业根据自身的资源状况和市场中的竞争状况可在如下定位中进行选择：

（1）市场领导者，即在行业中处于领导地位的企业。这样的企业是指那些相关产品或服务在市场上占有率最高的企业。这样的企业既是市场竞争的主导者，也是其他企业挑战、效仿或回避的对象。如零售业的沃尔玛、美式快餐业的麦当劳等就属于这一类。

（2）市场追随者，即在市场上居于次要地位，一时不能建立领导者地位，而采取与市场领导者拉在一起，造成平起平坐地位的企业。根据其追随领导者的程度可分为紧密跟随者、距离跟随者和选择性跟随者3种定位。

（3）市场挑战者，即在同行业中虽然居于次要地位，但却已发起与领导者的竞争并且迅速后来居上的企业。

（4）市场补缺者，即那些在市场中某些部分实行专业化经营，以避免与主要企业发生冲突而求安一隅，仅为市场提供某些有效的专业化服务的企业。这种定位一般适用于那些实力较弱的中小企业。

2）服务企业定位方法

服务企业定位一般可采取以下方法：

（1）以服务特色进行企业定位。此方法可以产生服务产品带动企业、企业托起服务产品的互动效应，使消费者通过接受优质服务来接受企业。

（2）以企业形象设计、整合、宣传进行企业定位，即企业通过设计、整合、宣传崭新的企业形象来扩大影响，通过企业形象的魅力和张力确定自身定位。

（3）以企业杰出人物定位。利用杰出人物在社会上的影响力和消费者"爱屋及乌"的连带效应在消费者心目中确立企业的位置。

（4）以公共关系手段进行企业定位。企业以社会名流的视察、称颂或承办某些大型公益活动、研讨会等公关策略，强化企业在社会公众中的影响，从而确定企业在消费者心中的位置。

3）服务产品定位

服务产品定位是将某个具体产品定位在消费者心中，无论何时何地，只要消费者产生了相关需求，就会自然而然地首先提到这种服务产品，达到先入为主的效果。服务产品定位是整合定位系统的基础，只有企业最终售出的服务产品在消费者心目中占据了有利的位置，企业定位才有了基础。

服务产品可以是有形的东西，如饭店的各种饭菜等，也可以是无形的东西，如理发、音乐会、教育等。服务定位的目的就是让这些有形、无形的服务产品在消费者心目中留下深刻的印象，因此，产品的各个要素都要与这一定位形象相符合。根据整体产品的含义，一个产品可以包括三个层次。

第一个层次是核心产品。这是消费者实际要购买的主要利益、效用或服务。如对于旅店来说，顾客购买的就是"休息和睡觉"；而对于电影院来说，顾客购买的主要是"娱乐"。

第二个层次是形式产品。这是构成实体产品的质量、特征、式样、品牌和包装的总和。如旅店的形式产品就是房间；电影院的形式产品就是放映电影的场所和设施等。

第三个层次是附加产品。这是附加在实体产品上的各种服务产品的总和。如对旅店来说，可通过提供电视、鲜花、快速结账服务等来增加其产品的内涵。

服务产品定位是服务市场定位的第一步，为了取得有利的市场地位，企业必须围绕产品的3个层面做文章，使自己的服务产品与市场上其他同类产品有所差异。

最后需要说明的是，服务企业并不需要在上述的所有层次进行定位。但对于那些规模大、开展多种经营的服务企业而言，企业定位、产品组合定位和个别产品定位则是必要的。但应明确两点：一是企业定位和个别产品定位必须具有清晰的相关性，并有内在的逻辑关联；二是品牌既可以产生于产品组合层次，也可以产生于个别产品层次。

┃┃小案例 5-3

东阿阿胶的市场定位

第一个层次的定位是"滋补国宝"，通过提升整个阿胶的认知价值来扩大市场、提升东阿阿胶的价值，树立东阿阿胶的高端定位。第二个层次的定位是阿胶行业事实上的"老大"，因阿胶整个品类低端化、边缘化很严重，此时东阿阿胶代表行业提升阿胶的价值，把其对手将其定义为一种低端补血品的观念，通过《神农本草经》和《本草纲目》中记载的滋补三大宝——人参、鹿茸和阿胶的概念调整了过来。第三个层次的定位是"正宗（高端）阿胶"，将企业的资源完全向这个方向聚焦，策略地砍掉其他与阿胶主业不符的业务，发展单一业务多品牌经营，通过每年不高于60%的提价和回归阿胶价值来建立东阿阿胶品牌。

5.2.2 服务定位的程序

服务企业可以按以下三个步骤进行市场定位：

1）明确企业潜在的竞争优势

竞争优势来源于企业为顾客创造的价值，但这个价值必须大于企业创造这个价值时所耗费的成本，同时这个价值也必须大于顾客为获得该价值所支付的全部成本。对服务企业来说，竞争优势有三种类型，即成本优势、差别化优势和技术优势，其中技术优势可以转化为其他两种基本的竞争优势。

服务企业可通过前文所述的价值链分析来寻找和获得竞争优势。价值链可以帮助服务企业明确服务行业和企业的现有资源和潜在资源，与此同时，加强对竞争对手企业价值链的分析和研究，只要企业能够向顾客提供多于竞争者的"超值"，就获得了竞争优势。

2）选择相对竞争优势

相对竞争优势表明企业能够胜过竞争对手的能力。服务企业通过对本企业和竞争对手的价值链分析，就可以发现很多潜在的竞争优势。但并不是所有潜在竞争优势都适合本企业，所以企业必须对这些潜在竞争优势进行评估，放弃那些优势小、开发成本高、风险大，且与企业经营战略目标相悖的机会，而选择那些优势大、符合企业长远利益、最具开发价值的竞争优势。选择相对竞争优势的方法如表5-2所示。

表5-2　　　　　　　　　　选择相对竞争优势的方法

（1）	（2）	（3）	（4）	（5）	（6）	（7）
竞争优势	企业名次	竞争者名次	改变名次的重要性	企业改变名次能力	竞争者改变名次能力	建议采取的行动
经营管理技术						改进
经营费用						不变
价格			高或低	高或低	高或低	降低
规模						扩大

通过对表5-2的分析会发现，该服务企业在经营管理技术、经营费用、价格和规模等方面与竞争企业相比存在着潜在的竞争优势或劣势，这在该企业与竞争者的排名上得以反映。改变名次的能力反映了服务企业发展优势、改变弱势的能力。经过以上分析，再进行决策。

3）显示独特的竞争优势

这一步骤的主要任务是服务企业要通过一系列的宣传、促销活动，将其独特的竞争优势准确传播给潜在顾客，并在顾客心目中留下深刻印象。为此，服务企业首先应使目标顾客了解、知道、认同、喜欢和偏爱本企业的定位，在顾客心目中建立与该定位一致的形象。其次，企业应通过一切努力强化在目标顾客心目中的形象，并保持与巩固与市场相一致的形象。最后，在显示竞争优势，进行市场定位过程中，由于信息的失真，容易步入三个误区，服务企业必须加以注意：

（1）定位过低。这是指顾客不能全面、准确地了解服务企业的竞争优势和经营特色，低估了企业的价值，忽略了其独特的定位。

（2）定位过高。这是指企业片面地夸大了自己的竞争优势，使顾客过高地估计企业的地位，对其寄予过高的期望。一旦顾客接触了企业所提供的服务，购后满足感无法达到其期望值，就会对服务企业的定位产生怀疑，甚至否定。

（3）定位混乱。这是指服务企业对外传播的信息含混不清或缺乏个性，使企业无法在顾客心中显示企业的竞争优势，也就无法使顾客对企业进行定位。

5.2.3　服务定位的方法

定位不仅是一种思考，而且在实践中还需要专业性的工具使之操作具体化。我们下面介绍定位图、排比图和配比图三种定位工具。

1）定位图

定位图是一种直观的、简洁的定位分析工具，一般利用平面二维坐标图的服务识别、服务认知等状况作直观比较，以解决定位的问题。其中，坐标轴代表消费者评价服务的特征因子，图上各点则对应市场上的主要服务产品或服务企业，它们在图中的位置代表消费者对其在各关键特征因子上的表现的评估，图5-4所示的是职业定位图。

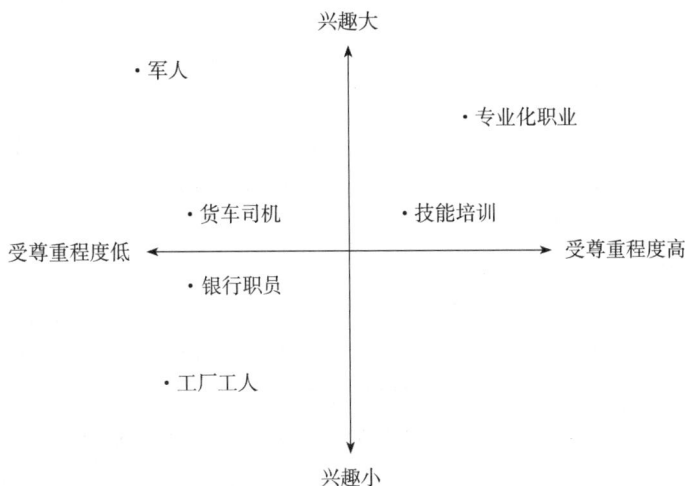

图 5-4　职业定位图

利用定位图进行定位通常分为两步：确定关键特征因子和确定各服务企业在定位图上的位置。其中，确定特征因子是编制定位图的关键。影响消费者购买的特征因子是多种多样的，企业必须通过市场调查确定那些对消费者购买决策影响最大的因素，并要注意该因素应该能够和竞争者进行比较。然后，将各竞争服务或企业置于定位图中，即可发现企业的定位空间。如图 5-5 所示，以 A 市餐饮业为例，说明定位图的应用。对于餐馆，消费者最关注的两项特征因子是服务环境和价格，这是通过调查分析得来的。从图 5-5 中可以看出，该市的餐饮业主要集中在两端，一是服务环境很好，但价格同样不菲的高档酒楼；二是低档价廉的小食肆。这两类市场竞争很激烈，市场空隙很小，但从图上我们可以看出，服务环境优良但价格适中的市场领域却是一片空白，餐饮企业可以定位于此，获得相对广阔的市场空间。

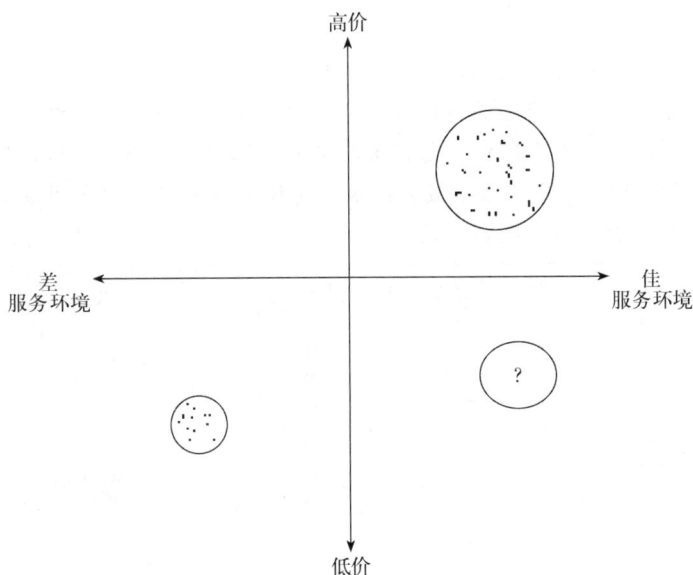

图 5-5　餐饮企业定位图

2）排比图

随着消费者的需求差异越来越大，同时产品同质性越来越高，对消费者购买决策产生影响的产品特征因子也越来越多，这使得营销者选择关键特征因子的难度越来越大，由双因素分析发展为多因素分析已是客观要求。而若定位图超过两维不仅其直观性大受影响，而且也增加了分析的难度。排比图突破了这一局限性，做到了多因素分析与直观性两方面的兼顾。

所谓排比图，就是将特征因子排列出来，在每一因子上分别比较各竞争服务产品或企业的表现，最后在此基础上确定定位。如图5-6所示，图上纵向排列的要素是服务的特征因子，其重要性由上而下递减，排在最上面的重要程度最高。图5-6上各点代表各竞争服务（D、E、H、L、K）在相应特征因子的横线上依各自在该方面表现的相对强弱而排列，强弱程度从左至右递增。如在品质这一因子上，D表现最优，而E最差。与定位图一样，排比图定位的关键是特征因子的选择。特征因子的选择应是以消费者为导向的。另外，排比图中涉及对特征因子排序的问题，一方面，特征因子顺序的排定也应是以消费者为导向的；另一方面，特征因子的重要性越高，其对定位的价值也越大。

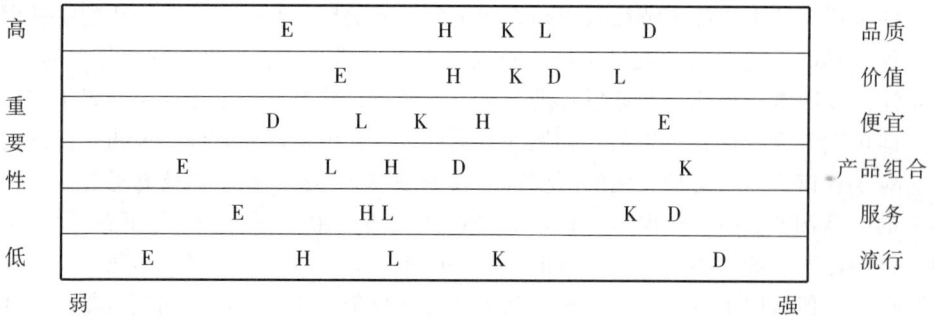

图5-6　竞争服务强度

3）配比图

运用配比图比较容易发现市场空当，从而找到定位的范围。如图5-7所示，配比图左边列出的是竞争者及自己服务的优势与劣势，而右边则列出了经细分的消费者群对服务的各自要求。经左右配比，定位成功的服务都可以击中某一群消费者的心，如A→G4，C→G1。至于那些定位不成功或缺乏定位的服务则游离于市场需求之外。企业要注意的是哪一群消费者的需求没有得到满足，这就意味着那是一个潜在市场。

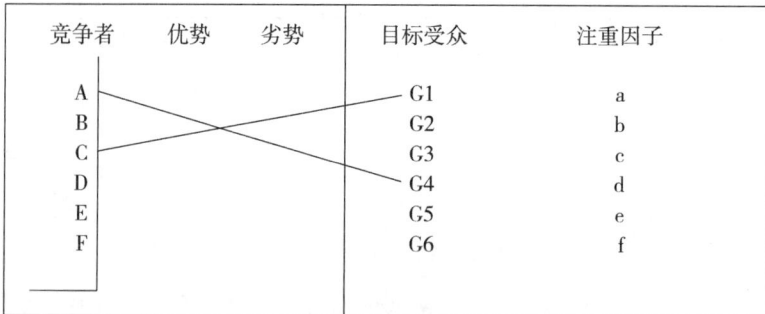

图5-7　定位配比图

5.3 服务差别化的途径

当消费者认为服务的差别不大时,他们对价格的关心就会超过对服务提供者的关心,而由于服务自身的特点,也使服务营销者感觉很难将自己的服务同竞争者的服务区分开来,相应的服务企业之间的竞争便很容易陷入价格竞争的陷阱。解决价格竞争的办法就是提供差别化的服务和建立差别化的形象。服务差别化的途径有提供物、服务交付、形象和人员。

5.3.1 提供物的差别化

1)增加次要服务特色

服务企业的提供物(Offer)可以包括一些创新特色使其有别于他人。服务消费者所期望的是所谓的主要服务系列,对此,服务企业可以在此基础上增加次要的服务特色,以获得提供物的差别化。如在航空运输业,各个运输公司都已经实行了诸如机舱电影、高级座位、销售商品、空对地电话业务和经常乘客奖励等办法。在这方面还有两个典型的案例:

一是必胜客(Pizza Hut)通过互联网在信息高速公路的基础上实行了家庭送订货服务,它是第一家扩展进入该领域的比萨饼制造商,所以这种方便、快捷的附加服务具有次要服务的特色,使之与竞争者的服务有了差异。

二是菲律宾国内航空公司东南航空公司将顾客所购每张票额的5%用以为顾客设立信任基金,顾客既可以用其购买其他票,也可以用以购买东南航空公司的优惠股。换言之,顾客只要购买两张机票就有资格换得一张股票。这既是一种区别于竞争者的次要服务特色方法,又是一种发展与顾客长期关系的好办法。

2)服务的多样化

所谓服务多样化,是指服务机构或服务人员针对不同的顾客或不同的需要而提供不同的服务。这是一种与服务标准化相反的做法,它可以针对顾客的具体要求而提供有针对性的、个性化的服务,从而做到差别化。服务多样化的产生是基于如下两点主要原因:一是不同的顾客或不同的顾客群(细分市场)对服务的需要是不同的,服务对象的多样化是采取服务多样化策略的主要原因;二是同一顾客对同一家服务企业提供的服务也有多种不同层次的需要,如生理的需要、尊重的需要等。市场需求的多层次性是采取服务多样化策略的另一个原因。总之,服务市场的多样化(个性化、细分化和多层次化)决定着服务的多样化,我们可以在现实生活中找到很多这方面的实例:

如深圳机场,鉴于深圳特区移民夫妇较多,这些移民夫妇忙于工作没有时间接送远在他乡的孩子的实际情况,推出了"航空特快专递儿童"服务,以满足这些移民夫妇的需要。① 再如上海餐饮市场的"沈记靓汤"针对女性顾客的特殊需求推出了"男汤""女汤"系列。"女汤"口味清淡,并强调有"明目养颜""清热解毒"功能,深

---

① 吴建飞. 航空特快递送儿童 [N]. 新民晚报, 1995-05-17 (3).

受女性顾客的喜爱，引来了众多的回头客。[①]

服务多样化不仅能使企业的服务有效区别于竞争对手，而且在以下方面对服务企业有重要意义：服务多样化有利于服务企业将市场细分，更好地选择目标市场；有利于服务企业创新，有效适应快速多变的市场环境；有利于服务企业与其客户建立长期协作关系，促使企业的长期利益最大化等。

3）服务特色化

所谓服务特色化，是指服务企业或人员向顾客提供独特的、体现自己个性的服务。这与前面提到的增加次要服务特色的主要区别是，前者是在主要服务之外增加具有特色的次要服务，后者是企业向顾客提供的主要服务具有特色。服务企业可以在很多方面形成自己的服务特色：

（1）专业特色。这是指服务企业向顾客提供某些区别于竞争者的高度专业化的服务，其主要优势是能更好地发挥服务企业在服务技巧化或专业化方面的优势。如上海图书有限公司开设的上海图书城设计书店，就充分体现了一种专业特色。这家设计书店汇集了广告、时装、室内装潢、建筑、工艺美术和装饰品等与设计密切相关的图书1 500种，形成了"专书专卖"的服务特色，非常受专业读者的欢迎。[②]再如大连市曾经有一家专门经营考试用书的"考试书店"，生意十分火爆。要成功推出专业特色，服务企业必须做好市场细分及专业目标市场选择、专业化服务人员的配备等一些基础性的工作。

（2）传统特色。这是一种依托传统文化的服务特色。我们身边也有很多这样的例子。如有120多年历史的上海豫园"老饭店"始终坚持上海本帮菜的服务特色就是传统特色，另外还有有深厚历史文化沉淀的全聚德烤鸭、东来顺等，也都属于服务的传统特色。传统特色的优势是有很好的历史继承性，给顾客以可靠感和可信感。

（3）交叉特色。交叉特色也可称为捆绑特色，即不同的行业、服务进行交叉或捆绑而形成的特色。如上海宝山区的工业旅游，将旅游与参观"宝钢"捆绑在一起，颇具特色，"宝钢"有雄伟的厂房设备和壮观的生产场面，能让游客亲身感受中国现代化建设的伟大成就，对不了解钢铁生产的人，尤其是儿童有很大的吸引力。"宝钢"工业旅游还带动了宝山其他旅游场所的客源市场，如陈化成纪念馆和临江公园的游客也出现大幅增加。[③]交叉特色的主要优点是比较容易形成。

（4）地域特色。中国地域辽阔，各地的文化习俗、生活习惯各不相同，把某些服务赋予鲜明的地域文化特色可获得鲜明的差别化。地域特色往往与传统特色有一定的联系，其特点是这种特色在不同的文化背景下能够被表现得非常鲜明。如很多城市都有的川菜馆、陕西风味菜馆，具有浓郁民族风情的泼水节等，都属于服务的地域特色。

（5）活动特色。这是以一种颇具特色的促销、公关等活动赋予某些服务独特的差

---

① 一缘. 餐饮界频吹"女士风"［N］. 文汇报，1999-03-24（9）.
② 邢晓芳. 专业书店前景广阔［N］. 文汇报，1999-05-05（3）.
③ 顾佳. 工业旅游大有作为［N］. 文汇报，1999-11-01（6）.

异。如广州的晓港公园以婚礼活动作为公园的特色，将其办成了颇具特点的"婚礼公园"，里面有举办中、西式婚礼活动所需的草坪、中式花园、欧式花园、教堂、总统套房、婚纱影城等。该公园还推出了"直升飞机游羊城"的婚礼活动，又为该公园增加了一大特色。活动特色往往具有较高促销价值。

（6）组织特色。如某医院的服务特色是所谓"大专科、小综合"的组织方式，即这家综合医院重点突出该医院的优势部门——皮肤科，在全院范围内重新调配了医护力量，使皮肤科从原来的47人扩编到73人。同时，该医院新增设激光皮肤色素性疾病治疗室，改造院内后三楼，回迁皮肤科住院病区，扩大床位，并率先开出"一日"病房。这样的服务特色收到了显著的效益，使皮肤科的门诊量占全院总量的55%，住院率占全院总量的36%，业务收入占全院总收入的48%。[①]可见经过组织结构的调整，该医院有效实现了与其他综合性医院间的差别化，并获得了良好的效益。组织特色的优点是利于服务资源配置的优化和提高服务营销的效益。

小案例 5-4

搜狗是一家走"坚持做自己，不做跟随者"战略路线的企业。搜狗注重从满足用户全方位场景的内容搜索需求出发，通过"合纵连横"的方式，不断丰富平台的搜索内容。如与腾讯紧密的战略伙伴关系，投资国内知名问答社区知乎，与微软、丁香园等平台的合作等，推出独有的微信搜索、知乎搜索、英文搜索、名医搜索等，有效地满足了更多用户希望借助搜索引擎平台获取新知识、新内容的需求。此外，搜狗无线搜索通过将服务与搜狐网、手机QQ、QQ浏览器等不同的平台的对接，在移动互联网时代，成功突破独立App信息孤岛的场景限制，使得人们可以随时随地使用搜狗搜索服务。同时，搜狗还与小米、华为、OPPO等19个手机厂商达成战略合作，使得搜狗搜索成为数亿手机用户的默认搜索引擎。这些举措很快收到成效，搜狗无线搜索流量持续迅猛增长，商业价值也不断提升。数据显示，搜狗在2016年第三季度的广告收入达到11.1亿元，同比增长9%，跃身进入互联网上市公司第一梯队，持续对搜索市场老大百度的行业地位发起挑战。搜狗的成功秘诀在于，作为市场上的后起之秀，并没有一味采取跟随战略，而是通过在产品、服务以及营销等方面创造明显的差异化，从而实现弯道超车。

5.3.2 服务交付的差别化

由于服务具有不可分离性的特征，服务的生产和交付的过程同时也是消费者消费服务的过程，因此服务交付环节也可以实现与竞争对手的差别化。服务企业可以在交付程序、交付时间、交付地点等方面实现差别化。

1）服务交付程序的差别化

服务企业可以开发出一个区别于竞争对手的服务交付程序，此程序应体现方便、快捷、自助等特征。如花旗银行是首家全面引入自动取款机的银行，实现了部分金融服务的高级化和自助化。其他如利用信用卡、互联网等手段也可实现交付程序的差别化，如家庭结算等。

2）服务交付时间的差别化

服务交付时间有时会受到服务企业营业时间的影响，如果能避开这种限制，与服务交付程序的差别化相结合，就可以实现服务交付时间的差别化。如现在24小时全

天候服务已经成为许多银行、零售商的主要服务特色之一，上海商业储蓄银行突破常规，为晚间营业的商店设置"夜金库"即属于这种特色。另外，一些服务行业也可以突破服务交付的某种"周期"，而实现服务交付时间的差别化。如北京居德林餐馆突破一日三餐的固定时间模式，按照顾客（主要是组团形式的游客）要求的时间安排营业，旅游团什么时候来，就什么时候提供服务。再如传统的报业，在受到互联网即时提供信息的特点的强力冲击下，美国的一些报纸，已经打破了传统的截稿时限，增派采编人员，并要求记者随时发稿，将报纸变为"24小时的新闻机器"，以吸引读者。①

服务交付时间的差别化很容易建立，但这种差别化也很容易被竞争者模仿，从而可能迅速消失，服务企业必须时刻保持一种创新的心态，并将这种差别化与其他方面的差别化有机结合起来。

3）服务交付地点的差别化

服务企业可以开发出一个更吸引人的物质环境，从而实现差别化。物质环境可以分成三大类，即周围因素、设计因素、社会因素，服务企业可以选择其中的一个或几个方面，做到与竞争者相区别。

（1）周围因素

这一因素通常被顾客认为是服务产品内涵的必要组成部分。它们的存在不会使顾客感到格外的兴奋和惊喜，但是，如果失去这些因素或者这些因素达不到顾客的期望，就会削弱顾客对服务的信心。周围因素通常是不易引起人们注意的背景条件，但一旦这些因素不具备或令人不快，就会马上引起人们的注意，如气温、噪声等属于这类因素。服务企业可以通过诸如设定具有特色的背景音乐，营造服务现场良好的气氛，利用调节气味、温度等手段来强化这一因素，以争取做出差异。

（2）设计因素

这一因素被用于改善服务产品的包装，使产品的功能更为明显，建立赏心悦目的产品形象，如服务场所的设计、企业形象标识等都属于此类因素。设计因素通常可分为美学因素（如建筑风格、色彩）和功能因素（如陈设舒适）等。服务企业可以在此方面做出丰富多彩的差异化。如智利首都圣地亚哥有一座造型别致的双蜗牛商场就非常有特色，这家商场的建筑是"两只蜗牛"连在一起，顾客进入这个商场，沿着坡面，在选购过程中，不知不觉从底层走到顶层；然后经过通道，走到另一个蜗牛商场，又不知不觉从顶层走到底层。由于其建筑形式新颖、独特，既吸引了很多顾客，又方便了顾客，有效实现了差异化。②

（3）社会因素

这一因素是指在服务场所内一切参与及影响服务产品生产的人，包括服务员工和其他在服务场所出现的各类人士。严格地说，这类因素应归于人员因素，但其包括在

---

① 夏晓阳. 网络媒体挑战传统报业［N］. 文汇报，1999-10-25（11）.
② 时习之. 店面奇特也招客［N］. 国际商报，1996-04-09（3）.

服务场所出现的一切对服务交付有影响的人，所以，把它放在此处讨论。服务企业可以通过一定的营销手段，将出现在服务场所的各类人给予"限定"，从而实现差别化。如通过服务营销组合的设计，只吸引那些"有产阶层"，不仅给他们提供所需的服务，而且满足其众多的心理需求。如北京的京城俱乐部将其会员限定为"有一定社会地位的人"等。

5.3.3　形象差别化

即使众多的服务企业在表面上看起来似乎没什么差别，但顾客仍会根据服务企业的形象或品牌而感觉到它们的差别。因此，服务企业可以通过树立形象使自己区别于竞争者。服务企业的品牌形象能够向顾客传递它的特色和与众不同的定位，但建立一个鲜明的形象需要进行创造性的、艰苦的、长期的工作。塑造企业的品牌形象可以从以下几个方面努力：

1）创造独特的企业标志

一个鲜明的企业形象必须由一个或一系列标志来支持。服务企业设计的标志图形或标志语必须能被消费者立即识别。标志往往把企业和一些代表质量或其他特征的事物或人物联系起来，如麦当劳金黄色的双拱门、迪士尼乐园的米老鼠等。但同时，标志必须通过服务企业的个性化广告才能向外传播，进而得到顾客的认可。

2）开展公共关系活动

服务企业还可以通过各种公关活动来塑造企业差别化的形象。如经常参加一些特定的文化活动，如艺术展览、文艺演出等；赞助一些相应的体育活动，如足球联赛、世界乒乓球锦标赛等，捐助公益事业，如向福利院和希望工程捐款等，以及支持社区建设等都是塑造服务企业良好的、独特的企业形象的有效途径。

3）培植特色企业文化

服务企业良好的、差别化的企业形象要在市场竞争中取胜，必须迎合现代人的文化价值取向，培养自己的企业文化。服务企业独有的风貌、企业精神、价值观念、员工信念、行为取向、企业宗旨等都是企业文化的基石。而服务店铺的装饰、部门命名、服务人员的仪态和语言则是企业文化的建筑材料。精心培育的企业文化也会成为区别于竞争对手的具有独特性的、吸引消费者的风景线。

5.3.4　人员差别化

服务企业可以通过雇用或培训比竞争者更优秀的人员来形成差别化并获取强大的竞争优势。如新加坡航空公司由于人员的优质服务博得了良好的声誉；麦当劳的员工谦虚而有礼貌；IBM 的员工很专业化；沃尔玛在其超级商店安排礼仪先生或小姐为顾客提供各种服务，诸如问候顾客、提供导购、给孩子们发礼品等，以实现其差别化的服务。

训练有素的员工应具备以下六个特征：

（1）竞争力，具备与职位相称的知识与技巧；

（2）礼仪，员工友好、有礼貌、体谅他人；

（3）忠诚，员工诚实可靠；

（4）可靠性，员工能准确连续地完成任务；

（5）反应敏捷，员工能快速对顾客的要求和问题做出反应；

（6）沟通，员工能努力去理解顾客的意图，与顾客进行清晰、流畅的沟通。

以上讨论的只是服务企业可以实现差别化的众多途径中的几种，服务企业可以在经营的各个环节中寻求差别化的途径，并借以获得竞争优势。

本章小结

服务差别化是服务企业避免陷入价格竞争陷阱的有效途径。差别化是服务企业的竞争优势之一。服务企业可以在提供物、服务交付、形象和人员等方面实现差别化。

提供物的差别化有三种，即在主要服务的基础上增加具有特色的次要服务、主要服务的多样化和主要服务的特色化。服务的多样化，是指服务机构或服务人员针对不同的顾客或不同的需要而提供不同的服务。服务的特色化是指服务企业或人员向顾客提供独特的、体现自己个性的服务。实现服务特色化的主要途径有专业特色、交叉特色、传统特色、组织特色、活动特色和地域特色。

服务交付的差别化有交付程序的差别化、交付时间的差别化和交付地点的差别化。其中，交付地点的差别化有周围因素、设计因素和社会因素三个途径。

服务企业形象的差别化可以通过企业标识、公关活动、企业文化的培育等方面来实现。

服务企业的人员差别化可以通过雇用、培训比竞争者更有优势的人员来实现。其中，服务企业优秀的员工有竞争力、礼仪、可靠性、反应敏捷、沟通等特征。

复习思考题

1.服务多样化与特色化有什么联系和区别？

2.服务提供物的差别化有哪些途径？

3.服务交付程序的差别化有哪些途径？

4.服务形象差别化有哪些途径？

5.服务人员差别化有哪些途径？

案　　例

海底捞服务差别化

海底捞在继承川、渝餐饮文化原有的"麻、辣、鲜、香、嫩、脆"等特色的基础上，不断创新，以独特、纯正、鲜美的口味和营养健康的菜品，赢得了顾客的一致推崇并在众多的消费者心目中留下了"好火锅自己会说话"的良好口碑。

海底捞始终秉承"服务至上、顾客至上"的理念，以创新为核心改变传统的标准化、单一化的服务，提倡个性化的特色服务，将用心服务作为基本经营理念，致力于为顾客提供"贴心、温心、舒心"的服务。海底捞的服务不仅仅体现于某一个细小的环节，而且形成了从顾客进门到就餐结束离开的一套完整的服务体系。

海底捞的服务之所以让消费者印象深刻，就在于将其他同类火锅店所存在的普遍性问题通过服务的形式予以很好的解决，比如说在就餐高峰的时候，为等候的客人提供一些让人感觉很温暖、很温馨的服务，如免费的各式小吃、饮料，同时，顾客在等待的时候还可以免费上网，女士可以在等待的时候免费修理指甲等。

对于海底捞来说，让顾客放心是三级服务，让顾客满意是二级服务，让顾客感动才是一级服务。海底捞的服务体现以下三点：

服务好，味道就好

对于顾客来说，他可以原谅一个人的技术水平差点，因为能力有高有低是正常现象，但是却不能容忍一个人的服务态度差，更不能容忍别人不尊重自己。而优质的服务恰恰体现了对客户的尊重。当一个人感觉自己受尊重的时候，往往也就忽略了很多别的东西。海底捞的老板与员工正是抓住了顾客的这一心理特点，做足了文章，将顾客的心牢牢地抓在了手里。

个性化服务让你更容易脱颖而出

在众人眼里，海底捞所提供的各种各样的个性化服务早已成为"最好服务"的代名词，甚至因为长久以来一直没有得到过如此周到而体贴的服务，消费者们都有一种诚惶诚恐的感觉，继而竟有海底捞的个性化服务是"变态服务"的认识。正是这样的高于竞争对手的个性化服务使得海底捞更加出众。

服务的最高层次——从满意到感动

在竞争如此激烈的餐饮市场中，众口难调，海底捞体现在个个细节方面的贴心服务，超越了顾客对餐饮业的饮食需求和服务的基本期望，是一种超出客户期望且满足客户潜在需求的服务，这种服务是差异化的"客户感动"。当感动不断重复出现的时候，顾客就在一定程度上形成了对该产品和服务的固定认识，对服务的评价与认识也就随之提高到相应的水平，从而成为忠实的消费者。

从顾客进门等候到就餐完毕，海底捞的服务贯穿其中。海底捞的服务相比其他餐饮店显得更加突出，是餐饮企业在服务上必须借鉴与学习的。因此，才有了那么多探究海底捞服务体系的理论书籍。

　　虽然有些服务会增加一点点海底捞的运营成本，但这种付出是值得的，与稳定的顾客源、不断扩大的忠实消费群及品牌的美誉度相比较，这种投入是十分合算的，这也正是海底捞的聪明之处。

　　资料来源　易钟. 海底捞的秘密［EB/OL］.［2016-11-30］. http：//read.dangdang.com/content_2484137? ref=read-3-C&book_id=17503.

第6章　服务产品与品牌

　　服务产品是服务营销组合要素7P中的首个要素，这个要素是以提供某种形式的服务为核心利益的整体产品。服务产品具有多个层次，服务市场营销的起点在于如何从整体产品的五个层次来满足顾客的需求，因此对服务产品进行设计和实施是必要的，为此引入服务包（Service Package）的概念。服务产品包括基本服务与扩展服务，它们共同组成服务产品策略，基本服务是服务产品赖以存在的基础，扩展服务是使基本产品区分于竞争者产品的操作部分，二者捆绑在一起作为系统设立，使服务增值。服务组合（服务项目）决策是服务企业应该重点考虑的战略。企业没有创新，就没有发展。服务产品创新是指服务新产品的研究与开发，是实现营销差别化策略的根本途径。品牌发展到今天，不仅仅是供以区别的标志，而且已经成为客户与企业的价值源泉。

6.1　服务产品与品牌概述

6.1.1　服务产品的概念、层次和种类

　　1）服务产品的概念

　　在服务营销中，要清晰理解服务产品的概念，有必要厘清两个前提。第一，产品、服务、服务产品、无形产品在服务营销中容易概念模糊、互用，因此，要明确四者之间的主要区别。第二，服务产品是一种产品，那么服务产品必然具有产品所具有的五个层次，也是一种整体产品，只是具有该类产品的特殊性而已。

　　产品是一个大概念，根据菲利普·科特勒的定义，它是指以整体产品形式存在，能够提供给市场以满足需要和欲望的任何东西。服务、无形产品、服务产品是产品概念体系的基本组成成分。产品是既定的，而服务的范围与界定程度是无尽的；与无形产品相对而言，服务可用客观标准来衡量。可以说，服务存在于任何产品之中，如对有形产品的订购、销售及售后服务，服务产品所提供的核心服务等。服务产品则是产品的一类，其分类标志是整体产品所提供的核心利益。值得一提的是，虽然服务可以对应于有形产品，无形产品却不等同于服务产品，因为事实上无形因素是无所不在的，即便是一个有形产品，如某种新型起重机，在其还未生产出来时，就无法确切判断成品是否能够达到最初设计的起码要求，那么对需求客户而言，此时的起重机也是一种无形的概念。

　　2）服务产品的层次

　　随着市场竞争日益激烈，服务营销管理者必须理解服务产品的五个层次（见图6-1），并对其进行运用。

　　在对服务产品的五个层次的说明中，菲利普·科特勒关于酒店客房的例子，是本书所认同的在这方面最为言简意赅的阐述。其大意如下：

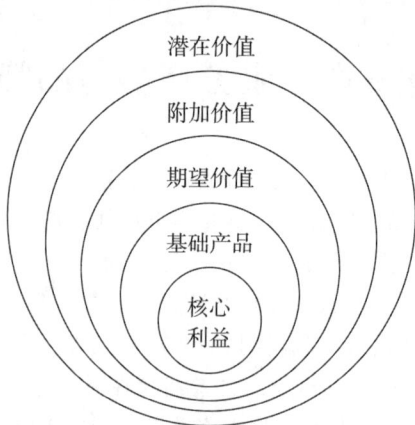

图 6-1　服务产品的层次①

对服务产品五个层次的理解由内层到外层依次进行，越内层的越基本，越具有一般性，越外层的越能体现产品的特色。由此，第一层次是最基本层次，是无差别的顾客真正所购买的服务和利益，实际上就是企业对顾客需求的满足。也就是说，服务产品是以客户需求为中心的。因此，衡量一项服务产品的价值，是由客户决定的，而不是由该产品本身或服务提供者决定的。对酒店客房服务的顾客而言，其真正购买的是"休息与睡眠"。在第二层次，抽象的核心利益转化为为提供这个真正服务所需的基础产品，即产品的基本形式。如这个酒店的客房应配备床、衣橱、桌子、椅子、毛巾、浴室、厕所等。而第三层次，需要考虑的便是期望价值，期望在统计上指一种平均值，这里的期望价值是顾客购买产品时希望并默示可得的，与该产品匹配的条件与属性。在一个四星级酒店，旅客期望享受松软的床、雪白的床单、干净的毛巾和工作台灯并且一般都能得到满足。至于第四层次，附加价值，指增加的服务和利益。这个层次是形成产品与竞争者产品的差异化的关键，"未来竞争的关键，不在于工厂能生产什么产品，而在于其产品所提供的附加价值"。例如，针对住店客人的大堂免费自助咖啡、快速离店手续、赠送免费服务项目和温馨友好的服务等。第五层次是潜在价值，指服务产品的用途转变，由所有可能吸引和留住顾客的因素组成。租用酒店套房的顾客可能不仅是为了休息，还把房间当作会见商务客人的场所。

通过以上的分析，本书试图给服务产品下一个定义，即以提供某种形式的服务为核心利益的整体产品。该定义看似简单，但理解它需要把握三个层次：①正如第 1 章所指出的，"服务产品往往依着于有形的物品，而有形商品里也包含有服务的成分"，但是服务在服务产品里处于绝对的核心地位，一切围绕着这个中心来设计、配置、扩展，不容半点偏离。②对服务产品作为整体产品的理解必须建立在深刻学习其五个层次的基础之上。③服务产品狭义上包括服务业的服务项目，从广义上讲还包括客户导向下实物产品市场营销活动中的服务。

---

① 科特勒. 营销管理　分析、计划和控制［M］. 梅汝和，梅清豪，张桁，译. 9 版. 上海：上海人民出版社，1999：402.

小拓展6-1

美国著名服务营销学者洛夫洛克"服务之花"的思想,其实质是从整体产品或服务的立场出发,将核心产品与附加产品的关系喻为一朵花的"花蕊"与"花瓣",着重阐述如何通过"花瓣"(附加服务)为"花蕊"(核心产品)增添价值。不同企业的核心产品大不相同,而所有企业的附加产品则大致一样,它们可分为八大方面,因而提出可以通过加强附加产品的服务来使核心产品价值增加,从而提高企业竞争力。

八种附加服务分为两大类:一类是增值服务,包括信息服务、订单处理、开账单、付款;另一类是咨询服务、接待服务、保管服务、额外服务。八种附加服务要素像八片花瓣一样围绕在基本服务的周围。但并非所有的服务全都包括以上八种服务要素。

3)服务产品的具体种类

服务产品的具体种类见表6-1。

表6-1 服务产品的分类

服务的分类标准		服务的种类举例
1.服务的直接对象	人	保健、美容、娱乐、教育、信息服务
	物	货物运输、干洗、兽医服务、银行、法律服务、保险
2.服务活动的无形性程度	高	教育、信息服务、娱乐、银行、法律服务、保险
	低	保健、美容、娱乐、货物运输、干洗、兽医服务
3.服务关系的时间性质	持续	保险、银行、警察、电台、灯塔
	间断	月票、俱乐部、电话、出租车、邮政、电影院
4.服务关系的归属性质	正式	保险、银行、月票、俱乐部、电话
	非正式	警察、电台、灯塔、出租车、邮政、电影院
5.服务对顾客个性的重视程度	高	法律服务、建筑设计、家庭教育、酒店服务、零售、银行
	低	大规模教育、公共保健、公共交通、器具修理、电影院
6.服务人员灵活处理的程度	高	法律服务、建筑设计、教育、公共保健
	低	酒店服务、零售、银行、公共交通、器具修理、电影院
7.服务需求的波动性	大	电话、消防服务、饭店、剧院、旅游交通
	小	保险、银行、法律服务
8.服务供求平衡的难度	大	饭店、剧院、旅游交通
	小	电话、消防服务、保险、银行、法律服务
9.服务提供的地点	单一	剧院、美发店、草坪保护、租赁、信用卡、社区电视台
	多种	公共汽车、连锁店、邮政、应急修理、广播网、电话
10.服务提供者与顾客接头的方式	顾客上门	剧院、美发店、公共汽车、冷餐连锁店
	提供者上门	草坪保护、租赁、邮政、应急修理
	双方随时接头	信用卡、电视台、广播网、电话

6.1.2　服务包[①]

1）服务包概述

服务包（Service Package）是指在某种环境下所提供的一种服务产品被认为是一个包裹，集合着各种利益和服务的提供。服务包一般有以下三个主要内容：

（1）核心服务（Core Service），指顾客可感知及得到的构成服务产品的核心服务和利益，由产品层次中的核心利益及期望价值组成。如航空公司提供安全而准时的客运、酒店提供舒适而安静的客房休息等。

（2）便利性服务（Facilitating Service），提供该项服务所需的基本物质基础、辅助物品及有形产品及相关的辅助服务。所谓的物质基础包括飞机、酒店、医院、图书馆、服务器等；辅助物品包括毛巾、床、桌椅、电脑终端端口等；而有形产品则包括食品、药品、网上信息浏览等；酒店的接待、送机等属于辅助服务。

（3）支持性服务（Supporting Service），是基本服务以外的顾客能够感受或在其模糊意识中形成的其他利益。例如，短途航班中的正餐提供、酒店客房中赠送的鲜花或果盘、和蔼可亲的前台服务员及快速结账等。

从服务包看，其组成与服务产品的五个层次是有所对应的，然而二者是不完全等同的，服务包对应的主要是全面感知质量的技术产出方面，是营销管理者针对顾客心理和行为特点所做的设计与实施，其所包含的要素，决定着顾客所能得到的利益。其中，核心服务是细胞核，顾客真正购买服务产品的核心利益即在于此；便利性服务是细胞质，没有它们，细胞核就会很快因缺乏支撑与营养而消亡；而支持性服务则是细胞壁，决定着服务包细胞体的规模，顾客也通过感受胞壁的韧性来评断服务包的特性。对一个富有生命力的服务包来说，三者缺一不可。这里需要强调的是，防止把便利性服务和支持性服务混为一谈，以至于服务包缺少其中之一。因为二者间的界限不很明显，短途航班中的正餐在长途航班中就变成一种便利性服务。

以上所介绍的服务包实际只是一个基本的服务包（见图6-2）。

图6-2　基本的服务包

2）扩展的服务包

格鲁诺斯认为服务营销产品管理仅仅停留在这个基本层次是不够的，为此他引

① 菲茨西蒙斯. 服务管理　运作、战略和信息技术 [M]. 张金成，范秀成，译. 2版. 北京：机械工业出版社，2000：17.
　　格鲁诺斯. 服务市场营销管理 [M]. 吴晓云，冯伟雄，译. 上海：复旦大学出版社，1998：75.

入了由芬兰管理咨询合作公司 AMC 顾问、常务主管卡莱维·伊特拉先生首创的服务供给模型，叫作"形象、沟通和扩大的服务供给"（见图 6-3，本书认为将其理解成扩展的服务包更清晰一些）来概括其全面的管理步骤：①开发服务概念，即服务设想与宗旨；②开发基本的一揽子服务，即基本服务包设计；③开发扩大的服务供给，包括服务的可接近性、顾客参与及顾客与企业的相互作用；④管理形象和交流。

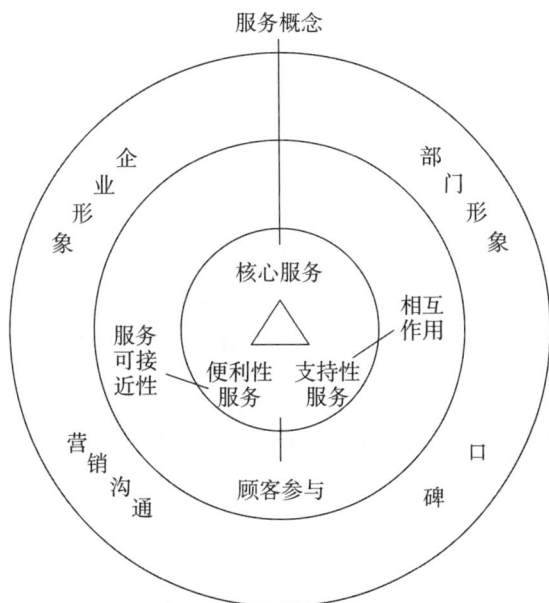

图 6-3　扩展的服务包

我们运用上海大众汽车租赁公司案例来对图 6-3 进行说明与运用。该公司系上海大众交通（集团）股份有限公司的全资子公司。大众汽车租赁公司的服务概念（也称公司的经营宗旨），是在客户遇到短期的交通需求时，提供及时而又可行的解决方案，如为中外企业提供公务、商务、会务和生活用车，并同时提供上、下班接送、旅游包车等服务及承接机场、车站等接送预约服务。其基本服务包则包括核心的运输服务及合同设计、预订、汽车交付、顾客使用、汽车归还、定价、记账、结账和处理投诉等精心设计的便利性服务与支持性服务。大众汽车租赁公司是上海首家可为客户定向购车的企业，其"你需要，我购车"的服务，极大满足了租车宾客的用车愿望，也充分体现了服务可接近性、顾客参与及买卖双方的相互作用这三方面人性化的考虑。大众租车已成功为波特曼、浦东香格里拉等十余家高星级酒店及商务楼进行豪华车配套服务租车，同时将高品质的服务推广到大众化租车项目中，建立了"要租车，找大众"的口碑。大众汽车租赁公司的车辆数从 1996 年的 190 辆增加到了 2000 年 6 月的 492 辆，相应的营业额从 1 900 万元增长到 5 200 万元。

6.1.3　服务产品的品牌

1）品牌的定义及作用

品牌是一种名称、术语、标记、符号或设计，或是它们的组合运用，其目的是借以辨认某个消费者或某群消费者的产品或服务，并使之与竞争对手的产品和服务区别开来。

品牌不仅仅是区别的标志，还是顾客与企业的价值源泉。对客户来说，首先，品牌是将无形因素外在化的标记，这对服务企业来说很重要；其次，品牌可以消除顾客购买时的不安全感；另外，品牌还可以凭借其多年运营而得的文化内涵给顾客以心理上的享受，而购买服务的顾客，更为关注这种精神层面上的享受。对企业而言，品牌的价值由可接受的高价格、产品信誉和顾客忠诚、边际效益构成。[①]20年以前，品牌主要还是消费商品的领地，今天在服务业已经很常见了（见表6-2）。

表6-2　　　　　　　　　　　　　　中外服务产品的品牌

空运	邮件递送
德国汉莎航空公司	联邦快运（Federal Express）
维珍大西洋航空公司：超级舱（Virgin Atlantic Airways：Upper class）	敦豪（DHL）
	旅游服务
待客（Hospitality）	迪士尼（Disney）
马里奥特（Marriott）	张家界景区、九寨沟旅游风景度假区
拉德布鲁克：国际希尔顿，国内希尔顿（Ladbroke：Hilton International，Hilton National）	中国青年旅行社
	金融服务
香格里拉（Shangri-la）	花旗银行（National Citibank of New York）
餐饮服务	东京三菱银行
麦当劳（McDonald's）	中国工商银行
全聚德	

2）品牌运作及管理

品牌有三度，即知名度、美誉度以及忠诚度。简单地说，知名度是"我知道这个品牌"，美誉度是"这个品牌不错"，忠诚度是"我会继续使用这个品牌"。品牌的运作和管理实际上就是围绕着它们做文章。

第一步，命名。命名要遵循五好原则：好听，好记，好认，好理念，好传播。我国有些服务企业命名很随意，如金港大酒店，英文名就叫"JinGang Hotel"，若改为"Golden Harbor Hotel"想必会吸引更多的外国游客。

第二步，品牌的定位。定位的方法很多，只要与市场定位相符合就可以了。在市场定位的基础上赋予品牌的核心理念，如香格里拉代表气氛优雅的世外桃源，希尔顿对客户说"这里就是你的家"，这种核心理念往往代表了品牌给予消费者的核心利益点，并且引发消费者的共鸣。同时还要注意倾注品牌形象，使品牌人格化，如肯德基以慈祥的肯德基爷爷作为形象代言人。此时，品牌运作及管理的最基本层次初步形成。

---

① 卡菲勒. 战略性品牌管理［M］. 王建平，曾华，译. 北京：商务印书馆，2000：11-19.

第三步，品牌的传播。首先要提高品牌的知名度，目前最重要的工具是整合营销传播，即最大限度地调用媒体，通常做法是进行媒体分析，知道哪些信息渠道可能最有效地到达目标消费者，然后整合所有资讯，用同一个声音说话（speak with one voice）。此时忘记你是在做广告，而是在与顾客沟通。至于美誉度的建立，要求在服务整体产品质量上下功夫，做实、做细。最困难的是保持消费者对品牌的忠诚度，通常人们把品牌看作企业的资产，而实际上真正的资产是品牌的忠诚。要维持客户的忠诚，就要满足消费者不断变化的需要，让其得到新的价值。此时，广告应趋向于建立忠诚度，目标在于加强已经存在的消费者与品牌的关系，并使他们更加忠诚。实践证明，成功的品牌是那些始终牢牢抓住消费者并赢得他们持久忠诚的品牌，因此，维持忠诚的消费者，已经成为企业提升品牌价值的关键所在。

第四步，品牌危机的处理。很多企业喜欢与消费者打官司，这是很愚蠢的做法。即使企业在法庭上是胜利者，但在市场上绝对是失败者。所以一旦与消费者发生矛盾，应该按公司的危机管理程序冷静处理。如果品牌真正是无药可救，或者解决危机的成本超过新建品牌的投资，那么应考虑品牌撤退策略，重树新品牌。

第五步，品牌改造，亦称品牌活化。一个品牌历经一定的年月，就可能要面临改造了，通过市场营销创新、技术创新、服务创意、管理创新等方面来进行，如改变视觉形象广告，推出新产品，赋予新价值等等，使品牌保持活力，有些历史悠久的服务企业最易忽视的就是这个方面。现在酒店业竞争极为激烈，赠送常客附加价值是其常用的维持忠诚度的方法；相对而言，品牌的魅力在于它的理念受到忠诚顾客的认同并由此产生吸引力。据调查，对较高层次的客户而言，后者更易使其保持消费的忠诚。因此，如香格里拉就不妨向精疲力竭的白领、金领们有计划地、渗透性地吹吹自己的"世外桃源"风。

6.2 基本服务和扩展服务

6.2.1 基本服务

1) 对基本服务的理解

服务产品的基本服务与扩展服务共同组成服务产品策略，基本服务是服务产品赖以存在的基础，扩展服务是使基本产品区分于竞争者产品的操作部分，二者捆绑在一起作为系统设立，使服务增值。

基本服务是通过物质和体系上的保障来向客户提供的具有平均质量的核心利益，体现了企业最基本的功能，包括服务产品的前三个层次，或可以理解为基本服务包中的核心服务和便利性服务。

航空公司客运的基本服务是通过飞机、机场、地面及空中服务人员、售票服务、检票服务、登机服务等便利性服务向乘客提供快速舒适（期望价值）的空间转移（核心服务或核心利益）。无论各航空公司展开怎样的竞争，上述基本服务是必须要保证能向顾客提供的。

2）服务产品的分类

依据所提供基本服务的差别，选用两个标准：①为获得核心利益而直接受动的主体是人还是物。②核心服务和便利性服务主要是有形行为还是无形行为，可对服务产品进行分类，表6-3将其分为四类：第一，针对人身体的有形服务产品，在传递这类服务的整个过程中，顾客需要在场以接受该服务带来的预期效益；第二，针对物体的有形服务产品，此时顾客不必在场，但是被处理的物体对象必须在场；第三，针对人精神的无形服务产品，在这种情况中，顾客的意识必须在场，但是顾客本人可在某个服务设施内，或者在一个通过广播信号或电子通信方式相连的遥远的地方；第四，针对物的无形服务产品，一旦要求服务开始实施，可能就不需要顾客的直接参与了（至少理论上如此）。隶属同一类别的服务，会面临相似的问题，也有可能共享某些问题解决方案。以有形行为作用在人身上的服务为例，它们通常包括与顾客面对面交流与互动，且发生的环境常常由服务组织来控制。因此，为应对一些具体的挑战，医院可向酒店学习，而发廊可向餐厅学习。

表6-3　　　　　　　　　　　　　　　　**基本服务分类**[①]

服务行为的本质	直接受动主体	
	人	物体
可触知行为	针对人身体的有形服务产品 客运产品 医疗保健服务 住宿 美容院 物理治疗 健身中心 餐馆/酒吧 理发 殡葬服务产品	针对物体的有形服务产品 货运产品 维修服务 仓储/保险 看门服务 零售分销 洗衣和干洗 加油 景观/草地保养 回收
不可触知行为	针对人精神的无形服务产品 广告/公关 艺术和娱乐 广播/有线电视 管理咨询 教育 信息服务 音乐会 心理治疗 宗教 声音电话	针对物的无形服务产品 会计服务 银行服务产品 数据处理 数据传递 保险 法律服务 程序编写 研究 证券投资 软件咨询

---

① 洛夫洛克. 服务营销［M］. 陆雄文，庄莉，译. 北京：中国人民大学出版社，2001：26.

3）基本服务的特性

无论是何种类型，可靠性、可感知性、反应能力、依赖感及想顾客所想是基本服务所必须具备的质量特性。有关的调查表明，信守服务诺言绝对是顾客所期待的产品核心。信守服务诺言长期而艰苦，但回报是你赢得并获得了客户忠诚。在所有对你服务批评意见中最不可动摇的一点就是你所能为顾客提供的最根本的服务。可感知性在于服务的有形展示因素，如环境、服务态度等。反应能力指的是员工行动能力，如服务企业对顾客的电话问询怎样处理，可衡量的标准有：铃响几声后电话接通？接线员的态度友好还是生硬……依赖感是让客户对服务企业的专业知识和自信态度感到放心。

4）评价基本服务的标准

评价基本服务的标准如表6-4所示。

表6-4   **评价基本服务的标准**[①]

便利性服务	
1.地点	5.设施布局
乘公共汽车是否可以到达	交通是否正常
是否坐落在市中心	是否提供了足够的场地供人们等候
2.内部装修	是否存在不必要的旅行和返程
是否建立了合适的情调	6.便利性
家具的质量和协调	24小时ATM服务
3.支持性设备	是否提供局域网服务
牙医使用机械钻还是空气钻	7.类型
航空公司使用何种类型的飞机，使用年限多长	小、中、大型
4.建筑的适当性	8.选择
大学校园的古典建筑	各种供更换的话筒
砖瓦屋顶的独特易辨特征	菜单菜品数目
市中心银行巨大的花岗岩门面	供租用的滑雪板
核心服务	
1.服务人员的培训	3.稳定性
汽车修理人员是否经过资格考核认可	航空公司的准点记录
使用了多少辅助专业人员	旅行社的投诉率
专业管理人员是否有资格证书	4.一致性
2.全面性	法式土豆片是否香脆
给折扣的经纪人与全面服务的比较	对脂肪含量的控制
普通医院与诊所的比较	

---

① 菲茨西蒙斯. 服务管理 运作、战略和信息技术 [M]. 张金成，范秀成，译. 2版. 北京：机械工业出版社，2000：17.

更为严密的方法是通过对服务质量的判断来评价基本服务。服务质量是判断一项服务产品好坏的最主要凭据，基本服务质量就意味着服务产品最基础的质量，所有决策的制定，应以基本服务的基本水平的质量来配合顾客要求的质量水平为起点，然后来应对某个服务产品领域范围内可能面对的种种情况变化。可通过三个要素评价一项基本服务的综合质量：①企业形象，即公司的整体形象以及其整体魅力。②技术性质量，即提供的服务是否具备适当的技术属性（如剪发、银行存放保险箱的安全性）。③功能性质量，即服务是如何提供的。

与服务质量密切联系的还有服务数量，也称作提供给使用者或顾客的服务额度，这也是评价基本服务的指标。有关评价要素分解为：①服务产品中递送的服务总量；②服务产品递送的服务时效性；③服务产品递送的服务流量。

6.2.2　扩展服务

1）对扩展服务的理解

扩展服务包括扩展的服务包中的支持性服务与从内向外第二及第三圈层，产品的附加价值层与潜在价值层属于扩展服务的一部分。它是客户所能获得的与其他类似产品形成差别的进一步的利益，以此用来增强产品的吸引力，从而形成品牌的差异化，目标顾客为这些差别往往愿意支付更高的费用。格鲁诺斯也把扩展服务称作发展服务供给。扩展服务的范围很广，是服务要素在服务组合中一切尽可能的扩展，其中可评价的如表6-5所示。这些扩展服务处于不停的运动变化之中，无论基本服务本身如何具有生命力，它们都可推动基本服务的发展。这种推动体现在两个方面：第一，当某种附加的扩展服务被竞争者模仿到一定程度时，它就会转化成某种期望价值而成为基本服务的一部分。以高级宾馆的快速登记服务为例，该服务出现不久，几乎每个大型宾馆都开发了类似的系统，快速登记服务也由附加服务演化为基本服务。第二，在用扩展服务为基本服务增值方面表现得特别出色的企业会把这种专业技能发展成一种能够出售给其他组织的外购性服务，此时，一种新的基本服务产品出现了。像数字设备，惠普和IBM这样的计算机公司都成功地把它们在维修自己的设备中的专业技能发展成维护公司计算机系统的营利性服务，这些系统包含许多不同供应商提供的软硬件设施。①

另外，正如扩展的服务包所示，扩展服务还包括企业形象、部门形象、营销沟通与口碑。形象对实际经历的服务的作用如同一个过滤器，有利的形象强化实际经历的感觉，糟糕的形象则会破坏它。由于服务无形性的存在，沟通活动对顾客的预期和经历都有着直接的影响。营销沟通诸如广告、销售、公共关系可改善甚至形成企业形象；口碑则对形象有长期的影响，并在消费发生时起到立竿见影的作用。

小拓展6-2

营销中有一句名言，如果一名顾客对产品或服务非常满意，它就会告诉三个人；如果他不满意，就要告诉至少九个人。用户就如一根葡萄藤，提供的信息源源不断。维珍公司认为在航空服务方面，人们要把好的经历讲四次，而把糟的经历讲十七次；《金融时报》上有篇文章《航空服务回顾》还注意到，顾客对不好的空中经历会长时间怀恨在心，有个商人写信给该报述说他1953年乘

①　洛夫洛克. 服务营销［M］. 陆雄文，庄莉，译. 北京：中国人民大学出版社，2001：355.

坐某家航空公司客机的遭遇。[①]

2）扩展服务的典型案例

饭店业界的常客计划。饭店业界的常客奖励计划源于 20 年前航空业界首推的
"飞行常客计划"，现在有不断扩张趋势。国际上一些大型饭店集团纷纷推出其常客计
划，如马里奥特的"荣誉宾客奖励俱乐部"、华美达旅馆的"华美达商业卡"、喜达屋
集团的"喜达屋嘉宾计划"、希尔顿国际饭店集团的"希尔顿荣誉客人计划"等。这
些常客奖励计划的特点是：

以"稳定的睡眠者"为特定市场对象。常客计划以经常旅行的商务旅游者即"稳
定的睡眠者"为主要对象，这类旅客中有 28% 参加饭店的常客计划。有研究表明，
71% 的旅行商认为，饭店是否设立荣誉宾客奖励俱乐部计划将影响其对饭店选择的忠
诚度，如要取消奖励计划，至少有 13% 的会员会转移饭店。

以庞大的全球网络来扩大规模。大型饭店集团往往将常客计划落实在其广为分布
的成员饭店之中，如在美国喜达屋饭店集团（拥有喜来登、威斯汀、圣莱杰斯、四点
和凯撒等品牌）"喜达屋嘉宾"中，凡参加该计划的商务旅游者均可在该集团分布于
60 个国家的 550 家饭店及度假地通过住宿赢得积分。

以互惠为原则与航空公司联手行动。一种形式是奖励品可兑换成里程，享受免费
航班，如喜达屋集团与 20 家航空公司合作，可把分值折算成里程，每两分折算成一
英里。另一种形式是把航空公司里程数作为奖励依据之一，如马里奥特制订获得航空
公司一定积分后，提取 25% 作为饭店奖励积分的计划。

以前期沟通策划为基础同其他部门广为合作。饭店集团通常同其他部门进行磋
商，进而把奖励品扩充进去。如拉迪逊饭店、乡村饭店与 T.G.I.星期五餐厅推出的
"金点奖励计划"，奖励对象可在 T.G.I.星期五餐厅免费享用一道开胃菜或在饭店免
费住宿，或使用 MCI 电话公司的电信服务，或免费购买空中商场（SKY Mall）商品
目录上的任何商品。热衷于常客计划的饭店主要限于总部设在美国的饭店集团。在
其他地区，对常客的奖励则主要表现为重视程度，如迅速识别、提供优质服务与设
施等。

3）评价扩展服务的标准（见表 6-5）

4）扩展服务管理

根据以上的分析，服务产品是一种动态的现象，因此扩展服务管理是一个动态的
过程。

①判断顾客利益，得到与顾客全面服务质量经历一致的扩展的服务包模型。②扩
展服务所具有的理想特性必须成为未来计划的基础，这些特性应该与服务概念、服务
包的要素、服务生产和交易过程的各个方面、企业形象和沟通等联系起来。特性的渗
透要求利用正确的市场研究和来自组织层面的内部消息。③计划基本服务。在提供核
心服务和便利性服务的基础上，研究开发支持性服务，在生产和交易过程中把扩展服
务具体化，使得服务成为可接近的。这项工作保证了竞争力的强度，并在一定程度上

---

①　罗杰斯.产品创新战略［M］.王琳琳，译.大连：东北财经大学出版社，1999：86.

表6-5　　　　　　　　　　　　**评价扩展服务的标准**[①]

支持性服务	
1.服务态度	4.地位
愉快的空中乘务员	常春藤院校的大学学位
粗暴的餐厅服务生	5.舒适感
2.气氛	灯光较好的停车场
餐厅的装饰格调	6.保密性与安全性
酒吧里的音乐	律师在私人办公室中向委托人提供服务
3.等候	7.便利
加入渐进的银行排队的队伍	使用预约
被迫等待	免费停车

服务的易接近性	
1.服务人员数量和技术	3.办公室、演示室和柜台的摆设
提供非常专业的服务	平易近人
2.办公时间及安排	4.服务的工具、设备和水平
周末上班	保管服务、照顾孩子、宠物照料
去服务地点的路线指示	

相互作用	
1.客户与服务人员的互动	3.客户与系统
服务人员在交往中表现出礼貌、体贴和关心	及时获得有用信息
2.客户与技术、设备	按顺序完成的邮寄/电话订单
产品用途的指导/培训	4.客户在同一过程中
管理或技术的咨询	拥挤的服务环境导致冲突

顾客参与	
填写表格的数量和难易程度	病人真诚地与医生交换意见

企业形象	
是否属于行业领先者	品牌价值多大

营销沟通	
广告等促销方式有效性	企业理念是否从有效途径深入人心

口碑	
大众对企业产品的评价	有一定数量的共鸣顾客

[①]　菲茨西蒙斯.服务管理　运作、战略和信息技术［M］.张金成，范秀成，译.2版.北京：机械工业出版社，2000：17.

反映了服务概念、相互作用和顾客参与。④规划支持性的市场沟通。它不仅让顾客知道服务、接受服务，而且促进服务的消费，更重要的是能建立起一种巩固顾客忠诚度的服务产品品牌。⑤企业的准备。计划起草完毕，服务产品却不会自动按计划生产，企业需要做好准备来保证设计的实施。追求理想业绩的企业，其准备工作包括创造充足的资源和对员工进行新服务的内部营销，在理解的基础上接受并付诸实施。

在以上过程中，前两个步骤，判断服务利益和决定服务的理想特性，是可以分离的。但是接下来的两步却是一个整体，即基本服务规划在服务生产、交易过程中的扩展服务。最后一步，企业准备更是一个决定服务产品策略好坏，乃至成败的关键。否则，完善的计划没有具体落实，只是一个平庸的服务，会带来很大的风险。

5）扩展服务对信息技术的利用①

很多的服务都涉及信息的处理，前文提到的服务之花，由于其花瓣通过信息网络与共同的数据库连接起来，从而成为一种电子植物。

信息技术（IT）的使用，使得支持性服务更加完善，易接近性大大增强，客户与企业的相互作用越发活跃。如下面的例子：

触摸式电话已经成为上百万顾客的一个简易的计算机键盘，他们用它来获取有关资金账户的信息、开展某种类型的预约（如提出取包裹的要求）或者进入声讯系统，在那里他们能够留下或接受需要解决的问题的信息。

早在20个世纪末，必胜客就在测试一种代替传统点菜单的解决方案。在这种方案中，服务员把订单的编号输入一个如大号计算器一般大小的掌上装置中，然后迅速把信息传递到天花板上的小型接收器，由这个接收器把订单的信息下载给厨房。与此不同，阿贝在美国的部分餐厅安装了一种被称为"接触2000"的装置，由餐厅的顾客在触感式的台面菜单上进行选择，从而自己完成点菜的工作。目前，随着平板电脑和即时通信技术的发展该做法已经普及。

花旗银行也一直在采用一种类似外卖的做法，即在广告活动中所推广的"流动投资"。通过使用设立在纽约城市范围内的任何一个花旗银行卡服务中心内的操作台，顾客一天24小时都能买入、卖出或交换四种货币市场中的股票，并且还可获得一张显示他们投资的当前价值的电脑打印单。

此外，利用借记卡在销售点进行电子资金转账（EFT-POS）已取代现金和支票；与此同时，无线技术使收银台走向顾客，而不是顾客走向收银台。

6.3　服务产品组合与服务产品创新

6.3.1　服务产品组合

1）服务产品组合的定义

产品组合（又称产品品种配备），根据菲利普·科特勒的观点，是一个特定销售者售与购买者的一组产品，包括所有产品线和产品品目。计划在很大程度上是公司战

---

① 洛夫洛克. 服务营销［M］. 陆雄文，庄莉，译. 北京：中国人民大学出版社，2001：349-352.

略计划人员的职责。他们必须对公司市场营销人员提供的信息进行评估，以决定哪些产品线需要发展、维持、收获、撤销。

　　服务产品组合由各种各样的服务产品线所构成。它具有宽度、长度、深度、相容度，这些概念以某酒店的产品为例加以说明（见表6-6）。服务产品线是相关联的一组服务产品。这些服务出自同一生产过程，或针对同一目标市场，或是在同一销售渠道里销售，或者属于同一服务档次。比如，酒店提供不同的客房在同一销售渠道销售，飞机提供头等舱与经济舱两种服务，服务过程完全同一。宽度（广度）是指公司具有产品线的数目，表6-6中，宽度是3条产品线。长度是产品品目总数，在本例中是16个。深度指产品线中每一产品有多少品种，如双人间又分普通双人间和豪华双人间，那么双人间的深度就是2。产品组合的相容度（也称一致性）是指各条产品线在最终用途、生产条件、分销渠道和其他方面相互关联的程度。由于客房服务、餐饮服务与会务服务总是很容易为客户所共同利用，可以说酒店的产品线具有很高的相容度。

表6-6　　　　　　　　　　　**某酒店产品组合宽度和产品线长度**

服务产品组合宽度		
客房服务产品	餐饮服务产品	会议服务产品
单人间	中餐	贸易展销会
标准间	西餐	化装舞会
双人间	风味食品	宴会
双套间	酒吧	冷餐会
多套间	咖啡厅	鸡尾酒会
总统套房		

（产品线长度）

　　重视服务的学者不仅提出了服务营销中的7P，而且推出了一个3R+4P[①] 的营销组合理论，在产品、价格、促销和分销的基础上增加了顾客保留（Retention）、相关销售（Related Sales）和顾客推荐（Referrals），从而用以顾客忠诚度为标志的市场份额的质量取代了市场份额的规模。其中，相关销售与产品线高相容度密切相关。在将与老服务相关的新产品销售给老客户的时候，由于老客户已对公司建立了信心或者该服务与老产品密不可分，那么新产品的介绍与推广费用将大大降低，推广时间也大大缩短。同时，老客户在购买公司新产品的时候，对价格也是不敏感的。因此，相关销售的利润率通常较高。有时产品线中某项产品的利润很有限，实际上大部分的利润来自销售此产品时对另一产品线服务产品的相关销售。例如在电梯制造业，美国大部分公司在电梯的销售上只能获取有限的利润，其主要利润来自对电梯的安装与维修等服务。

① 王方华，高松，刘路辕，等. 服务营销［M］. 太原：山西经济出版社，1998：16-22.

2）产品线决策

服务业与制造业具有显著的区别，因此在产品组合中，其产品线决策也有着自己的特点。服务产品线更注重的是：产品线分析、宽度（多种服务项目还是少量服务项目）及长度扩展决策。

（1）服务产品线分析

产品线经理需要知道产品线上的每一个产品项目的销售额和利润，以及他们的产品线和竞争对手的对比情况。首先，产品线经理需要了解产品线上的每一个产品项目对总销售量和利润所做贡献的百分比。如果某个项目突然受到竞争者的打击，产品线的销售量和利润就会急剧下降。把销售量高度集中于少数几个项目上，则意味着产品线脆弱。防止产品线脆弱的最佳方式是进行特色营销，运用扩展服务进行差别化，否则公司必须小心监视并保护好这些项目。产品线经理还应考虑将某一销售不畅或者与目标市场不符的产品项目从产品线上撤除。其次，产品线经理还必须针对竞争者产品线的情况来分析一下自己的产品线定位问题，当然，对服务业来说，同时还要考虑市场定位的问题。例如，本地还没有哪家酒店提供针对商务女客的女性楼层，如果某酒店认定这方面有大量的尚未满足的需求，并且它有能力设置该产品及制定适当价格，它就应当在产品线中增加这一产品项目。

（2）服务产品线的宽度

对此起决定作用的是企业的战略目标。跨国咨询公司希望客户感受自己宽广的服务产品线；固定成本高的服务企业需要扩大市场份额，因此加宽其服务产品线；采取差异化策略针对多个细分市场的企业也采取同样的方式。反之，采用集中策略意图扩大对自己目标市场的服务的企业，就会保持或缩小自己的产品线宽度。但是，服务企业的趋势是加宽服务产品线。采用这种决策与否的衡量指标在于增量收益（指增量收入减去增量成本的值）的正负，即若扩大服务产品线后，增加的收入大于等于增加的成本，那么服务产品线就可考虑加宽。

（3）服务产品线的长度

服务产品线长度的安排同样受公司战略目标的影响。那些希望有较高的市场份额与市场增长的服务企业将有较长的服务产品线。如果一些项目无法提供利润，它们就会被忽视。追求高额利润的服务公司宁可具有"经慎重挑选的"项目组成的服务产品线。与生产企业相似，服务产品线也具有不断延长的趋势。其模式是：产品线随意增长-大量削减，该模式会重复多次。

公司可以采用两种方法来增加其服务产品线的长度：服务产品线扩展及产品线填充。

每个服务企业的产品线只是该行业整个范围的一部分，如果其超出现有的范围来增加它的产品线长度，这就叫产品线扩展。公司可以向下扩展，向上扩展，或双向扩展。

① 向下扩展。许多公司最初位于高档市场，随后将产品线向下扩展。例如，新加坡的五星级古伍德酒店，在纽约有一些姊妹店，如布乐雅和拉德西尔，都定位于低档市场。公司经常会在产品线的低端增加新品种，以从较低价格开始宣传其品牌。因

此在宣传期,旅游公司会推出某些特价线路。公司还可能出于如下原因而延伸其产品线:公司在高档产品市场上受到攻击,决定以拓展低档产品市场作为反击;公司发现高档产品市场增长缓慢;公司最初步入高档市场是为了树立质量形象,然后再向下延伸;公司增加低档的产品项目,是为了填补市场空隙,否则,其竞争对手会乘虚而入。采取向下扩展的策略时,公司会有一些风险。新的低档服务产品项目也许会蚕食掉较高档的服务产品项目,因为低档位细分市场可能会吸引高档位市场的客户。公司向低档市场延伸可能会激发竞争者将产品项目相应地转移到高档市场。

　　② 向上扩展。在市场上定位于低档服务产品的公司可能会打算进入高档服务产品市场。它们也许被高档服务产品较高的增长率和较高的利润率所吸引;或是为了能有机会把自己定位成完整服务产品线的提供者。向上扩展的决策同样可能存在风险。管理者和服务人员可能会因为缺乏才能和培训,不能很好地为较高档的服务产品市场服务;在低档位上赢得的形象可能无法吸引高档位的客户。

　　③ 双向扩展。定位于市场中端的公司可能会决定朝上下两个方向延伸其产品线。马里奥特公司对其旅馆供应线实行双向扩展。在其中档价位旅馆的旁边,为高档市场增加了马里奥特侯爵线,为较低档市场增加了庭院线,而集市式小旅店则安排度假者和其他有低档需求的旅客。该战略的主要风险是旅客在其他的马里奥特连锁旅馆发现了低价并能提供给他们相应的同等满意服务时,就会转向低价产品。但对于马里奥特公司来说,顾客选择了低档品种总比转向竞争者好。

　　服务产品线也可以拉长,办法是在现有服务产品线的范围内增加一些服务产品项目,这叫服务产品线填充决策。采取服务产品线填充决策有以下几个动机:获取增量利润;满足那些经常抱怨由于产品线不足而使销售额下降的旅游代理商;充分利用剩余的生产能力;争取成为领先的产品线全满的公司;设法填补市场空隙,防止竞争者的侵入。

6.3.2　服务产品创新

　　1)服务产品创新观念

　　服务产品创新是指服务新产品的研究与开发,是实现营销差别化策略的根本途径。企业没有创新,就没有发展。新产品规划和开发对服务公司而言是一个重要问题,它不仅需要建立一个具有防卫性的竞争地位,而且要向顾客提供搭配均衡的服务类别。即使服务公司在研究与开发和产品规划方面的发展都不如制造业,它也没有理由不去采取以系统的方式从事研究开发工作。目前服务业的新产品开发问题还没有引起大多数企业的足够重视,更没有建立起正规的新产品开发部门。但是,随着服务业的不断发展,市场竞争的日趋激烈,服务企业要想取得成功,决不能仅仅依靠现有服务产品,而必须开发服务新产品。①

　　但是创新通常具有一定的难度,为什么这么说呢?

　　事实上,以服务为导向的公司研究和开发不同于以产品为导向的公司。后者可以某种方式设计和试验新产品,而服务新产品因为具有很强的无形性,这种研发任务就

---

① 佩里切利. 服务营销学 [M]. 张密,译. 北京:对外经济贸易大学出版社,1999:216.

复杂得多。如在以人为基础的服务企业里，一项新的服务项目的每一次交付使用在试验过程中都会出现差异。

另外，构想服务产品的全过程涉及观念而非有形实体，研发完成后，还必须吸引顾客来体验这种服务。尽管服务产品可能以设备为基础，也可能以人为基础，但是预测哪种服务概念可以为顾客所接受和吸引顾客是很难的，这就意味着采用一项成功的服务产品成本可能很高。

新服务项目的开发高度抽象，并伴随着随之而来的测试、开发和规范化工作，服务企业尤其是所谓的"以人为基础"的服务企业，往往缺乏真正的创新，而以模仿居多（如航空公司和银行业的服务）。

最重要的一点是，以服务为导向在某种意义上等同于以客户为导向，那么顾客最基本的需求才是服务产品创新的依据。一方面，顾客利益概念要求企业的服务应该基于顾客的需求及其所追逐的利益。然而，顾客可能由于缺乏足够的知识、经验和能力来清楚地表达其需求，从而使企业无法准确甄别出顾客利益之所在。另一方面，顾客在享用服务的过程中获得或好或坏的体验，这些体验将会导致顾客追求新的利益，从而使企业难以把握顾客的利益之所在。

小案例 6-1

尽管有不少人为标准化的服务产品策略进行辩护，但到目前为止，最成功的仍然是那些根据其目标市场的需求调整其供给品的服务企业。金融服务便是如此。例如，西班牙的银行分支机构通常要比其他欧洲国家的大一些而数量少一些。西班牙人喜欢使用和持有现金。他们对支票和信用卡有一种厌恶感，因为这两种金融工具都会给税务部门留下稽核的交易记录。因此，在西班牙，最关键的银行服务属性是银行服务的方便性。又如，墨西哥人使用信用卡的购买量很小，顾客需要方便地提取现金。凯玛特能在墨西哥取得比沃尔玛更大的成功，据说原因之一是凯玛特在它的商店里设置银行以方便顾客提取现金。

2）服务产品创新的方向

顾客的认识和态度总在变化，最善于把产品作比较的他们，会在某服务企业的竞争者提供符合其新的口味的服务时毫不留恋地走开，所以，服务企业要想在激烈的市场竞争中获得成功就必须不断地引入新产品，以适应不断变化的市场需求。接下来的问题就是，究竟应该怎样进行创新呢？首先应理解创新的方向。

（1）完全创新（Major Innovation）产品，即采用全新的方法来满足顾客的潜在需求，给他们以更多的选择。如最早的卫星通信电视转播、CNN 等。采用这种方向风险较大，但回报也会很高。它要求一场较大的教育运动来进行产品推广。

（2）进入新市场的产品（Start-up Business），即一些已有的服务进入新的市场时也被视为新产品。Netscape 在短时间内赢得了 80% 的互联网浏览器软件市场，其客户包括 CompuServe 和美国在线，其服务成功的关键就在于它的网络导航器不仅使 Unix 的用户可以浏览网页，而且扩展到使从 Windows NT 到 Macintosh 的用户，都能在统一的模式和信息标准下自由使用信息和软件。

（3）新服务产品。提供某一市场上已由其他企业提供给顾客的新服务。该方向除了有创新的风险，还有同竞争对手争夺市场份额的危险。

（4）产品线扩展（Line-Stretching），即增加现有产品线的品种。如在一个商业学校里增设一个新培训班。选用这个方向投资较少，技术和营销方式也已具备，但是创新的效果不会很突出。

（5）产品改善，即用新技术对现有服务产品的特征予以改进和提高。其实质上是对产品核心层以外各层次进行改善，以调整产品的期望价值，增加顾客的附加利益等。

（6）风格变化，即通过改善有形展示来改变现有产品，如快递改变包装袋。从严格意义上讲，这已经不能算作创新的范畴了。

实践中，公司应就企业资源（生产能力、设备和市场），提出公司所能采取的服务产品策略及其对市场的选择，见表6-7。

表6-7　　　　　　　　　　　　　**新服务的选择**

策略	企业资源
1.意图销售新服务产品给新顾客（方向①）	现有产能、设施及市场地位
2.意图销售现有服务产品给新顾客（方向②）	现有产能、设施但无市场资源
3.意图销售新服务给现有顾客（方向③）	现有市场资源但无既有产能及设施
4.意图销售新服务给顾客（方向④⑤⑥）	资源完全从略

小拓展6-3

　　服务公司营销所面临的一个相关决策问题是：开发增添新的服务产品时，是依靠本身的努力和资源进行人力和训练投资，还是向外界购置资源？如果买进一家服务企业，那么买进的究竟是什么？对于产品导向的企业，愿意买进一家以设备为基础的服务企业，其资产供应有限或该企业具有战略地位（如，汽车出租业或一家自动洗衣店）。买进以人为基础的服务企业风险较大，人会离职，人走技术也带走。因此在买进之前必须考虑"如果没有重要的人员，这家服务企业值多少钱？"对于这个问题的答案是一个企业打算卖的全部是人员，那么仅走掉最精干的人员代价不高。另外，在没有公司的原有人员提供服务，也具有某种有价值的专卖权特许的案例中，购买也是可行的。总之，任何想购买服务企业的公司必须确定它能够吸引并挽留住有技术的采用服务导向的经理来管理买进的企业。

3）服务新产品开发的程序

服务企业主要通过两种途径引入新产品：一是通过购买或特许经营的方式从外部获得；二是企业自主进行服务新产品的开发。服务新产品的开发有其科学的程序，见表6-8[①]。

表6-8　　　　　　　　　　　　　**新服务产品的开发模式**

①发展一种新的企业经营战略
②研究一个开发新服务的规划
③新思想的产生（为刺激新服务产品的思想产生的程序）
④设计一种新的服务产品（对前阶段的服务产品设计做具体分析）
⑤商业分析（评估新服务的可行性和收益率）
⑥发展并评估服务产品（确定对新服务成果评估的标准）
⑦营销实验（上市试销，对营销组合因素加以测试）
⑧商业化推广（正式上市）

① 佩里切利.服务营销学［M］.张密，译.北京：对外经济贸易大学出版社，1999：219.

（1）发展一种新的企业经营战略，这个问题与表6-7密切联系。

（2）研究一个开发新服务的规划。对开发过程有一个大体规划，研究怎样产生新思想，如何经过概念发展和测试，然后通过商业分析确定是否可行，设计具体服务产品实际开发阶段，并对企业的增加投资、招聘和培训新人员、购买各种服务设施、建立有效的沟通系统等有一个总体规划。此外，还要对建立和测试构成服务产品的有形要素形成一个程序及注意制定一个服务产品的递送系统。

（3）新思想的产生。新思想可以通过许多方式产生，既可能来自企业内部，也可能来自企业外部，既可以通过正规的市场调查获得，也可以借助于非正式的渠道，没有任何规则。这些构思可能是为公司提供递送新服务产品的手段，或者为公司取得服务产品的各种权利（如特许权，Franchise）。从外部看，顾客、竞争对手、科研机构、大学和海外企业的经验都是企业获得构思的主要来源；而从内部看，企业科技人员和市场营销主管人员是主要的来源，同时，一般职工的设想对新产品开发者也具有启示意义。

（4）在综合考虑的基础上对服务产品进行详细的设计，这里需要注意利用差别化战略，使用差别阶梯赋予特色，或是在模仿难度较低的层次做出持续、微小而领先的变化。

（5）商业分析。商业分析即经济效益分析，是为了了解这种产品概念在商业领域的吸引力有多大及其成功与失败的可能性。具体的商业分析将包括很多内容，如推广该项服务所需要的人力和额外的物质资源，销售状况预测，成本和利润水平，顾客对这种创新的看法以及竞争对手的可能反应。

（6）发展并评估服务产品（确定对新服务成果评估的标准）。在这一阶段想要获得准确的预测和评估是不切实际的，企业只能做出大体的估计。一些常用的分析方法如盈亏平衡分析、投资回收期法、投资报酬率法等将非常有助于企业的商业分析。在此阶段经常需要一些开发性技术和市场研究，以及新服务产品推出上市的时机掌握和成本控制手段。

（7）市场试销。无论哪种新产品研制出来之后通常都要经过市场试销，不仅是为了对构成营销组合的各个变量做一次测试，而且因为顾客对设想的产品同对实际产品的评价会有某些偏差。方法是将服务介绍给抽样顾客或者服务的销售人员，测定目标顾客对于产品概念的看法和反应及其在顾客心目中的位置。

（8）正式上市。这一阶段意味着企业正式开始向市场推广新产品。企业必须在新产品上市之前做出以下决策，即在适当的时间和适当的地点、采用适当的推广战略、向适当的顾客推销其新型服务产品。

本章小结

本章首先介绍了服务产品的概念及其五个层次，在此基础上讨论了服务营销中服务包与扩展的服务包的内容及其相互联系，来说明对服务产品进行设计和实施是必要的；然后研究了不同于服务包却又与之密切相关的基本服务和扩展服务，这样的分类便于服务产品差别化战略的实施、产品定价策略的制定；主要分析了基本服务与扩展服务，并提出了相应的评价标准和管理方法。与此紧密联系，提出了组合产品及产品线决策，还回答了应该如何以顾客需求为中心来开发新产品和运作品牌的问题。

复习思考题

1. 怎样理解服务产品的概念？
2. 简述服务包模型并简介其发展。
3. 什么是基本服务？什么是扩展服务？如何区分二者？
4. 怎样理解服务产品组合？
5. 服务产品创新的困难性是什么？怎样选择创新的方向？

案　　例

东航首创"周末无限飞"催生旅客出行需求

2020年6月，东航充分结合航空运输产品不可储存等特点推出一项创新举措，上线了国内民航领域首款现象级产品"周末随心飞"。这款产品有效期至2020年12月31日，用户购买产品并激活后，可以不限次数任意搭乘每周六、周日由东航、上航实际承运的国内定期航班经济舱，只要有座位就可以预订机票，畅飞国内除港澳台地区外的各大城市。该产品于2020年6月18日起在东方航空App以3 322元特价限量发售。

当然，"周末无限飞"服务也设置了一些限制。首先，因为该产品是限量发售的，所以每名客户最多购买10套。使用该服务的乘机人必须是东方万里行会员，乘坐对应班机时需要提前5天兑换机票，除机票费用外，用户需要自行承担税费、燃油附加费、民航发展基金等附加费用。同一份产品仅可存在3段未使用的客票，故周末飞4地是做不到的。无法成行的旅客须至少提前4天退票，如发生3次订座后未乘坐且未退票的情况，所购"周末随心飞"产品将自动失效。虽然存在一些规则上的限制，但由于这款产品非常契合两地分居、异地工作和异地求学人士的出行需求，也对旅游爱好者、摄影师、中老年旅行团等高出行频次群体相当友好，能够满足每个周末都"常回家看看""常出去走走"的愿望，因此在推出的4个小时内，10万份套票就被抢购一空。东方航空随后又推出"早晚随心飞""西域随心飞""湾区随心飞""大兴随心飞"系列套票产品。这一系列的产品有效地填补了市场空白，同步催生了旅客新一轮的出行需求，让广大消费者、航空公司、旅游服务等相关产业共同受益。借助东航"随心飞"这个普惠、便捷的航空服务产品，一些外出工作、两地分居、异地求学的人实现了周末"常回家看看"的心愿；一些旅游爱好者、摄影师、追星族、中老年旅行团达成了"常出去走走"的热望；一些努力求发展的企业由此大幅降低了差旅成本支出；提高了景区、酒店、餐饮、旅行社等航旅服务全产业链消费水平。

2020 年十一黄金周期间，东航国内航班总班次同比上年增长 15.08%，部分热门航班"随心飞"旅客占比达 80% 以上，拉萨、乌鲁木齐、三亚、西安、上海等地成为"随心飞"用户的最爱。截至 10 月中旬，东航"随心飞"用户出行次数已达 250 万人次，飞得最多的用户已完成 80 个航段飞行。随着"随心飞"产品的创新推出并广受市场好评，东航加快了商业模式和供给侧航空产品创新，联合热门航线目的地酒店、旅游服务企业等推出惠民活动，用"随心飞"带动"随心游""随心兑""随心住""随心享"等，打造从传统的航空运输服务到旅行链条各个环节的"随心"系列产品，让"随心"成为一种流行的生活方式。

资料来源　佚名. 东航首创"周末无限飞"，提振航空旅游业 [EB/OL]. [2020-06-18]. https：//www.sohu.com/a/402947935_280657？_trans_=000019_hao123_pc.

佚名. 四大服务升级，东航"周末随心飞"2021 版上线 [EB/OL]. [2020-10-26]. http：//www.ceair.com/about/dhxw/202010/t20201026_16381.html.

第7章　服务定价

　　各种有形产品定价的概念、原理、模式和技巧均适用于服务产品定价；但是，由于服务产品受其自身产品特征的影响，并且企业与顾客之间的关系通常比较复杂，企业定价不单单是给产品一个价格标签那么简单，服务定价战略也有其不同的特点。因此，我们必须研究服务产品定价特殊性，重视定价在服务营销中的作用，本章主要在服务产品被划分为基本服务与扩展服务的基础上，研究了各自适用的定价导向与定价方法。同时，本章还介绍了适应服务市场的收益管理和降价策略，以及传统定价方法在服务市场营销中的应用。

7.1　服务定价概述

7.1.1　影响服务定价的因素

　　企业第一次制定价格之后，随着时间、空间变化，企业为适应各种环境和机会的需要，必须修订价格。影响服务产品定价的因素主要有三个方面，即成本费用、需求和竞争。成本是服务产品价值的基础部分，它决定着产品价格的最低界限，如果价格低于成本，企业便无利可图；市场需求影响顾客对产品价值的认识，决定着产品价格的上限；市场竞争状况调节着价格在上限和下限之间不断波动的幅度，并最终确定产品的市场价格。值得强调的是，在研究服务产品成本、市场需求和竞争状况时，必须同服务的基本特征联系起来。

　　1）成本费用因素

　　成本费用是传统定价的基础。从定价的角度看，服务产品的成本费用可以分为三种，即固定成本费用、变动成本费用和准变动成本费用。其中，固定成本费用即无论产量如何都要负担的占主要比例的成本与费用，如金融服务的固定成本占总成本的60%以上，因此固定成本的分摊对服务企业意义重大。

　　一家新开张的咨询公司，一个月里有几个或十几个客户不会使其成本费用发生太大的变化。开办费的摊销、固定资产的折旧、管理人员的工资、其他人员的成本都是固定的；电费、通信费等营业费用可以控制，但对于前面的固定费用来讲微不足道。因此，在最大服务承受能力内，为越多的客户服务，越能在弥补固定成本的基础上获利更丰。如果客户数寥寥无几，那该企业就得硬撑着；如果这种形势无法扭转改变，企业就得做关门大吉的打算了。

　　由于服务易逝性与不可储存性的存在，在有足够的顾客数来分担并覆盖固定成本后，就可以按追加的成本（单位追加的成本称为边际成本）来决定价格。变动成本费用属于如果不提供该服务就可以避免的成本，如航空公司的燃料消耗、酒店客房的备品消耗等。准变动成本费用虽然不能直接计入某一服务成本，有一个固定最低额，但是上限可控，这种控制以业务发生的必要要求为基准；另外其最低固定额也可运用一定的方法来降低，服务流程再造就是其中的一种。服务企业的固定成本和可变成本举例见表7-1。

表7-1　　　　　　　　　　　**服务企业的固定成本和可变成本举例**[①]

企业	固定成本	可变成本
酒店	建筑与设施的折旧（自有） 建筑和设施的租金（租用） 固定人员的酬金	食品消耗 易耗品的维修 水电的消耗
保险公司	管理成本	赔偿费
特快专递	自有交通工具及其他设施的折旧 一般费用（后勤管理）	航空公司的费用 燃料、集装箱等成本

2）需求因素

服务公司在制定价格策略目标，并考虑需求因素的影响时，通常使用价格需求弹性法来分析。需求的价格弹性是指因价格变动而相应引起的需求变动比率，它反映了需求变动对价格变动的敏感程度。价格需求弹性通常用弹性系数（Ed）来表示，该系数是服务需求量（Q）变动的百分比同其价格（P）变动百分比之比值。用公式表示为：

需求弹性系数（Ed）=需求量变动的百分比/价格变动的百分比

价格的需求弹性一般为负值，因此一般情况下，价格与需求成反比。为便于分析，通常取 Ed 的绝对值，当|Ed|<1时，表示缺乏弹性，意味着价格变化时，需求的变化不明显；当|Ed|>1时，表示富有弹性，意味着价格变动一点，需求就会发生较大的波动。在现实生活中，不同服务产品的需求弹性是不尽相同的，如果对服务的需求是有弹性的，那么其定价水平就特别重要。在某些市场上，需求受到价格变动的影响很大（如市区公共交通服务、旅游娱乐等），而有些市场则影响较小（医疗、中小学教育等）。

现代市场营销学的寻找理论（Search Theory）有助于进一步解释服务业需求的价格弹性。该理论认为，顾客对价格的敏感度取决于购买时选择余地的大小。可选择余地越小则需求越缺乏弹性；反之，如果顾客可选择余地越大则需求弹性也越大。选择余地的大小取决于顾客对服务产品有关信息和知识获得程度的大小以及他们对产品特征认知的多少，这些特征包括可寻找特征、经验特征和可信任特征。如果顾客能够根据可寻找特征评价产品，顾客选择的余地就比较大，产品需求就有较高的弹性。当然，由于无形性的特点，对于大多数服务产品而言它们更多的是拥有经验特征和信任特征，不过，价格本身就是一种可寻找特征。所以，在缺乏服务产品信息的情况下，顾客往往把价格高低作为衡量产品质量的一个指标，从而他们对价格的敏感性也就比较高，当价格作为顾客唯一可以判断服务产品价值的指标时，此时需求与价格的关系已经改变，如图7-1所示，价格过低，人们怀疑其价值，价格过高，人们又无钱支付，只有适中的价格才能带来最大量的需求。

[①] 佩里切利. 服务营销学 [M]. 张密，译. 北京：对外经济贸易大学出版社，1999：263.

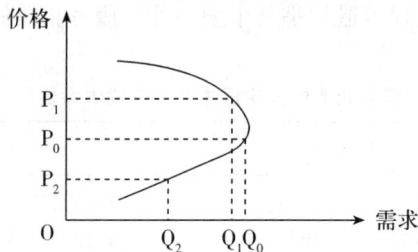

图7-1 服务产品价格与需求的关系

3）竞争因素

服务的无形性迫使顾客在消费时采用各种各样的参照系，其中竞争者的同类服务就是最佳参照物之一；服务的同质性使这种参照更加容易导致激烈的价格竞争。对生产相近服务产品的企业来说，谁的价格高，谁就要失去顾客，试想对于两个同处闹市中心的同等档次的电影院放映同一部电影，如果一个价格太高会怎样呢？另外，越是独特的服务卖方越可以自行决定价格，只要买主愿意支付此价格。因此，服务企业必须在与竞争对手相比较的基础上来制定自己的价格策略：若自己的产品无差别性或差别不明显，要考虑采用主导价格，即行业中各服务提供商可接受的共同价格，避免价格战的产生；若服务产品具有很高的差异性，则可采用在相对垄断条件下的定价方式，如差别定价法、认知价格定价法等。

国内普遍存在的价格战现象说明了什么呢？很多企业把价格竞争误认为就是商品降价，打价格战。市场竞争中频繁打折并不是好的价格策略，原因是：第一，竞争对手可以立即效仿；第二，顾客会对产品的质量产生怀疑；第三，价格战的恶性循环不利于整个产业的发展。我国某省省会城市在某一特定时期建设了很多高级宾馆，这些酒店在淡季时期大打价格战，五星级的标准间在恶性降价竞争的怪圈中卖到了20美元的价位，结果使该市的酒店经营陷入了极大的困境，后来政府与行业协会介入限定了其价格底线并强制实施，效果仍然不佳。另一个例子，某运输服务企业打算以降低价格来扩大业务量。咨询人员通过对市场和顾客需求的周密调查，发现当时的市场需求很旺，而且顾客对该公司的服务也非常满意，即使适当提高价格，这些老客户也不会离去。于是咨询人员根据统计分析方法，为这家运输服务企业制定出一个略高的新价格。采用新价格以后，企业的利润大幅度增加。咨询人员又建议企业将多出的利润投入到设备更新换代和提高服务质量上，该公司进而以更高的质量和更好的服务吸引了更多的客户。这一实例说明了采用科学的管理咨询建议，能够在价格提高的同时，不仅不减少业务量，而且随着服务质量的提高，还可以使客户数量有所增加，销售额也随之有大幅度的增长。

对于服务企业来说，在市场上除了从竞争对手那里获得价格信息外，还要了解它们的成本状况，分析它们的利润率，这不仅有助于企业分析评价竞争对手在价格方面的竞争能力，还可以帮助企业预见对手对自己价格策略的反应及对手可承受的刚性大小。

小拓展7-1

对所提供的服务进行定价，通常是令组织与顾客都很困惑的事情。对于所提供的无形服务而言，组织难以准确确定其成本，更难以为其制定恰当的价格。顾客面对类似的不确定性，他们无法确定自己为一项服务所支付的价格是否真正合理。同时，不同的服务行业使用不同的价格标签来标注其服务的价格。譬如，你支付佣金给证券经纪人，支付会费给一个健身俱乐部，支付保险费给保险公司，为交通运输支付车票，为房子支付房租，为电话服务支付通话费。主要服务市场的放开和服务所处外部环境的改变，都能使价格的战略地位不断提高。由于以上种种原因，定价堪称服务组织的一项棘手工作。

7.1.2 服务定价目标及实现方法

1）定价目标

企业在定价以前，要考虑一个和企业总目标、市场营销目标相一致的定价目标，作为定价的依据。传统定价目标一般有最大利润、投资回报、市场份额、社会目的、多重目的、非战略的战术等。综合来看，主要分属两类定价目标，即利润导向目标和数量导向目标。前者强调从组织的资源及劳动力的投资中获取高额的利润，后者更为注重提供更多的服务数量或拥有更大数量的顾客。

利润导向目标主要有三种：①最大利润目标，指企业希望获取最大限度的销售利润或投资收益。以追求最高利润为定价目标的企业有很多。最高利润，是指企业长期目标的总利润。企业可以有意识地牺牲一些容易引起人们注意的商品的价格，借以带动其他商品的销路，甚至可以带动高价利润产品的销路。最大利润目标并不等于最高价格，并不必然导致高价，产品价格过高，迟早会引起各方面的对抗行为，人们很难找到高价垄断能维持很长时间的例子。②投资回报目标，就是一个企业把它的预期收益水平，规定为投资额或销售额的一定百分比——投资收益率或投资回报率。定价是在成本的基础上，加入了预期收益。这样企业要事先估算，服务产品按什么价格，每年销售多少，多长时间才能达到预期利润水平，预期收益率一般都高于银行利率。采用这种定价目标的企业，应具备两个条件：第一，该企业具有较强的实力，在行业中处于领导地位；第二，采用这种定价目标的多为新产品、独家产品以及低单价高质量的标准化产品。③适当利润目标。也有的企业为保全自己、减少风险，或者囿于能力所限，以满足于适当利润作为定价目标。比如按成本加成法决定价格，就可以使企业投资得到适当的收益。而"适当"的水平，则随产量的变化、投资者的要求和市场可接受程度等因素有所变化。

数量导向目标则以两种为代表：①以销量最大化为定价目标，包括增加服务产品的销量，从而争取最大的销售收入；保持或扩大市场占有率来保证企业的生存和决定企业的兴衰。采用此种目标的企业有大企业也有小企业。每个企业对本企业在市场中的所占份额是容易掌握的，以此作为保持或增加份额的定价目标和依据，比较切实可行。②以适应竞争、争取尽可能多的顾客数量为定价目标。大多数企业对竞争者价格都很敏感，定价以前多方收集信息，把自己产品的质量、特点同竞争者的产品进行比较，然后做出选择：低于竞争者的价格出售；与竞争者相同的价格出售；高于竞争者的价格出售。市场存在领导者价格时，新的服务提供商要进入市场，只有采用与竞争者相同的价格。一些小企业因生产、销售费用较低，或一个企业着意扩大市场占有率，定价会低于竞争者。

社会目的目标往往来自为社会提供公益服务的企业，政策性因素为价格制定的主要因素；战术目标是指企业非全局性的临时的定价技巧，如应付竞争对手、刺激顾客购买等；多重目标则意味着企业可能具有以上的几个目标。

2）服务目标实现方法

服务企业的定价目标，必须借助一定的方法予以实现。影响价格的三种关键因素——顾客（Consumer）、成本（Cost）和竞争（Competition），常被称作"定价3C"，分别以这3种因素为中心，形成3种定价方法。

生产导向（基于成本）的定价方法，以成本为中心，其重点放在保本价格，即能抵消产出服务时所花费的所有成本的最低价格。这种方法的优点一是简单明了，二是在考虑生产者合理利润前提下，当顾客需求量大时，能使服务企业维持在一个适当的盈利水平，并降低顾客的购买费用。

需求导向（基于顾客）的定价方法着眼于顾客的态度和行为，以顾客感受为中心，来获取顾客愿意支付的最高价格。采用此种方法时，首先确定一个顾客可接受的价格范围，为配合价格相应地调整服务的质量和成本，在此基础上根据顾客对服务的感知价格来定价。

竞争导向定价法是指根据组织欲达到的市场地位，以竞争者各方面之间的实力对比和竞争者的价格作为定价的主要依据，以竞争环境中的生存和发展为目标的定价方法，主要包括通行价格（采用市场主导价）定价和主动竞争型（降价还是提价）定价两种。

理想的状况应是配合使用三种方法，来兼顾以上"3C"因素。

小拓展7-2

在服务业的经营中如果考虑成本，则很难确立用什么来计算一个服务的"单位"，要计算单位的成本就更难。尤其以人为基础的服务企业，"人"是成本的主要要素，更难以测量。例如，要衡量某项服务表现花费的时间不容易，总费用的分摊就更难进行。然而没有明确的成本观念就难以制定出一套价格策略。劳动密集的服务业（如专业服务业）若要克服成本上的问题，非要制定出一套更确切的方式来辨认和分配不可，尤其是以下这些服务产品：

● 不易描述和衡量的服务产品；
● 成本主要为人的服务产品；
● 其他成本（如租金、旅费）也都是与人关联的服务产品；
● 人的成本计算远较机械的成本计算困难的服务产品。

其实，成本会计的问题并不只限于发生在专业服务业公司，像银行金融业也有成本分配、行动衡量和能力评估等问题发生。诸如此类的问题，使人们发现传统的成本会计方式并不适合服务业，而应该使用另外一种产品利润率分析方法。成本导向定价的另一个问题是，如果成本被用来当作计算价格的唯一基准，那么实际上能控制成本的"激励因素"便大大减少了。

7.2　基本服务价格

在对服务产品基本和扩展两部分进行分析的基础上，这部分将具体讨论针对基本服务和扩展服务的定价方法。首先来研究基本服务价格。对基本服务的消费，是企业的每一位顾客所必不可少的内容，否则整个的服务活动就无法正常开展；另外，提供相同基本服务的企业一般无法在此层采用非常明显的差别化策略，也就是说顾客对基本服务的价格非常敏感而进行较为直观的对比。因此，对基本服务的定价与收费往往基于成本导向，通常采用成本加成定价法、目标利润定价法、价值定价法等，此外也涉及一些基于其他导向的定价，如竞争导向的通行价格定价法等。

7.2.1 基本定价模式

基本定价模式包括成本加成定价法和目标利润定价法。成本加成定价法是在产品平均变动成本加平均固定成本的基础上加一个标准的加成。目标利润定价法则是收集固定成本总额、单位平均变动成本后加上目标利润的因素来用财务管理的公式计算而得。如饭店的客房价格就是通过估算总的固定成本、边际成本，再加上一个标准的加成或者追求的利润得出来的。这两种方式都是理想化的定价模式，具有盈亏自负性质的服务企业定价时无论最终采用何种定价方法，最初都必须运用其中之一来进行基础定价，以便抵消成本并为企业带来合理利润，为企业的其他营销策略奠定一定的基础。当然，它们忽略了需求和竞争要素，仅采用此法是不适宜的。

我国IP电话业务在刚兴起时，受到各方面条件的制约，为了保护电信顾客的利益，在具体制定资费标准时，应坚持以成本为基础的定价原则。当然，我们所强调的以成本为基础的定价原则，并不意味着政府在制定资费标准时，只考虑企业的业务经营成本，同时还必须考虑市场的供求关系、国家的宏观价格政策及电信发展的产业政策等。因此，如果片面强调成本原则而忽视其他有关影响因素，也必然影响此业务的健康发展。但是IP电话业务属于竞争性业务，从长远来看，应实行完全的市场（以需求为导向）定价原则。因此，政府作用应逐渐淡出，运营企业可以根据本企业的实际经营情况和经营策略，制定出更具有弹性的资费，进而更好地满足不同顾客的需求，增加企业的收入，促进行业的发展。当然，实行需求导向定价并不意味着政府电信主管部门对企业资费不进行任何的干预，如果个别运营企业有违反公平竞争的行为，如低于成本定价，政府必须加以管理。

1）成本加成定价法

成本加成定价法是以全部成本作为定价基础。

成本加成定价法的计算过程为：

加成价格–单位成本=销售额中的预计利润

加成价格=单位成本/（1–销售额中的预计利润）

其中：单位成本=变动成本+固定成本/预计销量

假设潇湘酒店拥有200个房间，该酒店每年的固定折旧费为500万元，所有固定员工的年工资为150万元，销售固定费用和其他固定成本费用150万元；每间客房出租一天的可变费用为30元，出租率为60%。

运用成本加成定价法对潇湘酒店的客房进行定价如下。该酒店的单位（平均）成本：

单位成本=变动成本+固定成本/房间天数=30+8 000 000÷（200×365×60%）=212.65（元）

假设潇湘酒店想要在销售额中有35%的利润加成，则其加成价格是：

加成价格=单位成本/（1−销售额中的预计利润）=212.65÷（1−0.35）=327.15（元）

这种方法有其自身的优点：第一，计算成本比估计需求更有把握，企业不仅可以简化自己的定价工作，而且可省去根据需求变化频繁调整价格的麻烦。第二，如果行业都采用这种方法，那么其价格相差不大，价格竞争就会比较缓和。第三，这种定价方法似乎对买卖双方都较为合理，但是买方需求急迫时，坚持这一定价方法的卖方有可能会失去额外的利益。

采用这种定价方法，成功的关键在于制定恰当的加成百分比。当竞争激烈，服务供大于求时，一味坚持成本加成无异于自取灭亡，此时，更应该运用的是其他以需求或竞争为导向的价格策略。

小提示7-1

不同的商品加成差别很大。季节性强的产品加成往往较高（弥补无法售尽的风险），特殊品、周转慢的产品、储存和搬运费用高的产品以及需求弹性低的产品也需高加成。

有时采用高加成是因为它有隐含成本或高变动成本。如CD光盘，其隐含成本包括营销、促销、艺术家费用和提成费。

2）目标利润定价法

用目标利润定价法计算服务产品的价格，还需明确边际贡献的概念。顾客所支付的单价与单位变动成本的差，称作边际贡献，其贡献就在于它可以用来抵销固定成本。目标利润定价法的原理源自财务管理中的边际贡献分析法，基础是保本定价法：首先找到保本点，即在估计一定销售量的基础上找到使总收入等于总支出的价格，或在一定价格下使总收入等于总支出的销量。

目标利润定价法的计算过程为：

销售量×价格=固定成本+（销售量×变动成本）

销售量=固定成本/（价格−变动成本）

例：固定成本=5 000元　变动成本=20元　价格=30元

销售量=固定成本/（价格−变动成本）=5 000÷10=500

即销售量为500个单位时，销售额等于总成本，利润为零，500即为保本点。之后每卖出一个单位，则净赚10元（价格−变动成本）。

企业可借由预测价格与需求量之间的关系，并利用损益平衡分析，来制定合适的价格。假设在30元的价格下，预计可卖出1 500单位，因而创造10 000元（10×1 000）的利润。如果这利润符合目标，则接受30元的定价；若不符合利润目标，则尝试调整成本或价格，预测新的需求量，以决定是否有更合适的价格水准。

理解目标利润定价法的原理后，我们仍以潇湘酒店为例，来计算潇湘酒店的保本价格：

保本价格=单位变动成本+固定成本/预计销售间天数

=30+8 000 000÷（200×365×60%）

=212.65（元）

假设潇湘酒店目标利润为500万元，则其依据以下的计算来确定自己的目标利润价格：

目标利润价格=可变成本+（总成本+目标利润）/销售间天数

$$=30+（8\,000\,000+5\,000\,000）÷（200×365×60\%）=326.80（元）$$

假如定价为328元，那么可做损益平衡图如图7-2所示，此时的保本量为：

保本量=固定成本/单位边际贡献=8 000 000÷（328-30）= 26 846（间/天）

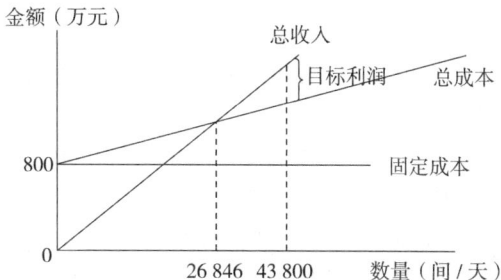

图7-2　损益平衡图

采用这种方法，定价企业会设法降低固定成本和变动成本，以降低其必需的保本量，如潇湘酒店可以精简冗员，降低固定成本，或者避免浪费来降低单位可变成本；同时，也会促使营销活动聚焦于扩大销量，前述酒店若可以提高其出租率达到70%的话，盈利可增加217 540元。定价企业也可依据这种方法，来确定最低价格（边际贡献）以及实现其减亏、保本目标。

7.2.2　其他定价策略

基本服务其他定价策略指的是与基本定价模式相比技术性较弱、操作性较强的其他定价策略，这些策略中的价值定价法主要还是基于成本，另外还有通行价格定价法。

1）价值定价法

价值定价法的本意是用相当低的价格出售高质量供应品。实际上，这里的价值指的就是低价，价值定价强调真正的低成本生产而不牺牲质量，用更低的售价来吸引大量的关注价值的顾客参与购买，而非简单的采用低于竞争者的价格。

小案例 7-1

美国西南航空公司

美国西南航空公司只收取它竞争者的1/3费用，但提供舒适的飞行条件和出色的朋友式服务。美国西南航空公司已成为美国少数取得稳定盈利的航空公司之一。

2）通行价格法

通行价格法，也叫主导价格法、随行就市价格法。在这种方法中，企业忽略自己的成本而接受与行业领先者或竞争者相近的价格。严格地说，通行价格采用的是竞争导向，但却是避免过激竞争的导向，因此非常适合于对基本服务的定价。

通行价格定价法是常见的定价方法，原因主要有：①企业对顾客较容易评断的基本服务接受某一价格，以免扰乱市场，引发价格战。②模仿对手意味着无论其采取任何行动，其作用都会被自身的模仿行为所抵消。③当服务的成本难以测算时，采用此法是一个明智之举，既可以得到公平利润，又无须担心竞争者的报复。

注意理解"相近的价格"，在通行价格法中，企业的价格可与主要竞争者相同，也可高于或低于竞争者。具体应该怎样运用视企业的战略目标及拥有的资源而定，如果企业提供的某项基本服务可以成功地向潜在客户沟通、宣传，那么企业可以定稍高于行业价格的价格，向顾客传递"我的价格较高是因为我的质量更好"的信息。如果属于无品牌或低价值品牌的小型服务提供商，最好采用低于领先者价格的价格，来争取到有该种服务需求却又对价格高低极为敏感的顾客。行业领先者定价必须非常接近通行价格，否则行业就容易混乱了，标准基本服务的提供商也采用这种策略，否则就得忍受市场份额的缩水。

只有收集掌握竞争对手的信息，才能理性地制定价格策略。这要求企业建立一套有效的系统，以更好地获取利用竞争对手的动态情报，清楚竞争者成功的秘诀和失败的教训，及时将自己的产品或服务与竞争者的产品或服务按性能的优劣进行排列比较。当自己产品的价格与竞争者十分接近时，需清醒地认识到定价的提高或降低会使企业赢得或失去市场份额，从而及时、相应地调整自己的价格。

了解通行价格的方式，既可以派人员到行业领先者处进行消费（神秘顾客法），也可以争取到主要竞争对手的价格表，还可调查顾客对每个竞争者产品及其价格的看法，行业协会及有关刊物也是此类信息的主要来源。

小案例 7-2

燕莎定价看对手

燕莎友谊商城专门设立了物价部，9个专职人员负责全商场10万种商品的价格审批。定价原则是：人无我有的商品，根据市场上的销售情况，适当扩大进销差率；人有我有的商品，与市场同价或略低。

7.3　扩展服务价格

在制定基本服务价格的基础上，扩展服务又该怎样定价呢？前面提到扩展服务是客户所能获得的与其他类似产品形成差别的进一步的利益，可以增强产品的吸引力，使基本产品区分于竞争者的产品。扩展服务使同类产品形成了较大的差异，既使得顾客难于对明显差别化进行理性对比，同时又可以满足不同的需求，因此对扩展服务的定价收费往往基于需求导向，通常采用认知价值定价法、差别价格法等来确定扩展服务的价格。运用这些方法最后定的价格减去基于成本的基本服务价格的差，叫作扩展服务的价格。

7.3.1　认知价值定价法

1）认知价值定价法的概念

认知价值定价法，指的是为唤起顾客对服务产品高价值的认知而制定较高的价格。需要注意的是，第一，这里的认知价值的"价值"不同于价值定价法中的"价值"，价值定价法中的价值就是低价，而认知价值中的价值是顾客付出代价后得到的回报。第二，认知价值是广阔的感知利益与顾客感知成本的差。第三，所谓"较高的价格"意味着该价格存在着高于基本服务价格的溢价。利润的基础，只能是为客户提供他们认同的价值，因此按认知价值定价是有效的定价方法。它是定价方法上的一次新飞跃，其突出之处在于打破了定价受成本驱动的旧思维模式，适应了现代竞争的价值理念。

认知价值定价法适应市场定位策略，在针对目标顾客的需求来设定差别化的扩展服务的基础上，来收取其愿意接受的溢价（见图7-3），需要指出的是，这个溢价甚至会高于基本服务价格。

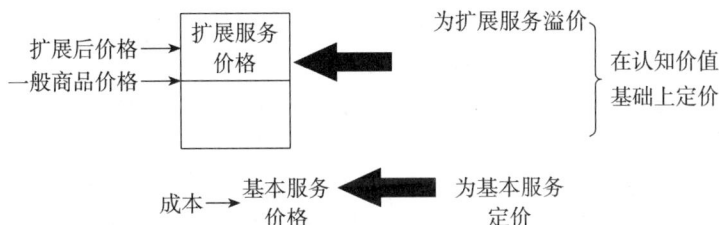

图7-3　认知价值基础上的定价①

小案例7-3

卡特彼拉公司利用认知价值观念为它的建筑设备制定价格。卡特彼拉公司一台拖拉机的价格为100 000美元，其他公司的拖拉机定价为90 000美元。而卡特彼拉公司却会获得比竞争者多的销售额。当一个潜在的顾客问一位卡特彼拉公司的经销商为什么他要100 000美元时，这个经销商回答说：

90 000美元——拖拉机的价格，与竞争者的一样

7 000美元——为产品优越的耐用性增收的溢价

6 000美元——为产品优越的可靠性增收的溢价

5 000美元——为优越的服务增收的溢价

2 000美元——为零配件较长期的担保增收的溢价

110 000美元——包括一揽子价值的价格

−10 000美元——折扣额

100 000美元——最终价格

于是，卡特彼拉公司的经销商能向顾客解释为什么卡特彼拉公司的拖拉机贵于竞争者。顾客认识到虽然他被要求付10 000美元的溢价，但事实上他得到了10 000美元的折扣。他最终选择了卡特彼拉公司的拖拉机，因为他确信卡特彼拉公司的拖拉机在使用期内的操作成本将较小。

2）构建认知价值

认知价值定价法的关键是准确地确定对所提供价值的认知，估计顾客认知价值过高或过低的结果，都无法达到此法的使用效果。因此，实施有效的市场调研是必要的。

另外，企业可以通过改变决定认知价值的两个因素来增大认知价值。

首先，为增大认知价值，可以在顾客可感知成本不变的基础上，提高顾客的可感知利益。

联合包裹运送服务公司（UPS）承接地极公司的大部分订单已近30年，因为它能够集中更多资源在自己提供的价值上与竞争对手拉开距离。1994年，它同地极公司签订了一项雄心勃勃的3年期合同，成为这家邮购零售商的主要承运商。为了赢得这

---

① 佩恩. 服务营销［M］. 郑薇，译. 北京：中国人民大学出版社，1997：166.

份多年合同，UPS主动提高运送效率，使地极公司的平均运送时间减少了50%。虽然运送的时间缩短了，运费却分文未涨，地极公司所得的利益因而大大增加。

其次，企业更感兴趣的是在以下方面减少顾客承担的成本：顾客的搜寻时间是一种成本，产品平价明示使顾客无须花时间搜索优惠券，服务的传递时间也可通过流程再造来降低；体力成本发生于顾客必须去服务企业时，进行服务传递以及部分自我服务时；心理成本体现在附着于某一服务使用时的脑力付出、不满足甚至害怕；感官成本可能包括忍受不良的通风条件、不舒适的座位甚至不愉快的味道等。服务企业采用价值定价的时候可以在这些方面尽量减小顾客的成本以提高顾客可得的价值。

当然，两种方法同时采用效果会更好。实际上，无论是提高可感知利益还是降低可感知成本，都要求在服务产品的附加价值和潜在价值等扩展服务的方面做好文章。研究表明，有效开展产品扩展服务设计的服务企业盈利始终比那些在这方面迟迟未有动作的企业高得多。由生产产品转变为创造价值，由创造价值转变为创造顾客，实现价格与价值的无缝对接。当顾客的认知价值增大到一定程度的时候，采用认知价值定价的企业就可以提价了。

7.3.2 差别价格法

差别定价，也称弹性定价，是指企业根据顾客支付意愿的不同修改自己的基价而制定不同价格的定价方法。这些价格并不反映任何的成本比例差异。

差别价格法主要运用于：①建立基本需求，尤其是对高峰期的服务最为适用。②用以缓和需求的波动，降低服务易消失性的不利影响。

服务产品差别定价的形式主要包括：

1）顾客细分定价策略

理解这种策略，首先要理解"顾客剩余"，它是西方经济学中的概念，是指顾客愿意为某产品付出的最高价格与其实际支付价格的差额。顾客由于购买力水平的差异，对服务的需求程度不一，或对抽象服务的感觉价值不一样，就愿意付出不同的最高价格，因此企业可以利用这种差别来剥夺顾客的剩余。实际上这种剥夺的剩余也来源于产品的扩展服务。在这种策略下，收入是一个细分的重要依据。对于收入高的顾客，可将服务的价格适当抬高，不仅不妨碍其购买积极性，反而给他们带来心理上的满足；对于低收入顾客，适当降低价格，却可以提高其购买兴趣。在美国，医生、律师、经济与管理顾问等对穷人和富人提供同样的服务，但收费却大不相同。除此之外，还可按顾客的年龄、职业和阶层来细分顾客，差别定价，如参观博物馆的学生票、老年人进入公园免费等。采用顾客细分定价策略的条件在于目标市场可以细分，而且表现出不同的需求程度；在本企业采取高价的市场范围内，竞争者不可能用低价进行对抗；价格差异不会引起顾客反感；分割和控制市场的费用小于差别定价所获得的额外收入。

2）产品附加价值定价

产品附加价值定价，就是根据产品增加的服务利益，对同一类产品制定不同的价格。如因位置差异，旅馆对房间、剧院对座位等进行的定价。

3）服务的可接近差异定价

在可接近（服务的易得性）方面，主要考虑的是时间和地点。时间差别策略是以时间区分的差别定价策略。其目的不仅是增加企业收入，还可通过调整价格来抑制需求的波动，从而降低生产和经营成本。如以前的长途电话局，如果不采用时间差别定价，人人都在白天高峰期打电话，那么电话局就不得不增加营运设备，而这些设备在高峰期后又被大量闲置，造成设备的浪费。而采用时间差别定价，利用晚上的低价来分流一些并不急于白天打电话的顾客，就可以使原有设备得到最充分利用，降低营业成本的同时满足顾客需求。目前，时间差别定价法在服务业运用较多，海滨城市 7、8、9 月的旅游旺季中，各种服务如酒店服务、餐厅服务和海滨浴场服务的收费价格都比旅游淡季高许多；出租车收费的价格也是如此，白天载客按标准价格收费，夜间按一定比例加价。地点差别定价则按地点区别进行定价，在不同的地点同种服务的附加价值虽不同，但差别还是主要在于服务的可接近差异。饭店和酒吧里的饮料、小吃等价格都比商店里的要高，环境幽雅带来的附加价值纵然不同，更由于顾客在可接近性方面的需求强烈程度不同。

4）服务的形象及品牌差异定价

企业形象的定位和塑造以及企业品牌价值的差别都是差别价格法的主要基础。现在我国有很多国有大酒店软硬件设施实际上都超过了某些国际知名的连锁酒店，但是对于同样的标准间，顾客宁愿支付更高的价格给香格里拉，就是因为香格里拉是一个已经经营了几十年的酒店品牌，它标志着一种优雅的服务。

一项调查显示，差别定价法是最为通用的定价方法，约有 58% 的调查对象表示使用差别定价法。但是使用差别定价有可能产生下列问题：第一，顾客可能延缓购买，一直等到差别价格的实施。第二，顾客可能认为采用差别定价的服务产品属于"折扣价格"，认为是一种例行现象，而不分时间、地点或支付能力，都要求获得不适用于其的差别价格，如果满足不了这样的要求就有可能破坏顾客的满意度。由于以上的原因，有些服务业公司故意拒绝使用差别定价而干脆采用单一价格制度，对所有的顾客都制定相同的价格。

小案例 7-4

北京世界公园于 1993 年 11 月 1 日正式对外开放，有 5 种门票价格：平日门票为 40 元，星期六、星期日为 48 元，价位居京城各大公园之首。团体票优惠 20%，离退休干部、大中小学生门票为 30 元，75 岁以上的老人、残疾人和 1.1 米以下的儿童免费参观。这样就有 48 元、40 元、32 元、30 元、0 元等五种价格。其定价主要依据是：中青年大多为收入固定的工薪阶层，承受最高价格；离退休人员收入稳定但多年不变，学生无收入，票价略为便宜；老人和小孩属于社会重点保护范畴，免费有利于企业的社会形象。结果虽然门票整体价格较高，但因区别对待，各方均能承受。

7.4 服务定价策略

7.4.1 服务的组合定价

确定定价的依据是确定服务的消费单位，也即寻找定价的对象与范围。餐厅是按顾客消费的餐饮产品收费还是对桌椅收取租金？专业咨询服务、酒店客房出租、电话通话服务等按时间收费，而运输企业则根据距离收取费用。但是服务企业往往要面对更为复杂的情况，其中相对重要的是，怎样来对某种成为产品组合中一部分的服务产品进行定价？主要有以下几种方法：

（1）产品线定价法。产品线定价法是根据购买者对同样产品线不同档次产品的需求，精选设计几种不同档次的产品和价格点。企业为达到自己生存和发展的基本目标，就必须在细分市场的基础上满足现代市场的多种需求。因此，产品线定价法是企业必然要采用的策略，尤其是在顾客对价格极为敏感的服务业中。某市海景酒店商务套房定价 RMB998+15% 服务费，豪华套房为 RMB1 709+15% 服务费，贵宾套房则是 RMB2 186+15% 服务费，这样，不同的顾客会按照自己的需求来选择不同的房间。也许某位高级经理人会选择商务套房，而替一位尊贵的客商选择贵宾套房。

在许多行业中，企业对其产品使用众所周知的价格点，运用高、中、低三种价格来让顾客联想高、中、低三个质量。这样即使三个价格都调高了，顾客仍会按其喜欢的价格点来进行消费。

（2）特色定价法，也称为非必需附带品的定价策略，即企业在以较低价提供主要产品的同时，还提供具有吸引力的较高价的非必需附带品与之相配，以销售备选产品来增加利润。这种方法可以给顾客一个低价的印象和更大的选择余地。有一家以味美价廉闻名的小餐馆，吸引了众多顾客。同时，这里的酒价是一般商场里的3～8倍，餐馆又规定顾客不得自带酒水。然而好菜需有好酒配，顾客既然慕名而来，就不在乎酒水价格了。餐馆从食品收入中弥补成本费用，而从酒水收入中攫取了高额利润。

（3）必需附带品定价法，也叫附带产品定价法。这种方法与特色定价法类似，但是附带品与主要产品密不可分，并且利润主要来自附带品。软件公司经常运用这种方法，它可将开发出来的软件低价卖出甚至无偿赠送，但是从后继不断的升级和补丁程序中获取高利润。

（4）两部分定价法，是将价格分为固定费用部分和变动费用部分，在一定范围内用固定价格，超出该范围加收变动费用。服务企业常用这种方法：移动通信业务总会收取固定的月租费，然后再按每分钟计价收费；游乐园通常在门票中包括部分的可玩项目，若想玩其他项目再单独支付费用。

（5）捆绑定价法，是将数种服务（两种以上产品的捆绑）或服务特征（一种产品基本服务与扩展服务的捆绑）组合在一起以低于分别销售时支付总额的价格销售，从而最大限度地吸引各具特征的顾客。对于顾客而言，可以花较少的钱买更多的服务内容；对商家而言，其相对较高的固定成本被更多的顾客来分担，因此捆绑价格广泛地运用于服务业。巴黎的公共交通将此方法运用到了极佳的程度，以其市内地铁票为例，一张票价5.5法郎，十张票价34.5法郎，周票54法郎，月票190法郎，年票2 000法郎。

7.4.2　服务的收益管理与降价

1）收益管理的含义

常识表明，在任何一个给定的价格水平上，能够提供的服务和便利设施的数量都是有限的。收益管理是一个运用价格充分发挥运作能力，从而使企业收益最大化的过程。通常在使用预订系统、超额预订和划分需求等现代信息和管理技术的基础上对服务产品提价或降价，以便既不使资源空置，又可以科学地赚取最大收益。

需求划分为随机需求与计划（预订）需求，随机需求有一定的可预测性，而预订需求具有较大的确定性。预订系统将预订需求进行了确定，随机需求就会被转移到同一组织内相同设施的其他适宜时间或其他服务接待上。对于预订需求中出现的未能履行预订问题，则由超额预订系统来处理，即接受数量超过服务产品数量的预订，原则是既可以最大限度地降低服务产品闲置的机会成本，又可以最大限度地降低由于未能提供预订服务而带来的成本（如替未获得预订服务的客人在竞争对手的酒店里安排同档次的房间而产生的成本）。

2）收益管理的方法

通行的收益管理方法为：首先开发收益管理系统，包括预订最优化系统、折扣票价系统、后勤系统等；其次设定系统分析数据范围内使用的价格政策，并将其制度化，如某航班规定预订人数在 40～48 之间时最低折扣价格为×。最后，收集历史的、当前的数据输入系统进行分析后，得出各方面决策数据，运用这些数据进行决策或执行。接上例，当预订人数为 45 人时，本次航班最低折扣价只能是×，售票处必须按这个原则来售票。

以下运用一些实例来说明收益管理的运作和效果：

假日饭店预订的最优化。假日饭店启动预订最优化（HIRO），使用历史的和当前的预订行为来分析每个饭店的房间需求。HIRO 包括入住率季节性变动模式、当地时间、每周周期和当前趋势等，并以此形成一个最低预期价格（即对特定饭店房间订购的最低价格）。系统预测饭店全部住满的情况并且过滤掉折扣要求，并且使用超额预订系统来应对未履行预订。HIRO 使饭店经理可以提高对每个房间收取全价的估计能力，同时又保持其忠实客户的满意。

美洲航空公司（AA）在墨西哥到美国的航线上，其容纳 150 名乘客的波音 727 飞机中，有 12 个头等舱位和 138 个普通舱位。通过折扣分配与客流量管理，头等舱有两种或三种不同的票价，普通舱有 25 种不同的票价。需求过剩时，AA 公司的客流量管理或索引系统会自动对库存的座位区实行不同票价，为愿意付高价的顾客保留更多的座位，保留较少的低价座位。每天的价格都在变化，每天当地的收益管理分析师都需要决定对每个顾客群采用何种票价、有何限定条件、高价票与低价票之间保留多少座位、对低价票进行库存限制等。

3）适用收益管理的服务企业的特征

适用收益管理的服务企业有如下特征：①企业有相对固定的能力，即企业的供给能力有限，如一个航班只能提供一定数量的座位；②企业可将市场进行细分，通过某一外在特征或反应，识别顾客的价格敏感程度；③存货具有易逝性，酒店的房间没有租出去就意味着租金收入永远的失去；④能够事先出售产品，服务企业有采用预订系统售出自己服务的能力（并且控制在合理的利润范围内），如牙医诊所的预约，饭店房间的预订等；⑤可预测波动需求，以便在低需求期通过折扣提高服务的使用率，而在高需求期保持原价格增加收入；⑥具有低边际销售成本，即销售额外的单元库存的成本必须要低。

另外，实行降价的另一个原因是建立顾客忠诚度，鼓励顾客的重复购买，往往通过累计折扣的方式来实现。如前文所述的常客计划实行的积点方式，实际上就是一种累计折扣的方式。

服务定价策略相关问题提纲包括：①这项服务应当能够收取的费用是多少？②定价的依据（所制定价格的对象与范围）是什么？③应当由谁来付款？收款呢？④付款地点在哪儿较为合适？⑤应当在什么时候付款合适？⑥应当怎样付款？⑦应当怎样把价格告知目标市场？

7.4.3　服务的其他定价技巧

在营销学中，还有很多出色的定价方法和技巧，其中适用于服务产品的主要有心理定价法。

与一般产品一样，每一类服务产品都能满足顾客某一方面的需求，其价值与顾客的心理感受有着很大的关系。这就为心理定价策略的运用提供了基础，使得企业在定价时可以利用顾客心理因素，有意识地将产品价格定得高些或低些，以满足顾客生理的和心理的、物质的和精神的多方面需求，通过顾客对企业产品的偏爱或忠诚，扩大市场销售，获得最大效益。对服务产品而言，常用的有整数定价、吉祥尾数定价、声望定价和招徕定价。

1）整数定价

对于无法明确显示其内在质量的服务产品，顾客往往通过其价格的高低来判断其质量的好坏。但是，在整数定价方法下，价格的高并不是绝对的高，而只是凭借整数价格来给顾客造成高价的印象。整数定价常常以偶数，特别是"0"作尾数。例如，精品旅游风景区的门票可定为100元，而不必定为98元。这样定价的好处，既可以满足购买者炫耀富有、显示地位、崇尚品牌、购买精品的虚荣心，又在顾客心目中树立了高档、高价、优质的服务产品形象，还省却了找零钱的麻烦。在星级宾馆、高级文化娱乐城等，由于其顾客都属于高收入阶层，也甘愿接受较高的价格，所以，整数定价得以大行其道。

2）吉祥尾数定价

由于民族习惯、社会风俗、文化传统和价值观念的影响，某些数字常常会被赋予一些独特的含义，企业在定价时如能加以巧用，则其产品将因之而得到顾客的偏爱。某些为顾客所忌讳的数字，如西方国家的"13"、日本的"4"，企业在定价时则应有意识地避开，以免引起顾客的厌恶和反感。

在实践中，无论是整数定价还是尾数定价，都必须根据不同的地域而加以仔细斟酌。比如，美国、加拿大等国的顾客普遍认为单数比双数少，奇数比偶数显得便宜，所以，在北美地区，零售价为49美分的商品，其销量远远大于价格为50美分的商品，甚至比48美分的商品也要多一些。但是，日本企业却多以偶数，特别是"0"作结尾，这是因为偶数在日本体现着对称、和谐、吉祥、平衡和圆满。

当然，企业要想真正地打开销路，占有市场，还是得以优质的产品作为后盾，过分看重数字的心理功能，或流于一种纯粹的数字游戏，只能哗众取宠于一时，从长远来看却于事无补。

3）声望定价

这是根据服务产品在顾客心中的声望、信任度和社会地位来确定价格的一种定价策略。声望定价可以满足某些顾客的特殊欲望，如地位、身份、财富、名望和自我形象等，还可以通过高价格显示名贵优质，因此，这一策略适用于一些知名度高、有较大的市场影响、深受市场欢迎的品牌服务企业，比如，满汉全席的定价、北京皇城老妈火锅的定价等。为了使声望价格得以维持，需要适当控制市场容量。声望定价必须非常谨慎，估计不准，市场容易被竞争者抢去。

4）招徕定价

招徕定价是指将某几种商品的价格定得非常之高，或者非常之低，在引起顾客的好奇心理和观望行为之后，带动其他商品的销售。这一定价策略常为酒店、综合性百货商店、超级市场甚至高档商品的专卖店所采用。

招徕定价运用得较多的是将少数产品价格定得较低，吸引顾客在购买"便宜货"甚至亏本销售的同时，购买服务企业相关产品或其他价格比较正常的商品。酒店常常推出餐饮消费的优惠，来提高开房率，以此增加酒店的总利润。

在实践中，也有故意定高价以吸引顾客的。珠海九州城里有种3000港元一只的打火机，引起人们的兴趣，许多人都想看看这"高贵"的打火机是什么样子。其实，这种高价打火机样子极其平常，无人问津，但它边上3元一只的打火机却销路大畅。

值得企业注意的是，用于招徕的降价品，应该与低劣或过时的服务产品明显地区别开来。招徕定价的降价品，必须是品种新、质量优的服务产品，而不能是处理品。否则，不仅达不到招徕顾客的目的，反而可能使企业声誉受到影响。

本章小结

本章提出了影响服务定价的成本、需求、竞争三个因素以及定价目标和实现方法。以成本加成定价法和目标利润定价法为基本定价模式，按照服务产品的基本服务和扩展服务两个层次，运用不同的适当的定价方法来分别定价。其中，针对基本服务定价的方法有价值定价法和通行价格法，对扩展服务进行定价则有认知价值定价法和差别价格法。组合定价、收益管理和心理定价等也是值得研究的内容。本章对每种定价方法都就概念及定价技巧进行了阐述。

复习思考题

1.成本、需求、竞争是影响定价的因素，它们都是怎样来对定价施加影响的？

2.理解服务产品的基本定价模式，思考怎样运用目标利润定价法来进行减亏和保本定价。

3.对基本服务定价的方式有哪些？又如何对扩展服务进行定价呢？

4.什么是认知价值定价法？怎样运用认知价值定价法来进行定价？差别定价法与其有何区别？

5.如何理解服务产品组合定价的魅力？

6.收益管理如何牵制企业的降价策略及实施？思考当收益管理与客户保留发生冲突时，该怎样处理？

案　　例

优步的随行就市差异定价

优步作为一家移动出租应用的智能 App，是分享经济的典型代表。它起源于美国，是美国的打车软件鼻祖。它不仅提供叫车服务，还利用现有技术完成公益性拼车，使得人人可以成为车主。面对中国庞大、竞争激烈的租车市场，它毫不逊色，占据了自己的一席之地，得到了很好的发展。为什么像百思买这样知名美企来华会水土不服，而优步这样的"进口"移动应用却能玩得风生水起？其中自然有来自硅谷新经济秩序领先的创新基因，包括在全球其他市场已经印证的运营经验，还有其优异的定价算法。

目前，国内优步用户还没有提到太多关于价格的问题，但在国外使用过优步的用户或许已经发现其打车价算法是"随行就市"的，同样的路在不同时间，价格可能是完全不一样的，当然它定了个上限。具体来说，假如是下雨天，打车的人多，出来接客的车少，优步的价格就会上升；相反，假如在非高峰期或某个地点的车很多，而用车的人少，价格就会相应调低（当然，优步也会补贴司机，使参与这场游戏的"供方"保持良好的增长势头）。

这种随行就市的定价方式看似简单，其实是专车领域的首创。在以往，从出租车业务发展而来的"专车"业务，它在思维上打上了价格管制型企业的烙印，这种路径依赖的思维格局导致了其他专车服务还在沿用按里程计价的传统定价模式，而完全无视由移动互联网带入的地理位置与时间维度。换句话说，现有的绝大多数移动专车应用在这两点上，只开发了"地理位置"的就近接客便利，却没有以地理位置的优劣

（中心区或偏僻区）对价格进行优化，而对于时间维度则完全忽视。

以往出租车行业并没有实行差异化定价主要是因为它采用的是"人制"化管理：中心人工调度+路边随机招停。由于这个行业的随机与高频次服务次数，要人工随行就市地实行差异化定价是完全不可能的。但优步作为基于移动互联网的新经济业态，它几乎可以自动化匹配（运行），因此就有能力再一次重操相关行业的差异化定价，以期最大限度地提升供需双方的满意度。

商业创新并非一蹴而就的幸运之举，而是由存在的旧模式（差异性定价）与新模式（移动互联导致的随行就市的能力）相衔接的产物。优步在中国这个大市场所积累的经验，也将进一步巩固与提升其在全球市场上的竞争力。

资料来源 陆亦琦. Uber的秘密：随行就市的差异定价［J］. 销售与市场，2015（6）：26-27.

第8章　服务网点和渠道

从某种程度来说，渠道的决策是企业管理当局最重要的决策，因为渠道是企业连接顾客的桥梁，通过它服务产品可以快速准确地传达到顾客手中。也就是说，无论产品质量如何好，服务标准如何高，如果企业不能在合适的时间将合适的产品交到合适的地点，企业所做的一切都等于零。而网点则是渠道的重要组成部分，它可谓企业的"桥头堡"，科学合理的网点布局将使服务企业受益无穷。本章介绍了服务网点及服务渠道的建设，对它们进行了概括性的总结。

8.1　服务网点的位置决策

8.1.1　服务网点的分类

一般来说，网点的位置选择对于服务型企业而言是非常重要的。但其重要性因服务企业的不同而有很大的区别。按照网点的选择与企业的战略相关程度，可将服务企业划分为以下两种：

1）与服务网点的位置几乎无关的服务

这样的服务主要是专业服务，包括医生、律师、会计师、装修师等，它们的网点位置选择是无关紧要的，因为这些服务的提供或者在顾客的处所完成，或者对处所没有什么要求，甚至服务提供者与服务接受者根本不用在同一空间场所见面，如股票委托人在接受其经纪人服务时，只需通过电话、网络或者其他通信工具，让经纪人按照其指示行事就可以了。因为，这种服务的质量与服务网点的位置关系不大。这种服务最重要的是，当顾客需要服务的时候，服务如何具有高度的可得性和可及性。也就是说，所在位置不只是实体上的邻近而已。对于这类服务来说，服务网点的位置并不是不重要，好的网点有利于其吸引新顾客，节省顾客的交易成本。但相对而言，更重要的是顾客对服务能够便利地取得，能够建立便利的沟通和服务传输系统，从而对顾客的需求做出迅速的反应。

2）与服务网点的位置有关的服务

这种服务的提高因其集散程度不同可分为以下两种：

（1）分散的服务业

这类服务主要包括一些公共服务，如地区中心医院、电力供应部门等。它们的网点位置由于市场潜力、服务本身的特征以及对服务需求的特征的不同而要求其必须分散于市场中，地区中心医院就是比较典型的，一般在一个地区必须至少有一个，但又不必太多，以免造成不必要的冲突，其可以在社区中设置社区医院作为补充。[①]

---

① 王超. 服务营销管理［M］. 北京：中国对外经济贸易出版社，1999：168.

（2）集中的服务业

有些服务经常是集中在一起的，主要包括餐饮业、零售业和旅馆业。集中的主要原因是供应条件和传统，另外促成集中的原因还有某些网点的地位关联效应、顾客需求服务的意愿、邻近核心服务的补充性服务的发展等。因此，我们以下主要探讨的是关于第二种服务中的集中性服务业网点的选择问题。①

8.1.2　服务网点的选址调查

服务网点选址的好坏和各个网点之间协调的优良程度，关系到服务提供的质量、企业的竞争力、市场拓展能力和顾客满意度，因此网点的选址至关重要。

1）选址的准则

（1）靠近目标顾客区

例如，超市一般选择靠近居民区。所以，方便顾客接受服务是服务网点选址应遵循的一条基本原则。

顾客在和服务企业进行交易时，其之间存在交易成本问题（营销称之为顾客总成本），即顾客的交易成本不仅仅指顾客付出的货币成本，它还包括顾客的精力成本、时间成本、心理成本等一切与交易有关的成本。选址靠近目标顾客区，可以节省顾客的购买时间（时间成本）、节省交通费用（货币成本和精力成本），从而可以为顾客提供更多的让渡价值，最大限度地满足顾客的需求；相反，则会增加顾客的成本，在企业提供价值不变的情况下，顾客价值受损，那么就会降低顾客的满意度，失去顾客的信赖、支持，服务企业就失去了存在的基础。当然，这也有个度的把握问题，服务企业同时还要考虑自身资本（货币资本和人力资源）投入及顾客的习惯、需求特点等。② 例如，一家娱乐俱乐部就不应该选择在居民区内，虽然许多居民都是它的现实或潜在的顾客，但这样的选址往往会影响到居民的生活，会对他们的工作和休息造成不便，从而增加了他们的额外成本，是不科学的。

（2）良好的交通和道路条件

只有在交通方便的地方设立网点，才能给顾客提供方便，节省顾客的交易成本，从而吸引更多的顾客。因此服务企业必须调查城市内区域间的交通条件及区域内的交通条件，对交通网络进行分析。一般而言，铁路、河流、封闭性的公路在一定程度上限制了顾客的流动。同时，要注意城市规划对交通设施的影响。如街道开发规划、道路扩展计划，铁路、高速公路建设计划，区域开发计划等，都对未来的交通条件产生了影响，进而影响网点的顾客群。例如，一家在东北财经大学附近的餐馆建店之初，选址主要看好在高校的附近，其生意一直不错。但后来，大连建设有轨电车，从其门前通过，从而阻断了它的客流，造成了销售额大减。因此，服务企业必须及时准确把握网点选址的发展动态。

（3）未来10年以上网点的可持续经营力与增值能力

从投资的角度看，网点的选址是一项长期的投资，关系着企业经营发展前途。网点的投资一般采取区别或部分购置产权和租赁的形式，动用较大的资金，而网点一经

①　叶万春. 服务营销学［M］. 北京：高等教育出版社，2001：195.
②　顾国建，金维莉. 超级市场营销［M］. 大连：东北财经大学出版社，2000：44.

确定就难以变动。因此，企业在选址时，必须具有发展的眼光，仅仅考察现状是不够的，还要正确预测未来店址的可能变化。因为网点所在地区的状况时刻都在变化：交通条件在改善，顾客群在不断变化，竞争者也在时刻更替着。总之，企业是处于动态的环境中，因此，网点的选择应该使企业能够迅速开展业务，同时，使网点的房产价值提升。对于一个企业来说，新选定的店址应具有一定的商业发展潜力，在该地区具有竞争优势，以保证以后一定时间内都是有利可图的。[①] 例如，日本大荣公司凭借其连锁集团的优势，利用进货后3个月支付货款的时间差，迅速地汇总各连锁店的销售收入，在非商业中心购买了地价较低的土地，兴建商业设施及其他不动产，等到商业发展，地价提高后，卖掉地产赚取差价。

小案例 8-1

麦当劳的布点

目标消费群。麦当劳的目标消费群是年轻人、儿童和家庭成员。所以在布点上，一是选择人潮涌动的地方，如在上海地铁一号线布点10家，二号线也作了布点，在徐家汇、人民广场、新客站和五角场等交通集散点周边设点；二是在年轻人和儿童经常出没的地方布点，比如在南京路宝大祥儿童用品商店和淮海路青少年用品公司的前方站或附近设点，方便儿童就餐；三是在百货商厦和大卖场开店中店，吸引逛商店的年轻人就餐。

着眼于今天和明天。麦当劳布点的一大原则是一确定下来20年不变。所以对每个点的开与否，都通过3~6个月的考察，再作决策评估。重点考察是否与城市规划发展相符合，是否会出现市政动迁和周围人口动迁，是否会进入城市规划中的红线范围。进入红线的，坚决不碰；老化的商圈，坚决不设点。有发展前途的商街和商圈，新辟的学院区、住宅区，是布点考虑的地区。纯住宅区往往不设点，因为纯住宅区居民消费的时间有限。

讲究醒目。麦当劳布点都选择在一楼的店堂，透过落地玻璃橱窗，让路人感知麦当劳的餐饮文化氛围，体现其经营宗旨——方便、安全、物有所值。由于布点醒目，因此便于顾客寻找，也吸引人。

不急于求成。黄金地段黄金市口，业主往往要价很高。当要价超过投资的心理价位时，麦当劳不急于求成，而是先发展其他地方的布点。通过别的网点的成功，让"高价"路段的房产业主感到麦当劳的引进有助于提高自己的身价，于是再谈价格，重新布点。松江、金山的两个布点，就是经过了这样曲折的过程。

优势互动。麦当劳开"店中店"选择的"东家"，不少是牌誉较高的，如家乐福、百盛购物中心、上海广场、时代广场等。知名百货店为麦当劳带来客源，麦当劳又吸引年轻人逛商店，起到了优势互补的作用。

2）服务圈的调查

这里服务圈的概念是对商业中的商圈概念的扩展。服务圈是指服务网点以其所在地点为中心，沿着一定的方向和距离扩展，吸引顾客的辐射范围。简单地说，就是吸引消费者的地理区域。服务圈的大小与顾客所购买的服务的特点、顾客行为、交通因素等有很大关系。

对于新设网点服务圈的划分，往往通过调查评价，包括对市场环境的分析和对顾客基本特征的分析及调查。

[①] 韩辉. 超市营销 [M]. 北京：首都经济贸易大学出版社，2000：26.

  确定一个服务网点所能提供服务的范围，可应用美国学者威廉·雷利提出的雷利法则，也就是零售吸引力定律。他认为商业圈与零售业的商品销售总量有一定的关系，用以下公式表示：

$$B_a/B_b=P_a/P_b\times（D_b/D_a）$$

式中：B_a——被吸引到a市的交易量；

B_b——被吸引到b市的交易量；

D_a——从a市到分歧点的距离；

D_b——从b市到分歧点的距离；

P_a——a市的人口；

P_b——b市的人口。

  进一步可以推出雷利模型，其计算公式如下：

$$D_b=\dfrac{D_{ab}}{1+\sqrt{\dfrac{P_a}{P_b}}}$$

式中：D_b——离开b市有一定距离而观察到的a市与b市之间商业圈的界线；

D_{ab}——a市与b市的距离；

P_a——a市的人口；

P_b——b市的人口。

  服务圈内竞争网点的调查。网点选址时要对竞争对手的网点进行调查，一般应该考虑同类服务网点的数量、规模大小，新店开张率，其网点及网点之间的布局和它们的优势及劣势，短期和长期变动以及饱和情况等，而其中的饱和度则是该地区是否适合设置网点的一个重要指标，因为任何一个服务圈都有可能处于服务提供总量过多、过少和饱和情况等。过小的服务圈内只有很少的商店，很有可能得不到相应的投资回报。因此，应该了解服务圈的饱和度。[①]它可用饱和指数来表示，饱和指数可由下式求得：

$$IRS=（H\cdot RE）/RF$$

式中：IRS——某服务圈（原指商圈）的零售饱和指数；

RE——某服务圈（原指商圈）内顾客人均消费支出；

H——某服务圈（原指商圈）内的家庭数量；

RF——某服务圈（原指商圈）内经营同类服务品的服务店营业总面积。

  一般来说，应选择饱和指数较高的服务圈开店。因为饱和指数越大，意味着服务圈内的饱和度越低；饱和指数越小，服务圈内的饱和度越高。

小阅读 8-1

家乐福选址的一般原则[②]

  家乐福1999年销售额达789.7多亿美元，居世界第二，欧洲第一，其选址的科学化也备受称道。

---

① 顾国建，金维莉. 超级市场营销［M］. 大连：东北财经大学出版社，2000：44.
② 佚名. 家乐福选址和卖场设计规划原则［EB/OL］.［2015-11-08］. http://www. zhongguoyzs.com/xinxi/34410. html.

（1）地理位置要求：开在十字路口。其第一家店是1963年开在巴黎南郊一个小镇的十字路口，生意异常火爆。十字路口成为家乐福选址的第一准则。同时还要交通便利，满足私家车、公交车、地铁、轻轨等各种交通要素的通达性。这里人口要相对集中，附近要有两条马路的交叉口，其中一条为主干道。该区域还要具备相当面积的停车场，比如在北京要求600个以上的停车位，非机动车停车场地2 000平方米以上，免费提供给家乐福公司及顾客使用。

（2）建筑要求：占地面积15 000平方米以上，且最多不超过两层，总建筑面积2万～4万平方米。建筑物长宽比例为10∶7或10∶6。

（3）3千米商圈半径：这是家乐福在西方选址的标准。在国内一般标准是公共汽车8千米车程，不超过20分钟的心理承受力。

（4）灵活适应当地的特点：家乐福店可开在地下室，也可开在四五层，但最佳为地面一二层或地下一层。家乐福一般占两层空间，不开三层。这种灵活选址原则，同时增强了家乐福在同类商家中的竞争优势。

（5）租期要求：家乐福能够承受的租金较低，而且一般签订长期的租赁合同（通常是20～30年）。

（6）外聘公司进行市场调查：一般分别选两家公司进行销售额测算，两家公司是集团之外的独立公司，以保证预测的科学性和准确性。

（7）转租租户由家乐福负责管理。

8.1.3 服务网点布局策略

随着连锁、特许经营、联盟等企业扩展形式的不断发展，服务业也得到了巨大的发展。服务业的竞争，也不仅仅局限于一个网点。因此，在多网点的时候，就要考虑整体布局的问题。

1）饱和营销策略

饱和营销策略是指服务企业集中资源于某一特定的地区内。该策略的主导思想是在城市和其他交通流动大的地区集中定位许多相同的公司和网点。

小案例8-2

Au Bon Pain是一家以其独特的三明治、法国面包出名的咖啡店，它采纳了曾在欧洲广为流行的"饱和营销"策略。该公司单在波士顿的闹市区就开立了16家快餐店，其中许多店铺面积不足100平方英尺，仅在Filene公寓商厦的不同楼层就开设了5家店铺。①

这种策略的优点较之其缺点更加明显，公司可以将有限的广告等其他宣传活动投入到该区域内，节省广告费用，提高知名度，从而使本公司的网点在该地区站稳脚跟，并逐步占据更大的市场份额，直到获得竞争优势。另外，网点集中在一个区域内，总部便于管理，可以节省人力、物力、财力，总部人员可以在同样的时间内，增加巡回的次数，使巡回的效率提高，便于对各网点的管理。总部工作人员可以集中在一个区域内，工作跨度合理，方便各网点之间调剂余缺。例如，如果某一网点缺少管理人员或服务人员，各网点之间的距离比较近，可以迅速地从附近网点中调剂；某一网点出现暂时缺货，则可以在很短的时间内从附近网点调配。另外，网点集中在一个区域内，保持本企业在该地区内的绝对竞争优势，可以使其他的竞争对手难以进入，即使进入，也难以获得成功。由此可见，饱和策略可以有效地优化公司的管理成本，

① 菲茨西蒙斯. 服务管理 运作、战略和信息技术 [M]. 张金成，范秀成，译. 2版. 北京：机械工业出版社，2000：121.

增强竞争力。

2）采取抢先占位策略

服务公司应该优先将网点开设在竞争对手数量和质量较差的区域，以满足当地顾客的需求，同时，可以避免过度竞争。将网点开在偏远地区，许多时候不失为一个好的策略。

小案例 8-3

沃尔玛就是有效地运用这一"农村包围城市"的策略而起家的。1945 年，沃尔玛公司的创始人山姆·沃顿在美国阿肯色州班顿威尔镇开了店名为"5～10 美分"的廉价商店，只是当地一家名不见经传的小企业。在此之后，山姆·沃顿坚持采用避强抢先策略，在许多的小城镇开设网点，不与西尔维斯、凯马特等大型零售商正面竞争。在"农村"地区集聚了足够的实力后，开始进军中心城市，截至 2019 年，该公司在国内外共有 11 348 家连锁店（其中国内 5 358 家，国外 5 990 家），分为折扣商店、购物广场、山姆会员店、家居商店四种形式，全部由该公司控股，实行直营连锁。这一策略在实践中的效果比较好，抢先进入那些竞争力小的地方，公司很容易抢先建立优势，并且进行顾客偏好锁定，增加后来者的进入成本。

3）网点协同策略

协同是指服务企业的各种网点之间互相支持、协助和加强交流，从而使整体网点所发挥的效应大于各个渠道成员单独所产生的效应。一般可以从以下几方面增强网点之间的协同效应：

（1）网点分布产生的协同效应；

（2）建立网点之间的沟通系统；

（3）加强网点成员之间的资源共享。

8.1.4　服务网点布局方法

传统上，网点的决策常常建立在定性分析的基础上，成功的变数较大。目前，国际上许多公司的决策开始向量化发展，下面简要介绍一些网点选址决策的定量化方法。

1）直角距离法[①]

在平面上用直角距离法进行网点选址求顾客到服务中心的最小距离，可用以下公式：

$$Z = \sum_{i=1}^{n} w_i \left\{ \left| x_i - x_s \right| + \left| y_i - y_s \right| \right\}$$

式中：w_i——第 i 点的近似权重 （例如人口）；

　　　x_i，y_i——第 i 个需求点的坐标；

　　　x_s，y_s——服务网点的坐标；

　　　n——需求点的数目。

目标函数可以被重新表达为两个独立项目的表达式：

$$\text{Minimize} Z = \sum_{i=1}^{n} \left\{ w_i \left| x_i - x_s \right| + w_i \left| y_i - y_s \right| \right\}$$

① 菲茨西蒙斯. 服务管理　运作、战略和信息技术 ［M］. 张金成，范秀成，译. 2 版. 北京，机械工业出版社，2000：114.

2）欧几里德法[①]

把点与点之间的地理结构问题改为直线距离则将上面的方法推广了。这时目标函数变为：

$$\text{Minimize} Z = \sum_{i=1}^{n} w_i \left[\left(x_i - x_s \right|)^2 + \left(y_i - y_s \right|)^2 \right]^{\frac{1}{2}} \qquad \text{①式}$$

把部分结果代入 x_s 和 y_s 之中，然后让它们同时等于零，就衍生出来两个等式。对 x_s 和 y_s 求解就得出下面一对确定最佳网点的等式：

$$x_s = \frac{\sum_{i=1}^{n} \dfrac{w_i x_i}{d_{is}}}{\sum_{i=1}^{n} \dfrac{w_i}{d_{is}}} \qquad \text{②式}$$

$$y_s = \frac{\sum_{i=1}^{n} \dfrac{w_i y_i}{d_{is}}}{\sum_{i=1}^{n} \dfrac{w_i}{d_{is}}} \qquad \text{③式}$$

式中：$d_{is} = [(x_i - x_s)^2 + (y_i - y_s)^2]^{\frac{1}{2}}$。

这些方程没有直接的解，因为 x_s 和 y_s 同时出现在方程的两边，解方程只能用 x_s 和 y_s 的试解法，直到 x_s 和 y_s 之间的区别可以忽略不计为止。

3）引力模型

当对餐馆、超级市场这样的零售店进行选址时，目标是利润最大化，而"引力模型"可用来估计顾客需求，这个模型是以物理类比为依据的。也就是说，两个物体之间的万有引力与它们的质量大小成正比，而与它们之间的距离成反比。对于某一服务网点来说，网点的吸引力可表示为：

$$A_{ij} = \frac{S_j}{T_{ij}^{\lambda}}$$

式中：A_{ij}——网点 j 对顾客的吸引力；

S_j——网点 j 的大小或其他指标；

T_{ij}——顾客 i 到网点 j 的时间和其他指标；

λ——一个用经验估计的参数（可反映各种供货顾客行走时间，例如，对于一个大规模的购物中心其值为2，而一个便利店的值为10或更大）。

小提示 8-1

服务网点布局本质上是地址选择问题，选址问题其实是运筹学中经典的问题之一。选址问题在生产生活、物流甚至军事中都有非常广泛的应用，如工厂、仓库、急救中心、消防站、垃圾处理中心、物流中心、导弹仓库的选址等。选址是重要的长期决策之一，选址的好坏直接影响服务方式、服务质量、服务效率、服务成本等，从而影响利润和市场竞争力，甚至决定企业的命运。好的选址会给消费者的生活带来便利，降低成本，扩大利润额和市场份额，提高服务效率和竞争力；差的选址往往带来很大的不便和损失，甚至是灾难。所以，对选址问题的研究有着重大的意义。

① 菲茨西蒙斯. 服务管理 运作、战略和信息技术［M］. 张金成，范秀成，译. 2版. 北京，机械工业出版社，2000：117.

8.2 服务渠道选择和评估

8.2.1 服务渠道概述

服务渠道是促使服务产品顺利地到达顾客手中，被使用或消费的一整套的相互依存、相互协调的有机性系统组织。它包括如何把服务交付给顾客和应该在什么地方、什么时间进行，它弥合服务产品和其使用者的缺口。在服务营销中，企业为了获得竞争优势，应该寻找并制定适宜的交付服务方法和地点的渠道策略，方便顾客对服务产品的购买、享用和受益。

服务渠道按照其到顾客手中是否经过中间商，可分为直销服务渠道和经过中间商的服务渠道[①]，如图 8-1 所示。

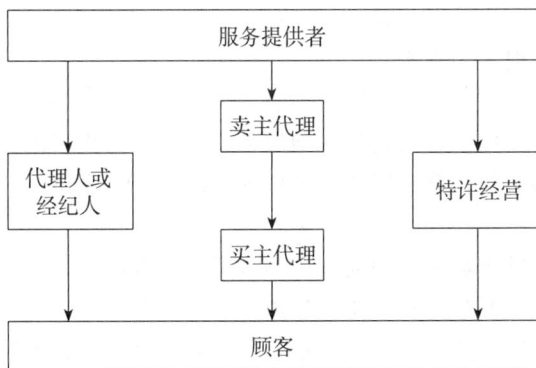

图 8-1 服务企业的渠道选择

1）直销渠道

直销是指不经过中间商，而直接向最终顾客提供服务的过程，服务产品所具有的特性（不可分性、无形性、可变形、易消失性）决定了服务产品的提供最适合采取直销方式。

直销方式的优势如下：

●对服务的供应与表现，可以保持较好的控制，若经由中介机构处理，往往造成失去控制的问题。

●以真正个人化服务方式，能在其他标准化、一致性以外的市场，产生有特色服务产品的差异化。

●可以在同顾客接触时直接反馈顾客目前需要、这些需要的变化及其对竞争对手产品内容的意见等信息。

例如，有些投资顾问机构或会计师事务所，可能都会有意地限制客户的数量，以便能提供个别服务。

但是，如果因为服务和服务提供者之间的不可分割性（如法律服务或某些家务服务）而选择了直销，那么服务提供者可能面临如下问题：

---

① 李海洋，牛海鹏. 渠道管理［M］. 北京：企业管理出版社，1996：236-237.

●对某一特定专业个人的需求（如著名的辩护律师）情况下，公司业务的扩充会遇到种种问题。

●采取直销有时意味着局限于某个地区性市场，尤其是在人的因素所占比重很大的服务产品中更是如此，因为此时不能使用任何科技手段作为服务机构与顾客之间的桥梁。

2）经由中介机构的分销渠道

服务业公司最常使用的渠道是中介机构，它们的结构各不相同，而且有些还相当复杂，货币产品的销售渠道就是这样。银行信用卡是信用服务的实体化表征，但并不是服务本身。通过信用卡，银行有能力克服不可分割性的问题，同时利用零售商作为信用的中介机构，而信用卡又有能力扩大地区性市场，因为信用卡可使使用者将银行信用变成"库存"，这样银行就有能力维持远离交易地的信用客户。

服务业市场的中介机构形态很多，常见的有下列五种：

●代理。代理一般是在观光、旅游、旅馆、运输、保险、信用、雇佣和工商业服务业市场出现。

●代销。这是指专门执行或提供一项服务，然后以特许权的方式销售该服务。

●经纪。在某些市场，服务因传统惯例的要求必须经由中介机构提供才行，如股票市场和广告服务。

●批发商。在批发市场的中间商有"商人银行"等。

●零售商。其包括照相馆和提供干洗服务的商店等。

中介机构可能的形式还有很多，在进行某些服务交易时，可能会牵涉到好几家服务业公司。例如，某个人长期租用一栋房屋，可能牵涉到的服务业包括房地产代理、公证人、银行、建筑商等。另外在许多服务业市场，中介机构可能同时代表买主和卖主（如拍卖）。

小案例 8-4

校内"旅行代理"受青睐

随着大学生毕业游的流行，由在校生经营的"旅行代理"，因为其线路符合大学生需求，价格较低，更受到大学生们的欢迎。

莆田学院的不少学生认为旅行社安排的线路太过大众和模式化，他们不想跟着旅行团走马观花看风景，但是自驾游成本又太高，所以大多数大学生在出游的时候往往选择校内的"旅行代理"。校内的"旅行代理"都是本校的学生负责制定出游线路、安排车辆等，价格比旅行社便宜，最主要的是线路安排充分考虑到大学生的需求，户外活动多，游客自由分配的时间也多。此外，因为游客基本上都是同校的学生，年龄相仿，共同话题多，会玩得比较愉快。

莆田学院新闻系一名大三学生从大二就开始经营"旅行代理"，一年来，他发现校内的学生都比较认同这种旅游模式，出外旅游大多选择校内的"旅行代理"。他曾经组织几个毕业班的学生到周边的景点游玩。他说，校内"旅行代理"不像旅行社那样要考虑办公设施等众多成本，所以价格较便宜。不过，由于条件限制，目前他只做莆田周边旅游景点的代理，长线的旅游产品一般要和旅行社合作。

8.2.2 服务渠道的冲突及调节

渠道冲突是指某渠道的成员意识到另一个渠道成员正在从事会损害、威胁其利益，或者以牺牲其利益为代价获取稀缺资源的活动，从而引发在他们之间的敌对和报复等行为。美国社会学家刘易斯·科塞在其著作《社会冲突的功能》中认为，冲突是社会的常态[①]，是社会过程的一个基本方面，"没有哪个组织是完全和谐的，因为那样的话就将使组织缺少变化过程和结构性"。服务渠道作为一个系统它也存在着冲突的现象。根据系统学的原理，和谐、高效的整体的作用往往大于各部分的简单加总。服务渠道成员的合作所产生的整体渠道利润将高于各自为政的利润。通过合作，渠道成员能够更有效地了解目标市场，为其提供可靠的服务，满足顾客的需求。

1）渠道冲突的种类

（1）渠道冲突按其作用的方向可分为垂直渠道冲突、水平渠道冲突和多渠道冲突。[②]

垂直渠道冲突指同一渠道中不同层次之间所产生的利害关系冲突。例如，日本大荣连锁商业集团就曾经与化妆品公司资生堂发生过激烈的冲突。在现实中这类冲突最为常见。

水平渠道冲突是指存在于同一层次的成员公司之间的冲突。例如，麦当劳与肯德基就常发生这样的冲突，如果麦当劳在某一地区采取大规模的促销活动，则会与该地区的肯德基连锁快餐店发生正面冲突。

多渠道冲突产生在同一个企业下面的多个不同的渠道中，例如，当李维·施特劳斯公司同意把牛仔裤在其正常的特约商店渠道之外再分销给西尔斯百货公司和彭尼公司时，会遭到特约商店的强烈不满。

（2）按其性质，可以把冲突划分为功能性冲突和病态性冲突。[③]

功能性冲突是指渠道成员把对抗作为消除渠道成员之间潜在的、有害的紧张气氛和病态动机的一种方法的冲突状态。这种冲突具有建设性。它能够创造良好的渠道成员之间的关系，特别是：渠道成员不认为中度的冲突会花费很高的成本；不同的意见往往能够产生更好的见解；大家都具有积极的进取心，但它不是非理性的和破坏性的。

当冲突是以对手为中心时，它会蜕变成蓄意破坏、损害或阻挠信赖关系中的另一方面的行为，也就产生了病态性冲突。病态性冲突是指渠道成员之间敌对情绪和对抗行为超过了一定限度并因此对渠道关系和渠道绩效产生破坏性影响时的冲突状态。它产生的主要原因是渠道成员之间缺乏理解或者渠道中出现强制的官僚主义的渠道管理行为。病态性冲突对于渠道关系具有强烈的破坏性，会带来严重的消极后果。因此，我们应该尽量避免其出现或者出现时能够快速解决。

（3）按其产生的原因，可把冲突划分为竞争性冲突和非竞争性冲突。

竞争性冲突是指两个或多个渠道成员在同类或相似的市场上竞争时发生的冲突。例如，同一区域的超级市场与百货商店之间的竞争。

非竞争性冲突是指渠道成员在目标、角色、政策和利润分配等方面存在不一致引

① 谢立中. 西方社会学名著提要 [M]. 南昌：江西人民出版社，2000：228.
② 科特勒. 营销管理 分析、计划和控制 [M]. 梅汝和，梅清豪，张桁，译. 9版. 上海：上海人民出版社，1999：518.
③ 卜妙金. 分销渠道管理 [M]. 北京：高等教育出版社，2001：149.

发的冲突。例如，加盟企业对服务企业的总部在定价、采购等方面的不同意见引发的冲突。

2）服务渠道冲突管理的策略

渠道中存在冲突是正常的，服务商必须正确地面对它，如果对冲突置若罔闻，那么对于渠道成员之间的关系和渠道的健康发展都是有害的。因此，服务商应该着手解决渠道冲突。

丹特（Dant）和斯库尔（Schul）采用了一个冲突解决程序的形式，根据对信息处理的不同可分为"信息密集型"渠道冲突的解决策略和"信息保护型"渠道冲突的解决策略。[①]

信息密集型的策略。解决冲突的信息密集型的策略要涉及在解决冲突过程中公开的信息交换，交换信息就意味着某种控制力的丧失。因此，信息和合作就可能成为信息密集型的冲突解决过程得以实施的条件。公开共享信息的方法不仅有利于分享信息的双方，而且有利于信息的接受者，许多服务公司都认识到了这一点的重要性，已经和其关系密切的渠道成员建立了共同的、彼此公开的计算机网络系统，做到了信息的真正意义上的共享和整合。另外，有的渠道把人员交换作为管理冲突的一种策略。他们互相派驻人员，进行沟通，帮助对方解决问题。例如，沃尔玛公司和其供应商宝洁公司之间就进行人员的封闭式的联络。这种方式存在着泄露内部信息的可能，因此，对这种交换必须进行一定的指导，参与者带到自己组织中的是交互组织中对工作、人员、文化等的看法。同时，它有利于参与者获得与自己具有相同的职责、职业和兴趣的渠道相关者见面的机会。这些共同的职责成为具有组织外内容和组织内承诺的持久性关系的基础。

信息保护型的策略在这里指双方都不期望在解决冲突的过程中形成共同的目标。分歧的范围和特征被看作不变的，而且存在的是一种"零和博弈"，即双方的利益和为零，你赢了，我就输了。它的特征是采取威胁或承诺也不能够改变行为，只有通过第三方的调解或仲裁才能够解决。

调解人一般会对情况有一个全新的看法，并且能发现"剧中人"所不能发现的问题。有效的调解可以澄清事实，保持双方的接触，还能够加强渠道成员在目标之间的交流。仲裁是采取强制的或自愿的调解措施。强制性仲裁要求双方必须按法律规定服从第三方，由它做出最终的综合性的决定。

一般而言，应该尽可能地使用信息密集型的冲突解决的策略，因为这样可以使渠道关系更长久，渠道成员的关系更加密切，更易于合作及提高效率。

3）运用渠道权力作为冲突的解决工具

弗伦奇（French）和瑞文（Raven）将权力分为五种，即奖赏权、强制权、法定权、专家权、参照权。一般而言，权力作为一种资源在社会中是非均匀分布的，渠道成员之间的权力分布也是不均衡的。服务公司必须掌握改变渠道的权力，即掌握这五种权力，但仅仅这一点是不够的，为了达到目标，还必须使用这些权力。事实上，虽

① COUGHLAN, ANDERSON, STERN. 市场营销渠道 [M]. 赵平，廖建军，孙燕，等译. 北京：清华大学出版社，2000：193.

然动用某一种权力基础会造成破坏，但不动用权力基础中的任何一种也是不明智的。一个渠道成员拥有权力，只能说明他有产生影响力的潜在能力。当他想真正改变另一个渠道成员的行为时，就必须运用各种策略去影响他——即在运用公司权力时要采取一定的交流方式。在不同的渠道成员之间应该拥有多大的权力的问题上，渠道内部会很难达成一致意见，同时，权力中又会产生权力。也就是说，如果某一方比另一方有更大的权力，并动用权力来利用另一方对他的依赖，弱的一方就会努力通过其他途径来抵消掉强方的优势。在某些情况下，较弱的渠道成员会更密切地联系顾客，以保护他们已为顾客付出的专门用在交易上的投资。另一种对抗渠道强方的方式是弱方联合起来与强方对抗。

同样，多渠道冲突也可以通过合法权力来管理。例如，在一个区域内使用多个服务代理商会导致很大的领域冲突，因为所有的代理商会争夺同一顾客资源，那么，服务企业显然拥有合法的权力来解决冲突，选择分销点的密集程度。解决在对现实理解方面的冲突需要运用专家权力，通过积累的专业知识去解决冲突。例如，当麦肯锡咨询公司与其顾客发生冲突时，则会用专业知识来向顾客解释，它采取这种决策的依据。

8.2.3 服务渠道绩效的评估

服务渠道质量的审计：绩效评估对于服务企业是很重要的，服务渠道的基本任务是给目标顾客细分化输送令人满意的服务产出。而服务质量则是尤为重要的。

对服务渠道绩效的质量评估应从以下几个方面进行：

1）服务渠道的服务分配的质量评估

服务产品分配质量的高低取决于分销渠道成员对顾客需要满足的及时程度。目前，我们正处于速度经济的时代，一个企业对顾客需求的及时反应已经成为企业必不可少的能力甚至可以成为核心竞争力。而这种速度不仅仅反映在要快速完成谈判，进行合同的磋商，而且要快速交货，及时根据顾客的要求提供服务，建立 QR（Quick Response 快速反应）系统，以便在顾客需要发生的时候提供给顾客所需的服务。许多大型公司在设计和管理渠道网络时，着重建立 QR 系统。快速反应关系到一个厂商是否能及时满足顾客的服务需求的能力。信息技术提高了在最近的可能时间内完成物流作业和尽快地交付所需存货的能力。这样就可减少传统上按预期的顾客需求过度地储备存货的情况。快速反应的能力把作业的重点从根据预测和对存货储备的预期，转移到以从装运到装卸的方式对顾客需求做出反应方面上来。不过，由于在还不知道货主需求和尚未承担任务之前，存货实际上并没有发生移动，因此，必须仔细安排作业，不能存在任何缺陷。

这里需要指出的是，虽然应用 QR 的初衷是对抗进口商品，但是实际上并没有出现这样的结果。相反，随着竞争的全球化和企业经营全球化，QR 系统管理迅速在各国企业界扩展。航空运输为各国间的快速供应提供了保证。现在，QR 方法成为服务商实现竞争优势的工具。同时，随着战略联盟的兴起，竞争方式也从企业与企业间的竞争转变为战略联盟与战略联盟之间的竞争。

（1）建立柔性系统

柔性系统包括两层含义，它既指企业能够快速地对顾客的需求做出反应，而且还要具有高度的弹性化。

顾客的需求可能是有规律的，也可能是没有规律的，特别是服务型的企业更是如此，在竞争日益激烈的今天，服务企业的竞争优势就是对不规则的顾客需求做出快速反应，满足顾客需求。这里包括三层含义：

① 应当有充足的服务备份，以便及时满足顾客需求。

② 瞄准市场变化趋势，提前开发新产品，做好技术储备，以便在顾客需求发生大趋势的改变的时候，能够及时推出新的产品。

③ 建立计算机快速反应系统，以便及时、高效地对顾客的需求做出准确的反应。一个现代服务企业应该也必须有一套适合自己的计算机快速反应系统。

小案例 8-5

沃尔玛公司建立了专门的电脑管理系统、卫星定位系统和电视调度系统，拥有世界一流的先进技术。沃尔玛公司总部只是一座普通的平房，但与其相联的计算机控制中心却是一座外貌形同体育馆的庞然大物。公司的计算机系统规模在美国仅次于五角大楼（美国国防部），甚至超过了联邦航天局。全球4 000多个店铺的销售、订货、库存情况，可以随时调出查阅。公司同休斯公司合作，发射了专用卫星，用于全球店铺的信息传送与运输车辆的定位及联络。公司5 500辆运输卡车，全部装备了卫星定位系统，每辆车在什么位置，装载什么货物，目的地是什么地方，总部一目了然，可以合理安排运量和路程，最大程度地发挥运输潜力，避免浪费，降低成本，提高效率。同时，服务产品提供给顾客的时候不可避免地存在无法预测的干扰因素，例如订单接收出现延误现象，提供服务产品的数量发生减少或猛增等非计划现象，这些都会扰乱服务渠道的正常运转次序。因此，服务产品供应系统应具有高度的弹性，能够排除系统性和非系统性干扰，提供高效的顾客服务。

（2）最小库存的管理

备有一定的库存量，是企业能够对顾客的需求及时做出反应的客观要求，但同时，库存将占用企业的大量资金，这在一定程度上对于企业来说可谓是一个"因徒两难"问题，是否能够很好地解决这一问题，是检验一个企业的重要指标。现在许多服务企业为了降低成本、提高效率，也开始对库存进行严格的控制，最小库存的极端就是"零库存"，库存管理对于服务企业的要求比较高，这是一个系统性的工程，服务企业不但要制订科学合理的计划，而且要和相关企业进行合作，才能真正地找到合理的库存平衡点。

（3）优化运输

国外研究表明，商品被运输到顾客手中之前，运输成本占商品总成本的比例可能达到10%，如果缺乏优化控制，没有合理设计运输路径，就会造成运输成本的大幅上升。而与运输关系密切的服务性企业则更应该制订高效的运输解决方案，例如：快递公司的运输费用是其比重最大的成本支出。美国联邦快递公司将总部设在孟菲斯市，而没有选择纽约、芝加哥等大城市，主要原因就是考虑到其运输成本能够更合理的优化，同时又不会降低服务质量。因此，制定合理的运输化批量，选择经济合理的运输路径和方案，能够节约运输成本，进行全面的质量控制，建立自己的竞争优势。

2）服务渠道的财务绩效评估

服务渠道的管理人员可以通过财务指标对其渠道的绩效进行评估，一般可以从市场占有率、渠道费用、销售等方面进行分析。[①]

（1）市场占有率分析

市场占有率是分析企业经营状况的主要指标，美国权威机构的研究结果显示，在许多行业中市场占有率与企业利润成正相关关系。可以从三个方面考核这一指标，即全部市场占有率、可达市场占有率、相对市场占有率。

●全部市场占有率

全部市场占有率是指企业的销售额占全行业的销售额的百分比，即：

$$全部市场占有率=\frac{企业的销售额}{全行业的销售额}×100\%$$

由这个公式可知，企业核算销售额的口径必须与核算行业销售额的口径一致，企业自身的数据很方便取得，对于行业则必须有一个明确的界定范围，既不能扩大，更不能缩小，应客观地反映实际情况。

●可达市场占有率

可达市场占有率是指企业认定的可达市场上销售额占企业所服务市场的百分比。所谓可达市场，是指企业计划进入的重要目标市场。它具有三个特征：其一，企业认为产品最适合的市场；其二，企业市场营销努力所及的市场；其三，在企业销售业绩中占有重大的比重。一个企业可能只有相对较小的百分比的全部市场占有率，但是有近100%的可达市场占有率。

●相对市场占有率

所谓相对市场占有率，是指企业销售额与主要竞争对手销售业绩的对比。这一指标可以说明企业分销渠道是否比竞争对手的更有效率。通常可采用两个指标来计算相对市场占有率：一是企业销售额相对最大的3~5个竞争对手的销售额总和的百分比。一般情况下相对市场占有率高于33%，即被认为是强势的。二是以企业销售额相对市场领袖竞争者的销售额的百分比。如果一个企业的相对市场占有率超过100%，表明该企业本身就是市场领袖；如果相对市场占有率等于100%，表明该企业与当前的领袖企业一样是市场的领袖。从动态的角度看，如果发现这个相对市场占有率呈现提高的趋势，表明该企业正接近市场领袖型企业。

（2）渠道费用分析

渠道费用的多少也是考核服务企业渠道的重要指标。渠道费用是指渠道从开发、维护到发展等所使用的一切费用，它的多少以及各种费用的比例关系，直接关系到渠道成员的利润。一般来说，它由如下项目构成：

直接人员费用，包括服务企业的渠道管理人员、渠道营销人员、渠道拓展人员等的工资、奖金、差旅费、交际费等。

促销费用，包括新渠道拓展的广告费用、渠道促销的奖品费、文案设计费等。

① 卜妙金. 分销渠道管理［M］. 北京：高等教育出版社，2001：266-267.

包装和品牌管理费，包括包装费、产品说明书费用、品牌制作费、品牌管理费等。

其他费用，是除了以上费用以外的所有费用。

评价渠道费用主要采用两个原则：一是费用比例与功能地位的匹配性；二是费用增长与销售增长的对应性。

合理的渠道费用构成应当是与分销功能分配相匹配的。根据价值工程原理，每一项必要的渠道功能都可以按照其重要性、执行难度等赋予一定的功能系数；有关的功能耗用的费用与渠道总费用之比就是有关功能的费用系数。合理的功能系数应该大于或等于1。

从总量上看，渠道费用与销售额应保持一个合理的比例关系。经常出现的问题是费用在大幅度地增长，而销售额却增长缓慢。从内部来看，费用超过销售额的增幅，表明部分渠道的功能减弱了，所以应该采取措施加以改善。

（3）渠道盈利能力的分析

渠道盈利能力评价主要是通过若干重要指标来分析的。这些指标分别从不同的侧面反映了渠道的获利能力。

● 销售利润率

销售利润率通常作为渠道获利能力的主要指标之一，用于说明渠道运转带来的销售额中包括多少利润。有效运转的分销渠道能够节约成本费用，树立品牌形象。销售利润率是税后利润与销售额的比率，其计算公式是：

$$销售利润率 = \frac{税后利润}{销售额} \times 100\%$$

将其变换一下，就得到如下公式：

$$渠道销售利润率 = \frac{各个渠道成员税后利润之和}{销售总额}$$

● 费用利润率

评价分销渠道效率的另一个重要指标是分销费用利润率，即分销渠道在运行中每花费100元能够创造多少利润。其公式如下：

$$费用利润率 = \frac{当期利润额}{费用总额} \times 100\%$$

如果"当期利润额"是税后利润，则费用利润率与销售利润率之间存在下列关系：

费用利润率 = 销售利润率 × 费用效用系数

其中，费用效果系数是指分销渠道在运转中单位费用创造的销售额，或者说是渠道创造的销售额与其花费的渠道费用二者之比，即：

$$费用效果系数 = \frac{销售额}{渠道费用}$$

8.3　服务渠道和网络的发展

8.3.1　服务的特许经营

近50年来，特许经营已经被广泛地运用于分销和商业的扩展的备选方案。特许经营不仅仅是特许证的出售者（Licensor）允许特许证购买者（Licensee）销售其商标产品或服务，出售特许权者也应当对购买特许权者在其企业创建和经营运作方面给予忠告和支持。

1）特许经营的含义和本质

（1）特许经营的含义

特许经营是指特许者将自己所拥有的商标（包括服务商标）、商号、产品、专利和专有技术、经营模式等以合同的形式授予受许者使用，受许者按合同规定，在特许者统一的业务模式下从事经营活动，并向特许者支付相应的费用。合作、动力和团队精神是特许经营成功的重要构件。这些东西主要不是来自法律协议，而是来自伦理道德的交往、强有力的领导和一方对另一方目标的尊重。

（2）特许经营的本质

特许经营是以特许经营权的转让为核心的一种经营方式。其本质特征可从以下三个方面来理解：

特许经营是利用自己的专有技术与他人的资本相结合来扩张经营规模的一种商业发展模式。因此，特许经营是技术和品牌价值的扩张，而不是资本的扩张。

特许经营是以经营管理权控制所有权的一种组织方式，被特许者投资特许加盟店并对店铺拥有所有权，但该店铺的最终管理权仍由特许者掌握。

成功的特许经营应该是双赢模式，只有让被特许者获得比单体经营更多的利益，特许经营关系才能有效维持。

2）特许经营的优缺点

特许经营的优点如下：

（1）特许经营有助于特许经营权转让人利用有限的资金迅速发展业务，因为铺租、装修、人工等都由加盟店支付，总店只是付出技术支援。而且，加盟店投资者用的是自己的钱，自己当老板，一定会尽力做好生意，很多时候会提出一些总店也看不到或忽略了的问题，因而总店风险低。

（2）特许经营受让人不必花不必要的时间及金钱在装修风格、经营方式、店员培训、广告宣传、商店知名度、货源、价格等方面一切从头摸索，已有现成的管理方法、培训制度以及宣传推广和产品研究等可供享用。一般设有特许经营权的总店都有一定的知名度，有成功运作的经验和成功的例子，所以投资的风险也很低。

特许经营的缺点如下：

特许经营对于特许权出售者和特许权购买者来说有许多优点，但并不容易经营。伴随着资本的投入，特许权购买者可能获得激励、承诺和原动力。但是，由于在这样一个分散的经营中确保所有网点中服务标准的一致和公众形象的一致所需的费用和困难也可能多少抵消了这些优点，特许权购买者可能被高度地激励着，但也同样可能需要高层管理人员大量的时间和努力。在某种程度上，这归因于特许权购买者在法律上独立于特许权出售者。因此，当与公司自己经营的网点相比较时，发号施令的范围是有限的。从根本上讲，特许是一种合伙关系，即一个不平等的合伙关系，处理这种安排的复杂性而带来的困难以及潜在冲突，有时会导致特许经营的失败。

3）特许经营的种类

（1）按特许权的内容划分

较早出现的特许方式被称为产品商标型特许经营，又称产品分销特许，是指特许者向被特许者转让某一特定品牌产品的制造权和经销权。这类特许形式的典型例子有汽车经销商、加油站以及饮料的罐装和销售等。目前在国际上，这种模式逐渐向经营模式特许演化。

经营模式特许被称为第二代特许经营，目前人们通常所说的特许经营就是这种类型。它不仅要求加盟店经营总店的产品和服务，而且质量标准、经营方针等都要按照特许者规定的方式进行。被特许者交纳加盟费和后继不断的权利金，这些经费使特许者能够为被特许者提供培训、广告、研究开发和后续支持。这种模式目前正在快速发展。

（2）按特许双方构成划分

●制造商和批发商

具体方式是，制造商授权被特许者在指定地区使用特许者所提供的许可。可口可乐是典型的例子。

●制造商和零售商

汽车行业首先采用这种特许方式建立了特许经销网。在石油公司和加油站之间有同样的特许关系。它的许多特征同经营模式特许有相似之处，并且越来越接近这种方式，汽车制造商指定"分销商"的方式已经成为经营模式特许。

●批发商与零售商

这种类型的业务主要包括计算机商店、药店、超级市场和汽车维修业务。

●零售商与零售商

这种类型是典型的经营模式特许，代表企业是快餐店。

（3）按授予特许权的方式划分

单体特许是指特许者赋予被特许者在某个地点开设一家加盟店的权利。单体特许适用于在较小的空间区域内发展特许网点。

特许者赋予被特许者在规定区域、规定时间开设规定数量加盟网点的权利。由区域开发商投资、建立、拥有和经营加盟网点，该加盟者不得再行转让特许权。该种方式运用得最为普遍。

特许者赋予被特许者在指定区域销售特许权的权利，在该区域内，二级特许者扮演着特许者的角色并对特许者有相当的影响力。它是开展跨国特许的主要方式之一。

特许代理商特许者授权为特许者招募加盟者。特许代理商作为特许者的一个服务机构，代表特许者招募加盟者，为加盟者提供指导、培训、咨询、监督和支持。它是开展跨国特许的主要方式之一。

4）发展特许经营的原则

（1）规范原则。规范化管理是发展特许经营的基础，发展特许经营业务必须首先建立一整套社会法律规范和公司内部的管理规范；否则，加盟店越多，系统就会越不稳定，从而导致失败。

（2）开放原则。发展特许经营应冲破行业、部门、区域、所有制等界线，建立开放的市场环境。这既是发展特许经营的前提条件，也是其发展的必然结果。

（3）互利原则。特许连锁经营能持续发展的内在动力是对特许者与被特许者都有营利性，双方相互依存、优势互补、平等互利才能使双方的合作关系长期维持下去。如果单方有利或双方的权利义务关系失衡，必然会导致特许经营体系的瓦解。

（4）渐进原则。发展特许经营必须具备一定的内外部条件，应该结合我国国情和特定条件，有重点、有步骤地稳步推进。从社会角度来分析，应首先选择经营定位比较成熟，管理规范的行业，并优先考虑生产力发展水平较高的地区。

从自身角度分析，应先按照科学的特许经营理论对自身进行分析和评估，找到优缺点，逐步完善，决不能单纯为了扩张经营规模而盲目发展加盟店。

5）特许经营的适用条件

特许经营在美国比其他的国家更为发达，至少有65类商业部门，这些部门包括随处可见的快餐业、汽车出租、印刷和复印业、饭店和汽车旅馆连锁经营、旅游代理商等。同时，特许经营已经渗透到了一些专业服务领域和金融服务业，如眼镜业、会计和保险经纪人。但不是所有的企业都适合引进这种经营方式，为了识别进行特许经营的基本条件是否存在，有一些需要考虑的特殊标准，包括：

（1）提供的产品或服务应当是实际上已经被顾客认可的，这是为了确保特许权购买者相信他们正在进行一项有利可图的事业。

（2）产品或服务具有特色，并且其品牌或商标在潜在的特许权出售者的经营领域已有一定的知名度，这使得特许权购买者获得了有价值的商业资产，这是他们在其他情况下很难获取的。

（3）特许权出售者传递给特许权购买者的过程和系统必须是简单而易学的，而且能够在特定时间内投入运营。这是为了确保在所有的网点上进行成功的拷贝和始终如一的形象设计。

（4）边际毛利必须满足特许权出售者和特许权购买者可接受的投资回收标准。随着经营而进行的支持、援助和企业的发展，必须建立一个提供特许网络的机制[①]。

8.3.2 服务的连锁经营

1）连锁经营的含义和本质

连锁在世界零售商业的发展史上，先后出现了三种主要形式，即百货商店、超级市场、连锁商店。连锁商店可以说是零售商业的第三次革命。

所谓连锁经营，一般是指流通领域中若干同行业店铺，以共同进货或授予特许权等方式联结起来，实现服务标准化、经营专业化、管理规范化，共享规模效益的一种现代经营方式和组织形式。

连锁经营是以连锁商店为经营对象的零售商业经营方式，其本质表现为三个"统一"，即统一进货、统一配送、统一管理[②]。也就是通过这种组织形式的联合化和标

---

① 贝克. 市场营销百科 [M]. 李垣，译. 沈阳：辽宁人民出版社，2000：571.
② 刘庆元，刘宝宏. 商业连锁经营和配送中心发展问题研究 [M]. 大连：东北财经大学出版社，1999：2.

准化，连锁经营将传统流通体系中相互独立的各种商业职能有机地结合在一个统一的经营系统中。这一点正是连锁经营的本质所在，即将现代化的工业大生产原理应用到流通领域的组织形式的创新，作为一个组织的技术，连锁经营不是经营个体的组织形式，而是经营群体的组织形式。

2）连锁经营的优势

尽管各种连锁经营的形式不同，但连锁经营的优势是明显的，连锁经营成功的关键在于连锁经营把现代化工业生产中应用的规模效益原理，运用到商业零售活动中，取得规模效益的优势。

（1）连锁商店集中整批进货，与生产部门之间有较强的议价能力，进货成本大大低于独立的零售商，从而能降低成本与价格，产生大进大销的效果。

（2）连锁店集中制定经营战略，统一进行营销宣传，气势大、效果明显，各分店将精力集中在销售业务上，能够收到事半功倍的效果。

（3）发挥群体优势，扩大市场占有率，降低了每个连锁店的经营风险。

（4）采用标准化的规范服务，提高了服务质量和各店的经营管理水平。连锁经营方兴未艾，正在向跨国方向发展，许多连锁商店拥有覆盖全球的销售网，正在瓜分着世界市场。

3）连锁经营的分类

连锁经营的分类方法很多，一般比较常用、科学的分类方法是以生产资料的所有权和经营权的集中程度来划分的。依此可以划分为正规连锁、自由连锁和特许连锁。

（1）正规连锁。正规连锁亦称直营连锁或一般连锁。这是通过吞并、兼并或独资控股等途径，以发展壮大自身实力和规模的一种形式。正规连锁是以经营同类商品和服务为特征，由总公司管辖下的许多分店组成的。它利用资金雄厚的优势，大量进货，大量销售，在市场上具有很强的竞争力，往往会形成行业垄断。所以有人把它叫作"垄断兼并型"连锁店是一点也不过分的。正规连锁的特点是所有权和经营权都集中于总部或者总公司，各分店同属于一个资本所有。它不但采购集中，而且会计、广告、计划都是集中的。各分店的经理不是企业的所有者，而是地地道道的雇员。

（2）自由连锁。自由连锁亦称自愿连锁。所谓自由连锁，是指许多零售企业在保持各自独立经营的条件下，自愿组成一个或几个批发企业，并以此为主导建立一个总部指挥组织，即在总部的指挥和管理下，实行共同经营，集中采购，统一经销，以此降低成本，提高流通效率，获得合理化的经营利润。自由连锁的诞生主要是因为大资本对市场的垄断，使一些小企业的生存受到威胁。要生存，要发展，就迫使众多的小企业在严峻的市场竞争中走到一起，联合起来，与大资本抗衡，奋力争夺市场，以获得规模效益。自由连锁的特点：连锁店内各分店有自己独立的自主经营权；组织连锁企业的倡导者可以是批发企业，也可以是零售企业，但主体是零售企业；总部对各分店负有业务指导和人员培训责任，同时要求各分店要接受总部的领导和指挥，以便共同行动，增强竞争能力；集中采购，统一分销是自由连锁共同合作的主要形式；联合的目的主要是降低经营成本，促进经营合理化和现代化。

（3）特许连锁。特许连锁也称合同连锁、加盟连锁、契约连锁。国际特许连锁协会对特许连锁的定义是：一种存在于总公司和加盟者之间的持续关系，总公司赋予对方执照特权，使其经营，并对其组织训练、采购和管理进行协助。相对要求加盟者付以相当代价作为报偿。其特点为三点：特许连锁是存在于总公司和加盟店之间的一种契约关系。这种契约有既定的格式，非经由双方协议而订立的契约，总公司将相同的契约交付申请加盟者，让其同意后签订；契约的主要内容包括总公司赋予加盟店应承担包括权利金、加盟金及遵守公司管理制度的义务；总公司允许加盟店使用其店名、商标等企业标志，同时提供与经营及销售有关的技术并加以指导，加盟店在总公司指导下进行运作。

连锁经营顺应了社会化大生产和现代消费方式的客观要求，有利于大型商业企业扩大生存空间，有利于中小国有商业企业摆脱困境。

4）发展连锁店应该注意的问题

连锁经营这种方式一经出现，就受到了世界各国的普遍欢迎，已成为各商业企业的共识。发展连锁经营应做好以下方面：

（1）选择适当的经营形式和经营商品。曾经我国居民的整体消费水平并不高，居民支出中用于食物的支出相对较高，即恩格尔系数偏高。商业企业认识到这一基本国情，把超市连锁、便民店连锁、仓储式连锁和快餐业连锁作为当时发展连锁经营的重点形式，把食品作为经营的重点商品，同时增加了鲜活商品的比重[①]。

（2）确定合理的规模。连锁经营一经出现就表现出强大的生命力，原因在于它能够取得规模经济的优势，实现规模效益。于是确定合理的规模，就成为决策的重要一环。连锁经营必须具有相当的规模，这里所说的规模并不是指连锁店的数量，而是指销售额和利润额。只有达到足够的规模，企业在进货和销货上才能达到规模效益，才能降低固定成本和管理费用所占的比重。

（3）管理要规范化。连锁经营首先要做到各连锁店在经营活动上的统一，要统一进货、统一库存、统一记账、统一向银行贷款和还款、统一计划、统一广告。要重点发展总部在采购配送、经营指导、市场开发、促销策划、教育培训等方面的职能，完善连锁企业内部各个环节的经营管理。各分店要在商店布局、服务质量等方面做到科学设计，并努力提高效率。配送中心要做到分货区、送货区、配送区有合理的比例，商品配送要精打细算，适时适量。

（4）增加连锁经营的科技含量。连锁经营作为一种先进的经营方式，需要新的科技力量来支持。电子化、自动化管理是实现标准化和全面质量控制的有效手段，应被连锁经营企业所采用。连锁经营企业应引进现代化管理手段，逐步建立计算机网络和先进的通信网络，实现商品条码化、信息电脑化、作业系统化、管理手册化以及经营集约化。

小案例 8-6

连邦软件"赢在连锁"

北京连邦软件股份有限公司（以下简称连邦）成立于1994年，公司注册资本5 517万元，全国拥有18家直属分公司，是中国内地首家正版软件销售和服务连锁企业，拥有计算机系统集成三级

---

① 张壮宏."连锁"竞争力 [J]. 经贸导刊, 2000 (9): 29.

资质、国家高新技术企业、ISO 9001 质量管理体系认证等多项重要资质。研究联邦会发现，其最具特色的是独特的"连锁经营"模式。连邦的"连锁经营"既有"直营连锁"，又有"特许加盟连锁"。

在连锁经营中，正规连锁（也称直营连锁）需要大量资金，发展往往受到限制，而特许连锁的优势恰恰在于总部无须增加资金投入，就可以使众多独立店铺扩大经营，占据市场，获得利益。在连邦现有的 256 家连锁专卖店中，有 206 个特许经营店，占总数的 4/5。

连邦总部采用正规连锁与特许连锁并行的方式：一方面，采用正规连锁建立直营店，如在一些重要城市如北京、上海、广州、武汉、成都等地由总部直接投资或控股经营，在产权上是从属关系；另一方面，采用特许连锁在其他一些城市建立特许加盟店（有时也称授权专卖店或特许店），如在合肥、太原、长沙等地特许授权给加盟者，由加盟者来经营，在产权上与总部没有从属关系。

连邦从 1994 年刚成立之时建立 7 个直营店之后，就开始紧锣密鼓、大规模地建立特许加盟店。虽然特许加盟店不需要总部投入过多的资金，但是要成功经营却并非易事。如果哪个环节出现问题，就可能全盘皆输。因此，对于总部来说，必须要有一整套运作模式。首先，连邦将开办加盟店所涉及的风险降至最低。例如，其对合作伙伴的选择、资金实力、店址选择等都经过详尽的调查分析，才开始谈合作。其次，确保加盟者遵循总部既定的模式和经营规范；再次，持续地协助引导加盟店：总部市场部定期检查加盟店，并给予实质性支援，帮助加盟店制订营业计划和改善经营绩效，进行有效的市场及营业分析，给予广告宣传及品牌形象的支持；最后，监督考核加盟店，经常保持总部与加盟店的有效沟通，加强考核，纠正加盟店的不良做法。总部根据各加盟店的经营绩效、资金实力、信誉情况等事先约定一个信用额度，超过了额度，总部有权停止供货，限期付清账款。如果长期拖欠总部贷款，总部有权取消其加盟店资格。

8.3.3　服务的网络渠道

1）网络渠道概述

互联网的发展确实可谓神速，超过了以前的所有技术。比如，无线电广播问世 38 年拥有 5 000 万听众，电视诞生 13 年后拥有同样数量的观众，而互联网从 1993 年对公众开放到拥有 5 000 万用户只用了 4 年时间。面对如此迅猛的发展势头，如此庞大的潜在市场，嗅觉灵敏的商人们无不把互联网视为淘金宝地，使互联网这个"世界最多的、效率最高的、最安全的市场"成为商家必争之地，互联网不可避免地成为了新型、高效的渠道，而各个商家已经把抢占这一科技的制高点视为获取竞争优势的重要途径。

网上有两种渠道[①]：

●商业网上渠道。各种各样公司建立了网上信息和营销服务，凡登记并付月租金者都可进入。

●因特网。它最初设立是用于研究和学者交流，现在用途广泛。用户能够发电子邮件、交换观点、购买产品等。

2）网络渠道的优势

利用网络进行销售是一种新生力量，相对于传统的服务渠道，它运用系列化、系统化的电子工具，将原有的纸张流动、货币流动甚至人员的流动几乎全部改成"电子"流动。网络渠道的优势如下：

---

① 科特勒. 营销管理　分析、计划和控制［M］. 梅汝和，梅清豪，张桁，译. 9版. 上海：上海人民出版社，1999：677.

（1）提供服务的时间随意化、空间虚拟化

这是网络渠道最大的特点和优点。从购物时间来看，购物可以随意安排，实现24/7（每周 7 天，每天 24 小时），大大地方便了顾客。从空间上看，网络渠道所构成的新的空间范围没有地域界限，是一个依靠互联网进行信息交流的虚拟空间。

（2）企业的经营成本低廉化

第一，网上提供服务需要一台连在互联网的网络服务器，或租用网络服务器的空间即可，设备购置费用低，而传统的服务店铺需要昂贵的店面租金。第二，一个经营良好的网上服务店，甚至可以做到"零库存"，减少库存商品资金占压。同时，可以提供更广泛的服务。第三，网上服务可以节省大量的时间，并减少通信、谈判与交通等方面的支出，服务商与顾客可以直接联系。

（3）信息处理快捷化

一方面，在网上收集、处理、传递以电子化的方式进行，无论身处何方均可与世界各地顾客进行交流。另一方面，服务商可以与顾客就选购商品的名称、数量、规格、价格、支付方式等在短时间内完成谈判，这就减少了交易的过程，极大缩短了交易的时间，使整个交易非常快捷方便。

（4）网络渠道以消费者为导向，强调个性化

网络渠道的最大特点就是以顾客为主导，顾客将拥有比过去更大的选择自由，他们可根据自己的个性特点和需求在全球范围内找寻服务，不受地域限制。通过进入感兴趣的网站或虚拟店铺，顾客可获取企业的相关信息，使购物更显个性。

（5）降低分销渠道的成本

网络能够降低分销渠道的成本。例如，在交易成本方面，互联网为市场提供了最低的成本途径，如图 8-2 所示。与其他任何销售渠道不同的是，通过互联网与 1 000 个用户建立联系的成本几乎等同于与 1 个用户建立联系所需的成本，也就是说，通过互联网进行交易的边际成本几乎为零，但是边际效益却不为零。[①]

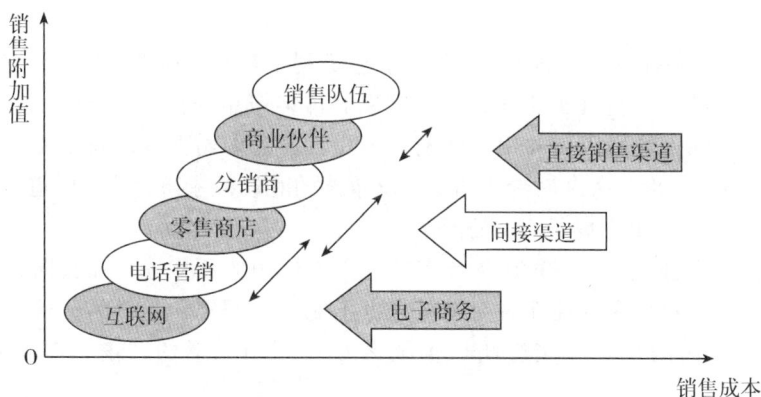

图 8-2　连接产品和顾客的销售渠道

3）网络渠道类型

一般来讲，企业建立自己的网络渠道（网站）总有其目的，根据侧重面的不同，

① 卜妙金. 分销渠道管理［M］. 北京：高等教育出版社，2001：285.

可将企业网站分为五种类型，包括信息型、广告型、信息订阅型、在线销售型和技术支持服务型。这五种典型模式中不同类型的站点，每一个都具有其独有的特性，也存在一定的差异，正是这些特性将它们与其他的类型区分开来。此外，许多站点对这五种典型网络营销模式中的几个进行了组合，形成了综合型站点。下面简要说明一下各类网站的基本特点。

（1）信息型站点

信息型站点（也称作传单站点或是公告牌站点）的设计目的在于通过间接的途径获取经济效益，例如相关产品的销售和销售成本的降低。收益的根源在于通过网络引起公众对其产品和服务的注意，从而增加现实当中的交易机会。与公路上的公告牌一样，这种站点的效果应当通过网民冲浪而过时的注目率以及他们受到的购买诱惑来衡量。

（2）广告型站点

网络电视、广播以及许多期刊性网站走的是广告模式的路子。所有的技术和信息内容编制所需的费用全都来源于广告收入。此时，消费者的注意力就成为网站价值的关键衡量标准。老练的广告商可以对一个网站进行评估并为其广告定价。

（3）信息订阅型站点

订购的费用可能按周、月或年来支付。最常使用的支付手段是信用卡支付，因为信用卡可以最方便地处理周期性电子事务。

（4）在线销售型站点

一个进行产品销售的网站实质上是一个电子版的产品目录。这些虚拟的店面通过精心编制的图片和文字来描述它们所提供的产品、进行促销活动、提供"网上购物车"系统以及在线交易系统。一旦产品被购买了，该网络企业就得安排产品销售的执行，包括运送和安装等。执行过程有时候是由网络企业来进行，有时候则是直接由生产商通过特定的配送机制来完成的。

（5）售后服务型站点

互联网作为一种有效沟通渠道，许多企业都利用互联网提供技术支持服务与售后服务。特别是对于一些IT类企业，经常需要对许多产品进行技术上的说明，提供一些免费升级软件，它们可以利用互联网让客户自己在网站上寻求技术支持和售后服务，只有当技术难度较大和对专业知识要求较高的时候，才通过传统渠道加以解决。

4）我国网络渠道发展所面临的问题

（1）信用问题。网上零售比传统零售更需要信用体系支撑。在我国，即使在传统零售中，厂商和顾客直接面对面交易，也不能避免假冒伪劣商品，从而导致信用危机。有形市场的现状直接影响厂商或客户对利用无形的"虚拟"市场交易的兴趣。

（2）物流配送问题。网上服务的整个交易过程中必然要涉及相应的产品和服务的转移问题。由于目前网上服务更易于交易，如电脑软件、图书、音乐制品等无形产品，顾客可以直接在网上消费或下载，而不需要传统的物流形式，而对有形商品而言，其离不开传统的流通的一些基本内容。

本章小结

随着我国加入WTO，国外服务行业的"大鳄"将不惜重金，携资金和技术两大优势资源，加强对我国市场的"侵袭"，我国服务行业不能坐以待毙，必须发挥自身的优势。而其中对本地化渠道的控制无疑是我国服务企业的竞争优势，而渠道的开拓和发展不是盲目的、不切实际的，必须结合渠道自身特点去按规律办事。本章就服务渠道进行展开性的讲解。第一节使读者对渠道网点的特点及选取网点的方法进行探讨；第二节对服务渠道进行了概述，从服务渠道的种类，渠道冲突的产生、解决和渠道绩效的评估三方面进行了展开性论述；第三节论述了目前渠道新的发展，使大家对特许经营、连锁和网络有一个初步的了解。

复习思考题

1. 试述服务网点商圈的选择方法。
2. 服务渠道种类和渠道冲突的种类有哪些？
3. 服务渠道绩效的评估方法有哪些？
4. 特许经营的优势和劣势是什么？
5. 特许连锁、正规连锁和自由连锁各有什么特点？

案 例

在外卖的助力下，南城香是如何摆脱经营困境的？

在北京南城，有一家20年的餐饮老店——南城香。从一个路边摊到拥有49家连锁门店，从经营白条鸡到90年代人们口口相传的地标级美食"永定门电烤串"，南城香的创始人汪国玉本着"做餐饮就是做良心"的理念，不断满足食客的味蕾，从而逐渐在顾客心中建立起了良好的口碑。

从中国餐饮行业发展来看，2008年是一个明显的分水岭，在此之前众多餐饮企业百花齐放，只要用心经营一般都能获得不错的收益；此后金融危机到来，以及"十二五"期间宏观政策的驱动，使得中国餐饮市场经历了洗牌和重组，高档餐饮消费一度受到抑制并拖低行业的整体增速。南城香的发展与中国餐饮行业的整体发展势头相吻合。因缺少经营管理方面的创新，未能有效应对市场环境的变化，南城香经营逐渐陷入困境。2010年以后，南城香的门店生意开始显露出下滑迹象。2013年，南城香线下门店营业收入的下降幅度超过了50%。为摆脱经营困境，汪国玉对公司的组织架构进行了调整，但未能使企业摆脱经营困境。2015年，汪国玉抓住了我国餐饮行业的重大发展机遇，主动拥抱互联网，上线外卖业务，这让南城香迎来了新一轮快速发展良机。

过去两年，南城香很快摆脱了经营困境。2016年和2017年，南城香的线上外卖业务交易额和利润均实现100%的高速增长，开始了新一轮快速发展。汪国玉也因此成为餐饮行业论坛的座上宾，众多企业纷纷前来取经——一家濒临倒闭的传统餐饮企业如何依靠互联网实现逆袭？

在21世纪前十年，伴随中国经济的快速发展，人们生活水平大幅提高，对吃的需求越来越多，餐饮业因此进入了快速发展"黄金期"。作为一家植根于北京南城的社区餐饮品牌，南城香也借着这波发展红利，开始迅速扩张门店数量。2012年年底，中央出台"八项规定"，大力提倡勤俭节约之风，各地请客吃饭、奢侈浪费等风气得到遏制，节俭成为一种新潮流。在宏观政策下，餐饮业的"冬天"很快来临，关店潮、整合裁员、缩减开支成为当年的关键词，体现在数据层面便是2013年餐饮收入增幅同比下降了4.6%，创下21年来的最低值。一些高端餐饮企业收入增速大幅下滑，部分企业甚至闭店歇业或被迫转型。以南城香为例，2013年其线下门店营收同比下滑超50%，汪国玉面临创业以来最为严峻的挑战。

在传统堂食不景气之时，互联网外卖却发展得如火如荼，美团外卖、饿了么和百度外卖纷纷拼抢市场，这似乎让汪国玉嗅到了新的机会。对于是否上线外卖业务，汪国玉和内部团队是有过一番争论的，有人担心外卖会影响堂食生意，会对传统门店业务造成冲击。而汪国玉看来，外卖是市场发展的必然趋势，对社会是有价值的，只要有价值南城香就应该做。

正是在这个背景下，汪国玉打破常规成为了最先吃螃蟹的人，率先上线美团外卖等，通过第三方平台进行流量导入。自2015年正式和外卖平台合作以来，南城香的外卖业务已经连续两年实现营收和利润同比100%的增长，外卖业务占比达到5成。2018年，南城香还成为美团外卖平台快餐品类单店的销售冠军，在美团平台的日均外卖单量超过了2万单。南城香发展成为中国百强快餐连锁企业，拥有60多家连锁分店和1个占地10亩的中央加工基地、物流中心。

在众多的餐饮商家中，为什么南城香能够脱颖而出成为美团外卖"销冠"？汪国玉认为餐饮外卖的数字化升级是非常重要的一个原因。汪国玉说："外卖平台除了带来订单和提供配送，还可以帮助商家进行数字化升级。"在移动互联网蓬勃发展的时代背景下，外卖日益成为一种单独的业态，不再仅仅是堂食的补充。从南城香的发展历程可以看出，借助外卖业务，能够显著改善我国餐饮商户的经营状况。南城香线上外卖的发展并未冲击线下堂食，相反，南城香线上知名度的提升促进了线下到店客源的增长。由此可见，线上外卖业务和线下堂食业务的融合能够为我国餐饮行业的发展注入新动能，带来新的增长空间。目前，我国大多数餐饮商户的数字化水平不高，不具备数据分析能力，与互联网的结合不够紧密，制约了自身的降本增效和转型升级。

南城香是餐饮商户中成功进行数字化改造的典型代表。南城香在接入外卖业务的同时积极开展数字化改造，构建了数字化餐饮管理信息系统，同时注重在美团平台上进行信息展示、品牌推广，吸引客流并优化用户体验。

基于平台大数据分析，南城香可以获得更多数据维度的运营建议："美团外卖业务经理每天都会给我们提供数据信息，包括出餐时间快慢、顾客口味的反馈以及骑手在门店停留时间等。"通过这些数据，可以有效评估商家线上运营效果，从而进行优化改进。数字化改造大幅提高了南城香的经营管理水平，同时也为南城香发展线上外卖业务奠定了坚实的基础。

另一个原因是门店动线的改造。在传统的餐饮门店中，往往堂食和外卖出餐区是混在一起的，这就难免会在用餐高峰期互相干扰。随着美团平台上对南城香外卖订单的暴增，南城香的线下门店无法有效满足美团平台外卖订单需求。从 2015 年开始，南城香通过对传统动线设计的改造，将堂食点餐区设立在门店入口位置，而在里边专门设立了外卖取餐专区，这样既不打扰堂食顾客点餐，也方便美团骑手到店取餐，推动了堂食业务与外卖业务的融合发展。南城香线上外卖业务的发展并未冲击线下堂食业务，相反，南城香线上知名度的提升促进了线下到店客源的增长。南城香的线上业务和线下业务呈现融合发展、相互促进之势。

资料来源　佚名. 从传统餐饮到拥抱互联网，南城香如何成为美团外卖销量 NO.1?［EB/OL］.
［2018-10-24］. http://d.youth.cn/newtech/201810/t20181024_11763138.htm.

第9章 服务促销与沟通

对服务组织及其服务进行沟通促销，是一项挑战，服务活动的独有特性使得服务的沟通与促销和产品的沟通与促销有很多差别，因此为了进行有效的促销管理，服务促销必须遵循自己特有的原则，进行周密的计划与安排。沟通与促销工具包括广告、人员销售、销售促进、公关宣传等，灵活运用它们会为服务活动的沟通展示提供良好平台。另外，随着技术的发展和服务理念的演进，服务促销与沟通又迎来了新的策略与方法。

9.1 服务促销与沟通概述

在服务营销活动中，顾客不仅需要知道核心产品的存在，而且他们还需要有关获取产品的地点、时间、价格和针对他们需求建议的种种信息，因此，能否与顾客进行有效沟通将直接决定前期服务营销活动的成败。

服务促销就是促进服务销售，是通过人际、非人际或其他方法向顾客传递服务信息，帮助和促进顾客了解某种服务，并促使其对服务产生兴趣和信任，继而积极尝试购买的活动。沟通组合有助于界定和生动表现一个服务企业的个性特征，并且突出特定的服务特色的竞争优势。对于服务业来说，有效沟通可以使那些原本短暂的无形产品成为有形产品，并把后台的生产活动展现出来，显现那些一度被掩盖起来的优势和资源。它还能提供信息和教育顾客，帮助顾客做出明智选择，以便他们能从所购买的服务中获取更高价值。

促销是为与顾客进行沟通而专门设计的，它是营销组合中的一个要素，综合运用各种促销工具，是服务企业具有战略意义的重要工作。迪士尼公司的许多促销都对其服务的整体价值的提升有所贡献，除了对其顾客进行不同信息传播，迪士尼的促销还令该组织光彩照人，对顾客充满诱惑，从而扩大顾客对其所提供的服务体验的需求。

9.1.1 确定服务沟通促销的目标

在服务消费活动中，顾客要经过几个阶段才能实现购买行为。有多种理论描述这个过程，如 AIDA 模式、创新采用模式、信息沟通模式和影响层次模式等，所有模式都假设购买者经过认知、感情和行为三个阶段（见表9-1）。

其中 AIDA 模型假设消费者在购买决策过程中遵循以下四个步骤：

1）注意

营销者必须首先引起目标市场的消费者对某种服务的注意。如果消费者对这种产品或服务一无所知，那么企业就根本谈不上销售。

2）兴趣

仅仅引起了消费者对某品牌的关注并不能引起销售，下一步，就是要创造出消费

表9-1 反应层次模式

阶段	AIDA 模式	影响层次模型	创新采用模型	信息沟通模型
认知阶段	注意	知晓 → 认知	知晓	显露 → 接受 → 认知反应
感情阶段	兴趣 → 欲望	喜爱 → 偏好 → 确信	兴趣 → 评价	态度 → 意向
行为阶段	行动	购买	试验 → 采用	行为

者对这一品牌的兴趣。

3）欲望

尽管有需求的潜在顾客可能对某项服务印象不错，但他们也许并不了解与其他竞争品牌相比这种品牌有哪些优点，因此营销人员需要通过解释服务的差异化优势来创造偏好，激发顾客的购买欲望。

4）行动

目标市场某些消费者可能已被说服愿意购买，但还需让他们做出购买行动，所以策划种种活动来推动顾客做出购买行动是非常必要的。

总之，在这些不同阶段中，服务促销的目标各有不同，但最终都在于通过传达、说服和提醒等方法以推进服务销售。关于服务目标的具体描述，如表9-2所示[①]。

表9-2 对服务进行消费者促销的可能目标

▲提高一项新服务或已有服务的知名度

▲鼓励对服务的试用

▲鼓励非用户

参加服务示范表演会

试用一项已有的服务

申请加入或订购一项服务，对于这种服务而言，准入、接受或技术连接是接受服务的前提条件

▲说服现有的顾客

继续购买服务，不终止服务的使用或转向竞争者提供的一项替代性服务

增加他们的服务购买频率

---

① 洛夫洛克. 服务营销［M］. 陆雄文，庄莉，译. 北京：中国人民大学出版社，2001：382.

续表

承诺在很长的一段时间内购买服务（这样就使消费者离开了竞争性替代品的市场）

▲改变顾客服务需求的时间

▲加强服务广告，吸引受众对广告的注意力

▲获取有关购买和使用服务的方式、时间和地点的市场研究信息

▲把服务作为一条范围更广的产品线的一部分进行促销（或把它同由另一个组织营销的一项互补性服务的销售联系起来）

▲鼓励顾客改变他们同服务传递系统相互作用的方式

自己开展工作（自我服务）

使用一种新技术，如万维网

小案例 9-1

在 7 月 1 日这个加拿大魁北克省传统的搬家日里，宜家在蒙特利尔市人流量最高的几个地方，提供了很多免费纸箱供搬家的市民取用。纸箱上印了很多搬家时有用的资讯：打包秘诀、核对表、IEKA 美食优惠、装点新家的产品优惠信息等，累了，纸箱还可以作为歇息的座椅，为人们提供了很有意义的服务。

为人们提供搬家用的纸箱，其实是高明的钓鱼行为：因为搬家与买家具往往是上承下接的行为链关系。通过纸箱这个鱼饵，宜家精准地引出并锁定了有潜在消费需求的人群，让沟通的成本更低、效率更高。宜家的纸箱为我们展现了一种自然嵌入消费生活方式的沟通接触点，它既是人们的工具、指南，也是品牌的服务、媒介。

9.1.2　服务促销与实体产品促销的差异

1）服务本身特征造成的差异

服务业的无形性等特征造成了服务促销与实体产品促销的以下区别：

（1）消费者态度

消费者态度是影响购买决策的关键。服务业的非实体性是营销上一项最重要的要素，消费者在购买产品时，往往是凭着对服务与服务表现者或出售者的主观印象，而这种对主观印象的依赖性，在购买实体性产品时，则没有这么重要，对于服务销售者和服务业有两方面与制造业不同：

●服务产品被视为比实体性产品更为"个人化"；

●消费者往往较少对于服务的购买满意。

（2）采购的需要和动机

在采购的需要和动机上，制造业和服务业大致相同。不论是通过购买实体性产品还是非实体性产品，同类型的需要都可以获得满足。不过，有一种需求对产品或服务都是很重要的，那就是"个人关注的欲求"。凡能满足这种"个人关注的欲求"的服务销售者，必能使其服务产品与竞争者之间产生差异。

（3）购买过程

在购买过程上，制造业和服务业的差异较为显著。有些服务采购，被视为有较大风险的，部分原因是买主不易评估服务的质量和价值。另外，消费者也往往受到其他人，如对采购和使用有经验的朋友的影响。而这种在购买决策过程中易受他人影响的现象，对于服务营销而言，有比较大的意义，尤其是在服务的供应者和其顾客之间，

有必要形成一种专业关系，以及在促销努力方面建立一种"口传沟通"方式。这两项做法，势必可以促使各种服务促销努力更有效率。

对于组织顾客来说，其在资本设备采购过程和服务采购过程之间，存在着显著的不同。一项研究调查发现，组织对服务的采购通常与下列事项有关：

● 所涉及的组织层级较资本设备采购过程少；
● 涉及同一层级的部门数也较资本设备采购少；
● 涉及的组织人数较少；
● 涉及的意见沟通比资本设备采购多。

这些调查的结果显示：组织在服务采购上，各种社会性影响力大。换句话说，对于服务采购而言，在广泛的社会关联上，影响一家公司的可能性不如资本设备采购那么复杂。不过，从另一方面看，较少的多样化程度，会大大减少影响采购的选择机会。

该研究证实了在采购实务上，非实体性是主要的影响要素，并认为由于一项服务的非实体性质，卖方的声誉就变成投标清单的重要考虑因素。另外，在某些情况下，潜在卖主必须以商谈方式解释和回答采购的问题。确属所需的细节，因为要写出一项非实体东西的严密规格，通常很困难，所以必须经过双方商讨。

2）促销组合方式运用的差异

无论是产品促销，还是服务促销，最基本的促销工具都是广告、人员销售、销售促进和公关宣传，然而在实际运用中，它们的重要性有所不同（见图9-1）。

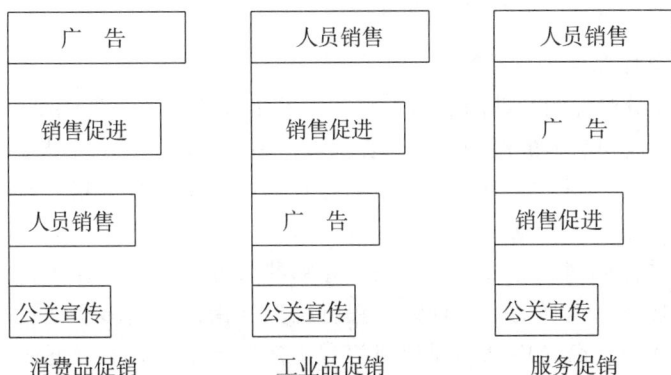

图 9-1 促销组合运用的差异

在产品促销中，具体包括消费品促销与工业品促销。对于消费品来说，主要强调非人员销售，这是因为目标市场太分散，而广告的特性（有效培养消费者的意识，大量提供企业和其产品信息）则决定了它在消费品促销中的重要作用。人员销售则是工业品促销的主要方式，工业品市场的特性（例如，消费者地域的高度集中与大的单次购买量）就决定了它的重要作用，特别是当产品是为特殊的工业消费者设计，而且在销售计划和实际购买之间有一段相当长的时间时，人员销售更为重要。销售促进在这两个市场中具有同等重要程度，但这并不意味着广告在工业用品市场促销中不重要、人员销售在消费品市场促销中不重要，这只是一个重要程度强弱的问题。

对于服务业，由于更多强调互动性，销售人员与顾客接触频繁，而服务越是复杂，就越需要提供准确信息，回答顾客的各种问题，讨论其他可行方案，因此对于大多数服务行业来说，人员销售的沟通作用最为重要。人员销售是刺激服务购买的最佳手段，随着服务的个性化发展，这种趋势还在不断加强。但是，广告还是服务业的重要促销工具，它对吸引注意力和刺激购买兴趣的作用不容忽视。在服务业中，销售促进和公关宣传则起着次要的促销作用。

■ 小阅读9-1

推销产品和推销服务的差异

1) 顾客对服务购买的看法

(1)顾客认为，服务业与制造业相比，缺乏一致的质量。

(2)购买服务比购买产品的风险高。

(3)服务购买时似乎总有比较不愉快的购买感觉。

(4)服务购买主要是针对某一特定卖主。

(5)决定是否购买时，对该服务组织的了解程度是一个重要因素。

2) 顾客对服务的购买行为

(1)顾客受广告的影响较小，受别人介绍的影响较大。

(2)顾客对服务不太作价格比较。

3) 服务的人员推销

(1)推销员往往需要花很多的时间说服顾客。

(2)在购买服务时，顾客本身的参与程度很高。

9.1.3　有效服务促销管理的原则[①]

服务营销人员对促销活动的运用正在迅速增加，但是这个重要的工具很容易被误用。为了避免金钱和精力的浪费，管理者应当仔细考虑以下每一个指导原则：

（1）制订促销计划。服务企业每年都要对促销策略进行规划，而不是发动无差异的促销作为对竞争者行动的策略性反应。营销人员要制定一张促销时间表，标明将对哪些服务进行促销、什么时候促销、在哪些市场上促销、促销目标是什么以及使用哪些促销技巧。这样的一个计划过程将确保促销活动的多样性、内部统一性和协同效应。建立一个公司内部的促销部门对于保持计划过程中必要的持续性是很重要的。

（2）限制促销目标。服务营销人员不应当夸大促销可能产生的效果，他们也不应当力图通过一次促销活动实现过多的目标。任何一次既定的促销活动都应当选择性地集中于一两个目标，所花费的促销费用应该能够对这些目标产生最大限度的影响。

（3）对每一项特定的促销活动设定时间限制。如果希望促销活动引发特定类型的顾客即刻的购买行动或行为方式的改变，那么就要明确活动的截止日期和应当在何处设立法律上的资格要求。无限期的促销会被竞争者模仿，从而可能成为服务供给的一

---

① 洛夫洛克. 服务营销［M］. 陆雄文，庄莉，译. 北京：中国人民大学出版社，2001：138-140.

个内在的组成部分，这样促销就成了一个永久性的成本中心而不是收益来源了。航空公司的常客计划就是这样的一个例子。

（4）激励整个营销系统。最有效的促销能够通过激励销售过程中的各方（消费者、顾客接触人员，如果必要还有中间商）以同时创造出"推"和"拉"的效应。例如，抽奖活动可能是针对消费者的，企业同时还可以向其他两组对象提供有着类似的主题和奖品结构的销售竞赛活动。

（5）在创造性和简易性之间保持平衡。消费者促销的设计有很大的发挥创造性的空间，同时，它也必须保证促销活动的差异性以便它们能从众多的促销活动中脱颖而出；同时，设计和实施的简易性对于大规模的促销也是很重要的，因为企业应当让顾客易于理解促销活动，获得参与的资格也不能过于困难。一个过于复杂的促销设计发生在英国铁路公司（British Rail），它曾经提供一种促销性的通行证，持有者如果在另一位乘客的陪同下就可以享受免费乘车待遇，但是那位陪同的乘客必须支付全额票价。为获得领取这种通行证的资格，消费者必须收集至少9个超市产品的包装盒顶盖或包装标签。

（6）评价促销效果。服务营销人员应当衡量每一次促销活动所产生的积极影响，估计在不进行促销的情况下的销售水平，以及促销带来的销量会在多大程度上抵冲未来的业务。当目标是鼓励顾客行为的改变，如自我服务，或者采用一种新的订单输入或服务传送技术时，可能就需要进行一次受监控的实验。

9.1.4 服务业的整合营销沟通

在服务沟通中，必须关注整合营销沟通。所谓整合营销沟通[①]（Integrated Marketing Communications，IMC），是指组织或其产品追求一种专一的市场定位理念，它依赖计划、协调和整合组织的所有沟通工作来实现。无论是有意设计还是不断修正错误的结果，成功的服务组织总是多年一贯地对其营销沟通活动要素进行整合。其实，理想化来讲，每个促销组合要素（人员推销、广告、销售促进和公关宣传）开展的营销沟通应该是统一的。也就是说，不论信息来自广告、现场推销人员、杂志文章还是报纸上的优惠券，消费者收到的信息都应该是一样的。

站在消费者的立场上，企业的信息沟通工作已经是综合的了。一般的消费者并不从广告、销售促进、公关宣传、人员推销几个方面考虑。对他们来说，一切都是"广告"。唯一将这些沟通要素加以分解的是营销人员自己。不幸的是，很多营销人员在设计促销信息时忽略了这一点，没有把沟通努力的各个要素协调起来。其中，最常见、最典型的不一致出现在人员推销与促销组合的其他要素之间。

促销方法上的这种不协调、不连贯性驱使越来越多的公司采纳整合营销沟通的观念。特别是对于服务业，营销是一种无形产品所固有的挑战，迫使服务组织思考克服其产品的模糊性的手段，IMC便是仔细协调各项促销活动以产生面向消费者的、连贯的、统一的信息的方法。麦当劳、西南航空公司等众多的服务组织，都成功地借助IMC为其各自业务树立了统一的形象。其他服务组织必须对此加以学习，依据IMC的

---

① 小兰姆，麦克丹尼尔. 营销学精要［M］. 杨洁，李丽，王英男，等译. 大连：东北财经大学出版社，2000：458.

总体规定来利用好其可控的每一种沟通工具，以便保证组织持续统一地追求服务的清晰定位。

总之，服务组织应对其营销沟通加以整合，慎重地决定各个促销要素在营销组合中应该发挥的作用，仔细协调各项促销活动的时序，认真监控每次促销运动的结果，以便其能更加完善地使用促销组合工具。

9.2　服务促销与沟通工具

促销组合包括广告、人员推销、销售促进和公关宣传。一个服务组织的促销措施，可包括其中的任何一种要素或全部涵盖，各要素之间也有多种组合方式。作为一种促销工具，任何一个都有或多或少的可取之处，当一个服务组织的目标发生变化时，它的促销组合也会发生相应的变化。因此，营销人员应针对不同促销工具的优势和特点来进行有效沟通和促销。

9.2.1　服务广告

广告可依赖所使用的媒介和实质性资料迅速抵达大量受众，为他们提供有价值信息、有说服力的论点和强有力的证据。广告是组织向顾客传递信息的主要手段，且常常作为一个组织促销工作的基石。

1）服务广告的指导原则

由于服务业独一无二的特征：生产和消费的无形性、多样性、易逝性和不可分割性，因此顾客在购买服务时面临种种困难和很大风险，因此服务广告必须有自己特有的指导原则。

（1）提供有形线索

●使用标志、术语、标语口号。保险公司及其他一些高度无形的服务（如咨询、教育等）借用这些工具来对外传递其产品的关键特征。如旅行者保险公司用雨伞，美林证券用公牛，以及美国邮政服务用来促销快递服务的鹰等。

●提供数据和事实。英国航空公司经常宣布其在一定期限的准时表现，而美联邦快递通过早上10：30前绝对肯定送到的承诺赢得顾客信赖，同样，展示令服务更为具体的每项技术都可能有助于服务感知质量的提升。

●利用服务机构的行业排名。服务机构的行业排名可以直接向顾客传达服务规模、质量和水平等服务信息。如现在我国广大高校在招生广告中经常列举的科研学术成果名次、高考招生成绩排名、高校MBA招考人数或录取率排名等，都对高校的宣传有重要促进作用。

●采用有形比喻。形象生动的有形比喻会使无形诉求更容易被掌握，例如新加坡航空公司为让顾客放心，便使用"丝绸般平滑"来形容该航空公司的飞行。

（2）使用具体特定的语言

诸如"良好的分析""认真仔细的投资监控""强有力的研究能力"等短语在描绘投资管理这样的无形服务时过于抽象，从而妨碍了消费者形成对服务的客观认识或理解力。因此，应使用具体特定的语言来帮助消费者理解服务的内涵，基于此，提供生动逼真的信息便显得十分必要。

（3）只允诺能提供和顾客能看到的

在为服务做广告时，承诺什么是可能的相当重要，这样可使顾客抱有现实期望，同时服务企业必须实现广告中的诺言，这方面对于劳动密集服务业较为麻烦，因为这类服务业的服务表现，往往因服务递送者的不同而各异。这也意味着，有必要使用一种可以确保表现的最低一致性标准（Minimum Consistent Standards of Performance）的方法。对不可能完成或维持的服务标准所作的允诺，往往会造成对员工不当的压力（如旅馆服务业和顾问咨询服务业）。最好的做法是，只保证"最起码的服务标准"，如果能做得比此标准更好，顾客通常会更高兴。

（4）建立口传沟通

口传沟通是一项营销者所不能支配的资源，对于服务业公司及服务产品的购买选择有较大影响，服务广告必须努力建立起这一沟通形态，可使用的具体方法有：

● 说服满意的顾客们让其他的人也都知道他们的满意；

● 制作一些资料供顾客们转送给非顾客群；

● 针对意见领袖（Opinion Leaders）进行直接广告宣传活动；

● 激励潜在顾客去找现有的顾客谈谈。

（5）针对员工做广告

由于认识到服务是一种表演而不是一件物品，因此广告不仅应当鼓励顾客购买服务，而且应当把企业员工作为第二受众，鼓励他们传递高质量的服务；只有员工与顾客互动，才能提供令顾客满意的服务。为了这个目的，在企业的印刷和广播广告中应尽量启用自己的员工，而不是专业模特。很多宾馆、百货公司的广告便体现出这点。笑容可掬的礼仪人员、穿着整齐的工作人员，不仅向顾客传递出保障，而且还很好地激发了员工的荣誉感。

（6）发展广告的连续性

服务公司可以通过在广告中持续连贯地使用象征、主题、造型或形象，以克服服务业的两大不利之处，即非实体性和服务产品的差异化。英国航空公司成功的"Fly the flag"标语广告，就是受益于连续性的使用，有些品牌和象征变得非常眼熟，消费者甚至可从其象征符号的辨认中得知是什么公司。一项对于服务业公司使用的各种广告主题的研究调查中发现，有些主题最为突出，即效率、进步、身份、威望、重要性和友谊。

2）服务广告的任务

（1）在顾客心目中创造公司的形象。它要说明：公司的经营状况、各种活动；服务的特殊之处；公司的价值。

（2）建立公司受重视的个性。顾客对公司及其服务的了解和期望，并促使顾客能对公司产生良好的印象。

（3）建立顾客对公司的认同。公司的形象和所提供的服务应和顾客的需求、价值观、态度息息相关。

（4）指导公司员工如何对待顾客。服务业所做的广告有两种诉求对象，即顾客和公司员工，因此服务广告也必须能表达和反映公司员工的观点，并让他们了解，唯其如此，才能让员工支持配合公司的营销努力。

（5）协助业务代表们顺利工作。服务业广告能为服务业公司业务代表的更佳表现提供有利的背景。顾客若能事先就对公司和其服务有良好的倾向，则会对销售人员争取生意有很大的帮助。

▌ 小案例 9-2

2010年6月1日，香港香格里拉酒店集团在全球隆重推出其全新制作的品牌形象电视广告。广告主题为"至善盛情，源自天性"，创意大胆，风格前卫，传达了香格里拉在过去40年里所恪守的独特服务理念，证明香格里拉成为亚太地区最佳豪华酒店集团实至名归。香格里拉酒店集团集思广益，与数千名员工、合作伙伴和宾客进行全方位沟通，从而为广告创意提供了宝贵的灵感。该广告将观众的视线带入极端的自然环境地区，只为传达一个简单而普遍的真理——至善真诚，莫过于对陌生人送上无微不至的关怀。在内涵方面，广告重点表现香格里拉的文化精髓——待客如亲，真心关爱。香格里拉亚洲式热情待客的独特之处，是同事彼此之间和对待客人的那份真诚和相互尊重。对香格里拉员工来说，这比宫殿式的豪华建筑或风景优美的地理位置显得更加重要。这也是为什么香格里拉会选择独特的、颇具震撼力的表现手法来展示这个广告。这种触动内心深处的真诚与善良，很容易在当今社会唤起人们的共鸣。广告所阐述的品牌价值，体现在香格里拉33 000名员工每天的工作中。而且，这种品牌价值将会在香格里拉酒店集团未来在中国和世界各地开业的40多家酒店中一直传承下去。

3）服务广告的媒体选择

（1）媒体决策

在媒体选择上有两个主要的方面可供选择，即印刷品媒体和广播媒体，营销人员可以把大量有偿广告用作沟通的渠道。传统上，广播广告是通过电视和电台进行的，印刷广告通常是指插入在报纸和杂志上的有偿信息，然而，规模更大的印刷信息也可能出现在户外媒体和公共交通车辆上，如广告牌、海报和电子显示屏。另外，激动人心的新机会还存在于因特网和万维网提供的新渠道之中。最后，还有一种直接营销，可采取的形式有邮递、电话营销、传真或电子邮件。在媒体决策中，最重要的是选择最佳组合，而不是选择一种方法而舍弃另一种方法。各种主要媒体的有利和不利方面我们在表9-3中做了列示。①

（2）媒体选择的考虑因素

促销目标和公司计划使用的广告类型会大大影响媒体的选择。广告活动中的一个重要因素是媒体组合，促销宣传使用媒体的组合。媒体组合决策主要建立在单位接触的成本、信息接触、频率、目标群体等因素的基础之上。

单位接触成本是信息接触目标市场每位成员的费用。自然，总成本随着目标群体规模的扩大而增加。单位接触成本使广告商对各种媒体工具进行比较，如电视与广播、报纸与杂志或更为具体的《新闻周刊》与《纽约时报》。广告商根据单位接触成本来判断将资金投在电视广告中还是广播广告中。然后，广告商选择单位接触成本最低的工具，以使投入资金产生最大的广告效果。

---

① 史蒂文斯，洛顿，雷恩. 营销规划 [M]. 王琦，译. 北京：机械工业出版社，2000：316.

表 9-3   主要媒体有利和不利方面

媒体种类	举例	有利方面	不利方面
广播	电视	可以提供影像、声音和动感，引起很好注意，普及面广	总体上昂贵，展示时间短，对观众的选择性小
	电台	普及面广，针对一个细分市场的观众较便宜	只给听众提供单纯的声讯信息，得到的关注比较微弱
印刷品	报纸	灵活性、及时性、针对地方市场、来源可靠	可能很昂贵、寿命短、不能传阅
	杂志	针对准确的一个细分市场、来源可靠、很好复制、寿命长	不灵活、等待时间长
户外形式	广告牌、电子显示屏、海报、运输车辆	灵活性、可重复展示、比较便宜	"大规模的市场"展示时间比较短
直接	邮递、电话营销、传真/电子邮件	可以针对有选择的观众，在针对个人方面有灵活性	每一笔合同的相对成本昂贵，"邮件垃圾"很难引起注意

信息接触是指在特定的时间内，通常是4周内，至少接触商业广告一次的目标消费者的数目。旨在介绍产品和提高品牌注意的媒体一般都强调信息接触。例如，广告商可能在广告宣传的最初3个月中努力使信息传送到70%的目标群体。由于广告时间通常较短，并且通常一则广告只有一小部分能够被传送到接收者那里，所以，广告商只有重复播出广告才能使消费者记住信息。频率是在特定时期内一个人接触特定信息的次数。广告商用平均频率来衡量某一特定媒体覆盖的强度。

媒体选择也需要使广告媒体与产品的目标市场相匹配。如果营销人员试图将信息传送到少女市场，他们可以选择《少男少女》杂志；如果他们想将信息传递给50岁以上的消费者，他们可能会选择《老年之友》杂志。广告媒体接触精确定义的市场的能力是目标群体选择力。一般报纸和电视网这样的媒体工具是面向大众的媒体。其他一些媒体工具——如《中国经营报》、《会计之友》、MTV、娱乐体育节目网——吸引特定的群体。

9.2.2 人员销售

人员销售是指在面对面（或电话营销中声音对声音）的基础上进行的人际接触。和为一种服务做广告一样，销售服务也是一项困难的工作，因为服务产品无法被展示。顾客不能敲打服务，也不能踢一踢它的轮胎。他不能紧盯着他人的流线造型，不能把它翻过来看看它的下面，也不能打开它看看是什么令它滴答作响。因为服务甚至并不存在，故销售人员不能展示它的样子。取而代之的是，销售人员必须用一些其他的方法令顾客相信服务的特性和质量。

1）服务人员销售的指导原则

（1）整体性编制服务销售过程（见表9-4）

表9-4   **整体性编制服务销售过程**

投入阶段	过程阶段	产出阶段
●寻求买主的需要和欲望 ●获取有关评价标准的知识	●利用专业技术人员 ●将业务代表视为服务的化身 ●妥善管理卖主/买主和卖主/生产者互动的各种印象 ●诱使顾客积极参与购买	●培育愉快的、满意的服务采购经验，且使其长期化

（2）便利服务质量评估

●建立合理的预期表现水平；

●将既有预期水平作为购买后判断质量的基础。

（3）将服务有形化

●指导买主应该寻求什么服务；

●指导买主如何评价和比较不同的服务产品；

●指导买主发掘服务的独特性。

（4）强调组织形象

●评估顾客对该基本服务、该公司以及该业务代表的认知水平；

●传播该服务产品、该公司以及该业务代表的相关形象属性。

（5）利用公司外部的参考群体

●激励满意的顾客参与传播过程（如口传广告）；

●发展并管理有利的公共关系。

（6）认识所有与公众接触的员工的重要性

●让所有的员工感知其在顾客满足过程中的直接角色；

●了解在服务设计过程中顾客参与的必要性，并通过提出问题、展示范例等方式，形成顾客所需要的各种服务产品规范。

2）服务人员销售的特有优势

（1）进行个人接触。人员销售提供了销售、服务、监督的个人接触机会（见表9-5），对这些活动加以周密管理，会保证顾客的满意程度增加，或维持在较高水平。另外，人员销售也很奏效，可以因人而异，"见什么人说什么话"，可以反驳不恰当的批评，可以用提问引起对方的兴趣和欲望。如果沟通双方（信息发出者和接收者）的编码（词语的意思、符号的含义）不同，则面对面的接触更有利于沟通。

（2）加强顾客关系。人员销售允许销售代表根据顾客需要和他们所关心的问题有针对性地传递信息。在销售拜访中，沟通是双向进行的，销售代表可以更多了解顾客，可以解答顾客提出的问题，顾客的疑问也可以得到解答。并非所有从事销售工作的服务人员都是训练有素的。除了实地销售队伍（通常是以机构顾客和中间商为工作对象，而不是单个的消费者）以外，大多数的服务企业都有同顾客进行面对面接触或

表9-5 服务中个人接触功能[①]

功能	责任	例子
销售	说服潜在顾客购买服务和（或）增加现有顾客的服务使用次数	保险代理；股票经纪人；银行访问人员；房地产销售人员
服务	告诉、帮助和劝告顾客	航空公司飞行服务员；保险索赔调解人；票务代理；银行支行经理
监督	了解顾客的需求和关心的事并向管理层汇报	顾客服务代表；修理人员

电话接触的服务人员。像会计师事务所和咨询公司这样的企业，不仅要求其专家争取新的客户，而且要同现有的客户保持持久的关系。在这些偶尔或频繁的接触中，销售人员或服务提供者与顾客间的关系得到极大加强。

（3）实现交叉销售。销售人员不仅能接近销售，而且由于在提供给顾客的其他服务沟通细节方面，销售人员处于较佳位置，因此紧密的接触还能提供交叉销售其他服务的机会。例如，银行前台职员可以为现有账户持有者提供许多其他服务，包括抵押、保险、存款账户和股票经纪服务。当然，要使交叉销售行之有效，必须要深度了解顾客的业务，对顾客的困扰和问题进行深入学习和不断认识。另外，真正从顾客角度考虑怎样为其提供多种服务利益，这样交叉销售才会发挥作用。

3）人员销售与其他促销方式的结合

由于人员销售在服务业中的重要作用，我们要特别介绍其与其他促销方式的结合，因为在一定条件下，人员销售如果和其他促销方式结合并举，能进一步提高效益。

人员销售与广告的结合。在服务业中，广告可以使人了解服务并产生兴趣，但还需要依靠人员来完成购买过程，这种综合运用对新服务的推出特别奏效。广告信息面很宽，针对广大接受者，所用时间比较短，而要引导潜在顾客购买，直接的当面接触总是不可缺少的：解释服务的特点和由此而来的好处，收集反馈信息，按照顾客的需求对服务做必要的调整，这种联合恰好符合业务的服务规律。因此，根据所寻求的目标，这两种方法各有所长，如果同时在促销组合中使用，则可取长补短、相得益彰。

人员销售与销售促进的结合。在促进计划中，人员销售可以和销售促进相结合。当竞争对手的服务很有利，但很难形成竞争特色，销售者需要"多一些什么"来创造竞争优势时，运用这两种促进方式也能够产生良好效果。翻动的图表、赠送的礼物和有针对性的广告不仅可以在推销员进行产品演示时帮上忙，而且可以留作纪念，或者激发好感。促销材料的数目，少则几件，多可数百件，依公司实际情况而定。

人员销售与公关宣传的结合。[②] 人员推销代理常常是公司最好的公关源泉。在日

---

① 佩恩. 服务营销［M］. 郑薇，译. 北京：中国人民大学出版社，1997：182.
② 贝尔奇. 广告与促销［M］. 张红霞，李志宏，译. 大连：东北财经大学出版社，2000：813.

复一日的工作中，他们代表着公司的形象及产品。他们的个人品质、客户服务、合作程度不仅会影响到潜在的销售，而且会反映出他们所代表的公司的形象。销售人员也可以直接充当公关人员。许多公司鼓励其销售代表参加多种社区活动；有的时候，推销员（和公司一道）还会从自己的日常工作中挤出时间帮助有困难的人，这样便很容易在公众心目中形成良好的公关形象。

总之，每个促销活动要素都有其特定的优点和缺点，因此对营销者而言，真正重要的是要它们相互支持、彼此配合。虽然人员推销在达成某些目标方面能力有余，并能很好地协助其他促销工具，但它仍离不开其他要素的配合。因为广告、销售促进等都可以针对最终使用者、零售商，或是销售队伍自身。

9.2.3　销售促进

销售促进是针对某一事端、价格或顾客群的营销活动，通过提供额外利益鼓励消费者或营销中介做出直接反应。销售促进对于服务营销人员特别重要，因为它主要是一种短期元素，能用来加快服务的引进、吸引顾客的注意力和激励他们迅速采取行动。曾任美国促销协会主席的 A.罗宾逊曾说过："广告创造了有利的销售环境后，促销就可以将商品推进输送管中。"这就是说，广告提供了购买的理由，而销售促进则提供了购买的刺激。由此可见，销售促进对推动销售十分重要。

1）销售促进瞄准的观众

销售促进并不仅限于顾客，他们还可激发中间商和激励雇员。促销工具瞄准的三类观众是：

（1）顾客——免费提供样品、演示、赠券、现金退还、奖金、竞赛和保修。

（2）中间商——免费商品、折扣、广告补贴、合作的广告、配送竞赛、奖励。

（3）销售力量——为最佳业绩者的佣金、奖励、竞赛和奖金。

2）销售促进的优势

（1）调整需求和供应的波动周期。例如，为保证新加坡航空公司和其他旅馆都具有稳定的顾客流，二者共同推出一个颇具吸引力的假期服务捆绑。许多航空公司和旅馆都以类似的方式来捆绑它们的服务，并以低价格和优质服务来填充那些可能出现空闲的座位和房间。

（2）形成强有力的防御手段。销售促进也可用作防御手段。例如，参与竞争的组织常常同时采取相应的促销手段。当一个航空公司降低票价来争取顾客时，其他竞争者也会在时隔不久后予以跟随。与此类似，当麦当劳在重要的夏季之月实施有奖销售时，汉堡王、Wendy's 和其他竞争对手也经常会推出它们自己的有奖销售。如不加入营业推广的狂潮，组织所面临的风险可能是大量顾客的流失。

（3）演绎为顾客趋之而来的服务特色。经过认真选择的销售促进手段，可为服务产品注入组织需要的服务个性。有奖销售或竞赛的激情、善意降价的和特别销售事件的刺激，都能提升顾客对服务的整体感觉。在某些情况下，销售促进特别能制造轰动效应，帮助组织从竞争者中脱颖而出准备了工具。麦当劳餐厅推出的游戏促销就引发了一场大轰动。

3）销售促销的技术①

服务营销人员可以采用七种促销技术来增加顾客对直接降价的兴趣和兴奋感，或者激励顾客在没有直接降价的情况下采取特定的行动。这些方法包括样品赠送、价格/数量促销、优惠券、未来折扣补贴、礼品赠送和有奖销售。

（1）样品赠送。它给了顾客一个免费试用服务的机会。例如，信用卡公司可以向信用卡持有者提供信用卡保护计划中的一个月免费试用。美国在线（American On-line）向电脑所有者提供调制解调器10分钟的试用，以鼓励他们试用它的网络服务（但是，他们仍然必须支付进入最近一个网址所需要的电话费用）。其他例子还有公共交通系统在新开通的线路上提供一两天的免费服务，或有线电视公司允许所有的用户免费观看收费（额外付款）频道几天，希望他们能够喜欢其中的节目编排，并愿意支付额外的订购费。

（2）价格/数量促销。如果其被视为短期促销而不是大额折扣，那么就只应该在一个限定的时段内提供，如航空公司向商务旅行人员（或公司的旅行部门）提供特定航线上的多年通行证，条件是他们在某一个特定的时间范围内和航空公司签约。美国航空公司就曾经以19 500～58 900美元的价格提供某些航线5~10年的通行证。另外一个例子是健康俱乐部或乡村俱乐部这样的组织中的"永久会员资格"，它是在设施开放之前以不断下降的折扣水平出售的。这样的策略有助于迅速建立顾客基础，同时可以增加预付的现金流入。

（3）优惠券。它通常采用以下三种形式：直接的降价、与最初购买者同来的一个或多个顾客可享受折扣或费用减免（如两张半价戏票的优惠券）或在基本服务的基础上提供免费或有价格折扣的延伸服务（如在每一次洗车时提供免费上蜡）。传统上，优惠券被印刷在报纸和杂志上，或者通过直邮方式发送给顾客。但是在许多城市，中间商成功地把各种优惠券组合成优惠券簿出售，激励购买者使用大量各种各样的服务，包括餐厅、酒吧、汽车企业、电影院和其他服务供应商。

（4）未来折扣补贴。它被竞争性市场上的航空公司、酒店和汽车租赁公司广泛用来刺激那些频繁外出旅行的人员保持品牌忠诚，他们要加入某一个特定的常客计划之前首先必须签约。这类折扣采取一系列分阶段奖励的形式，如提供免费的服务升级（提供头等舱标准的服务、房间更大、汽车更好）、免费的陪同票等。另外，更直接的折扣例子是百货商店未经申请、主动邮寄信用卡给潜在的顾客，并且在一个确定的引入期内对所有商品的购买都提供折扣。采用这些折扣方案的一个有利之处在于，可以对价值进行调整，以反映竞争程度和需求的季节性。

（5）礼品赠送。它常常用于为原本短暂易逝的服务增加有形的要素和为赞助组织提供一种独特的形象。例如，银行和保险行业提供的服务很难进行差别化，因此在美国，这些行业广泛使用消费者奖励。银行定期卷入礼品战，它们向储户提供金额大小逐步累进的礼品，从厨房用品到钟表、收音机，作为对不同的最初存款额的回报。如果顾客能在较长的时间里把他们的存款放在银行里的话，这种方法可能比提供更高的

① 洛夫洛克. 服务营销［M］. 陆雄文，庄莉，译. 北京：中国人民大学出版社，2001：381.

存款利率成本更低。为了鼓励顾客（可能拥有几张信用卡）增加信用购买额或把其应付款项集中在一个账户中，银行已经开始尝试一种促销活动，即提供不同种类的奖品给那些在一个给定时段内应付款超过一定金额的顾客。

（6）有奖销售。引入了机会这个要素，像抽签中奖。它们可以被用来有效地增加顾客对服务经历的参与和兴奋感，通常它们被用来鼓励顾客增加对服务的使用。快餐店有时候会开展与奥林匹克运动会这样的赛事相联系的类似抽签中奖的促销活动，给所有的购买者一张或多张兑奖券（取决于订单的大小），刮去兑奖券上的覆盖层，就可以知道中奖的种类。无线电台可以根据抽签的结果向听众提供立刻领取现金奖励的机会，条件是获胜者在电台宣布开始以后的15分钟内打进电话。

▌小案例9-3

　　某眼镜店面积200平方米左右、定位中端，附近有2所中学、2所小学，60%以上的客流为学生群体。该眼镜店和某品牌镜片商合作推出"青少年学生无忧配镜"活动，20岁以下的青少年顾客在该眼镜店购买镜片1年之内，如果球镜度数增长100度以上（含100度），该眼镜店将为顾客免费换同系列镜片一副。为了有效支持该活动，该眼镜店为青少年顾客特别设计了服务档案和服务流程，参加该活动的青少年需要每个月回店验光一次，以确认度数是否有增长以及是否达到应该更换镜片的程度。每一份服务档案，不仅完整填写了顾客基本信息、遗传因素、环境行为因素、立体视觉检查、视力检查、眼位检查等项目，还包括一页非常详细的青少年近视干预方案及每月视力健康检查情况。这个活动非常有效地提升了眼镜店的客流量，培养了顾客的忠诚度。

9.2.4　公关宣传

在促销组合中，公关宣传这一要素可以评估公众态度、识别可能引发公众关注的事件、执行可赢得公众理解和认可的方案，它也是企业营销公关组合中的关键环节。

1）公关宣传的特色

（1）可信度。新闻特稿和专题文章往往比直接花钱买的报道具有更高的可信度。

（2）解除防备。公关是以新闻方式，而不是以直接销售或广告方式表达的，因此更容易被潜在顾客或使用者所接受。

（3）戏剧化。公关工作可以使一家服务业公司或一种服务产品戏剧化。

2）公关宣传的任务

一般来说，公关宣传的任务被认为是在各种印刷品和广播媒体上获得不付费的报道版面，以促销或"赞美"某个产品、地方或个人。目前，随着公关宣传的日渐增长，它还有助于完成下述任务：

（1）协助新任务的启动。公关宣传能够帮助组织树立一个良好形象，进而容易使其以一种令人信服的方式向社会推荐创新型或风险型产品。譬如，媒体评论与宣传是电影、戏剧等推出新项目的首选手段。大量的其他服务行业中，宣传在新服务早期被接受的过程中也会扮演类似角色。

（2）建立维持形象。有资格成为积极的新闻素材，能向顾客散射迷人光彩，有助于建立品牌形象。作为技术领先者或顾客服务冠军，可能使服务组织被提及，从而在顾客心目中形成高品质、高信誉的形象，吸引更多顾客。

（3）解决问题和麻烦。公共关系能抵消诸如飞机坠毁或食物中毒等服务事件的负面宣传，帮助企业渡过难关。

（4）加强定位。步入成熟期的组织，通过媒体的经常报道或组织精心策划的公关宣传，有助于顾客保持认知和加深定位，沃尔玛的"天天低价"如此深入人心，公关宣传功不可没。

3）公关宣传的工具[①]

（1）宣传报道。宣传报道是介绍新服务的重要工具，它通过发表免费新闻消息或肯定的评价帮助广告商解释新颖之处。宣传报道的信息要想被新闻单位采用，信息必须实事求是、真实可靠，而且应包含媒体和受众都会感兴趣的内容。如果宣传报道中的信息投媒体所好，它就一定会被媒体采用，这样就推动了新服务的认知。

（2）事件赞助。公关经理可以通过赞助有足够新闻价值的事件或社区服务实现新闻覆盖率。同时，这些事件也有助于提高品牌知名度。曾经被宣传的沸沸扬扬的IBM的超级计算机"深蓝"与俄罗斯象棋大师卡斯帕罗夫之间的对抗赛，所取得的有利免费宣传报道，使宣传对抗赛的IBM国际互联网网站，在比赛高潮时吸引了10万访问者，成为万维网中访问频率最高的事件之一，这些网站大获其益。

（3）公益赞助。宣传公众赞许事件的"绿色营销"已成为企业吸引注意力和忠诚度的一种重要方式。很多消费者，尤其是长者、女士、受过高等教育的人，公开声明他们偏好企业的环保产品并愿意为这些产品付更多的钱。借助将品牌定位为生态产品，营销人员可表达他们对环境和社会的总体关注。例如，麦当劳已不再用泡沫塑料盒包装汉堡包以努力减少垃圾。类似地，沃尔玛公司开设了一家环保商店来满足消费者拯救环境的愿望。该商店的空调系统使用不破坏臭氧层的制冷剂，浇灌园林用的水是从停车场和屋顶上收集来的雨水，天窗将自然光引入店内，车栏是用可降解的塑料制成的，停车场是以可回收的沥青铺成的。

（4）国际互联网网站。公共关系工具的国际互联网网站是营销领域中的一个新现象。起初，很多营销人员只用网站宣传产品或服务，现在公共关系人员发现这些网站是发布改进服务、发展战略联系以及取得经济收入的良好工具。企业的新闻发布、技术文献以及产品信息有助于新闻界、消费者、潜在购买者、行业分析家、股东以及其他人了解企业的产品或服务。网站也是新服务产生构想和推进改进的公开论坛，并可以获得访问者的反馈信息。

9.3 服务促销与沟通策略

9.3.1 综合运用营销组合要素进行沟通

促销是为与顾客进行沟通而专门设计的，服务组织依赖促销来使它们的服务得以被顾客了解，然而营销组合中的其他要素同样可服务于此目的。当一个组织在制定产品价格、设计有形设施和制订分销计划时，组织与顾客间的信息沟通也许不是组织主要关心的问题。然而，上述决策以及有关其他一些营销组合要素的决策，都有助于顾

---

① 小兰姆，麦克丹尼尔. 营销学精要 [M]. 杨洁，李丽，王英男，等译. 大连：东北财经大学出版社，2000：530.

客将他们根本无法看到的服务清晰地印在脑海中，从而起到沟通作用。

（1）价格，有助于服务质量地位的确立。譬如，较高的价格对外传递质量较高的信息，而较低的价格表示缺乏严格的质量标准。假若你在航班的头等舱内购买了一个座位，你会期望服务水平高于你购买二等舱内的座位。

（2）地点，或者称作可接触服务的位置，也许能传递一些有关服务特点的信息。顾客对位于富裕城区的干洗企业的期望，很可能明显不同于其对位于欠富裕居民区的小服务企业的期望。知道了服务所处的位置，也许能令顾客对其服务设施的物理外形、其规模和其顾客类型有些想法，甚至也能想象一下在那儿工作的人员情况。

（3）产品特征，能向顾客传递许多信息。譬如，组织可提供的基本服务种类的数量、是否有质量保证和组织对服务名称的选择等，都会影响顾客对一种服务的知觉。一些承诺在15分钟内供应午餐的餐厅，给顾客的明确期望是服务的快速，给顾客的暗示性期望是舒适与安逸等。

（4）作为服务提供的一部分参与者（员工与顾客），可产生大量的与服务相关的信息。服务组织的顾客数量和顾客类型，可传递一些有关其受欢迎程度和目标市场情况的信息。与此类似，员工的着装、外貌与举止也许会传递一些有关服务的规范程度的信息，并可能会表明组织对其顾客的感觉。

（5）有形证据，可通过几个途径来向外传递组织期望的服务形象。装饰物、设备和工具的选择，能表明服务是传统的，还是时尚的；是狂放的，还是文静的；是自助服务，还是全方位服务。一个典型的爱尔兰酒馆所提供的服务，明显不同于一个舞厅所提供的服务。

（6）服务装配过程，可传递一些有价值的信息，如对顾客的关照程度、服务的定制化程度等，甚至也可以表明顾客作为服务的共同生产者所应扮演的角色。通过观察和参与服务装配过程，顾客不仅可获得一些有关上述问题的重要信息，而且可获得一些有关服务产品特征的其他信息。许多汽车维修商店，特别是那些提供加油或更换润滑油服务的商店，允许顾客观看服务组织对他们的汽车所做的工作。许多高接触服务行业（如医疗保健和发型设计），允许顾客作为一个积极参与者来直接观看服务过程。在上述的每一个例子中，顾客都可能发现服务装配模式的大量信息。[①]

总之，借助可控制的营销组合各要素，服务组织有大量的机会来有形化其服务。想让顾客更好地了解其服务，服务组织应密切留意其营销决策的潜在沟通作用。

下面是某银行意欲将自己定位为一家服务快速和有效的银行，它所运用的几种工具来"有形化"其战略定位。[②]

（1）地点。银行的有形环境必须暗示快速和有效的服务。银行的外部和内部设计简洁明快，对办公桌摆设和人行通道应进行认真设计安排，等待接待的顾客排队不应过长，等待贷款职员接待的顾客应有充足的座位，背景音乐应有加强服务效率观念的效果。

① 菲斯克，格罗夫，约翰. 互动服务营销［M］. 张金成，译. 北京：机械工业出版社，2001：251.
② 科特勒. 营销管理 分析、计划和控制［M］. 梅汝和，梅清豪，张桁，译. 9版. 上海：上海人民出版社，1999：439.

（2）人员。银行工作人员应是忙碌的。他们应做到衣着得体，不要穿蓝色牛仔裤或其他休闲服装，以免使顾客对职员和服务做出负面判断。

（3）设备。银行的设备——计算机、复印机、办公桌，应当看上去富有"艺术情趣"。

（4）传播资料。银行的传播资料应能表明高效率。宣传小册子应做到印刷清晰、层次分明，图片也应经过认真选择。贷款申请书应打印整洁。广告宣传应能说明银行的市场定位。

（5）象征。银行应当选择一个象征它的服务的名称。例如，可采用"商神服务"这个名称，并且用希腊神话中的商神作为图画象征。

（6）价格。银行应始终保持各种服务定价简单明了。

9.3.2 利用互联网进行服务促销

如今，互联网以其即时互动的鲜明特色成为增长最快的服务促销工具之一，互联网对于沟通促销的作用，主要体现在网上广告和网上公关宣传对传统促销手段的革命性变革。对广告而言，成本大幅度降低，指导思想彻底变革，而对于公关宣传而言，由于企业在公关中角色的重要性、主动性得以强化，从而可以开辟公关宣传的新纪元。下面只详细介绍网上广告。

1）网上广告的强大交互沟通

通过设计和推出网上广告，借助鼠标的层层点击，可将顾客吸引和引导至有关服务组织的网上信息源，由于在网上观看更多地发挥了顾客的主动性，因此只要网上广告针对顾客的兴趣和需求，就会实现顾客与组织间的"一对一"沟通，组织可以被更广泛了解，可以更及时传递最新消息，交互作用体现得淋漓尽致。同时，由于互联网提供的信息容量十分广阔，几乎不受时间限制，它可以让受众自由查询，遇到基本符合自身需求的内容可以进一步地详细了解，并向公司的有关部门提出要求，让它们提供更多的受众所需要的信息。网络广告是一种即时互动式的广告，即"活"的广告，查询起来非常方便，由一般受众感兴趣的问题，一步一步地深入到具体的信息。

例如，美国洛杉矶的一名游客想到中国来旅游，他在网上浏览到"三峡"，用鼠标在"三峡"这一关键词上单击，屏幕上便出现了有关三峡这一景点的自然景观、吃、住、行等的动态影像、声音、方案等信息。首先，他被三峡的景象深深打动，决定进一步了解吃、住、行等费用问题，看看此旅行是否可行。他继续单击吃、住、行等关键字，基本情况了解清楚后，他向重庆海外旅游公司发E-mail对某些情况做进一步的咨询，而重庆海外旅游公司给这位旅客提供更多的相关信息。这就是他们的互动过程。最后这位旅客感到费用合理、服务热情、景色优美，决定去三峡旅游。他通过E-mail订票，选定旅游路线……①

2）网上广告与其他促销手段的配合

事实上，对服务业来说，网上广告是一种正在演进过程中的促销工具，它经常和其他各种各样的营业推广措施相互配合。一些服务组织为网上顾客提供一些能够下载

① 屈云波. 网络营销［M］. 北京：企业管理出版社，1999：245.

或打印的赠券。顾客也可参加网上的竞赛，如必胜客的 NCAA 大学生篮球年度赛的获胜者竞猜。有时，一个服务组织可用电子邮件来配合网络功能，以形成强有力的促销组合。譬如，Continental、American 和 US Air 等航空公司，皆通过电子邮件来向已经注册的旅客发送特价机票的信息。假若机票价格能激起顾客的兴趣，旅客就可与航空公司的网站联系并设法购买机票。一旦涉足航空公司的网页，就可获得各种各样的信息和促销资料。对服务营销人员而言，互联网充满了诱惑。

小案例 9-4

"疯狂猜图"微信营销

"疯狂猜图"的手机游戏曾在微信朋友圈流行。这款并未在传统游戏平台进行过多宣传的"轻游戏"，却利用微信朋友圈的传播火了一把。"疯狂猜图"的特点是，可以把 App 上的游戏状态发送到微信上，微信上的好友看到后，点击链接就可以在网页端上继续玩。而这背后的技术并不复杂，由于微信支持了网页打开，仅仅需要开发一个客户端版本和一个网页版本就可以实现两个版本的互通。因为涉及品牌、电影电视、明星等 8 大类的题库，并非常人能统统知晓，一旦有题目卡住，那么求助好友模式既起到了人拉人的推广效果，又使玩家不会轻易流失。可以说，疯狂猜图完全是依据游戏内容跟游戏方式（求助社交性）来完成的一次成功微信营销，并带动了话题营销。

9.3.3　服务的口碑传播

在服务行业最突出的促销特征之一是非常重要的中介和口碑传播式的沟通，它突出了在服务促销中人员因素的重要性。顾客通常紧密参与服务交付，然后会向其他潜在顾客谈论他们的经验。而口碑就是关于某个机构的信用、可信度、可依赖性、经营方法和服务等方面的信息，从一个人、一位顾客或实际上是任何一个人传达到另外一个人。研究指出，口头传播式的个人推荐是最重要的服务信息来源之一。当人们是服务的提供者，个人推荐通常是更喜欢的信息来源。口头传播对包括专业服务和健康保健服务在内的许多服务行业，可能比其他群体的或个人的沟通组合元素有更加重要的影响。英国都灵大学的管理学校定期向学员进行调查，用以确定和他们沟通的最有效方式。调查结果始终是口碑列在首位。解释很简单：培训是复杂的服务，对于正在择校的人来说，由于不了解学校造成的很大风险，还有能比已经上过这家学校的人更可靠的信息源吗？

1）口碑传播对促销的影响

口碑传播对促销的影响是巨大的，如果在口碑信息和促销信息之间存在矛盾，那么这两种信息交织在一起同时对顾客造成一种沟通效应时，广告及其他促销就会失去影响或有一点微小的影响。口碑越不好，营销沟通如广告活动、直接沟通，以及推销等努力效率就越低。如果要消除口碑的消极影响，就必须加大对这些沟通类型的投资。但是，如果口碑交流中的消极信息太多，并且公司的形象受到严重的损害，那么营销沟通预算的任何增长都无法扭转局面，至少从长远上来看是这样的。

从另一方面来说，积极的口碑，减少了利用广告和推销进行营销沟通的庞大预算的需求。积极的口碑会有利于得到大部分所需的新业务。理论上说，良好的相互作用包括顾客感知到的高质量和互动沟通，会使大众沟通的必要性降低，而且使定价有了更大的理由。只有当开展完全崭新的服务的时候，才需要系列广告这样的大众沟通。小型的地区企业以这种方式经营已有许多成功的案例。另外，较大型的公司在更大领域中进行开拓的时候，也可以利用同样的方法取得成功。Svenska Handelsbanken，瑞典大银行之一，从20世纪70年代开始采用这一种沟通战略，效果良好，银行的利润率大大超出了同行业平均水平。

总之，好的口碑会使顾客以更积极的态度配合外部沟通努力，反之亦然。不仅如此，良好的口碑被认为是最有效的沟通载体。因而，如果企业创造了良好的口碑，即获得从顾客来源（满意的顾客）的信息，那么营销沟通再利用口碑的这种客观属性便是四两拨千斤的极佳手段，感谢信就是这方面的例子。

2）口碑传播的蝴蝶效应

口碑传播的蝴蝶效应就是指口碑传播的乘数效应，这种效应在不同行业和不同情况之间差别很大。作为一般常识，消极经历通过口碑方式增殖比积极的经历更快、频率更高。乘数值可能会是3到30之间的任何数字。在服务领域中经常引用的乘数是12，也就是说，一位顾客经历一次不好的体验，通常情况下，他不仅会停止购买，还可能告诉其他12人，而对于那些他所告诉的人，他们一般也会取消购买打算或不愿进行同类购买，因此，坏口碑严重阻断了企业客源。相反，一位顾客通常也会将一次好的经历告诉他人，但告诉的人可能会少一些。尽管没有什么实例可以论证这一数字，但是趋势十分明显。因此营销人员必须记住：不要拿口碑当儿戏！让它在各种情况下为你服务！要尽可能地利用口碑。①

3）开发口碑参考渠道建立业务

专业服务人员应经常鼓励他们的顾客把他们的服务介绍给其他人。例如，牙科医生要求满意的病人介绍朋友和熟人，随后对他们的介绍表示感谢。每天都在发生数以百万计的要求朋友、熟人、专家介绍业务。这也包括这些人在寻找医生、电气技师、旅馆、医院、律师、管理咨询、保险代理、建筑师、内部装潢人等。如果我们相信介绍人，我们就会参考他的意见。在这种情况下，介绍人一般会从该服务提供人和服务寻找者处得到好处。

当然，介绍人在介绍时必须谨慎。当服务寻找者按介绍人的介绍去做并不满意时，他或她就会对介绍人失去信心。他或她就会停止惠顾，或在极端情况下到处讲你的坏话或起诉介绍人。

虽然有些风险，介绍人仍然会愿意承担该责任。因为有3个好处：第一，介绍人在帮助了客户或朋友后感觉良好。第二，客户或朋友可能会与介绍人更接近。第三，介绍人可能从服务提供者处获得实际利益。在最后一种情况下，该利益又分4个方面：第一，该服务提供者将可能回报介绍人以业务。第二，该服务提供者将可能给介绍人增加服务内容、折扣价格或营业的广告。第三，该服务提供者为了表示感谢，可能赠送小礼品给介绍人，如观看运动节目票、亲笔签名的纪念品或假日礼物。第四，该服务提供者可能付佣金、回扣或发现费。这在某些职业中明显是不合法或不道德

---

①　格鲁诺斯. 服务市场营销管理［M］. 吴晓云，冯伟雄，译. 上海：复旦大学出版社，1998：169.

的，但在某些情况下也有发生，例如，汽车经销商因输入银行贷款而获得佣金。

基于以上事实，服务提供者要重视建立口碑参考渠道。他们应要求组织直接向潜在顾客和潜在来源推广。例如，建筑师知道，他们可以从律师、会计师、建筑承包者、银行和内部装潢人处得到介绍。这个过程所面临的挑战是寻找高收益的参考来源和采取积极的措施以培养他们的支持者。服务提供者建立与参考来源关系的方法有向他们发送新闻稿、请吃饭、提供免费会诊等。当服务提供者在介绍中得到新的客户，他们应聪明地向介绍人发出感谢信。在提供客户服务后，他们也应聪明地向介绍人报告结果。

综上所述，服务提供者应把潜在的参考来源作为另一个目标市场，该市场要求一个特定的培养他们的支持力的营销计划。

9.3.4　沟通循环圈

1）沟通循环圈的含义

当顾客与服务企业进行接触时，他们之间会按照沟通循环圈发生交互作用。这个经总结的沟通循环圈包括4个部分，即期望/购买、互动作用、经历以及口碑/参考。如图9-2所示，一位顾客或潜在顾客总是先有了某种期望然后再决定购买。这就是说，一种持久的顾客关系在延续，或者说新的业务正在被发展和创造。如果的确这样做了，他或她（或一位组织顾客）就进入了顾客关系生命周期的消费阶段。在这一点上，顾客就参与到与机构的互动作用中，并感知所提供服务的技术质量和职能质量。这些互动作用包含了大量真实的瞬间和机遇。这儿就出现了互动沟通效应。它是作为顾客感知组织的互动营销业绩的一部分。

既然顾客已经参与到买卖双方的相互关系中，并通过口碑方式数次感知到质量的各个方面，顾客从中就得到了服务的经历；如果口碑传递的信息是积极的，那么顾客就会形成有利的期望。带着积极经历的顾客就会在此基础上重新或继续使用服务，新的潜在顾客就会对组织和它所提供的一切感兴趣，并将此作为一种满足他们需求和解决问题的可能方式。参考他人意见（或评价）代表了一种积极的方法，使公司在营销中建立积极的口碑，从而更有效地利用良好口碑的潜在源泉。[①]

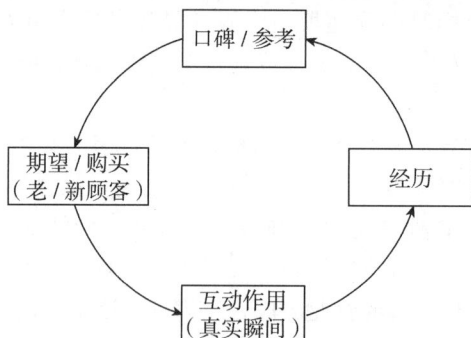

图9-2　沟通循环圈

---

① 格鲁诺斯. 服务市场营销管理［M］. 吴晓云，冯伟雄，译. 上海：复旦大学出版社，1998：169.

2）建立整体沟通管理

服务组织机构可能采用多种沟通战略，然而成功实施营销沟通的关键在于，组织和顾客之间的互动作用怎样才能适合客户的需求和愿望，怎样才能适合一流感知质量的生产，以及适合建立可以起到支持作用的口碑。如果忽视了相互作用的沟通，那么互动沟通的影响很可能不大好，也许还会产生负面影响，结果，需要把更多金钱花在别的类型的沟通上，实际上，即使是这样可能仍然不够。

如果多种沟通开展的效果和口碑传播不协调和适应，那么过分的承诺以及随之产生的质量差距的风险将会大大增加。这样顾客将会面临现实与期望不符的情况，它会反过来摧毁沟通圈，产生以下三种后果：

（1）口碑和参考效应变成消极的。

（2）企业的营销沟通效果及企业信誉受到损害。

（3）整体和局部形象遭到破坏。

另外，如果沟通过程中的所有要素与买卖双方相互作用中的顾客感知协调，那么相应的效应也当然与上述后果截然不同。良好的口碑将会建立，营销沟通努力的信誉会增加，形象会得到改善。

总之，从管理的观点来看，只有总体沟通管理的观点才是有效的和合理的，即统一考虑各种类型的沟通效应，并在总体的沟通方案中付诸实施。

3）沟通循环与组织形象

一个组织的形象包括国际的、国内的以及区域的，代表着现有顾客、潜在顾客、失去的顾客及其他与组织有关的群体的评价。对不同群体来说，形象会有所不同，甚至会因人而异。但是，总会有一些对该组织的共识，它对某些群体来说是清晰的，而对另外一些群体来说是模糊而鲜为人知的。

一个受欢迎的、众所周知的形象，包括整体和（或）局部的，是任何企业的宝贵财富，因为从许多方面来说，形象对于顾客认识企业的沟通和经营具有重要的影响。形象的作用至少包括：

（1）形象和外部营销活动一起，如广告、个人推销、口碑沟通，都影响着顾客的期望。这里我们仅仅考虑顾客关系，但形象会以类似的方式作用于与其他公众的关系。形象本身对期望就有影响。不仅如此，口碑一样帮助人们筛选信息和进行营销沟通，一个积极的形象会使企业较容易地进行有效的沟通，也会使人们更容易接受有利的口碑。当然，一个中性的、鲜为人知的形象可能不会造成什么危害，但它无法使口碑和沟通发挥有效的作用。

（2）形象是个"过滤器"。它影响人们对企业经营的认识。通过这个过滤器，人们可以看清技术质量，特别是职能质量。如果形象良好，它就成了一顶保护伞，小问题甚至偶尔出现的技术和职能质量性质的大毛病，对企业的影响就不会那么大。但这只是暂时的。如果这类问题频频发生，这顶保护伞的功效就会逐渐消失。形象发生了变化，这个过滤器就会有负面影响。一个不利的形象会使顾客对糟糕的服务感到更加不满意、更加生气。一个中性的、不为人知的形象在这方面不会带来伤害，但也不会提供"保护伞"的作用。

　　因此，服务组织沟通的一个任务是在改进企业内部现实的基础上，向社会传播企业的良好形象。如果形象显现不好，顾客的经历就很可能不好。而如果在这种情况下，管理部门要求广告商设计一次广告活动，向顾客提供一个信息，即该公司是以服务为导向、具有为顾客着想的意识、现代化，或诸如此类的东西，那么其结果只会是一场灾难。最好的结局是只浪费了金钱，可是有时候，这类行为会造成更加致命的后果。例如，欧洲一家全国性的零售连锁企业，在服务导向方面做得不如竞争对手，受到形象问题的困扰，对各种整体广告活动进行了大规模的投资，宣传其良好的服务，吹嘘自己拥有为顾客着想的员工、零售连锁店环境优美等。在短期内，销售量增加，但是在最后销售量还是降至原来水平，甚至更低。不仅如此，它原本就不佳的形象更是"雪上加霜"。

　　简言之，认识到形象存在于现实中是很重要的。如果沟通的形象与现实不符，则形象就不是所沟通的东西。当真正的业绩和沟通的形象之间不一致时，现实就会是赢家。如果组织沟通的信息使人感到不可信，就会严重破坏形象。存在形象问题，管理部门应在采取行动之前深入分析问题的性质，沟通问题能够也应该通过沟通加以解决。但是如果存在真正的问题，即由于低劣业绩造成了消极或是不受欢迎的形象，这时只有内部行动才能改善形象，也就是需借助内部营销解决问题。

本章小结

　　促销沟通是服务营销中的重要环节，服务组织借助它向公众传递服务活动的具体信息，以达到告知、劝说和提醒的不同作用，从而激发顾客购买，实现服务销售。服务促销与沟通手段丰富多彩，不仅包括传统的人员销售、广告、销售促进、公关宣传，而且从整合营销沟通角度看，服务组织的其他营销要素也都能起到沟通促销的作用。

　　如今，服务业已借助互联网形成新的沟通机遇，而口碑传播效应和沟通循环圈也对服务有着特别的影响作用，服务组织必须对此加以关注。

复习思考题

1. 服务沟通促销的目标是什么？
2. 试述服务促销与实体产品促销的差异。
3. 服务广告的指导原则是什么？
4. 如何理解服务人员销售的重要意义？
5. 请列举销售促进的几种方法。

6.什么是口碑传播和沟通传播圈，它们分别对服务企业有哪些影响？

案 例

亚马逊——马上有惊喜

背景及目标：

2013年双十一淘宝单日创下 350 亿销售额，让电商行业竞争愈演愈烈。亚马逊作为国际化电商巨头，希望在电商大战中，开创个性化、创新性、国家化的品牌高度，并能在 2014 年开年，打响电商第一枪。为此，亚马逊也对搜狗提出三个挑战。

（1）六亿网民中，谁是亚马逊核心用户？中国网民快速发展和流量的迅速攀升让亚马逊对有效流量的需求愈发迫切，如何针对性地找到受众，在广撒网的同时精准地找到消费受众，是营销能否成功的关键。

（2）如何在众多电商品牌中形成差异化？如何将推广与自身定位匹配，实现品牌和销量共赢？

（3）搜狗除了传统搜索服务，如何创新？亚马逊不希望搜狗只是提供 PC 搜索服务这一单纯的广告形式，需要更多广告展现样式、更多流量入口，让营销变得更加丰富。

与传统的营销活动不同，在淘宝双十一大捷后，亚马逊希望能够在本次营销活动中，让品牌和销量实现双赢。

品牌层面：在电商白热化竞争中脱颖而出，深度展示品牌信息，传递品牌创新理念。

效果层面：在元旦、春节采购季，提高年货采购量，并且借助 PC 和移动双网联动，覆盖全网用户。

解决方案及实践

充分利用了搜狗搜索的两大核心平台——PC搜索+无线搜索平台，借助如搜狐网、腾讯网、搜狗浏览器、QQ 聊天、搜狗输入法等多样的入口资源，让用户在搜索亚马逊相关信息时，在搜索结果页以浮层弹框形式出现动态的 flash 广告。覆盖屏幕的立体动画，可以让用户充分点击；结合马上有的热潮，让用户很轻易地想到采购年货选择亚马逊；配合搜狗 PC 品牌专区和无线品牌专区，在搜索结果页增加购买转化。

创意策略：马上有。借助马上有，让用户在输入、搜索、聊天、浏览新闻时等各个场景进行搜索，都能看到亚马逊广告信息。

媒体策略：全面打通搜狗系、腾讯系、搜狐系资源，多入口、强曝光、全覆盖，短时间内增加亚马逊搜索转化效果，提升品牌形象。

此次营销是搜索广告形式的重要突破，是搜索精准广告和品牌展示广告的有机结合，也开启了搜狗与众品牌的浮层品牌专区深入合作。

创新价值点

与传统客户选择搜索引擎侧重效果不同，亚马逊更加重视品牌和效果的双向结合。如何满足亚马逊的双重需求？搜狗有机结合了品牌展示广告和搜索广告，为亚马逊定制化推出全新搜索引擎推广形式——浮层品牌专区，借助"马上有"热潮和创新浮层，满足亚马逊品牌推广和效果考核的双重需求。

在用户搜索亚马逊等信息时，搜索结果以 flash 方式弹出全屏广告，占据搜索结果页整个屏幕。此时，恰好"马上有"的活动席卷微博、微信，借助马年，搜狗为亚马逊推出"马上有惊喜"浮层专区，让丰富商品在专区轻松阅览。

在搜狗、亚马逊战略推广案例中，双方在合作深度、合作形式与合作流程上的创新，体现了搜狗搜索营销在时效、整合、创新三方面的优势。八大互联网入口的跨屏传播，达到了效果的最大化；浮层品牌专区，代表了互动创新的趋势，实现了品牌认知的强化；而 PC+无线端的整合营销，也为一屏多资源推送奠定了坚实的基础。搜狗用创新的多维推广，精准覆盖了亚马逊的潜在消费目标群体，成功地将大流量导入亚马逊。

资料来源　中华网财经. 回顾 2014 最 duang 的网络营销案例（线上品牌活动）[EB/OL]. [2016-11-08]. http：//finance.china.com/fin/sx/20154/21/0864399.html.

第10章　服务人员和内部营销

在服务业的交易活动中，服务人员的作用举足轻重。基于服务的无形特性，顾客往往把服务人员等同于服务活动本身，因此顾客与服务人员怎样才能实现成功互动，这是对服务组织具有挑战意义的课题。为了鼓励全体服务人员更好工作，为了使服务组织在真实瞬间中赢得顾客支持，内部营销便成为服务组织生存发展的战略性选择。

10.1　服务人员与顾客的关系

10.1.1　服务人员与顾客

1）服务人员的重要作用

服务活动依靠服务人员与顾客的交往实现。医疗、理发、航运、教育、汽车修理、商品零售以及更大范围的其他服务，都属劳动密集型，因此，人是这些服务质量保证的关键因素。由于服务的无形特性，顾客没有其他东西作为评价服务质量的基础；由于服务缺乏有形实体来供顾客去摸、抓或看，故顾客往往将服务组织的工作人员等同于服务本身。

服务人员有效完成其工作任务很重要，服务公司必须促使每一位员工成为服务产品的推销员。如果有一位服务人员态度冷淡或粗鲁，他就破坏了为吸引顾客而做的所有营销工作；如果他态度友善而温和，则可提高顾客的满足和忠诚度。

小案例 10-1

两种截然不同的经历[①]

Greg自认为他计划得万无一失，他为从机场到火车站留出了2个小时。从机场到火车站，乘公共汽车只需30分钟，2个小时显然绰绰有余。即使飞机稍微晚点一会儿，他仍然有一定的富裕时间。可是Greg乘坐的飞机比预定的时间迟到了近1个小时。当Greg到达汽车站时，发现他刚好错过了上一辆汽车，而下一辆汽车要等20分钟以后才发车。当Greg向汽车调度员解释其困境后，汽车调度员告诉他，他本人也曾遭遇过类似的困境，故他申请一辆备用汽车并建议司机将Greg先生直接送到火车站。幸亏汽车调度员的同情与及时处理，Greg在发车前5分钟到达了火车站。Greg牢牢记住该公共汽车公司的名字，要将这次经历告诉他人，将他所经历的事情传播于众。

把Greg的经历与Cindy的经历做一对比。Cindy走进她的财务计划人的接待室，比约定的时间提前了10分钟。财务计划人的秘书正专注地与朋友在电话里聊天，当Cindy表明自己的来意后，她厌烦地瞪了Cindy一眼，冷冰冰地抛出一句"Portfolio先生一会儿就见您"后，就继续与她的朋友聊天。Cindy挪开等待区域的长椅上的报纸和杂志，腾出一个位子坐下。10分钟过去了，20分钟、30分钟也过去了。偶尔，Cindy也用目光与秘书交流一下，希望她能处理一下这件事情，至少也应对

---

① 菲斯克，格罗夫，约翰. 互动服务营销 [M]. 张金成，译. 北京：机械工业出版社，2001：149.

此次耽搁做出解释或道歉。尽管 Cindy 不想偷听，但她还是听到了一些秘书在电话里的评论，评论夹杂着对 Portfolio 先生的尖锐批评，还不时介入一些亵渎与不敬。最后，Cindy 终于厌倦了如此无限期等待，且秘书的通话内容也令她极不舒服，Cindy 走近秘书，再次质询此次耽搁的原因。秘书丝毫未掩饰对再次被打断的不满，冲 Cindy 叫道，"他会来见你的"，而后，又继续其有趣的聊天。Cindy 忍无可忍恳求道，"您知道大概什么时间可以吗？"不悦的秘书连眼皮都没抬一下，挖苦道："我怎么知道，我仅在这儿工作。"Cindy 转身就走，再也没回来过。

　　Greg 与 Cindy 所经历的一切表明：顾客对服务组织的感知或反映，受到服务员工的极大影响。在 Greg 的例子中，他与公共汽车公司的服务遭遇是积极的和正向的，因为汽车公司的一位员工竭尽全力地为他解决了难题。而在 Cindy 的例子中，服务遭遇是 100% 的消极的和负面的，因为员工并没有尊重她。Greg 很可能在将来继续消费该公共汽车公司的服务，且有可能为该服务组织带来新的业务，因为 Greg 会在与朋友或同事的交谈中赞美该组织的服务。而至于 Cindy，她会选择其他服务组织，且会积极地劝阻其朋友接受 Portfolio 先生的咨询服务，尽管 Portfolio 先生不知道她和其他顾客为什么会抛弃他。

　　尽管服务组织的持久成功依赖诸多要素的贡献，但服务员工素质的影响却最为突出。因此，服务组织面临的一大挑战是发现"提升人员杠杆因素"的方法与途径。而深刻地理解服务员工在组织寻求卓越过程中的关键作用，是完成上述工作的起始点。

　　2）员工、顾客对服务企业的作用

　　员工和顾客对服务企业至关重要，二者究竟如何对服务企业发生作用，服务利润链图（见图 10-1）能做出很好的说明。

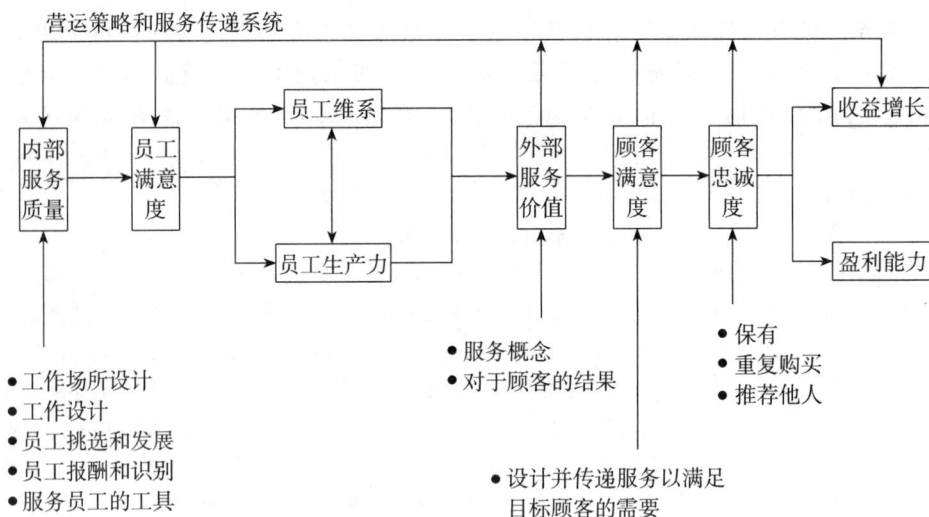

图 10-1　服务利润链图[①]

　　这条链图的联结环节如下：利润及其增长主要由顾客的忠诚来激发和推动；顾客的忠诚是顾客满意的直接结果；顾客满意与否在很大程度上受到提供给顾客的服务价值的影响；服务的价值是由满意、忠诚和富有活力的员工所创造的；而员工的

---

①　洛夫洛克. 服务营销 [M]. 陆雄文，庄莉，译. 北京：中国人民大学出版社，2001：577.

满意度则又来源于一个能使员工有效服务于顾客的高质量的服务支持体系和相应的政策。

此链图的起端说明内部质量是基础，可以通过评价员工对自己的工作、同事和公司的感觉而得到。最主要的是来自员工对自己工作的评价，而员工对企业内其他人的看法和企业内部人员互相服务的方式也对内部质量产生影响。换句话说，企业内部对人力资源的管理影响着员工的满意程度，从而最终导致企业服务价值的实现。而该链图的终端说明：忠诚顾客在一个成功的服务企业的销售和利润增长中的作用举足轻重。据调查有些公司发现，其最忠诚的顾客（所有顾客中的前20%）不仅创造了公司全部利润，而且还弥补了忠诚度较差的顾客给企业带来的损失。总而言之，服务企业制胜的关键在于充分培育员工和努力服务顾客。

小拓展10-1

服务利润链是表明利润、顾客、员工、企业四者之间关系并由若干链环组成的链。服务利润链的研究源于战略和绩效分析PIMS（Profit Impact of Market Strategies）。1982年，厄尔·萨塞等发现顾客忠诚度在企业运营当中有着举足轻重的地位，这为日后客户忠诚度的研究拉开了序幕；几年之后，詹姆斯·赫斯克特提出"战略性服务理论"；1994年，赫斯克特等5位哈佛商学院教授题为"让服务利润链有效作用"的作品面世，这是关于服务利润链理论的第一部作品；1997年，服务利润链理论被正式提出；2000年，西尔维斯特用服务利润链理论分析了英国杂货商的运营体系，论证了服务利润链理论中各个要素之间的相互联系和规律，他们还发现商店的收益与员工的满意度没有太大的关系，而是与员工的不满意程度有着很大的关系；2003年，赫斯克特等人将原先在服务业应用的服务利润链模型扩展到制造业等多行业多部门。这项历经20多年、追踪考察了上千家服务企业的研究，试图从理论上揭示服务企业的利润是由什么决定的。他们认为，服务利润链可以形象地理解为一条将盈利能力、客户忠诚度、员工满意度和忠诚度与生产力之间联系起来的纽带，它是一条循环作用的闭合链，其中每一个环节的实施质量都将直接影响其后的环节，最终目标是使企业盈利。

10.1.2 服务系统图与可见性线

1）服务人员的细分

如果认为服务组织内的所有员工都同等重要，那未免有些天真，从顾客角度来看，服务企业的员工可分为两类：必须与顾客接触的员工和不需要与顾客直接接触的员工。

那些与顾客直接接触的员工，对顾客的服务感知影响最大。他们是组织与顾客间桥梁的边界支撑，在顾客看来，他们代表着服务。飞机上的值班人员、教师、护士、银行出纳、服务生及其他前台员工，对顾客来讲就是服务。服务员工通过他们的业务技能和社交技巧来为服务质量提供证据。

然而，服务表现同样依赖那些幕后员工的活动，他们虽在顾客的视线之外，但同等重要。飞机上的行李处理人员、餐厅的厨师和医院的药学师，都在幕后的某些具体设施内发挥着他们的作用。如果行李箱被送错了位置，开的药与处方不符，或者是饭菜做得不好，那么后台服务人员将使他们的前台同事相当焦虑，也会破坏顾客的服务体验。后台服务员工在完成基本任务时所表现出的技能水平，影响到顾客对服务质量的评价，尤其是当这些员工无法完整、充分地履行其职责时。虽然后台员工的形象或举止并不被顾客所特别注意，这与那些在传统工厂中工作的工人一样，但其会影响那些与后台员工发生接触的其他员工，尽管这些影响也许不像前台员工的影响那样突出。然而事实上，每一项服务操作都充满了这类内部服务职能，它们彼此相互支持，并为与最终的外部顾客发生相互作用的员工和职能提供支持。内部服务职能往往比外部顾客服务职能还要多。

总之，如果内部服务不够好，就会破坏向外部提供的服务。但是，通常很难使参与支持其他职能的内部服务部门中的员工认识到他们的业绩对最终服务质量的重要性。他们从未看见过"实际的"顾客，容易认为他们所服务的对象只不过是同事而已，他们所进行的服务无论如何也不会影响外部的业绩。处理应该为"其他员工"（而不是最终顾客）服务的那些人的态度，一种方法是引入"内部顾客"（Internal Customer）的概念。该概念将顾客-服务提供者之间的关系引入企业内部，如图10-2所示。可能存在一个或一套内部服务职能，每一个职能都由图中的一个方格表示，它又被包含在一个更大的方框中。这些职能对于其他内部服务提供者来说，就是内部顾客；但对于其他内部顾客来说，又是服务提供者。最后，在服务过程中，最终的输出就是最终的外部顾客接受和感知的外部服务。[①]

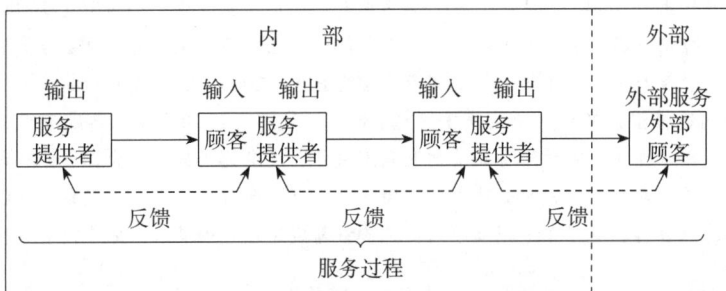

图10-2 内部营销职能和内部顾客关系图

2）服务生产系统图与可见性线

通过对服务员工细分，我们知道顾客购买或消费服务的时候，有些顾客可以被看到，而有些员工是看不到的。一般在很多情况下，两个或更多的职能直接与顾客接触。那么，很重要的一点是，这些平行的过程之间应该协调配合，使顾客感觉到只是一个唯一的服务过程，否则，服务质量会不可避免地恶化。如果这种情况下没有人为顾客负责，那么各职能部门相互推诿，把顾客从一个部门推到另一个部门，组织没有承担起服务的责任，因而只能让顾客被迫接受组织所提供的现有服务，结果形成一种很恶劣的质量评价。

图10-3表明了在众多的子过程之间通过相互联系和相互作用建立服务生产过程。顾客接触到的只是一部分子系统。如图10-3所示，其中有一条能见度界线（Iine of Visibility）（这一概念由休斯旦克在1984年和1987年提出）将顾客能直接看到和感知到的一部分过程与那些间接影响感知服务质量的一部分过程分隔开来。[②]

---

① 格鲁诺斯. 服务市场营销管理［M］. 吴晓云，冯伟雄，译. 上海：复旦大学出版社，1998：214.
② 格鲁诺斯. 服务市场营销管理［M］. 吴晓云，冯伟雄，译. 上海：复旦大学出版社，1998：215.

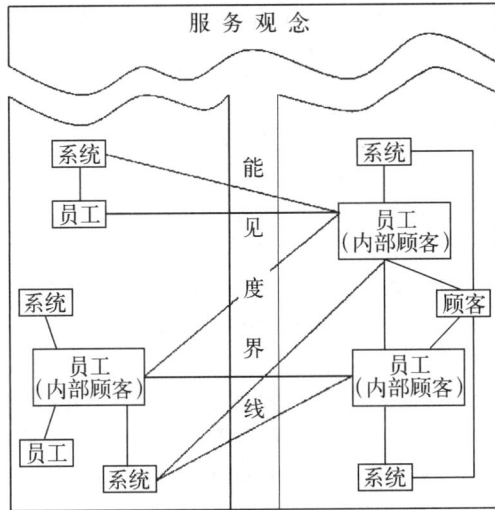

图 10-3 子过程职能的服务系统图

可见性直线前与顾客直接接触的就是服务生产系统中可见或互动部分，它包括顾客及与顾客相互接触的组织其他资源，如员工、系统、经营惯例和物质资源等；可见性直线背后的属于服务支持部分，在幕后对互动服务给予支持，它包括系统与管理支持。直接为可见性直线前的一线员工提供服务的二线员工及为二线员工提供服务的三线员工等，整个系统都在服务观念指导下运作。服务生产系统图显示了内部顾客现象的广阔范围和巨大影响。几乎每个人都有要服务的顾客，尽管有时候大部分的顾客都是内部顾客。认识到内部顾客的存在及其重要性会为组织内部所开展的工作提供一种全新的视角。"只有当顾客满意时——考虑的仅仅是满意，而不论顾客是外部的还是内部的——工作才被顺利地完成了。"

当认识到服务生产系统时，我们就可以运用各种战略。一种是将整个系统中的可见部分简化到只有一两个人。顾客只与他们打交道，而服务生产过程中的绝大部分都是在内部进行的。例如，一家保险公司只是通过一个代理商来处理它与顾客的所有联系，它运用的就是这种战略。当然，运用这种战略是为了使顾客与企业的接触尽可能容易和简单。另外，还有一种战略是让顾客接触到许多子过程。比如，一家餐馆通常不得不采用这种战略。这时候的顾客关系要更广泛、更脆弱，在顾客眼皮底下就可能犯错误，而可以作为内部事务处理的问题要少很多。当然，这两种战略之间还会有许多选择。最重要的一点是，设计服务生产过程时要使感知服务质量最大化，而且，目标顾客的需求和愿望应该指导有关能见度界线划在何处的战略。

10.1.3 真实瞬间

1）真实瞬间的含义

研究服务生产系统图与可见性线后，我们会发现服务组织与顾客交互作用时的最核心部分乃是服务人员与顾客发生接触的真实瞬间。真实的瞬间是指在特定的时间和特定的地点，服务供应方抓住机会向顾客展示其服务质量。顾客光顾一家服务组织时，他要经历一系列的"真实的瞬间"。例如，乘坐飞机，乘客从抵达机场开始，直到取回行李离开机场为止，要经历许多这样的瞬间。因此，企业生产和交易某一特定质量水平时所使用的资源必须直接有利于顾客对真实瞬间的认识。

小拓展10-2

"真实瞬间"（Moment of Truth），也被译为"关键时刻"，指一段经历。在这段经历中，顾客与服务组织的某个方面交往，并感受到服务的质量。这个概念最早由瑞典学者理查德·诺曼（Richard Normann）于1984年引入服务质量管理理论之中。诺曼认为顾客心中的服务质量由真实瞬间的相互影响来定义。一个顾客和服务提供者一起经历多次相遇之时，在这经常的短暂相遇的瞬间中顾客评价服务并形成对服务质量的看法。每一真实瞬间就是一次影响顾客感知服务质量的机会。Valarie A.Zeithaml和Mary Jo.Bimer两位服务营销管理研究领域的专家认为："真实瞬间是连续的服务接触过程，可将其设想为一个链环。在这些接触中，顾客很快感知到企业的服务质量，如果每一次接触企业都保证顾客满意，顾客自然愿意和企业再次交易。从组织的观点来看，每次接触都是证明服务提供者潜在服务质量和增加顾客忠诚的一次机会。"这样的瞬间正是展示服务产品质量好坏的关键时刻。服务营销学大师克里斯蒂·格鲁诺斯（Christian Gronroos）认为："服务过程的核心就是买卖双方相互作用的真实瞬间，也就是机遇。"

真实瞬间对服务组织是一种真正的机遇，在那时刻，员工和顾客碰在一起相互作用，由服务人员向顾客提供一系列价值，虽然顾客所得的全部价值并非完全在真实瞬间中产生，其中很大一部分是通过组织的支撑部门事先创造的，但是从顾客角度看，真实瞬间中发生的事情决定了一切。如果顾客不满意他所接受的服务，那么事先创造的价值就会消失得无影无踪。

服务人员与顾客的互动作用不是在真空中产生的，他们的行为各受不同因素影响，员工与顾客的真实瞬间如图10-4所示。

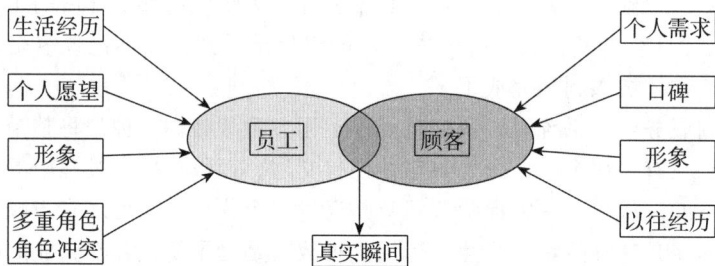

图10-4　员工与顾客的真实瞬间

顾客在经历服务时包含着他们的某些期望，而这些期望中的一部分又是服务提供者创造的。组织通过它的各种外部营销职能，向顾客做出承诺，希望满足目标顾客群的个人需求和愿望。这些承诺以某种方式强化或是减弱了顾客以前经历所形成的印象。该印象是由口碑和顾客对服务提供者的整体或局部形象所构成的。如果员工的能力和积极性符合顾客的期望，他们就需要得到内部营销活动的支持。组织通过发展和保持服务文化，积极地推出新产品和新服务，并开展直接针对员工的动员大会，使得员工为真实瞬间做好充分准备。内部营销为兑现承诺创造了必要的先决条件。

在员工的行为中，其对工作的个人愿望、上级主管的鼓励、员工的生活经历、员工的形象等都对真实瞬间所能取得的业绩有着重要的影响。而且员工还受到双重角色的影响，也就是说，他们可能会用某种眼光去看待顾客，但组织却让他们用另一种眼光去看待顾客。角色冲突也是影响员工的一个因素，比如，员工必须按照管理人员的要求工作，即使碰到机遇也不能违背管理者的意图。

真实瞬间中发生的事情，也就是说，顾客和员工碰在一起发生的相互影响，决定了顾客的经历是否满足了他们的期望。如果实际经历与期望一致或者略高于期望，感知服务质量可能很好；否则，就可能出现质量问题。良好的形象以及有利的口碑和形象是长期顾客关系的（包括再销售和交叉销售）坚实基础。

2）真实瞬间的重要性

在服务竞争中，联系员工与顾客构成的每一种关系都属于真实瞬间。服务供应者的成功与否就在此时决定，而销售和交叉销售也取决于这个瞬间。如果这些真实的瞬间使得顾客对联系员工、经营系统和物质资源以及整个组织留下了美好的印象，那么顾客关系就会得到强化。它有可能持续更长的时间并得到更多的业务。相反，买卖双方的相互作用如果处理不当，也就是顾客经历了负面的真实瞬间，就会破坏顾客关系并导致经营业绩滑坡。

同时，真实瞬间对服务组织的机遇稍纵即逝，如果发生了质量问题，一切挽救措施都为时已晚。这是由于服务的特征与服务生产和消费的性质，事后的控制不能挽救败局，它只能让我们看到劣质的服务已经被生产出来并被顾客消费了。不仅如此，如果事情不能在第一次时做得圆满，发生在支持部门或者买卖交易期间的质量问题纠正起来的代价极为昂贵。例如，发生服务质量问题时，服务供应方主动与顾客联系，纠正错误，解释出错的原因，但是最后还是事倍功半，与管理良好的真实瞬间相比，麻烦多了。

因此，对于任何服务组织而言，如果服务人员的互动营销任务没有完成，无论销售队伍的销售努力、广告活动或者其他的常规市场营销竞争方式成功与否，营销职能最终还是失败。这就是服务营销最核心的内容。所以，这就需要服务生产和传送过程计划周密，执行有序，防止棘手的"真实的瞬间"出现。如果出现失控状况并任其发展，出现质量问题的危险性就会大大增加。阿尔布兰特和扎姆克说道："一旦真实的瞬间失控，服务质量就会退回到一种原始状态。"①

3）真实瞬间的整体活动保证

在真实瞬间中，服务人员与顾客的交互作用属于一个决定因素，它同样依赖于其他资源和职能所提供的支持，它们对顾客来说更是难以看到。例如，如果仓库的运货卡车装卸不谨慎，又不遵照工作进程表，那么交易职能就不会对顾客产生积极作用。结果，当对企业的相互作用部分的服务导向进行计划和管理时，我们必须更加深入到组织内部，以便强化相互作用时的真实瞬间。这意味着生产和交易服务的整个系统必须作为一个整体职能来管理。只注意相互作用本身及其直接涉及的资源会对管理工作产生误导。

所以，服务组织一方面应加强一线联系员工的服务职能，必须在服务生产和消费的那一瞬间，以服务导向的态度娴熟、灵活和及时地完成工作并当场检验服务的质

① 格鲁诺斯. 服务市场营销管理［M］. 吴晓云，冯伟雄，译. 上海：复旦大学出版社，1998：43.

量。例如，当产品送到顾客手中时，当维修电梯时，当客人在餐馆用餐时，当接线员答复顾客打来的电话时。同时，联系员工或者为内部顾客服务的支持员工不应该孤军奋战，要以"共同的意识"（Common Sense）为工作指导原则。① 另一方面，由于管理者没有能力直接控制服务的生产和真实瞬间，他必须发展和保持一种"间接控制"，创造一种氛围，即工作气氛和道德规范——实现间接的控制，让员工感到服务是指导他们思考和行为的规范。管理者还应该向员工提供必要的知识、技能和指导，以便员工在与顾客的接触中（内部的或外那的）正确管理自己的质量。不仅如此，管理者还必须强化员工管理质量的态度和意识潜力，即管理者应该通过各种可以利用的子系统向员工强调服务的重要性。

10.2　服务人员应具备的条件

服务人员对服务组织的重要作用已被反复强调，因此对此做出反应，是所有在服务领域进行角逐的服务组织应具备的基本要求。重视员工，首先必须明确有关服务人员的各项内容，下面将分别予以介绍。

10.2.1　销售人员的条件

为了实现有效销售，销售人员应具备综合素质，对此，专家的说法各有不一。

我国台湾地区以销售训练见长的林有田先生认为，合格销售人员应当具备五A四力。五A是指善于分析（Analysis）、善于接触（Approach）、频于联系（Attach）、主动攻击（Attack）和有利共享（Account），四力是指情报力、行动力、吸引力和说服力。

我国台湾地区的另一学者范扬松则认为，要成为优秀的销售人员必须具有以下素质：

（1）具有专业精神，义无反顾，不断激励自己，向业绩巅峰挑战；

（2）讨人喜欢的人品，包括诚实、努力、乐观、负责、谦虚；

（3）精通三项知识，包括商品知识、推销知识及人性知识；

（4）了解勇气的价值，具备推销的决断力、自信与意志力；

（5）不可有错误的斗志，坚持己见，随时与客户"战斗"；

（6）忠诚的心，忠于客户、忠于公司、忠于上司；

（7）勤勉，手勤（写信）、口勤（联络）、脚勤（热心拜访）；

（8）将每次推销都视为一次杰作，不断地修正、创新方法。

美国销售管理专家查尔斯·M.富特雷尔认为，成功的销售人员应具备以下素质：精力充沛、高度自信、追求物质财富、工作勤奋、很少需要监督、坚持不懈、有竞争心、良好的外表、讨人喜欢、能够自律、聪明、以成就为导向、良好的沟通技巧。②

由以上讨论可知，要成为合格的销售人员是不容易的，销售人员应努力锻炼和实践，逐步达到合格销售人员所要求的任职条件。关于最佳销售人员的特征，美国盖洛

① 格鲁诺斯. 服务市场营销管理［M］. 吴晓云，冯伟雄，译. 上海：复旦大学出版社，1998：299.
② 熊银解. 销售管理［M］. 北京：高等教育出版社，2001：103.

普公司总结了一个模式。22年来，为了筛选和发展销售才能，盖洛普采访了50万名来自联邦快递一类公司的销售人员。[①] 研究表明，最佳销售人员具备四种重要才能：促成购买决定的能力；内在的激励；自我约束的工作习惯；同顾客建立关系的能力。只要这四方面样样突出，并能维持平衡，就一定能成为出色的业务人员。

1）促成购买决定的能力

如果业务员不能让客户下单，关系技巧和产品知识就毫无意义。不成交，就没有销售。关于大多数善于成交的人共有的性格特征，有一条，那就是百折不挠地坚持。麦基说："高手都清楚，要想把成功率提高三倍、失败率也得提高三倍。善于成交的业务员就像是优秀运动员。不怕失败，不成交誓不罢休。"

业绩好的业务员经得起失败，部分原因是他们对自己和自己推销的产品有不折不扣的信心。国际商业机器公司实地操作部总经理助理乔恩·贾奇（Jon Judge）说过："善于成交的人有高度的自信，相信自己在做该做的事。一个人要是对他的产品没信心，那他很可能做不了多长时间的销售。对真正了解产品的精明的业务员来说，成交并不难。因为你是在让聪明人，也就是你的客户，买你确信对他们的企业有益的东西。"

2）内在激励

优秀的业务员具备强大的内在驱动力，它可以引导，可以塑造，但却教不出来。一般地讲，他们不去想这个职业的艰难、工作时间长和不着家，而是始终专心致志，不惜一切去达成交易。一些优秀的销售人员有"猎人"般的动力，他们极富竞争性，目标专注，有反叛精神，善于赢得新客户。他们常常天不怕地不怕，能跟首席行政总监一类人物打交道，而且还能让人愿意再见到他。他们有猎人般渴望猎物的本能。

虽然并非人人都是被猎物所驱使的，有些业务员则属于"农夫"，他们守住一块市场，勤勤恳恳地打电话跟进，一步一个脚印地发展业务。他们不会发出耀眼光芒，引人注目，但仍然每天都贡献出实际的成绩。

3）自我约束的工作习惯

不管动机如何，自我约束的工作习惯是业务员通向成功的重要因素。如果缺乏头绪、不专注，就不可能跟上顾客不断变化的需要。乔恩·贾奇说："优秀的业务员总是执着地了解有关客户的一切细节，他们为顾客制订条理清楚的计划，然后及时、自觉地贯彻到底。好业务员做事从来不拖尾巴。如果他们说6个月后会跟进拜访某位客户，6个月以后他们肯定会出现在客户门口。"

业绩顶尖的业务员总是比别人干得多。"有人说全凭技巧或运气"，销售培训公司（Farber Training Systems，Inc.）总裁Barry Farber说："其实优秀的销售人员起早贪黑，为一项提议能熬到夜里两点。别人都下班了他们还在不停地打电话，这么干才会有好运气。你可以叫他们工作狂，但对他们而言，这才是工作。"

4）建立关系的能力

很多业务代表说话、做事都像是在橄榄球赛上猛击对手的头盔。真正的销售人员

_____
① 王超. 服务营销管理［M］. 北京：中国对外经济贸易出版社，1999：235.

说话、做事应是：设身处地、耐心、关心人、负责、善于倾听，甚至还有诚实。销售人员要培养良好的个人关系，对别人需要什么有非凡的直觉，总是先把话题引到共同的兴趣上去，非常善解人意，就像一位母亲。有谁不信任母亲呢？

除了个人关系之外，优秀的业务员还能设身处地地为顾客着想从而抓住生意机会。咨询培训公司阿克里沃斯公司（Acclivus Corporation 译名）总裁兰德尔·墨菲（Randall Murphy）说过："出色的业务员首先必须是位诊断专家，他总是能够从大处着眼，思考客户企业的发展方向，以及他怎样才能帮客户达到目的。"现如今顾客在不断寻求生意伙伴，而不是高尔夫球友，因此能否建立关系对企业的成败至关重要。出色的业务员具备的一项素质就是善于设身处地，这比一个人与他人相处的能力更深入。他们必须用顾客的眼睛看世界。

总之，销售人员必须具备的基本条件是业务能力和社交技巧，业务能力包括完成工作的能力和推动工作完成的强大心理推动力。

10.2.2　服务人员的服务技巧

服务人员在提供服务时，主要应用业务技能与社交技巧。服务员工的业务技能，是指他们对其所完成工作的精通程度。服务员工的社交技巧，是指他们与顾客及同事的沟通方法。一线服务人员的业务技能与社交技巧，影响到顾客对服务质量的感知，爱出错的出纳或愤怒的服务生，对服务组织在顾客心目中的印象有消极影响。相反，备课认真的教师或友善的飞机值班人员，能激起顾客对服务组织的积极评价。

从顾客角度来看，他们很难区别业务技能与社交技巧，服务表现经常如何和服务过程中具体做了些什么同等重要。顾客对优质服务的感知非常脆弱，经常受到多种因素的影响，其中包括一些乍看并不重要的服务提供特征（如员工的社交技巧）。顾客有时的确无法评价服务员工的业务技能，因为他们对服务的技术复杂性缺乏足够的了解。许多服务是如此之复杂，以至于顾客难以准确判断其所享受的服务是否依赖一定的技术来完成。另外，一个服务人员在为一个顾客提供服务时，其所应用的业务技能通常与其为下一个顾客服务时所使用的业务技能存在微小差别。结果导致前台员工的社交技巧变得更为重要。一个顾客，也许能从两个不同的旅行代理人那儿获得相同的车票信息、费用报价单和付账方式选择，但其中一个是友好而服饰得体，而另一个是粗鲁而穿戴不整洁。那么，该顾客的服务体验和接下来的服务质量评价，会因这两个旅行代理的社交技巧而可能不同。

尽管高超的社交技巧非常重要，但它并不能弥补业务技能的薄弱。譬如，不管旅行代理能为顾客带来多少愉快体验，都无法抵消顾客对不完善的旅行安排的不满。尽管如此，服务人员还是要注意他们在组织服务表现中的作用，并应遵守服务组织为他们提供的一些行为规范，这些行为规范为员工恰当地展示其业务技能和社交技巧指明了方向。

小案例 10-2

用情动人，以礼服人

一次北京至珠海的航班上，头等舱是满客，还有 5 名 VIP 旅客。乘务组自然不敢掉以轻心。2 排 D 座是一位外籍旅客，入座后对乘务员还很友善，并不时和乘务员做鬼脸儿、开开玩笑。起飞后这名外籍客人一直在睡觉，乘务员忙碌着为VIP一行和其他客人提供餐饮服务。然而两个小时后，这名外籍旅客忽然怒气冲冲地走到前服务台，大发雷霆，用英语对乘务员说道："两个小时的空中旅客时间里，你们竟然不为我提供任何服务，甚至连一杯水都没有！"说完就返回座位了。旅客突如其来的愤怒使乘务员们很吃惊。头等舱乘务员很委屈地说："乘务长，他一直在睡觉，我不便打扰他呀！"说完立即端了一杯水送过去，被这位旅客拒绝；接着她又送去一盘点心，旅客仍然不予理睬。作为乘务长，不能让旅客带着怒气下飞机，于是灵机一动和头等舱乘务员用水果制作了一个委屈脸型的水果盘，端到客人面前，慢慢蹲下来轻声说道："先生，我非常难过！"旅客看到水果拼盘制成的脸谱很吃惊。"真的？为什么难过呀？""其实在航班中我们一直都有关注您，起飞后，您就睡觉了，我们为您盖上了毛毯，关闭了通风孔，后来我发现您把毛毯拿开了，继续在闭目休息。"旅客情绪开始缓和，并微笑着说道："是的！你们如此真诚，我误解你们了，或许你们也很难意识到我到底是睡着了还是闭目休息，我为我的粗鲁向你们道歉，请原谅！"说完他把那片表示难过的西红柿片360度旋转，立即展现的是一个开心的笑容果盘。

10.2.3 服务人员的职能

服务人员的职能主要是向各种类型的顾客提供服务，在服务过程中，双方都会给对方留下印象，都会对对方有一定的认识而形成各自独特的心理活动与态度。经典的销售方格理论可以帮助服务人员更清楚地认识到自己的心态，看到自己工作中所存在的问题，并且便于进一步培养自己的服务能力。而且销售方格理论还有助于服务人员更深入地了解自己的推销对象，掌握顾客的心理特征，做到知己知彼、百战不殆。

按照上面所讲述的服务人员的服务技巧，服务人员在服务活动中有两个努力目标：一是尽力说服服务对象购买产品；二是尽力迎合顾客的心理，与顾客建立良好的人际关系。然而每个销售人员对这两个目标的侧重是不同的，将其表现归纳在方格表上，就构成了销售方格。

销售方格（见图10-5）中的纵坐标表示服务人员对顾客的关心程度，横坐标表示服务人员对完成销售任务的关心程度。两个坐标的坐标值都是从1到9。方格图中，数值越大，表示关心的程度越大。布莱克和蒙顿把销售人员的心理态度分为五个基本类型。[①]

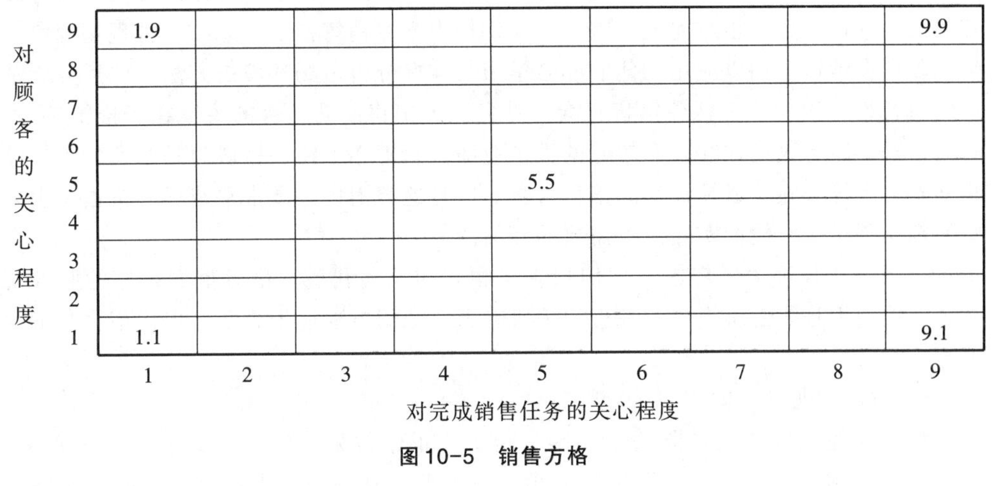

对顾客的关心程度（纵轴 1—9）：1.9（左上）、9.9（右上）、5.5（中心）、1.1（左下）、9.1（右下）

对完成销售任务的关心程度（横轴 1—9）

图10-5 销售方格

---

① 熊银解. 销售管理［M］. 北京：高等教育出版社，2001：234.

1）事不关己型，即表中的1.1型

事不关己型的服务人员既不关心销售对象，也不关心自己的销售工作。具体表现为这种类型的服务人员没有明确的工作责任心，缺乏成就感，对顾客的需要视而不见，对企业的服务工作也毫不在意。具有这种心态的销售人员，对待推销工作是做一天和尚撞一天钟，他们不总结不学习，不做推销的准备工作，不做调查与信息的整理工作，抱着多一事不如少一事的态度混日子。该类型的服务人员主要是由于本身没有进取精神或服务人员所在的企业没有严格的管理制度所造成的。

2）顾客导向型，即表中的1.9型

顾客导向型的服务人员只知道关心顾客，而不去关心服务工作。具体表现为这种类型的服务人员处处迁就顾客，十分重视是否使得顾客满意，不考虑或极少考虑对服务成绩的影响，而置企业的销售工作于不顾，以建立和保持与顾客的良好关系为自己的推销目标。因此，他们坚持宁可做不成生意也绝不得罪顾客的原则。该类服务人员是人际关系专家，而不是成功的销售专家。

3）强力推销型，即表中的9.1型

强力推销型的服务人员只知道关心推销效果，而不关心顾客的实际需要和购买心理。具体表现为千方百计说服顾客购买，发动主动的推销心理战，有时甚至不惜向顾客施加压力。该类型服务人员的成就感较强，可能成功一时，而后再难登门。这种类型的服务人员虽然一时可以把产品销售出去，给企业带来暂时的利益，但由于给顾客造成很大的心理压力，甚至是留下坏印象而引起顾客反感，破坏了他们所代表的企业及所推销的产品的声誉和形象，最终损害了企业的长远利益。因此，具有这类心态的销售人员绝不是好的销售员。

4）推销技巧型，即表中的5.5型

推销技巧型服务人员既关心销售效果，也关心与顾客的人际关系。但他们往往只注意顾客的购买心理，而不考虑顾客的实际需要，具体表现为该类型服务人员既不愿丢掉生意，也不愿丢掉顾客，讲究和气生财。他们认识到如果顾客有意见而不愿意成交的话，推销任务也很难完成。因此，他们努力学习销售技巧，总结各种现场销售经验，以便在销售中加以应用。他们亦会学习与掌握分析市场环境的方法，注意分析销售的可行性，以便尽力抓住销售机会。他们认为销售成功与否的关键在于推销技巧。所以，这类服务人员往往具有较好的推销业绩，口碑亦不错，被认为是踏实肯干、经验丰富、老练成熟、成绩优秀的销售人员。但是这类销售人员常常费尽心机去说服某些顾客购买了一些他们实际上不需要的商品。

所以，从长远角度考虑，他们损害了顾客的长远利益。虽然他们是好的服务人员，但他们不是我们所提倡的理想的销售专家，他们也永远不会攀上现代销售艺术的顶峰。

5）解决问题型，即表中9.9型

解决问题型服务人员既关心顾客，也关心推销效果；既关心顾客的购买心理，也关心顾客的实际需要，所以也称为满足需求型。具体表现为针对顾客的问题提出解决的办法，然后再完成自己的销售任务。这类服务人员能最大限度地满足顾客的各种需求，同时取得最佳的心理态度。该型服务人员是最佳的服务人员。因为他们具有现代销售思想，了解自己的产品，也了解顾客的需要，因而能够说明服务产品的优点及其给顾客带来的益处。持有这种态度的服务人员把销售的成功建立在满足推销与顾客双方需求的基础上，他们把销售活动看成达到满足双方需求这个目的的途径与方法。他们通过销售活动的开展，以平等协商的办法去寻找解决双方困难的办法。这种类型反映了现代服务理念，持这种心态的服务人员是现代企业所需要的服务人员。

综上所述，服务人员在提供服务时，应遵循解决问题型的方式为顾客服务，每一次成功的关键都在于其能否兼顾顾客与销售活动的关系。在这个过程中，管理层的引导与组织氛围的培育相当重要，因此内部营销便又被提到日程。很多著名企业都在应用销售方格理论，这一理论不仅激发了服务人员的积极性，而且更周到了顾客服务，这些组织的服务活动便特别受到欢迎。美国最大的家电零售企业环城超级店公司（Circuit City Store，Inc.），其店铺销售员被称为共同经营者，销售员被赋予销售咨询的职责，强调销售员应与顾客共同探讨如何购买。当销售员担当销售顾问的角色时，他们必须具备丰富的商品知识，顾客寻求什么样的商品可以咨询，并针对顾客的需求找出最佳产品，然后说明为什么这种产品最合适。销售员的作用就在于从大海一样的商品中找出最满意的产品，他们为该店的成功做出了重大贡献。

10.3　内部营销

10.3.1　营销三角

服务人员的重要作用毋庸置疑，这里我们再进一步结合服务企业其他人员因素，对服务企业营销进行全面分析。服务企业所涉及的人员包括顾客、员工、管理者，他们之间的交互作用直接决定服务组织的运营，由于人的因素充满更多的无形性、主观性和复杂性，从这些角度出发，格兰鲁斯提出服务营销不仅需要传统的4P外部营销，而且还要加上两个营销要素，即内部市场营销和互动市场营销（营销三角见图10-6）。[①]

图 10-6　营销三角

图 10-6 中每一部分都相互关联、不可缺少。其中，外部营销是指公司为顾客准备的服务、定价、分销和促销等常规工作。内部营销是指服务公司必须对直接接待

① 科特勒. 营销管理 分析、计划和控制 [M]. 梅汝和，梅清豪，张桁，译. 9版. 上海：上海人民出版社，1999：442.

顾客的人员以及所有辅助人员进行培养和激励，使其通力合作，以便使顾客感到满意。每个员工必须实行顾客导向，不然的话，便不可能提高服务水平并一贯坚持下去。互动作用的市场营销则是指雇员在与顾客打交道时的技能，在服务营销中，服务质量与服务供应者是不可分割的，专业服务尤其如此，顾客越来越能感知到出色的服务提供者的存在，因此在一个个真实瞬间中搞好员工与顾客的互动营销，将最终实现服务企业的价值。外部营销和互动营销在前面都有所论述，下面则具体讲述内部营销。

10.3.2　内部营销的含义和内容

服务人员对服务企业具有举足轻重的作用，越来越多的服务企业已经认识到它们不仅需要眼光向外，服务顾客，同时还要着眼于员工，进行内部营销，企业内部营销活动是一切外部营销成功执行的先决条件，正如哈斯克特朗说，成功的服务企业所取得的地位是"战略性的服务洞察力向内转移"的结果。基于这些观点，内部营销应运而生。

1) 内部营销的含义

内部营销是指组织把员工看作其内部顾客，设法对员工的需求予以满足，并向员工促销组织政策与组织本身，使其能以营销意识参与服务。内部营销的主要目的在于鼓励高效的市场营销行为，建立这样的营销组织，通过恰当的营销，使内部人员了解、支持外部营销活动，使其成员能够而且愿意为企业创造"真正的顾客"。

需要内部营销是和服务保证的观念相联系的。向潜在的顾客做出保证说明提供的服务将充分满足他们的需要，正在成为一种吸引顾客的手段。从理论上讲这个观念很出色，但在实践中如果没有适当的内部营销工作，它是难以成功的。过去，花旗银行规定顾客满意度为90%和雇员满意度为70%。然而，问题就来了，如果有30%的雇员不高兴，哪来90%的顾客会满意呢？卡尔·阿尔布雷克将观察到的不高兴的雇员称为"恐怖"的。在《顾客是第二位》中，罗森布拉和彼得走得更远。他们说如果公司真正希望顾客满意的话，那么，公司雇员，而不是公司的顾客，必须是第一位的。[①]

内部营销作为一种管理过程，能以两种方式将企业的各种功能结合起来。首先，内部营销能保证公司所有级别的员工，理解并体验公司的业务及各种活动；其次，它能保证所有员工准备并得到足够的激励并以服务导向的方式进行工作。内部营销强调的是公司在成功达到与外部市场有关的目标之前，必须有效地进行组织与其员工之间的内部交换过程。

对内部营销的需求不是最近几年才产生的，在市场竞争条件下，企业竞争优势的取得越来越依赖于人的能力的发挥，因而企业对内部营销也出现了不断增长的需要。从产业领域到服务经济的新竞争中，制造者的逻辑已经被"服务诀窍"的新型逻辑取代。对几乎所有行业，服务的重要性都在不断加强，这也促进了这样的观念：一个受过良好培训和服务导向的员工是比原材料、生产技术或产品本身更重要的稀缺资源。

---

① 科特勒. 营销管理　分析、计划和控制 [M]. 梅汝和，梅清豪，张桁，译. 9版. 上海：上海人民出版社，1999：450.

内部营销的重要性就在于，它可以让管理者采用更加系统和战略性的方式管理企业内部多种职能活动。

2）内部营销的两大内容

内部营销包括两种类型的管理内容，即态度管理和沟通管理。[①]

（1）态度管理是指有效管理员工的态度和员工顾客意识及服务自觉性的激励。就一个在服务指导下赢得竞争优势的组织而言，态度管理是内部营销的关键组成部分。埃德瓦森、埃德维森和尼斯汤姆（1988）指出："服务企业需要具备前瞻性的管理意识，要创造未来而不是适应未来。"

（2）沟通管理的内容是指经理、一线员工和后勤人员需要有充分的信息来完成与他们职位相符的工作，为内部和外部的顾客提供服务。他们需要的信息包括岗位规章制度、产品和服务的性质、向顾客做出的承诺或者是由广告和销售人员做出的保证。他们也要相互交流各自的需求和要求、对于提高工作业绩的看法，以及界定顾客需求的方法。

如果服务组织期望获得良好的效果，态度管理和沟通管理必须双管齐下。人们通常关注的是沟通管理中的单向信息沟通，这种情况下的内部营销是以一系列活动或行为的形式表现出来的。向员工发行内部刊物和宣传册子，召开人事部门会议，以口头或书面的形式向与会者通告有关信息。而且，经理和上级主管对下属的关心一般很有限，不知道他们对信息反馈、双向交流以及渴望得到鼓励等方面的需求。虽然员工可以收到大量的信息，但只有极少数的精神鼓励。也就是说，许多信息对接收者没有产生任何重要的影响，由于员工们缺乏在追求良好服务和顾客意识方面所需要的激励，态度转变相当迟缓，对有关信息也不感兴趣，企业的外部营销活动因此也很难奏效。

10.3.3 内部营销的程序

1）内部营销成功的先决条件

（1）内部营销必须是战略管理的组成部分。

（2）内部营销过程应该得到组织结构和管理层的支持。

（3）高层管理者必须始终如一积极地支持内部营销过程。

为了取得成功，内部营销要从高层管理者开始。随后，中层管理人员和主管们也要投入内部营销过程。只有这样，以与顾客联系的员工为直接对象的内部营销活动才会有所成就。员工能否胜任"兼职营销者"的角色很大程度上取决于上级主管是否支持和鼓励。贝利指出："只有组织内各层次都拥有真正的领导，才能激发服务人员的热情。仅仅'管理'或'控制'是远远不够的。"

实际上，组织内所有员工都要参与这个过程。与顾客联系的员工自然构成了内部营销的目标市场。他们与顾客直接接触，执行互动营销任务，但他们也必须获得公司内其他员工和部门的支持。很多员工虽然不与顾客直接接触，但他们工作的表现间接地影响到顾客所获得的服务。与顾客联系的员工开展营销工作的能力在很大程度上依赖于其他员工的服务意识。这种员工被称为"支持员工"，他们在为内部顾客服务时

---

① 格鲁诺斯. 服务市场营销管理［M］. 吴晓云，冯伟雄，译. 上海：复旦大学出版社，1998：224.

应该采取一种服务导向的态度。事实上，他们也是"兼职营销者"，虽然他们面对的是内部顾客而非外部顾客。因此，支持人员也是内部营销活动的目标对象。

简而言之，内部营销有四个目标群体：

（1）高层管理者；

（2）中层管理人员和主管；

（3）联系员工；

（4）支持员工。

其中（3）和（4）两个群体都是"兼职营销者"。

内部营销必须成为战略管理哲学的一部分，否则，内部营销活动就会被令人气馁的工作和工作环境所破坏，或者被经理和主管的管理风格和态度所拖累，或者被一种忽视顾客意识的人事政策所侵蚀。

2）重塑组织结构

组织结构的建立为优质服务创造了先决条件。服务企业绝不能是有一大堆没有必要的等级层次的官僚机构。市场导向要求员工对顾客职责有更彻底的了解和认同，让员工拥有采取实际行动为顾客服务的权力，而不是赋予员工一大堆计划和决策的权力。因此，需要对传统金字塔式的组织结构实施扁平化改造，任何追求市场导向和在真实瞬间创造美好印象的商业组织必须使金字塔扁平化。也就是说，减少职权的等级层次，以便对顾客需求直接做出反应。这要求企业有一个精干的组织结构和为数极少的直线等级层次，决策必须由接近顾客的员工做出，管理者的角色发生了变化，下属人员承担更多的职责，相对独立地完成他们的任务。

在新的组织结构中，直接与顾客联系的员工在他们所称的"生产一线"为顾客创造价值。组织的其余部分，即后勤职能、管理者和职员，对一线活动提供支持。这种支持为一线的服务生产和交易提供了必要的帮助，即为大量真实瞬间的成功实现和相应机遇的有效利用提供了支持。管理者的工作不应该直接干涉日常经营操作决策，而是要为服务战略的实施提供必要的战略支持和资源。支持性职能中，他们的作用也必须界定清楚。他们不再是技术型经理或决策者；相反，他们将成为教练，发挥他们的领袖才能。他们必须帮助和鼓励各自的下属，创造一种宽松和开放的环境，其中的每一位成员都具有优质服务的价值观。在传统组织结构中联系职能，即生产一线太薄弱，人手配备不足。与此同时，许多参谋职能却过于臃肿，冗员太多。然而在改造后的组织结构中，生产服务第一线的联系职能必须得到加强，对其他职能进行协调和重新设计，让它们真正有效地和以服务导向的方式为买卖交易提供强有力的后勤支持。

重塑组织的另一方面是建立经营系统、规章制度和工作流程。优质服务总是要求简洁的工作方式，这样由于经营系统过于复杂所造成的许多不必要的延误和信息中断就可以避免。如果可以做到这一点的话，它的效应是双重的。第一，顾客认为服务的职能质量改善了。第二，在工作流程简化、经营系统中不必要的和耗时的因素剔除之后，员工们感到他们的工作更有意义，工作起来更有积极性。

3）对服务人员进行培训

为了达到内部营销的效果，为了达到优质服务所要求的知识和态度，就必须对员工进行培训。培训内容具体包括：

（1）进行态度培训。这是指需要对员工顾客意识和服务观念的态度和动机进行培训管理。如果企业总是以制造商式或者官僚主义式的方法经营，则很难使人们的思维转变到新的方向上来。因此，漠不关心或消极的态度必须转变。

（2）培育服务导向价值观。如果高层管理者、中层管理人员、联系员工和支持员工都可以为服务导向的思维和行为调动起积极性，他们就会清楚服务组织应该如何运转，如何发展顾客关系，以及他们在全面经营和顾客关系中的作用，个人应该做些什么，而且，他们会迫切需要增加这些方面的知识。如果一个人不知道要做什么和为什么要做，那么他也就没有积极性去做好一名联系员工或者在能见度界线背后做属于支持职能的内部提供者所要从事的工作。

小故事 10-1

有两名采石工在切削花岗岩石块，一个过路人问他们在干什么。第一个人显得垂头丧气、无精打采，"我是在把这块该死的石头劈成石块"。第二个人却非常自豪，得意之情溢于言表，"我们要建造一座大教堂，我是其中一员"。

这个故事说明在对工作有了全面理解之后所产生的巨大激励作用。

（3）明确目标培训。服务人员不仅需要知道自己部门和职能的目标以及个人的目标，而且要对公司的业务使命、战略和整体目标知道得一清二楚，否则，让员工们真正理解他们所从事的工作是如何重要，是不太现实的。同联系员工相比，支持员工更应该意识到问题的重要性。

（4）知识导向培训。在培训方案中，知识导向的培训和正直态度的培训是相辅相成的。一个人的知识越渊博，他对特殊现象就越容易具有积极的态度。必须认识到，没有知识也就没有态度的转变。虽然对服务大肆渲染、大吹特吹可能在某些场合会有一定帮助，但是人们不知道下面这些事实就不会具有持久的服务导向的态度，这些事实包括：为什么企业是一家服务性组织，为什么制造商也要采取服务战略，实施服务战略对业绩有哪些要求，在与其他人员和职能的联系中我是一种什么样的角色，对于我个人有哪些要求，为什么会有这些要求。

另外，服务培训可以大致分成三种类型：

（1）对服务组织的各项职能和组织结构形成整体的认识，理解它是如何以市场导向方式运作的；

（2）掌握从事各项工作的技能；

（3）掌握特殊的沟通和服务技能。

这三种类型的培训缺一不可。第一种类型奠定了理解服务战略和实施服务战略的一般性基础。第二种类型向员工提供了必要的技能，在引入一项服务战略后有些技能也许会有所变化。第三种类型的培训为员工，特别是联系员工和支持员工，在沟通方面提供了特殊的技能、服务意识方面的课程也属于这种类型。有一种普遍会犯的致命错误是相信只要有第三种类型的培训就可以转变员工的态度。这种观点从来没有成立过，虽然这种培训最简单，但同时也说明它是态度转变中最基本的战略方式。我们尽量不要犯这种可以避免的错误。

小案例10-3

作为公司质量改进计划的组成部分，联邦快递公司对雇员进行培训，让他们了解顾客供应者联盟的思想。公司要求所有雇员在向其他雇员、部门或外部顾客提供服务的时候把自己看成供应者；同样，在从其他雇员或外部卖主那里获取信息、原料或服务的时候，应当把自己看成顾客。公司还设计了一本工作手册，其中提出三个关键的组合问题使雇员不断穿梭于"顾客"和"供应者"之间：

你需要从我这里得到什么？

你对我提供给你的东西进行了怎样处理？

我提供给你的东西和你需要的东西之间的差距是什么？

4）管理支持和内部的互动沟通

在内部营销方案中，只有培训活动是不够的。为了在该方案中获得持久的效应，高层管理者、中层管理人员和主管的角色是极其重要的。加拿大IBM信息和服务公司副总裁唐纳德·迈耶斯指出："我们相信，有效的领导方式可以激励人们实现公司的目标。"

管理支持可以有多种形式：

（1）在日常管理行为中，保持正式培训方案的连续性。

（2）调动下属的积极性是日常管理任务的一部分。

（3）让下属参与计划和决策。

（4）通过正式和非正式的互动行为，向下属反馈信息，进行双向沟通。

（5）建立一种开放式和鼓励式的内部气候。

管理支持是一项长期活动，管理者不能让员工感到在接受培训返回原工作岗位后其处于孤立的状态，相反，经理和主管应该鼓励员工实现新的想法，帮助他们在特定环境中运用新的知识。另外，某种设定前提条件的培训经常很有用，可以鼓舞士气，因此要确保培训的连续性。

同时，员工参与计划和决策过程是计划过程中采取进一步行动前获得他们配合的手段。联系员工与顾客之间的"心理接近程度"要求一线员工应该拥有关于顾客需求和欲望的宝贵信息，这样员工对计划过程的参与才能起到改善决策的作用。在信息沟通和反馈中，主管扮演了一个关键的角色，而且他负责创建一个开放式的氛围，在这种氛围中与服务和顾客有关的问题可以随时提出并讨论，这样，管理支持和内部的互动沟通就有效形成了。

5）系列化人力资源管理

招聘和保留企业所需的员工是重要的。因为要使他们具有良好的态度，则要从招聘和雇用开始。从另一个角度看，它要求公司对工作有正确的描述，其中必须认识到联系和支持员工作为"兼职营销者"的任务。诸如西南航空公司和Nordstrom商场这样的成功组织，对员工设定了高标准的要求，它们为选择一个员工要观察数十个应聘者。它们使用大量的面试与分析筛选方法，来断定应聘者是否具备成功所要求的素质。对应聘者能否适应组织的服务文化，它们给予特别地关注。尽管对前台员工和后台员工都要进行深度考察，但意识到那些与顾客发生直接接触的员工所处的特殊环境至关重要。为适应前台角色的需要，只有那些符合上前台工作要求的人员方能被聘用。

另外，组织还需实行全面的激励方案，如采用工作说明书，招聘程序，职业生涯规划，薪金、奖金和分红制度，激励方案以及人事管理工具要追求内部营销的目标，组织应该采用这种方式，而且应是主动运用，使之作为积极的营销式工具来达到内部目标。

总之，学习型组织是内部营销的最终结果，上述探讨的问题是达到以人为本的出色服务的关键路线。这些考虑之间存在紧密的联系，一个组织要想在未来的服务竞争中获得成功，就必须对上述所有考虑予以实施。对上述任何一种考虑的偷工减料，都很可能殃及其他各项。尽管一些组织一开始并未认识到这一点，但期望和需要高质服务的市场是毫不妥协的，这一现实将向组织发出明确的信息，信息将必定被获得并最终重塑服务环境，在这一新环境中，高质量的员工将成为组织制胜的关键。

小阅读 10-1

一种更好的奖励①

雇员的低更换率可带来令顾客满意的服务效果，公司的回头客也会增多。位于蒙大拿州博兹曼市的一家旅游公司——祖国之旅公司（Back country）的负责人丹·奥斯廷就是如此认为的。他说："导游就像好酒一样，时间越长，质量越好。"

奥斯廷因此制订了一项奖励计划。鼓励他的 34 名导游为顾客提供竭诚服务，当下一个旅游旺季到来的时候继续留在本公司工作。每当有顾客再次光顾祖国之旅公司时，上一次为顾客提供服务的导游将得到 25 美元的奖励。当然只有目前仍在公司服务的雇员可以享受这一奖励。

奥斯廷认为这一计划的美妙之处在于公司按照顾客的回头率而非营业额作为奖励雇员的标准。奖金直接奖给那些为顾客尽心尽力提供服务的雇员，感谢他们为顾客提供了美妙的旅游体验，并鼓励他们建立起与顾客的个人联系。有一些导游在旅游结束后会向顾客寄明信片表示问候，当他们路过顾客所在的城市时，还会打电话向他们问好。

公司里一些老雇员得到的奖金会很丰厚——高达工资的 10%。公司发放奖金的时间在每年续签工作合同之前，也有利于鼓励雇员们继续在公司工作。"去年我们公司 100% 的雇员都留了下来，"奥斯廷说，"有 85% 的顾客属于回头客或别人介绍来的，这在本行业中是最高的。"

本章小结

服务组织必须处理好服务人员与顾客的关系，为了更好向顾客提供服务、争取提高顾客满意度与忠诚度，组织要认真识别服务人员的不同作用，服务系统图和可见性线能帮助达到此目的。同时，服务组织还要重视真实瞬间的特殊作用，关注这一交互瞬间的服务提供，能大大提高顾客的认同感，有助于其他营销沟通作用的发挥。另外，销售方格也是服务人员提高服务职能的理想学习模式。然而无论怎样，服务组织

① 阿提斯. 顾客服务 301 招 [M]. 申嘉，等译. 北京：中国大百科全书出版社，2000：48.

最终都要实行内部营销，通过各种活动以塑造学习型组织，只有这样才能提供经久不衰的服务活动。

复习思考题

1.试述服务人员和顾客对服务企业的重要作用。
2.什么是服务系统图和可见性线？
3.如何全面理解真实瞬间的含义和重要性？
4.试述销售方格对服务组织指导意义。
5.综合论述内部营销的程序。

案　　例

星巴克的员工为何挖不走？

最自豪的成就：伙伴关系

说起星巴克，几乎有"天下无人不识君"的感觉。星巴克创始人舒尔茨白手起家，把星巴克打造成拥有 30 000 家门店，市值 6 000 亿元人民币的商业帝国。他将公司的成功很大程度上归功于企业与员工之间的"伙伴关系"。他说："如果说有一种令我在星巴克感到最自豪的成就，那就是我们在公司的员工中间建立起的这种信任和自信的关系。"在星巴克，员工不叫"店员"或"员工"，而是"伙伴"。这种文化不仅贯穿在公司日常的宣传和称谓中，更通过点点滴滴的行动，将公司的诚意注每一位伙伴的心中。星巴克坚信，要顾客满意，首先是要员工满意。一位新员工即将加入星巴克，在入职前他就已经收到了店经理的欢迎邮件；入职后，还会收到来自公司的欢迎礼包；入职第一天，还要和经理一起品尝咖啡，通过咖啡来了解这家公司……此外，每一位刚入职的伙伴都需要快速融入公司的核心理念、文化、价值观，接受为期3天的"文化融入"课程，专门讲授星巴克的公司文化和咖啡知识，课程主要包含3个"C"：咖啡（Coffee）、文化（Culture）、连接（Connection）。这种文化造就了不同凡响的星巴克体验，并通过服务传播到了全球 30 000 多家分店，让世界各地的人们感受到它独特的人文关怀。

舒尔茨认为，在一个企业中人才是最重要的。任何创新，想在企业中持续下去，必须靠一个个跟你并肩而立的人去推动。只有你设身处地地为伙伴着想，伙伴们才会为你着想。星巴克的"伙伴文化"并不是简单的文字游戏，它真地把所有员工都变成公司的"合伙人"。

1991年，星巴克创始人舒尔茨决定，要给星巴克的员工发股票，把所有人变成

"合伙人"。星巴克把这个项目称作"咖啡豆股票"。从那时开始，星巴克取消了"员工"的称呼，只有"伙伴"。当然，星巴克的"合伙人计划"并不仅仅是"咖啡豆股票"。事实上，星巴克有3种不同层次的股权激励方式，使每个员工都有机会持股，成为公司的"合伙人"。

1）股票投资计划

根据该计划，星巴克员工在每个季度都有机会以抵扣部分薪水的方式，以一定的折扣价格购买公司的股票。申购者需具备的条件是：被星巴克连续雇用90天以上，且每周的工作时间不少于20小时。在申购即将开始前，公司会将申购资料邮寄到员工家里，每个员工的申购资金限额为其基础薪酬的1%~10%。然后每个季度结束后，在该季度第一个和最后一个工作日中，选择一个较低的星巴克股票公开市场价格（注：应该是这两天的"收盘价"中较低的一个），将员工所抵扣的工资以低于市场价15%的折扣购买，即我们通常所说的"八五折"。

2）"咖啡豆"期权计划

只要连续被星巴克雇用且被支付了不少于500个小时的工资，担任主管以下职务的员工（包括兼职人员），都有抵扣部分薪酬或者折价购买一定份额的公司股票的机会。每个合伙人都可以获得他的年基本收入12%的股票期权，如果局面利好，比例则为14%。只要股票上涨，股票期权就越来越值钱。主管及以上职位的人员不参加"咖啡豆"期权计划，但可以参加专门针对"关键员工"的股票期权计划。

3）股票期权奖励

在综合考虑公司年度业绩的基础上，公司董事会每年会考虑给予符合条件的人员一定的股票期权作为奖励。员工个人应获得的股票期权数量由以下3个主要因素决定：当年（财政年度）的经营状况及收益率；个人在该财政年度的基础薪酬；股票的预购价格或公司允诺的价格。公司的股票期权待权期为5年，任何满足条件的合伙人都可按照股票购买计划购买股票。合伙人购买股票时可以通过薪水折扣获得15%的优惠，这样只要股票上涨，股票期权就越来越值钱。

通过这种多层次的股票期权计划，星巴克为每个员工都提供成为公司"合伙人"的机会，这是面对全体员工的福利。这既是对员工基础薪酬的有益补充，是对长期为公司服务并做出相应成绩的员工的奖励，又巧妙地将员工的利益和企业的利益结合在了一起。

人是第一位的

星巴克的这种"伙伴文化"，还切切实实体现在它对员工点点滴滴的人文关怀上。其实，早在星巴克还没开始盈利之前，舒尔茨就提出要给公司的兼职员工买医疗保险。当时2/3的星巴克员工都是兼职，每周工作时间只有20个小时。舒尔茨的提议遭到了大部分投资人的强烈反对。最终，舒尔茨说服了投资人，1988年星巴克成为全美国第一家为兼职员工提供全面医疗保障的私营企业。事实上，星巴克这份钱花得很值。在美国，当时很多零售快餐店的人员流动率已经从每年150%飙升到400%，而星巴克的咖啡师平均流动率只有60%~65%。舒尔茨始终认为，人是第一位的，正如他所强调的："没有这个，星巴克必会全盘皆输。"所以，即使在星巴克最艰难、股价大跌的时候，很多股东强烈要求公司削减员工的医保开支。2017年，星巴克了解到，在中国某些伙伴们无力支付父母的医疗费用。于是，公司决定，在星巴克中国工作两年以上的、符合条件的伙伴，公司会为他们的父母提供大病医疗保险，数量超过了14 000人。

独特的价值主张留住顾客

当然，也有人质疑星巴克的"伙伴文化"是一种营销。但是无可置疑的是，星巴克通过这种"伙伴文化"把它独特的价值理念传递给顾客，他们能从门店伙伴的言行举止、从门店的各种细节中体会到独特的价值理念，从而联结和绑定顾客。这种独特的价值理念可以称为"独特的价值主张"，它也是打造一个品牌的最佳路径。星巴克不仅将这种独特的"伙伴文化"传递给了员工，还传递给了顾客，让大家感受到它独特的人文关怀，也造就了星巴克的"咖啡帝国"。

资料来源　佚名. 星巴克的员工为何挖不走？深度剖析星巴克的"伙伴文化"[EB/OL]. [2020-03-20]. http：//www.51clc.com/article.php? id=1166.

第11章　服务的有形展示

有形展示是服务市场营销组合策略的七大要素之一。产品营销首先强调创造抽象的联系，而服务营销则将注意力集中于通过多种有形的线索来强调和区分事实。对于服务企业，服务展示管理是第一位的。服务企业通过对服务环境、员工、品牌载体、信息资料、其他顾客等所有这些为顾客提供服务的有形线索的管理，提供整体服务感受，增强顾客对服务产品的理解和认识，使顾客做出购买决定，并在适当的时候成为顾客回忆的线索。因此，了解服务有形展示的类型和作用，创造良好的服务环境，加强有形展示的各种管理，具有重要战略意义。

11.1　有形展示概述

11.1.1　有形展示的概念和类型

1）有形展示的概念

要了解"有形展示"的概念，必须先理解"有形线索"。所谓"有形线索"是指在服务市场营销管理的范畴内，一切可传达服务特色及优点、暗示企业提供服务的能力、可让顾客产生期待或记忆的有形组成部分，如内部的实体环境、员工形象及外部的品牌载体、业务信息等因素。客观上消费者在购买商品之前都有触摸、听视、尝嗅、试型号的感观要求，但是服务产品与一般产品相比，具有不可触知（无形）性，人们无法触摸或凭肉眼看见其存在。消费之前，顾客往往会寻找"有形线索"作为一些暗示；只有在消费了服务后，消费者才能感觉到服务利益的存在；如果没有其他有形线索再次提示，甚至这种存在也会很快淡化。因此，有什么办法能把无形的服务以有形的形式表现出来，使不可触知的服务可以被触知，以帮助购买者事先了解服务产品以及产生消费欲望，并且对其将来的继续消费进行心理提示呢？这就是有形线索的展示。

事实上，服务营销学者不仅将环境视为支持及反映服务产品质量及特质的有力实证，而且将有形展示的内容由环境扩展至包含所有用以帮助生产服务和包装服务的一切实体及有形因素，包括设施、人员、品牌载体和广告等（见表11-1）。这些有形展示，若善于管理和利用，则可帮助顾客感知服务产品的特点以及提高享用服务时所获得的利益，有助于建立服务产品和服务企业的形象，支持有关营销策略的推行；反之，若不善于管理和运用，则它们可能会传达错误的信息给顾客，影响顾客对产品的期望和判断，破坏服务产品及企业的形象，进而导致经营的失败。

根据环境心理学理论，顾客利用感官对有形物体的感知及由此所获得的印象，将作用于购买态度，并直接影响到顾客对服务产品质量及服务企业形象的认识和评价。消费者在购买和享用服务之前，会根据那些可以感知到的有形物体所提供的信息而对

表 11-1　　　　　　　　　　　　　有形展示战略来源简表[①]

潜在顾客理解	管理者回答
①消费之前很难在头脑里想象	①广告使之形象化
②购买服务产品的风险性很大	②提供可供选择的不同标准与档次
③不可触知	③服务落实至顾客感官，使之可触知化
④口碑交流更重要	④建立良好口碑，刺激口碑效应
⑤通过价格、设施、设计、布局、人员表现可知服务的质量	⑤以适当的价格政策、适应目标顾客心理的环境政策等树立质量形象
⑥很难对相似的服务产品做出对比	⑥品牌与口碑建立信任，让顾客放心

服务产品做出判断，从而决定消费与否。比如，一位初次光顾某家餐馆的顾客，在走进餐馆之前，餐馆的外表、门口的招牌等已经使他对之有了一个初步的印象。如果印象尚好的话，他会径直走进去，而这时餐馆内部的装修、桌面的干净程度以及服务员的礼仪形象等将帮助他预测饭菜类型、价格范围、员工服务态度等，并直接决定他是否会在此用餐。

需要注意的是，服务的有形展示与服务产品的各个层次及扩大的服务包之间有交叉的地方，但是企业必须区别对待，除了从产品策略的应有角度进行考虑外，在销售服务策略中也有符合其要求的运用技巧。

　2）有形展示的类型

对有形展示可以从不同的角度作不同的分类。不同类型的有形展示对顾客的心理及其判断服务产品质量的过程有不同程度的影响。这些分类主要有：

（1）根据有形展示能否被顾客拥有，可将之分成边缘展示和核心展示两类。

边缘展示是指顾客在购买过程中能够实际拥有的展示。这类展示很少或根本没有什么价值，比如电影院的入场券，它只是一种使观众接受服务的凭证；在宾馆的客房里通常有很多包括旅游指南、住宿须知、服务指南以及笔、纸之类的边缘展示，这些代表服务的物的设计，都是以顾客心中的需要为出发点，它们无疑是企业核心服务强有力的补充。

核心展示与边缘展示不同，在购买和享用服务的过程中不能为顾客所拥有。但核心展示却比边缘展示更重要，因为在大多数情况下，只有这些核心展示符合顾客需求时，顾客才会做出购买决定。例如，宾馆的级别、银行的形象、出租汽车的牌子等，都是顾客在购买这些服务时首先要考虑的核心展示。因此，我们可以说，边缘展示与核心展示加上其他现成服务形象的要素（如提供服务的人），都会影响顾客对服务的看法与观点。当一位顾客判断某种服务的优劣时，尤其在使用或购买它之前，其主要的依据就是从环绕着服务的一些实际性线索、实际性的呈现所表达出的东西。

（2）根据有形要素展示的不同渠道，可将之分为内部有形展示和外部有形展示。

内部有形展示是在服务企业内部展现的，向顾客提供服务线索，传递服务质量的实体。这主要有物的因素、人的因素以及气氛因素。其中，物的因素占有很大比重，

　①　佩里切利. 服务营销学 ［M］. 张密，译. 北京：对外经济贸易大学出版社，1999：38.

包括环境因素（这里把气氛因素独立出来）、设备、价格、量化（标准化）信息明示等；而人的因素则是员工的外表、语言、行为方式、精神面貌等。内部有形因素在顾客接近或进入企业时切身触知，因此尽可能地设计好每一个细节具有必要性，这个工作往往与内部营销有较密切关系。

外部有形展示是在服务企业通过一定的媒体渠道或企业长期努力所形成的声望等方面向目标顾客传递服务质量及特性的有形载体。其主要是品牌载体、广告、公众口碑与名人效应。外部有形展示的功能在于诱导，方法是重视服务的无形性，使其对顾客有形化。

内外部有形展示是一个系统的整体，二者相辅相成，共同作用产生的合力才能使有形展示最大程度地发挥其作用，对任何一个方面的忽略，都会削弱有形展示的作用。

（3）从有形展示的展示构成要素进行划分可分为环境展示、员工形象展示、品牌载体展示和信息沟通展示等。

环境展示包括建筑、装潢、设备、场所设计、背景条件，其中，场所设计主要指根据目标顾客的良好心理感受（美化因素）以及给顾客带来便利性（功能因素）的服务流程的需要设计的空间布局、设备摆放等；背景条件也称周围环境，如绿化、气温、湿度、气味、音乐、气氛等。

员工形象展示。服务提供人与顾客密不可分，舞台上的演员会为戏剧演出增色，服务员工的形象与举止也会影响顾客对所接受服务的感知。作为有形展示的组成部分，员工形象展示主要有着装、修饰、魅力、服务态度、专业技能等。

品牌载体展示通过品牌标记、品牌理念象征物等来进行。

信息沟通展示则包括广告提供的形象概念与数量概念、口碑信赖以及名人的号召作用等。

尽管不同的服务营销者们会选用不同的分类标准来研究企业有形展示的各个方面，但是都没有偏离上述类型。

11.1.2　有形展示的作用

服务有形展示的作用综合来讲是克服目标顾客感性认识的冒险性、增强目标顾客的消费欲望和信心、培养顾客忠诚，来配合公司的营销总战略。因此在最初建立营销战略时，就应考虑如何对有形因素进行操作，传递怎样的感觉给顾客和员工，留下了什么样的记忆。有形展示作为服务企业不可触知服务可触知化、差别化的一种手段，在服务营销组合中占有重要地位。具体包括以下几个方面：

1）利用感官刺激，让顾客感受到服务给自己带来的利益

消费者购买行为理论强调，产品的外观是否能满足顾客的感官需要将直接影响到顾客是否真正采取行动购买该产品。同样，顾客在购买不可触知的服务时，也希望能从感官刺激中寻求到某种购买的驱动力。服务展示的一个潜在作用是给市场营销策略带来感知的乐趣。调动顾客的视、听、觉、嗅等功能，努力在顾客的消费经历中注入新颖的、令人激动的、娱乐性的因素，从而改善顾客的厌倦情绪。例如，顾客期望五星级酒店的建筑外观能独具特色、期望格调高雅的餐厅能真正提供优

雅、舒适、愉悦的气氛。因此，企业采用有形展示的实质是通过有形物体对顾客感官方面的刺激，让顾客感受到无法触知的服务所能给自己带来的利益，进而影响其对服务产品的需求。

对于以感觉为基础的服务营销战略来说，充分做好各层次的包装，都是必要的。

2）引导顾客对服务产品产生合理的期望

顾客对服务是否满意，取决于服务产品所带来的利益是否符合顾客对之的期望。但是，服务的不可触知性使顾客在使用有关服务之前，很难对该服务做出正确的理解或描述，他们对该服务的功能及利益的期望也是很模糊的，甚至是过高的。不合乎实际的期望又往往使他们错误地评价服务及说出不利的评语，而运用有形展示则可让顾客在使用服务前能够具体地把握服务的特征和功能，较容易地对服务产品产生合理的期望，以避免因顾客期望过高而难以满足所造成的负面影响。当然，为了保证这个期望值的适当性，内外部的有形展示必须相互配合，以保证目标顾客所接受服务产品的应有质量。

3）影响顾客对服务产品的第一印象

对于新顾客而言，在购买和享用某项服务之前，他们往往会据第一印象对服务产品做出判断。既然服务是抽象的、不可触知的，有形展示作为部分服务内涵的载体无疑是顾客获得第一印象的基础，有形展示的好坏直接影响到顾客对企业服务的第一印象。这个有真实印象与心理印象之分。例如，参加被宣传为豪华旅行团出去旅游的旅客，其心理印象为这是一次华丽的、高贵的、舒适的旅行；当抵达他国时，若接旅客去酒店的专车竟是残年旧物，旅客马上便产生"货不对路"的感觉，甚至有一种可能受骗、忐忑不安的感觉，这就是一种真实的"第一印象"。心理的"第一印象"往往激起目标顾客的购买欲望，而真实的"第一印象"则会削弱或增强顾客对公司服务质量的信心，从而做出购买与否的决定。

例如，有些房地产公司，把房地产交易和它们能向顾客展示的各种有形因素联系在一起，形成公司的"最佳销售者系统"资料提供给顾客，以便它们据此做出判断。这些资料包括：①最佳销售者展示指导法则——它回答了销售者选择房地产公司时，经常会提出的问题。②最佳销售者行动计划——针对特定物产制订的市场营销计划。③最佳营销服务保证——对已经做出的服务保证所许诺的行动方案。④最佳住宅增值指导——提供住宅增值的建议和方法。选择性地利用这些材料有助于销售代理人培养顾客对公司的先入为主的第一印象，诸如能力、承诺及个人服务等，通过有形因素强化语言承诺。

4）促使顾客对服务质量产生"优质"的感觉

服务质量的高低并非由单一因素所决定。根据对多重服务的研究，大部分顾客根据十种服务特质判断服务质量的高低，"可感知"是其中的一个重要特质，而有形展示则正是可感知的服务组成部分。与服务过程有关的每一个有形展示，例如，服务设施、服务设备、服务人员的仪态仪表，都会影响顾客感觉中的服务质量。有形展示及对有形因素的管理也会影响顾客对服务质量的感觉。优良的有形展示及管理能使顾客对服务质量产生"优质"的感觉。因此，服务企业应强调使用适用于目标市场和整体营销策略的服务展示。通过有形因素提高质量意味着对微小的细节加以注意，可见性细节能向顾客传递公司的服务能力以及对顾客的关心，为顾客创造良好的环境，提高顾客感觉中的服务质量。

5）成为顾客回忆曾经接受过的服务的有形线索

当一位顾客在广州花园酒店里住宿的时候，充满了对它的感性认识，这个酒店令人喜欢的外表、充满独特魅力的内部、干净舒适的房间都给他留下了深刻印象。几个月以后，这些无形因素逐渐淡薄直至成为遥远的记忆。然而，当顾客的这些感觉更趋于无形的时候，看见了花园酒店的"花园蜜蜂一族"广告，这就会帮助他回忆起了在花园酒店的美好经历。这种经常的回忆就会使他在适当的时候向其亲人、朋友、同事推荐，从而形成一种口碑效应。

6）帮助顾客识别和改变对服务企业及其产品的形象

有形展示是服务产品的组成部分，也是最能有形地、具体地传达企业形象的工具。企业形象或服务产品形象的优劣直接影响着消费者对服务产品及公司的选择，影响着企业的市场形象。形象的改变不仅是在原来形象的基础上加入一些新东西，而且要打破现有的观念，所以它具有挑战性。要让顾客识别和改变服务企业的市场形象，更需提供各种有形展示，使消费者相信本企业的各种变化。

7）协助培训服务员工

从内部营销的理论来分析，服务员工也是企业的顾客。由于服务产品是"无形无质"的，从而顾客难以了解服务产品的特征与优点，那么，服务员工作为企业的内部顾客也会遇到同样的难题。如果服务员工不能完全了解企业所提供的服务，企业的营销管理人员就不能保证他们所提供的服务符合企业所规定的标准。所以，营销管理人员利用有形展示突出服务产品的特征及优点时，也可利用相同的方法作为培训服务员工的手段，使员工掌握服务知识和技能，指导员工的服务行为，为顾客提供优质的服务。

小阅读11-1

近年来，人们都会有这样一种感觉，无论是商场、饭店，还是电信局、银行，无一例外都在关注环境问题。所有的商家不仅千方百计改善门面，提高内部装修档次，而且在环境设计上越来越多地考虑顾客感受，尽量提升服务环境的舒适度和便捷性。虽然顾客对银行排队意见颇大，但是没有人否认银行在改善服务环境方面所作的努力。和以前相比，人们在排队时不会感到无所事事，他们可以在椅子或者沙发上，一边看电视、报纸杂志或免费上网，一边等待电子叫号。

11.1.3 有形展示的管理

1）有形展示管理的概述

综上可知，成功营销活动的关键是管理与无形服务相关的有形因素，通过服务展示管理向顾客传送适当的线索，这样能帮助顾客更好地理解"我们买什么产品？""我们为什么要买它？"因为，顾客总要在服务环境、信息沟通和价格中寻找服务的代理展示物，根据有形线索推断服务的质量价值和特点，用来指导其购买选择。服务企业应善于利用组成服务的有形元素，突出服务的特色，使不可触知的服务变为相对可触知，让顾客在购买服务前能有把握判断服务的特征，享受服务中所获得的利益及服务后美好的回忆。因此，加强对有形展示的管理，努力借助这些有形的元素来改善服务质量，树立独特的服务企业形象，这无疑对服务企业开展市场营销活动具有重要意义。

服务企业之所以要采用有形展示策略是因为服务产品具有不可触知的特性，而对"不可触知性"则可以从两个方面理解：一是指服务产品不可触及，即看不见摸不着；二是指服务产品无法界定，难以从心理上进行把握，不易在头脑中成型。因此，服务企业要想克服营销方面的难题，采用有形展示策略，也就应以这两个方面为出发点，一方面使服务有形化，另一方面使服务易于从心理上进行把握。

服务有形化就是使服务的内涵尽可能地附着在某些实物上，例如，饭店用干净纸袋或塑料薄膜套包装口杯，在抽水马桶上附上一张已消毒的纸条，以及把卫生纸的一端折成非常美观的箭头形状等。所有这些有形的实物肯定地告诉客人"请您使用，房间已特别打扫干净并且很舒适"。然而关于这些却并没有一句话，说话反而显得没有说服力，而且也不可能让服务员每次通过说使其变得更有说服力。

除了使服务有形化之外，服务企业还应考虑如何使服务更容易地为顾客所把握。通常有两个原则需要遵循：一方面，把服务同易于让顾客接受的有形物体联系起来；另一方面，把重点放在发展和维护企业同顾客的关系上。

怎样把服务同易于让顾客接受的有形物体联系起来呢？由于服务产品的本质是通过有形展示表现出来的，所以，有形展示越容易理解，则服务就越容易为顾客所接受。运用此种方式时要注意：

第一，使用的有形物体必须是顾客认为很重要的，并且也是他们在此服务中所寻求的一部分。如果所用的各种实物都是顾客不重视的，则往往产生适得其反的效果。

第二，必须确保这些有形实物所暗示的承诺，在服务被使用的时候一定要兑现，也就是说各种产品的质量，必须与承诺中所载明的名实相符。如果以上的条件不能做到，那么所创造出来的有形物体与服务之间的联结，必然是不正确的、无意义的和具有损害性的联结。

又怎样理解重点放在发展和维护企业同顾客的关系上呢？使用有形展示的最终目的是建立企业同顾客之间的长久关系。服务业的顾客，通常都被鼓励去寻找和认同服务企业中的某一个人或某一群人，而不只是认同服务本身。如在广告代理公司的客户经理，管理研究顾问咨询公司组成客户工作小组等。所有这些都是强调关注于以人表现服务。因此，服务提供者的作用很重要，他们直接与顾客打交道，不仅其衣着打扮、言谈举止影响着顾客对服务质量的认知和评价，他们之间的关系将直接决定顾客同整个企业关系的融洽程度。另外，其他一些有形展示亦能有助于发展同顾客的关系。比如，企业向客户派发与客户有关的具有纪念意义的礼物就是出于此种目的。

2）有形展示管理的执行

服务展示管理不仅是营销部门的工作，虽然营销部门应该唱主角，但每个人都有责任维持并传送有关服务的适当线索。下面列出的是一份行动问题清单，所有的管理人员都应定期考虑这些问题。

（1）我们有一种高效的方法来进行服务展示管理吗？我们对顾客可能感觉到的有关服务的每一件事都给予了充分的重视吗？

（2）我们是否积极地进行服务展示管理？我们积极地分析了如何使用有形因素来强化我们的服务概念和服务信息吗？

（3）我们对细节进行了很好的管理吗？我们是否关注"小事情"？举例来说，我们保持了服务环境的一尘不染吗？如果我们的霓虹灯忽然坏了，我们是立即换呢还是过后再换？我们作为管理人员有没有举例向员工说明没有任何细节小到不值得管理？

（4）我们将服务展示管理和市场营销计划结合起来了吗？例如，当我们做出环境设计的决定时，是否考虑到这一设计能否支持高层营销策略？我们作为管理人员，是否熟知展示在市场营销计划中的作用，进而对计划做了有益的补充？作为管理人员，我们知道在营销计划中什么是首要的吗？

（5）我们通过调查来指导我们的服务展示管理了吗？我们能否寻找来自员工和顾客的由价格传递的线索？我们预先能否测定我们的广告向顾客传递了什么样的信息？在服务设备设计过程中，我们征求过顾客和员工的意见吗？我们有没有雇用"职业顾客"按照清洁度、整齐度、营销工具的适用性等标准对我们的服务环境做出评价？我们作为管理人员，在提高公司整体形象过程中，是如何运用环境设备和其他展示形式的呢？

（6）我们将服务展示管理的主人翁姿态扩展到整个组织范围了吗？在服务营销中，我们向员工讲授了服务展示管理的特点和重要性吗？我们是否向组织内的每个人提问，让他们回答个人在展示管理中的责任？

（7）我们在服务展示管理过程中富有创新精神吗？我们所做的每件事都有别于竞争者和其他服务提供者吗？我们所做的事有独创性吗？我们是不断地提高展示水平使之合乎时尚呢？还是处于沾沾自喜、自鸣得意之中呢？

（8）我们对第一印象的管理怎么样？和顾客早期接触的经历是否给顾客留下了深刻印象？我们的广告、内部和外部的环境设备、标志物，以及我们的员工的服务态度对新顾客或目标顾客是颇具吸引力呢，还是使他们反感？

（9）我们对员工的仪表进行投资了吗？我们有没有向员工分发服装并制定符合其工作角色的装扮标准？对于负责联系顾客的员工，我们考虑过为其提供服装津贴吗？我们考虑过提供个人装扮等级津贴吗？

（10）我们对员工进行服务展示管理了吗？我们有没有使用有形因素使服务对员工来说不再神秘？我们是否使用有形因素来指导员工完成其服务角色？我们工作环境中的有形因素是表达了管理层对员工的关心呢？还是缺乏关心呢？

11.2　服务环境设计

有形展示有许多类型，这里采用展示渠道的差异及展示构成要素的双重标准，将有形展示分为分属内外部因素的环境展示、人员展示、品牌载体展示与信息沟通展示等要素。"眼见为实"，服务环境及其设计决定了顾客消费服务产品的最真实的第一印象，在传统的有形展示研究中非常重要，并且渗透在其他要素中，因此单独对其进行讨论。

11.2.1　服务环境

1）服务环境的定义

服务环境，在某些有形展示的译作里也称服务设施或服务景观，是指企业向顾客提供服务的物理场所的各个方面。它属于企业的内部因素，不仅包括影响服务过程的各种设施，而且还包括许多无形的要素。因此，凡是会影响服务表现水准和沟通的任何设施都包括在内。例如，就旅馆业而言，环境意味着：建筑物，土地，土地上的绿地、树木、花草，装备和微小环境如气氛、装饰风格等，包括所有内部装潢、家具和供应品。因此，像一些较不起眼的东西如茶盘、一张记事纸或一只冰桶等，在传统的设计观念中，或许会被忽略掉，但对于服务营销人员来说，也必须与其他明显物品一样都包括在内。

▋小案例 11-1

美国迪士尼是世界上最著名、最成功的服务设施。迪士尼对顾客的经历实施全面控制：把主题公园看作类似于卡通的舞台娱乐活动；娱乐哲学融入为顾客做的每件事情；有专门设计的迪斯尼商店来愉悦前来购物的顾客，该商店精心设计了视觉线，其高度正好适合一个标准身高的3岁儿童。

2）服务环境的种类

服务环境可分为职能型的服务环境和休闲型的服务环境，前者对顾客较次要，同样若是与服务机构接触时间短也属于这种情况；后者对顾客的满意度起着决定性的作用，当顾客在服务环境中需要停留很长时间时也是如此（见表11-2）。如商业学校因为是职能型的服务，所以其环境不是很重要，但学生在学校里住宿时间越长，就越发重要；如果顾客只在游戏厅逗留几分钟，服务环境并不是很重要；但是游人在度假村里度假，这个因素就很重要。

3）服务环境的特点

对大多数服务公司而言，环境的设计和创造并不是件容易的工作。虽然对于在顾客处所或家庭中提供服务的服务业，这个问题并不是很重要，但也应该注意到器械装备的设计、制服、车辆、文具以及可能会在顾客心目中形成对服务公司印象的类似事项。从服务环境设计的角度看，环境具有如下特点：

（1）环境是环绕（Surrounds）、包括（Enfolds）与容纳（Engulfs），一个人不能成为环境的主体，只是环境的一个参与者。

（2）环境往往是多重模式（Multi-Model）的，也就是说，环境对于各种感觉形成的影响并不是只有一种方式。

（3）边缘信息和核心信息总是同时展现，都同样是环境的一部分，即使没有被集中注意的部分，人们还是能够感觉出来。

（4）环境的延伸所透露出来的信息总是比实际过程的更多，其中若干信息可能相互冲突。

（5）各种环境均隐含目的和行动以及种种不同角色。

表 11-2 服务环境的种类[①]

在物质环境内度过的时间	服务的类型	
	职能型服务	休闲型服务
短（分）	服务环境的重要性 低——————→高	
	低 洗衣店 自动柜员机	高尔夫球场 电子游戏厅
中（时）	诊所 律师事务所	体育比赛 豪华餐厅
长（日）	高 商业学校 医院	度假村 自然公园

（6）各种环境包含许多含义和许多动机性信息。

（7）各种环境均隐含种种美学的、社会性的和系统性的特征。

因此，服务业环境设计的任务，关系着各个局部和整体所表达出的整体印象，影响着顾客对服务的满意度。

4）服务环境设计

服务环境设计就是在综合考虑以上问题的基础上来决定怎么做的一个过程。设计理想的服务环境并非一件容易的事情，除了需要大量的资金外，一些不可控的因素也会影响环境设计。一方面，我们现有的关于环境因素及其影响的知识及理解程度还很不够。究竟空间的大小、各种设施和用品的颜色与形状等因素的重要性如何？地毯、窗帘、灯光、温度等因素之间存在怎样的相互关系？诸如此类的问题具有较强的主观性，很难找到一个正确的答案。另一方面，每个人都有不同的爱好和需求，他们对同一环境条件的认识和反应也各不相同。因此，设计满足各种各样类型人的服务环境，如旅馆、大饭店、车站或机场等存在一定的难度。

服务环境实施过程中应该遵循下列原则：

（1）设计理念集中于统一的具体形象，各设施要素必须相互协作，共同营造一种形式统一且重点突出的组织形象，一点小小的不和谐要素可能毁坏整体形象，如某一豪华酒店的劣质床单就是败笔。

（2）服务产品的核心利益应该决定其设计的参数。例如，银行需设计某些型号的保管库，消防站有足够空间安置消防车；外部设计要为服务的内在性质提供暗示，如学校建筑表面装饰彩色瓷砖并且附近有运动场所。

（3）设计必须适当，加油站可用色彩亮丽的金属预制板建造。

① 佩里切利. 服务营销学 [M]. 张密，译. 北京：对外经济贸易大学出版社，1999：506.

（4）设计的柔性，即考虑未来的设计，如果忽略此点，则旅客有可能拖着沉重的旅行箱走过迷宫般的楼梯和长长的过道来到机场的登机口。

（5）美学与服务流程是服务环境设计中时刻要考虑的两个因素。

11.2.2　服务环境设计的关键

一家在表11-2中属于服务环境高重要性服务业公司的服务环境设计需要考虑很多因素，如位置、建筑、装潢、布局、气氛、风格等，但是影响服务环境形成的关键问题主要有：

1）位置和建筑

位置和建筑在服务环境中占有很重要的地位，可是除非是在开办阶段，否则想改变这两个环境因素基本是不可能的。但是在最初选址设计时，企业必须分析服务提供与目标顾客的关系。

首先，当顾客不得不来寻找服务者时，位置可能是光顾的主要理由之一，所以位置应该选在目标顾客感觉最应该在的地方。与之相适应的建筑风格与档次也是必要的：一栋建筑物的具体结构，包括其规模、造型、建筑使用的材料、其所在地点位置以及与邻近建筑物的比较，都是塑造顾客观感的因素。同时，不可忽略地盘内竞争者的威胁，如酒店、饭店、银行及零售企业等，选择适宜的地点成为一个关键问题。已开发的很多高级计算机模型可用来评价不同地点方案的合理性。

其次，当服务提供者能够来找顾客时，位置就不是那么重要了。一方面，这样的服务必须在顾客所在房屋内进行，包括电梯维修、害虫控制和保洁服务等；另一方面，服务提供者可以规划是在顾客处提供服务还是在自己这儿，如洗衣店避开繁华大街，提供上门收取和发送服务，而运营于低价地段时，就可建立起利润很高的业务。

当服务提供者与顾客交易随手可及时，位置和建筑是最没什么关系的，如公用电话、ATM设置等，顾客不会关心服务供应商的实际位置。

2）风格

风格是组织或品牌识别的视觉（或听觉、嗅觉、触觉）表现。表面看来，风格与品牌有着密切联系，但是其重点在于为满足各种感官需要的设计与表现。风格主要分为视觉风格和听觉风格两类。视觉风格的基本要素有颜色、形状、线条、模式等，音乐、音量、音高和节拍是听觉风格的基本要素。此外，气味、味道、材料和质地也是风格的要素（见图11-1）。气氛是隶属于风格的并且具有风格的某些基本要素的组合。

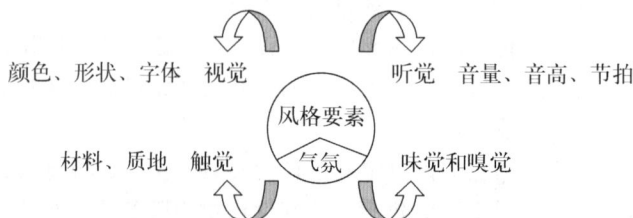

图11-1　风格的要素①

① 施密特，西蒙森. 视觉与感觉——营销美学［M］. 曾嵘，等译. 上海：上海交通大学出版社，2000：78.

3）视觉

视觉是最主要的风格要素，其作用可以用亚里士多德的格言"一切源于眼睛"来概括。零售商店使用"视觉商品化"（Visual Merchandising）一词来说明视觉因素会影响顾客对商店观感的重要性。视觉与形象的建立和推销有关，顾客进门之后，可以达到前述两项目的。零售业的视觉商品化，旨在确保无论顾客在搭电梯或在等待付账时，服务的推销和形象的建立仍持续地进行。照明、陈设布局、颜色，显然都是"视觉商品化"的一部分，此外，服务人员的外观和着装也是。主要的视觉要素包括形状和颜色。

形状这种视觉符号可以产生巨大的营销效果，CK ONE 的香水瓶利用瓶子形状的价值来谋取超额的利益。形状也是独特标志中的主要因素，并且容易跨越文化差异。圆形等同于柔和、持续甚至完美；对称消除紧张，不对称带来焦虑，对称和少许的不对称放在一起又产生平衡的感觉；小尺寸表现出纤细、虚弱……

颜色充分建立起顾客的体验。人眼可以区分10 000种色调，从浓度、亮度和色调将感官体验与物理特性联系起来。颜色可使顾客产生情感反应、认知反应和行为反应。

红、橙、黄是暖色，给人以热情温暖的感觉，而蓝、绿、紫是冷色，宁静而平和。比如，红色强有力、令人激动但具有保护性，黄色令人愉悦，绿色和蓝色被认为是宁静、放松、悠闲。黑白和金、银色是有影响力的颜色。黑与白通常代表着浓度与亮度的两个极端。金银等金属色具有灿烂的形象，给人们以明亮、豪华和优雅的感觉，使之联想到富裕和贵金属。

4）声音

"声音以谐波系为基础，当其高度结构化时，就称之为音乐"（伯恩斯坦）。音乐是一种强大的感情和行为暗示，许多服务业者，如酒店、饭店、超市、百货商店、美发厅、机场，以及专业服务提供者（如医生、律师、会计师等），经常利用听觉刺激来加强与顾客的联系，从而得到顾客的认可、令人愉快的联想、各种感觉，以及较高的评价。在电话服务、销售大厅、候审室，以及其他任何顾客可能会访问的地方，都会存在音乐。

音乐往往也是气氛营造的背景。服务业可以根据其细分市场确定目标顾客最喜欢的音乐、音乐家和曲调。电影制造厂商很早就觉察其重要性，在默片时代配乐便被视为一项不可少的气氛上的成分。青少年流行服装店的背景音乐，所营造出的气氛当然与大型百货店升降梯中听到的莫扎特笛音气氛大不相同，也和航空公司在起飞之前播放给乘客们听的令人舒畅的旋律的气氛全然迥异。若想营造一种"安静"气氛，可以使用隔间、低天花板、厚地毯以及销售人员轻声细语的方式。这种气氛在图书馆、书店或皮毛货专卖店往往是必要的。最近对于零售店播放音乐的一项研究指出，店里的人潮往来流量会受到播放什么样的音乐而有所改变。播放缓慢的音乐时，营业额往往会比较高。

小案例 11-2

多年来，联合航空公司一直将乔治·格什温的《蓝色狂想曲》作为创建识别的一种风格。《蓝色狂想曲》已经成为公司的一个特点，顾客在打免费订票电话，或者各个航班的安全演示时，都能听到它。格什温的音乐是现代的动态音乐，也是一首美国的经典乐曲。此音乐在伍迪·艾伦的《曼哈顿》中作为主要特色，这加强了顾客对纽约大都市的联想，同时也表达了联合航空公司的定位，即一家现代的美国国际航空公司，它能将商务旅行者送到他想要去的任何目的地。

5）触觉

材料可以使顾客产生对产品的某种"感受"，材料的质地可以成为非常好的感觉来源。厚重质料铺盖的座位的厚实感（Rich Texture）、地毯的厚度、壁纸的触感、咖啡店桌子的木材感和大理石地板的冰凉感，都会带来不同的感觉，并散发独特的气氛。某些零售店是以样品展示的方式激发顾客的感受度，但有些商店，如精切玻璃、精制陶瓷店、古董店、书廊或博物馆，就禁止利用触感。但不论任何情况，产品使用的材料和陈设展示的技巧都是重要的因素。木、皮革温暖和柔软，经常能产生与温暖、力量和自然有关的联想；花草树木能使人们放松，融于大自然之中；砖块被认为冷且硬，但由于其红色色调，仍然可以体现出温暖的感觉，适用于壁炉、内墙、露台等。

小案例 11-3

表面粗糙的纸质材料配上皮革表面，适于作西餐厅与酒吧的菜单；光滑洁白的信纸唤起顾客写上漂亮字体的欲望。

美国北卡罗来纳的夏洛特，BankAmerica公司与当地艺术团体合作，共同对一个价值2 000万美元、有1 600个车位的停车场的正面进行重新设计。该墙除了外饰彩色反光玻璃，每小时鸣钟外，当用手触摸墙壁时，还能发出现代音乐。参观者被"触摸我的建筑物"所吸引，故其也被称作"互动雕塑"。

6）气味

味觉主要来源于嗅觉，嗅觉是最强烈的感觉。气味会影响形象、建立识别，但通常不太引人注意。不同成分组成的气味会产生不同的感觉。零售商店，如咖啡店、面包店、花店和香水店，都可使用香味来推销其产品。面包店可巧妙地使用风扇将刚出炉的面包香味吹散到街道上；餐馆、牛排馆、鱼店或洋芋片店，也都可以利用香味达到良好的效果；至于那些服务业的办公室皮件的气味和皮件亮光蜡或木制地板打蜡后的气味，往往给人以一种特殊的豪华气派感觉。

人类具有优秀的辨别各种气味的能力，对气味的记忆可能是其所具有的最强烈的记忆，因此通过气味来建立企业所期望的认知和感觉非常有效。当人们闻到在某次经历中闻到过的某种气味时，会回忆起这次经历的所有细节。

气味通常有七种类型，即薄荷型、花香型、优雅型、麝香型、树脂型、恶臭型、辛辣型等。气味容易被比喻成烟雾、水果、香料或花香，与之相匹配的评价则是令人陶醉、令人愉快、令人开心，或者相反；水果香或花香带来了春天的气息，松树或樟树的气味则暗示着冬日的感觉。

7）气氛

在传统研究中，气氛（氛围）是服务环境很重要的一分子。"氛围"原本是指一种藉以影响买主的"有意的空间设计"，对于员工以及前来公司接洽的其他人员也都有重要的影响。气氛由目标顾客定位所需要的装潢、视觉、音乐、气味等要素组合而成，不同的组合产生不同的气氛。

每家服务企业都有其"感觉"，有的很有魅力，有的豪华壮丽，有的朴素。商店必须保有一种规划性气氛，适合于目标市场，并能诱导购买。许多服务业公司似乎都开始了解气氛的重要。餐馆的气氛和食物同样重要，这是众所皆知的，大饭店旅馆应该被视为温暖与亲切；零售商店也应注意尊重顾客，而增添一些魅力到"气氛"里头；有些广告公司细心地花工夫做气氛上的设计；此外，银行、律师事务所和牙医诊所的等候室，往往由于是否注意气氛的缘故，而有"宾至如归"和"望而却步"的差别。

8）联觉

用一种感觉来激发另一种感觉称为联觉（Synesthesia）。作曲家的将颜色和音乐联系起来：E大调为蓝色；降A调为紫色；D大调为黄色。联觉能将颜色、形状、气味和材料这些基本要素，组合成能体现公司风格或品牌的"属性体系"，形成一个整体认知。联觉给顾客带来的微妙感觉远远超过单个的视觉、听觉等要素甚至气氛，整体大于部分的总和。

小案例 11-4

在日本的茶道中，要通过一种仪式来上茶：茶要装在经过仔细挑选的器皿里，同时，喝茶的房间里应当挂有一幅画，并且能看见花园。在上茶（主人）和参加仪式（客人）中都会有一些仪式化的活动。因此，整个仪式具有多种感觉，它包含了产品设计、陶瓷设计、室内设计、艺术和音乐等概念。

许多好的牛排餐厅在提供一份发出"嗞嗞"声牛排的同时，还提供做工精细、手感极佳的牛排餐刀，以及深色木材装潢的房间和暗淡的灯光，为顾客提供全面的感官体验。

9）布局

布局是家具、机器、设施的表面分布，涉及其规模、形态以及与空间的关系，例如顾客与人员的距离，环境内部的规模，椅子或沙发的布置，家具摆设的灵活性，这些都说明顾客和服务人员之间的关系。一方面，服务设施的布局或布置会为顾客和服务者带来方便，从而免除顾客因忍受设计差劲的设施而产生的不耐烦与反感，同时也防止服务者浪费时间与精力，以提供快捷舒适的服务；另一方面，也可能阻碍服务的提供，使顾客反感，服务人员从事与服务无关的行为导致提供缺乏效率的服务。如商业学校要学生参加讨论，就把教室设计成半圆阶梯教室，使每个人都能看到别人并进行沟通。此外，服务过程流程图在布局设计中非常必要，可用以排除不必要行为，突出潜在的服务失败点、顾客接触点，并确定等待顾客的空间需求。

10）定向

定向是个人进入一个地方时的第一行为需要。当进入某一环境后，顾客可利用先前的经验及可用的空间线索来确定他们在哪里、将去哪里以及怎么做，否则他们就会感到焦虑和无助。定向的问题可由如下环境设计解决：先前经验、设计的易读性和定向帮助。① 首先，特许、连锁经营的标准环境设计可有效地去除定向障碍的焦虑感，假日酒店宣称顾客在其任一下属的连锁饭店里都不会感到陌生，从而利用亲近融洽来吸引回头客。其次，约定俗成或空间透明的设计也使顾客便于观察并获得行为方面的线索，如银行和酒店经常在入口处设置中厅，使整个空间可以被一眼看到并表达出它的概念。诸如标有"你在这里"的地图一类的定向标识如果能够恰好在使用者的视野内，则便于自助服务，并可提高交通流量；策略地安置植物和艺术品能够起到参考点的作用；增加一些听觉或视觉帮助对顾客辨别方向也会有帮助。

小案例 11-5

　　Fuddrucker 汉堡包餐厅是一个遍布美国和一些其他国家的汉堡包连锁餐厅，其服务特征之一是顾客参与服务生产过程，自己从丰富的调味品中选取调味品来涂抹三明治。如果不是因为 Fuddrucker 开放式的服务环境设计，初次来此的顾客会被复杂的系列服务所困惑。这种开放式的设计令顾客在排队过程中观察并学习服务过程，因此感觉舒适放松。

　　在拉斯维加斯的宝岛旅游胜地，除了有许多路标与方向指引工具遍布整个地理环境外，工作人员还为游客提供了指导手册。该手册以平面图的方式清晰地对岛上的地理环境予以描述。这些标识与地图协助游客顺利地完成服务环境甚为复杂的宝岛之行。②

　　11）环境变量

　　环境变量一般是指可以根据一定的原则，能随时调整变化以改变氛围的环境要素。它的变化多端以及适当的搭配妙不可言，对服务企业实施差别化战略的贡献巨大。如对一个餐厅来说，主要有照明水平、音乐水平、色彩搭配和室内的烹调香味等变量。适当的照明水平会给顾客带来就餐的复杂感受，低照明水平与大额小费相关③。接近 2/3 的使用桌布和提供成套餐具的餐厅有"烛光"或弱照明光，这往往被顾客视为是"优雅"的感受。烹调香味的程度与较明亮的照明水平以及"家庭式的"或泥土色调的色彩搭配关系非常密切。较少的烹调香味适合于较低的照明水平，柔和的色调适用于全套餐具、桌布的餐厅，"家庭式的"或泥土色调的色彩适用于烹调香味明显的非高档餐厅。

　　12）员工的"家外之家"④

　　服务环境设计易被忽略的是，服务环境对员工来说是"家外之家"。顾客在服务环境内的停留时间可长可短，员工通常要在同样的服务设施内度过很长的时间。因此，为吸引在此做短暂停留的顾客而设计的背景音乐、灯光、装饰品及其他环境特征，却可能成为员工工作的障碍。譬如，参观中昏暗的灯光虽令顾客感觉很浪漫，但却增加了服务人员完成任务的难度。与此类似，令顾客愉悦的音乐与音量，却可能将长时间被迫收听的员工摧垮。那些于节假日期间在零售店工作过的人，会对圣诞颂歌产生无法抑制的厌烦，因为在每年的那个时节要不停地播放它。

　　因此，组织在设计服务环境时，既要关注顾客的需求，又要注意员工的需要，应

---

　　① WENER. The environmental phsychology of encounters [J]. The Service Encounter, 1985（21）: 102-112.
　　② 菲斯克，格罗夫，约翰. 互动服务营销 [M]. 张金成，译. 北京：机械工业出版社，2001：180.
　　③ FITZSIMMONS, MAURER. A walk-through-audit to improve restaurant performance [J]. The Cornell HRA Quarterly, 1991, 31（4）：97.
　　④ 菲斯克，格罗夫，约翰. 互动服务营销 [M]. 张金成，译. 北京：机械工业出版社，2001：183.

力求二者间的平衡。服务环境若是除了对顾客有吸引力之外，又能令员工感觉舒适，就能调动其很好地完成本职工作的能力。

13）前台与后台决策

服务环境存在前台与后台。前台一直展现在顾客面前，而后台却通常处于顾客的视线之外。对前台的有形展示因素如装饰物、家具等的筛选和控制极为重要；后台是在时间或地点上与前台隔离的区域，对前台给予支持，顾客一般看不到这一区域。因此，前台与后台的界限必须分明，防止顾客对后台的误闯，否则很容易破坏原本脆弱的优质服务形象。顾客对服务生产过程各环节的怀疑和不信任，能长时间地保存在脑海中，一旦顾客看到了杂乱无章的仓库、肮脏的厨房、满嘴脏话的经理和陈旧老化的生产车间，这种怀疑与不信任将因这些"丰富"内容的融入而变成可怕的确信无疑。

服务企业可以增减前后台内容来形成增加或减少有形展示。将后台内容增加到前台里的原因有：①降低顾客的感知风险，如让顾客观看员工如何对他的汽车采取行动；②使后台服务成为顾客服务体验中不可或缺的部分，Benihana等日本风味的牛肉餐馆，当着顾客的面来准备饭菜，营造了一种极为特别的餐厅体验。当然，此时管理的难度也会增加，相对而言，减少前台内容可能就会降低服务问题的发生率。如果企业对某一前台内容有效树立统一形象的努力表示怀疑，它就应当考虑将其转移到顾客视线之外的后台。

14）网上服务环境设计

当今是互联网时代，越来越多的服务企业设立了B2C网站或是利用网络进行宣传。网页是一种虚拟的服务环境，以上大部分设计原理与理念仍适用于它。不仅如此，网站具有强大的设计功能，美观迷人，并且不受地点和营业时间限制迎接顾客的到来；顾客在不同区域（页面切换）间更换行动自如，不会迷失方向。网站的环境设计还应该注重以下几个方面：应该设置能够满足顾客好奇心的网页，具备互动特征和反应装置，吸引顾客在站点花更多的时间。

11.3 有形展示的其他重要类型

11.3.1 人员展示

1）人员展示的意义

人员展示是指通过对员工形象与举止的适当表现，提供给顾客以评价服务感受的有形线索，它也属于企业内部有形展示要素。第9章提及了人员在与顾客发生互动时的重要性，人员展示的结果直接影响到顾客的整体服务感受。但是，在实际服务经营中，人员的展示往往差强人意。服务企业要实施有效的有形展示就应该重视人员的展示作用。

小阅读11-2

《今日美国》对6 000名读者进行了一项调查。在调查中，有90%的人对便餐店与大饭店的服务基本满意，但有80%的人却说他们经常遇到行动缓慢且态度怠慢的服务人员（见表11-3）。业界人士说，"外出吃饭是日常生活中的一部分而非偶发事件，如今的顾客很重视所付出的接受服务的成本与能得到的服务感受"。①

表11-3　　　　　　　　　　　　**人员负面服务展示要素与顾客遭遇比例**

服务要素	经常遇到者占人数的百分比（%）
缓慢的服务	82.5
怠慢的服务生	68.5
健忘的服务生	56.0
不了解产品的服务生	55.5
鲁莽的服务生	38.5
令人讨厌的服务生	32.0
粗鲁的服务生	30.5
账单有误	13.5

2）服务企业与顾客接触的方式及其选择

人员展示在不同的服务企业中，其重要性是不一样的。究竟什么样的服务企业应该注重人员的展示呢？回答这个问题应当先理解企业怎样选择与顾客接触的方式。

服务企业中人之所以重要在于他们与顾客的接触，然而服务企业的接触除了人力资源接触外还有另外一种方式——技术接触。用技术的服务方式简称技术方式，朝着制造业的成熟技术发展。航空公司是技术方式的典型，其服务流水线化：预订—登机—到达目的地，行李托运—认领。而人力资源接触的方式叫作人际方式，特别注重服务人员与顾客间的人际关系。金融咨询采取人际方式，了解顾客的问题、可支配财力等，提供标准化"服务包"，并按客户要求进行调整。

服务企业对以上方式的具体运用通常有人际方式、技术方式、混合方式。人际方式是人员展示的重点，成功的人员展示可以提供满意的服务感受给顾客，强化服务的有形线索；技术方式质量标准化、成本低，减少失败的人员展示带来的风险；混合方式即"高技术与高接触"，技术提高效率的同时，通过人员的职业水平来改善服务感受。不同的服务企业类别决定不同的方式选择，如表11-4所示。

3）人员展示方法和策略

服务人员的专业服务技能展示是人员展示中最重要的一个方面，服务企业在人员展示方面的方法和策略主要有聘用控制、培训、监督、奖励、授权，以使员工在服务提供过程中出色地完成工作并展示组织风采。前面已经对这个问题进行了详细的研究。外表、语言、行为、精神风貌是人员有形展示的主要方面。

---

① 菲斯克，格罗夫，约翰.互动服务营销［M］.张金成，译.北京：机械工业出版社，2001：154.

表 11-4 企业与顾客接触方式的选择①

服务行为的本质	直接受动主体	
	人	物
可触知行为	1.针对人身体的有形服务产品 医疗保健服务 健身中心 餐馆/酒吧 建议用混合方式	2.针对物的有形服务产品 维修服务 洗衣和干洗 洗车 建议用技术方式
不可触知行为	3.针对人精神的无形服务产品 管理咨询 教育 音乐会 建议用人际方式	4.针对物的无形服务产品 会计服务 法律服务 银行和金融机构 建议用混合方式

(1)"爱"是优质服务的基础。服务人员对顾客要有爱心，热情为客人服务。微笑是一种真诚，是"爱"的首要标志。"顾客有权享受微笑"，西方服务企业把微笑看成优质服务的必要展示。中国"没有笑脸莫开店"的格言已成为共识。微笑只是爱的显露，"爱的经营哲学在于真正了解顾客的真实需要，对他们要有爱心、热心、耐心"，要把爱贯穿于企业经营活动的始终。

(2)服务员的视觉形象在服务展示管理中也特别重要，因为顾客一般情况下并不对服务和服务提供者进行区分，认为二者是等同的。应该考虑外表因素，包括仪表、仪容、仪态，这是人的门面，也是企业的门面。语言因素包括语调、语气、音律等，是人际交流重要的手段。服务企业员工的行为方式反映了企业的服务理念，顾客通过员工的行为方式可以了解到企业的服务精神。良好的精神风貌不仅可以在员工间相互影响，而且还能感染顾客，使顾客消除服务不可触知性给他们带来的心理压力。

(3)产品的展示是至关重要的，服务产品展示与有形产品展示唯一的不同是，既然服务产品很大程度上取决于人，人就必须被适当地包装。公司员工在工作场所着统一的制服，统一的工作服可以为服务提供商增加其服务有形标准的机会，工作服的款式、颜色、材料与质地或其他特征，可成为重要的有形证据。另外，通过塑造符合服务特征及顾客需要的形象，工作服可为顾客传递一些信息：员工着装可表明服务组织或其服务是正式的，还是非正式的；是创新的，还是与人们期望所一致的。相似的款式、颜色和造型，能激发一种稳定和可信赖的感觉，如一种很普通的着装风格，却很可能营造一种员工行为统一规范的感觉。

(4)人所产生的有形展示效果是生动活泼的，既可以产生积极方面的展示，也可能产生消极方面的展示，因此服务企业必须重视人力资源的管理，把人力资源作为企业最重要的资源，努力使员工满意。只有这样，人的有形展示效果才能达到最佳。

---

① 佩里切利. 服务营销学 [M]. 张密，译. 北京：对外经济贸易大学出版社，1999：471.

11.3.2 品牌载体展示

1）品牌载体展示的定义

品牌是商品的脸谱，品牌不同于名称，名称只有使人将事物辨别开来的功能，不能体现事物的个性，而品牌则附有商品（服务）的个性及顾客的认同感，并象征着商品（服务）提供商的信誉。品牌具有专用性，能为拥有者带来经济效益。由于服务产品的不可感知性，对服务企业而言，品牌形象至关重要。例如，旅游者听到"里茨-卡尔顿""希尔顿""马里奥特""香格里拉"等名词时，总会产生服务质量可靠的感觉。但是品牌自身也是无形的，不是物质实体，它必须通过直接的或间接的物质载体来表现自己，从而让顾客得到感知，如图 11-2 所示。

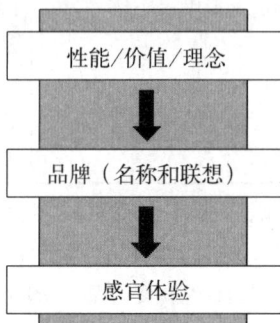

图 11-2　品牌载体展示[①]

品牌的直接载体是图形、品牌标记等，间接载体是与品牌相关的价格、质量等销售信息。品牌提供这些载体将服务产品的性能、价值或服务企业的经营理念，转化成为可以令顾客感知的感官体验。

2）品牌载体展示的作用

品牌能够为一个服务企业带来有形价值，它通过能够识别（与竞争者区别）的要素，在进行形象管理的基础上可以为服务企业带来与有形展示有关的利益。其具体作用如图 11-3 所示。

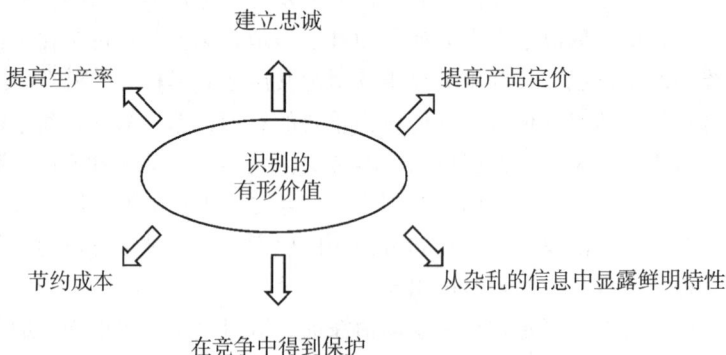

图 11-3　品牌载体展示的作用[②]

---

① 施密特，西蒙森. 视觉与感觉——营销美学［M］. 曾嵘，等译. 上海：上海交通大学出版社，2000：68.

② 施密特，西蒙森. 视觉与感觉——营销美学［M］. 曾嵘，等译. 上海：上海交通大学出版社，2000：69.

3）品牌载体展示的识别管理（见图11-4）

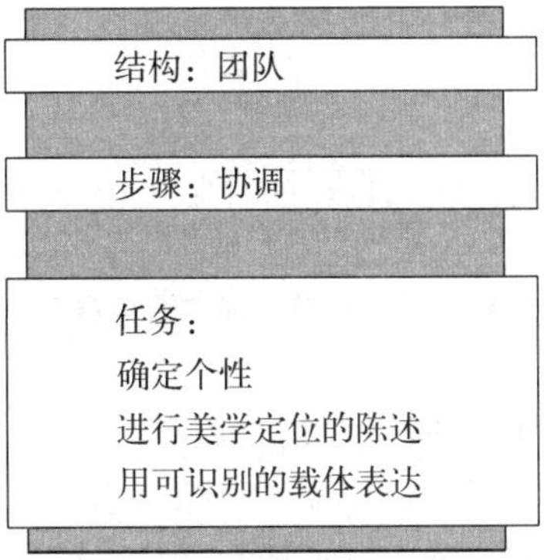

结构：团队

步骤：协调

任务：
确定个性
进行美学定位的陈述
用可识别的载体表达

图11-4　品牌载体展示项目的识别管理①

团队的构成包括管理者与专业设计人员两部分。其中，管理者是指深谙公司历史与定位的总经理或营销总监、品牌运作经理、公共关系经理与广告经理；专业设计人员则可能包括建筑师、室内设计师、CIS设计师、识别咨询人员、网站工程师甚至是历史学家。选择适当的团队非常关键。

协调的步骤意味着：管理者的语言要翻译给设计者，设计者的设计必须转化成为企业所想表达给顾客的感觉和想法。因此，在统一定位的前提下，营销管理人员与专业设计小组密切合作，共同促进对品牌载体视觉系统的使用和接受。整个管理过程就像一支管弦乐队，在同一首中心思想鲜明的旋律中协调地演奏。

当品牌载体展示的一个项目开始时，它的任务包括：第一，确定个性或品牌特性的各个方面。它要求结合营销战略的分析方法（如SWOT分析）来明确组织的宗旨和愿景、个性和核心能力，并且清晰品牌的品质以及这些品质在顾客眼中的地位。第二，对品牌进行简洁的美学定位陈述。如麦当劳拥有遍布全球的21 000多家分店，金色"M"在世界各大城市闪烁着诱人食欲的光芒。第三，将前两个任务有机结合并且通过品牌载体进行有效表现。

11.3.3　信息沟通展示

1）信息沟通展示的定义

信息沟通是另一种服务的有形展示类型，这些来自公司本身以及其他引人注意的沟通信息通过多种媒体传播来展示服务。从广告提供的形象概念与数量概念到顾客口头的传播，以及名人的号召作用等，这些不同形式的信息沟通都传送了有关服务的线索，影响着公司的营销策略。

信息沟通的有形展示是如何实现的呢？服务性公司总是通过强调现有的服务展示并创造新的展示来有效地进行信息沟通管理，从而使服务和信息更具有形性。下面通过建立有形展示的转化模式对服务不可触知性向有形展示的转换进行总结（见图11-5）。

---

① 施密特，西蒙森. 视觉与感觉——营销美学［M］. 曾嵘，等译. 上海：上海交通大学出版社，2000：69.

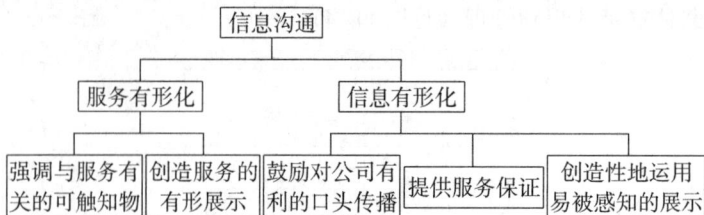

图 11-5　信息沟通与服务展示

2）媒介广告

报刊、杂志、电视、广播、网络系统是服务企业与顾客交流的主要渠道，在这里，它们以广告为主，不仅可以提供企业的形象概念，也可以提供旅游服务的量化概念。优秀的广告可以提供优质服务的有形展示形式。广告可能是服务企业与顾客交流面最广、信息量最大的形式，它可以向旅游者传递多方面的信息——服务产品、企业品牌、企业理念等。因此，有效利用这一方式、全面提高这一方式的效率应是服务企业关心的问题。

用广告来进行信息沟通展示需注意以下几个问题：

（1）常用标志、术语或标语口号通过幽默、感动等令人印象深刻的广告诉求方式来传递服务的运作特征以及服务的精神实质。在有些情况下，广告中让顾客参与服务提供的全过程，让他们一边消费服务，一边展示服务。

（2）广告中用主题、标志和其他一些有形线索来在顾客头脑中建立广告统一体。广告活动把企业的标语装饰在各类有形证据上，而且长时间的具有相似特征的广告能创建品牌识别和强化企业服务产品形象。

（3）明确广告的第二受众是员工，一方面激励员工士气，另一方面可树立员工明星。此时，顾客能对该企业产生以人为本的印象。

（4）仅对可能的事做出承诺。其实质是广告所宣传的服务质量，必须在广告的策划中考虑服务质量不稳定性因素的基础上，充分符合真实的服务质量，这才能保证企业健康发展。"你能一次性地把任何东西卖给任何人。"

3）公众口碑

公众口碑对于服务企业显得格外重要。口碑把粗略的信息转化为有效的交流。由于服务的不可触知性，顾客在购买服务之前就格外谨慎，他们多方面收集材料。而亲朋好友以自己的经历所提供的信息，可以打消他们的疑虑，是顾客可以信赖的信息渠道。公司即使很少做广告，亦可从口碑中获益不少，Easton 体育用品公司给美国国家曲棍球联合会的 4 名运动员提供了免费球棒，几个月后，已有 36 名运动员在使用该公司的冰上用品了。

用口碑进行信息沟通展示有以下特点：口碑宣传是对经验化过程的再现，谁是拥有这个经验的合适人选？口头的信息可以因听者而调整——修改、简化、修饰或强调。口碑宣传往往是即时的。

怎样来利用口碑进行信息沟通展示呢？根据 80/20 规律：20% 的人影响了另外 80%，所以，如果公司能够控制那关键的 20%，将会间接地影响到另外的部分，这就像滚雪球下山一样势不可挡。因此，公司必须确定谁是信息的传播者，可从某些机构或关键顾客中挑选，让他们亲身体验服务过程，并且重视他们的意见和建议，他们的热情很容易被激发起来。同时，这也说明尽量避免在潜在的服务失败点给顾客带来糟糕的感受，是多么重要。

此外，信息沟通展示也应重视名人效应。名人具有强大的号召力，他们的行为具有示范效应。服务企业应认识到名人效应在有形展示中的重要作用。如名人题字、名人书画、名人下榻的酒店，对于普通旅游者具有强大的召唤作用，而且可以消除他们对服务质量的不信任感。

本章小结

本章对服务有形展示的定义、类型、作用及管理进行了讨论，对有形展示的几个主要类型——服务环境、人员展示、品牌载体展示、信息沟通展示进行了详细的分析。在服务环境及其设计中，主要介绍了位置和建筑、风格、视觉、声音、气氛、联觉等14个关键问题。人员展示和品牌载体展示则从其方法策略或展示管理方面来展开。信息沟通是一种有效的服务有形展示类型，以广告提供的形象概念与数量概念到顾客口头的传播，以及名人的号召作用通过感官沟通来达到有形展示的目的。

复习思考题

1. 什么是有形展示？如何理解有形展示对服务产品营销的作用？有形展示管理需要注意哪些问题？
2. 服务环境在有形展示中地位如何？怎样理解服务环境设计的关键问题？
3. 人员展示对有形展示做出了怎样的贡献？哪些服务企业更注重人员的展示？
4. 什么是品牌载体展示？其识别管理的团队及过程有什么特点？
5. 理解并运用信息沟通展示的几种具体方式。

案　　例

如何摆脱航空安全视频里的"乏味清单"

每次坐飞机我们都会在座位上观看安全须知视频，但是不得不说观看这种千篇一律、枯燥无味的安全演示视频完全是一种"折磨"。于是，2007年，美国维珍航空用一个4分钟的卡通视频，开启了空中安全视频这扇大门。

尽管演示这些视频的首要目的是给乘客做安全示范，但它的附加值简直超乎想象。这些视频不仅增加了航空公司的曝光率，提升了关注度，甚至还增加了机票的销量。在互联网无比发达的今天，你发布一个有趣的航空安全视频，就会有数以百万的人来分享你的视频，而这种广泛传播的方式也使得航空安全视频成为航空公司品牌营销的一个重点。

中国国际航空：熊猫版安全视频融化你的心

如果你经常乘坐国航航班，你就一定看过这个萌萌的熊猫版安全视频，通过CG动画，将美丽的空姐、可爱的3D熊猫和枯燥的安全知识联系在了一起。它采用了毛茸茸、胖乎乎、呆萌无比的熊猫动画形象，以充满趣味的方式，向乘客们全新演绎了航空安全知识。除此之外，视频中还出现了浓厚的"中国风"，传统剪纸、青山、祥云等多种元素加强了画面的立体效果，大大提升了视频的艺术性。

海南航空：葫芦娃版安全须知，重温童年记忆

2015年春节期间，海南航空特别推出了3D葫芦娃版航空须知视频。除了葫芦娃七兄弟之外，老爷爷、穿山甲、蛇精等也悉数亮相，让你在重温童年记忆之余不知不觉长了航空安全知识。网友们纷纷反映，这是第一个能够从头看到尾的乘机安全须知。

继去年推出葫芦娃版航空安全视频后，今年海南航空又推出了《人与自然篇》航空安全视频。它以人与动物、人与自然和谐相处为主题，在展现优美环境、趣味生活的同时，逐一呈现乘机安全须知内容。另外，它还是一个鲁能地产的宣传片，在航空安全视频中直接植入广告，这样的效果应该不错。

法国航空：安全视频告诉你，安全带还能展现好身材

法国航空新推出的宣传片中，一位空姐用英法双语作着"时尚小贴士"的介绍，比如，系紧安全带是为了让你展现优雅的曲线，而在飞机上不吸烟这件事本身就很时髦。另外，别认为安全面罩和救生衣很丑，法国航空告诉你，其实配上你的微笑，摆几个姿势，也能穿出大牌范儿。

维珍航空：请来36位舞者，把航空安全视频拍成MV

视频中共有36个舞蹈者及来自两个美国电视音乐节目《舞林争霸》和《美国偶像》的参赛者参与视频的拍摄，不仅舞蹈劲爆，歌声也动人，于是大家不知不觉地像看音乐录影带一样，把安全视频看完了。维珍航空表示，其不了解乘客们是否能更好地领会飞机安全忠告，但能确定的是"地板霹雳舞"类的扭摆和舞动能吸引乘客的注意。另外，这条MV视频的音乐还非常洗脑，许多人在飞机上听过之后，都会专门去找来重复播放。

资料来源　Rosy. HUNT案例集：如何摆脱航空安全视频里的"乏味清单"？[EB/OL].［2016-10-20］. http://socialbeta.com/t/hunt-collection-20160929.

第12章　服务流程设计与再造

迈克尔·哈默博士和管理咨询专家杰姆斯·钱辟博士提出的"流程再造"理论，在世界范围内掀起了一场轰轰烈烈的企业再造运动，许多制造业企业受益匪浅，但该理论在服务业应用较少。然而，许多传统的服务流程已经不能够适应快速多变的顾客需求，服务业也同样面临着"再造"的问题，如何将流程再造理论应用于服务业，这是服务业能否"重生"的关键。本章结合服务业的特点探讨一些服务流程再造的问题。

12.1　服务流程与流程再造概述

12.1.1　服务流程概述

1）流程概述

（1）《牛津英语大词典》对流程的定义是：一个或一系列连续有规律的行动，这些行动以确定的方式发生或执行，导致特定结果的实现；一个或一系列连续的操作。最简单的流程由一系列单独的任务组成，有一个输入和一个输出，输入经过流程变成输出①。流程对输入的处理可能是将它转变成输出或仅仅照料其通过，以原样输出。采纳了流程观念的组织会发现，在它们的订单处理的活动序列中，有许多步骤与所需要的输出根本无关，有时甚至难以找到某些步骤为何而设立，它们的存在本身往往就是所能找到的最好解释。取消这些不必要的步骤可以大大节约成本，同时还能为顾客提供更快的服务。这样做无疑非常好，但是却需要打破职能部门之间的界限。

（2）流程（Process）在英国朗文出版公司出版的《朗文当代英语词典》中解释为：

一系列相关的、渐变的、人类难以控制的结果。如沉陷的森林经过长期的缓慢的化学变化而形成煤就是此类流程。

一系列相关的人类活动或操作，有意识地产生一种特定的结果。如收看电视要经历插上电源、打开电视机、搜寻电视节目等一系列活动，就是流程。从流程这一概念的两个解释中可看出，流程是由一系列的活动或事件组成的，前者是一种渐变的连续型流程，后者是一种突变的断续型流程。

以上是流程的两种权威的定义，按照流程的这两个定义，流程对我们来说就并不陌生。如一台汽车的维修过程就是一种流程，如图12-1所示。

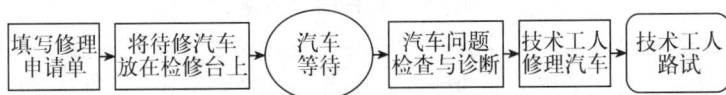

图12-1　汽车维修流程

---

① 佩帕德，罗兰. 业务流程再造 [M]. 高俊山，译. 北京：中信出版社，1999：7.

生病了要去医院看病，要吃药或打针，然后康复，就构成了如图12-2所示的流程。

生病→挂号→诊断→开方→付款→取药→服药→康复

图12-2　医疗诊断流程

由此可见，流程实质上就是工作的做法或工作的结构，抑或事物发展的逻辑状况，它包含了事情进行的始末、事情发展变化的经过，既可以是事物发展的时间变动顺序，也可以是事物变化的空间过程。

2）服务流程的概念

服务流程有不同的定义，由于人们对企业流程的侧面、角度认识上的差异，因而对服务流程的定义众说纷纭。服务流程既具有一般流程的特点，同时还具有其自身的特点。比较具有代表性的定义有如下几种：

（1）美国服务营销专家斯蒂文·阿布里奇对服务流程是这样定义的：服务流程是从顾客的角度来观察事物，实质上是指顾客享受到的、由企业在每个服务步骤和环节上为顾客提供的一系列服务的总和。企业及其员工无论怎样看待服务流程中的每一个环节，他们大都是把这些环节当作业务完成，而顾客则会对服务流程中的每一个环节都做出评价，然后加以汇总，得出一个完整的评价结果[①]。

（2）根据流程再造的创始人哈默和钱皮特对企业流程的定义可将服务流程定义如下：服务流程是服务企业或部门把一个或多个输入转化为顾客有用的输出的活动。

（3）根据美国著名流程再造专家T.H.达文波特关于流程的论述可将服务流程定义如下：服务流程是跨越时间和地点的有序的服务工作活动，它有始点和终点，并有明确的输入和输出。

（4）根据H.J.约翰逊对企业流程的定义，服务流程是把服务输入转化为输出的一系列相关活动的结合，它增加输入的价值并创造出对服务接受者更为有用、更为有效的输出。[②]

综合以上定义，我们认为，服务流程就是服务组织向顾客提供服务的整个过程和完成这个过程所需要素的组合方式，如图12-3所示。

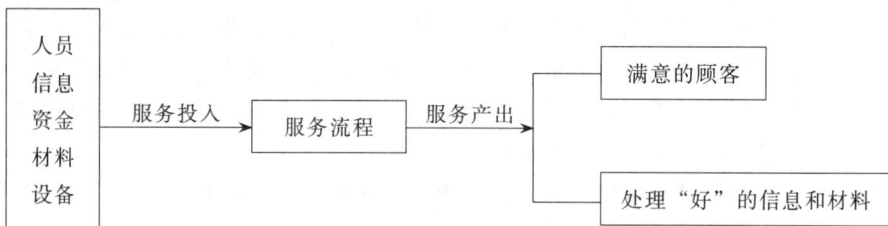

图12-3　服务流程示意图

不同服务企业的具体服务流程是不同的，餐饮业与咨询业的流程就有巨大的差别，图12-4是一个典型的咨询业的服务流程图——诺亚咨询公司服务流程图。

① 阿布里奇. 服务、服务、服务 [M]. 戴骏，等译. 长春：吉林人民出版社，1999：65.
② 芮明杰，钱平凡. 再造流程 [M]. 杭州：浙江人民出版社，1997：84.

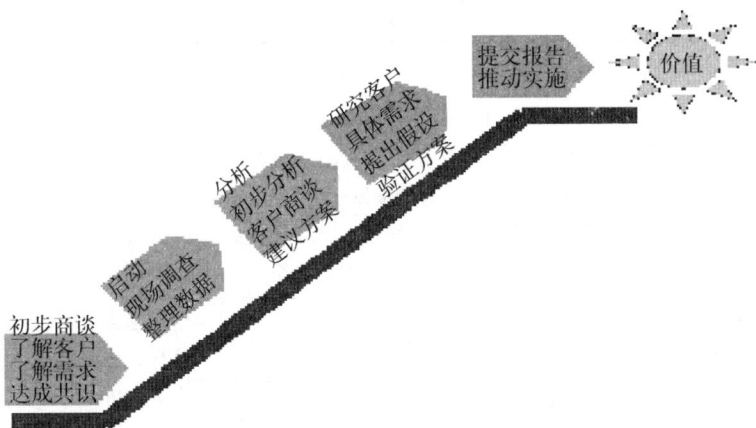

图12-4　诺亚咨询公司服务流程图

3）服务流程的分类及特点

服务流程的分类如下：

（1）根据服务流程的流程形式分类

●线性流程。在线性流程作业方式下，各项作业活动按一定顺序进行，服务是依据这个顺序而产生的。

●订单流程。订单生产过程是使用不同活动的组合及顺序而制造出各种各样的服务。这类服务可以特别设计和定制，以适合不同顾客的需要，以及提供事先预定的服务。

●间歇性流程。它是指各服务项目独立计算，做一件算一件或属于非经常性重复的服务。[①]

具体区分如表12-1所示。

（2）按照服务流程中与顾客接触的程度来分类

●服务工厂（Service Factory）。有些服务流程的劳动密集程度较低（因此服务成本中设施设备成本所占的比重较大），顾客接触程度和顾客化服务的程度也很低。这种服务类型可称之为服务工厂。运输业、饭店、休假地的服务运作是这种类型的例子。此外，银行以及其他金融服务业的"后台"运作也属于这种类型。本书的"服务类型考察B"的汉堡王快餐店，是服务工厂的一个实例。

●服务车间（Service Shop）。当顾客的接触程度或顾客化服务的程度增加时，服务工厂会变成服务车间，就好像制造业企业中进行多品种小批量生产的工艺对象专业化的车间。医院和各种修理业是服务车间的典型例子。

●大量服务（Mass Service）。大量服务类型有较高的劳动密集程度，但顾客的接触程度和顾客化服务程度较低。零售业、银行的营业部门、学校、批发业等都属于大量服务。

●专业型服务（Professional Service）。当顾客的接触程度提高或顾客化服务是主要目标时，大量服务就会成为专业型服务。例如，医生、律师、咨询专家、建筑设计

---

① 王超. 服务营销管理［M］. 北京：中国对外经济贸易出版社，1999：356.

表 12-1　　　　　　　　　　　　　服务流程分类

	线性流程	订单流程	间歇性流程
定义	线性流程作业方式下，各项作业活动按一定的安排顺序进行。服务是依据这个顺序而产生的	订单生产过程是使用不同活动的组合及顺序制造出各种各样的服务。这类服务可以特别设计和定制，以适合不同顾客的需要，以及提供事先预订的服务	间歇性流程是指各服务项目独立计算，做一件算一件，或属于非经常性重复的服务
优点	线性流程也是一种具有弹性的过程，可经由专门化、例行化而加快绩效速率。线性流程过程最适合用于较标准化性质的服务业，且有大量持续性需求典型行业：自助型的行业，如自助银行、自助餐厅	这种形态的关键优势在于有弹性。根据不同顾客的需求提供相应的服务产品典型行业：餐馆及专业服务业	这类专案最有助于专案管理技术的转移及关键途径分析方法的应用典型行业：各种新服务设施的建造、一个广告宣传活动的设计、一个大型电脑装置或制作一部大型影片
缺点	线性流程的各种不同构成要素之间的相互关系，往往使整体作业会受到连接不足的限制，甚至因此造成停顿的现象	不容易安排时间以及不容易用资本密集型取代劳动密集型，同时也不易估算系统产能	这类专案的工作浩繁，对管理阶层而言是复杂而艰巨的。如果管理层团队合力较差，则很容易造成混乱的局面

师等提供的服务①。

小拓展12-1

　　服务流程描述了服务操作系统工作的方法和顺序，详细说明了操作系统工作的方法和顺序，指明它们是怎样贯通起来创造对顾客承诺的价值主张的。服务流程也是顾客的经历，高品质的服务产品是设计和管理出来的，不合格的服务往往源于缺乏服务管理，特别是在服务程序和规范上缺乏科学的设计。通过服务设计可以尽量减少或避免失误和冲突。服务的生产和传递过程是顾客和企业的互动过程，质量受双方的影响。流程设计要充分考虑顾客的想法，形成完整、连贯、高效运作的流程。

12.1.2　服务流程的瓶颈及成因

　　服务流程的瓶颈是在服务布局中占据最长时间从而限定了全过程的最大流速的活动，一般被看作提高产出的暂时性的障碍，它们将会随着服务过程的继续而主动消失。有些瓶颈很容易找出并得到消除，但也有些瓶颈却不是这样，它们会像恶魔一样挥之不去。

　　比较容易消除的瓶颈是静态瓶颈。在这种瓶颈旁边，工作任务或人员会大量堆积，而通过能力很小。这种瓶颈产生的原因通常也很清楚，如机器坏了、关键的服务人员缺勤了、某处服务需求量突然上升以至于超过流程的正常能力等。这样的瓶颈经常发生在服务运作中，它们会导致顾客的等待。当然，这种瓶颈的消除方法也很清楚。

　　① 菲茨西蒙斯.服务管理　运作、战略和信息技术［M］.张金成，范秀成，译.2版.北京：机械工业出版社，2000：15.

更难以消除的瓶颈是动态瓶颈，它们在流程之间移动，且没有清楚的原因，从而导致在不同时间、不同地点会产生人员等待或物料的库存。这些瓶颈对服务运作管理提出了更高的要求，要求进行详细的调查。有时这种瓶颈是由于服务质量出问题引起的，而服务质量问题有可能是由于服务人员为了跟上服务需求的速度而去干本不应自己干的事情，或遗漏了某些步骤而产生的。还有一些动态的瓶颈是由于采取新的服务流程或者变换服务所造成的。在这种情况下，可采取的措施并不是很明显，必须作进一步分析。

1) 瓶颈产生的原因

瓶颈可以分为两种类型，即循环多次发生的慢性瓶颈和无规则的突发性瓶颈。当然，一些突发性瓶颈很容易变成慢性瓶颈。突发性瓶颈需要工人和管理者有一种"救火"的能力，而慢性瓶颈则更多地需要周密计划和应变能力。

(1) 突发性瓶颈

突发性瓶颈可以分为三类，即机械故障、物料短缺、劳动力短缺。下面详细讨论这三种情况[①]。

●机械故障

服务运作中最危险的"大火"可能就是机器发生故障（机器指的是为提供服务所必需的设备，如计算机或其他仪器设备）。当"大火"发生时，人们紧张地围在机器旁献计献策或亲自动手修理，并且不得不改变服务流程。

有些机器故障是不可避免的，但很多机器故障是可以通过有计划的预防维护来避免的（然而，即使是一些最基本的维护措施也经常被忽视，这就像人们经常说的，一旦忙起来就顾不上机器设备的维护了。这种看法是不对的。因为机器设备的维护时间通常比发生故障导致停机的时间要短得多。而且有计划的停机维护不会太大地影响服务运作，可以预先考虑如何处理停机期间的服务业务）。因此，招聘擅长机器维护和修理的员工负责机器的预防维护，已经被越来越多的服务业企业所赞同和认可，并且将其作为最有效降低成本的措施之一。

●物料短缺

如果说不可预料的机器故障是最大的"火灾"，那么物料短缺则是最常见的情形了。常见的物料短缺是在流程的某处缺少原料或工具。有时候，其原因可能在于物料供应商，或者是企业内的其他部门。

●劳动力短缺

任何一个企业都可能遇到一些暂时的劳动力短缺——不可预料的缺勤、辞退或辞职。由于劳动力短缺而引起的暂时性瓶颈问题在服务业中很常见，特别是那些拥有大量临时工的企业。

与此相应的还有一个问题，那就是由于企业中某些员工正常的升迁而造成他们原来的工作岗位短时期内没有合适的人去填补而造成的瓶颈，特别是当某些处于关键性岗位的员工在企业已经工作了很长时间且取得了优良的业绩之时，对于这样的员工，

① 施门纳. 服务运作管理 [M]. 刘丽文，译. 北京：清华大学出版社，2001：34.

不给予他们升迁的机会是不合情理的，而他们离开原来的工作岗位所带来的问题却又无法在短期内得到消除，这是一个矛盾。还有另外一个问题，他们到了新的工作岗位之后，最初一段时间由于对新的岗位不适应而引起服务效率降低、质量水平下降的问题，甚至有些人离开原来熟悉的岗位后对新的岗位在很长一段时间内都不能适应。所有这些都会引起瓶颈的产生。可以认为，员工升迁所带来的问题与劳动力短缺的问题从本质上说是一样的。

（2）慢性瓶颈

与突发性瓶颈一样，慢性瓶颈也可分类，可以根据物料方面的问题和流程方面的问题分别对慢性瓶颈进行分类。

按物料方面的问题分类：

●订购错误的物料或物料供应不足

这种情况常常是由于计划不周或采购不足而造成的，但也并非所有的物料不足都是由于供应商造成的。有的可能是由于不正确的或太晚的物料采购订单，也可能是由于不正确的需求预测、不正确的物料采购要求，还有可能是由于不恰当的存货政策、缺乏远见的计划、资金不足等原因。

●物料搭配需求经常变化

即使计划和采购正确无误，但由于在实际运作过程中各部分物料搭配需求经常发生变化，也会造成某处物料短时期内短缺而产生瓶颈。也就是说，尽管库存的总量足够大，但这些库存的种类和数量不一定能保证在运作中所需的物料搭配。

2）按流程方面的问题分类

●能力不足

当服务需求大大增加而超过服务能力时，如果想消除瓶颈问题，就必须增加新的设备、人员以及新的建筑设施来扩大服务能力。

●质量问题

质量问题可能导致突发性瓶颈，如劳动力短缺、设备故障等。但如果最基本的质量问题长期得不到有效解决，将会变成慢性瓶颈问题。

●不恰当的设施布置

影响服务流程的关键因素之一是设施布置。如果设施布置很差，例如各种服务设施挤在一起、需要互相交流的员工之间却相距很远、文件资料的传递以及物料搬运困难且耗费很大等，都会对服务运作效率产生致命的影响。

●缺乏柔性流程

有些慢性瓶颈是由于流程设计而产生的，这种瓶颈常在某种需求特性之下暴露出来。产生这种设计的原因经常是由于希望得到通用的服务设备或计算机系统，以完成一系列不同的任务。但实际情况往往事与愿违，因为服务需求是千变万化的，这种大型的、所谓"通用"的设备和流程往往难以对应，从而导致瓶颈的产生。目前，克服服务流程瓶颈的比较好和有效的方法就是流程再造，下面介绍服务流程再造方面的知识。

12.1.3　服务流程再造

1）流程再造的概念

"流程再造"是伴随着《再造公司》一书的出版而闻名遐迩，距今不过几年时间。再造理论尚不成熟，正如哈默所言："即使在美国，它也是处于青少年期，而在世界其他地方它还只在儿童期。"然而，再造实践却在世界各地轰轰烈烈展开，世界各地都有它的芳香，成功再造的企业，其成就令人瞩目。那么，流程再造究竟是什么？自从哈默博士提出流程再造的概念以来，有许多专家、学者用不同的词来阐述其意思。下面几种是比较有代表性的概念。[①]

哈默（M. Hammer）和钱辟（J. Champy）的定义：企业流程再造（Reengingeering，BP），根本重新思考，彻底翻新作业流程，以便在衡量表现的关键上，如成本、品质、服务和速度等获得戏剧性的改善。

达文波特（T. H. Daveport）和肖特（J. E. Short）的定义：企业流程再设计（Redesign，BP），组织内或组织之间工作流或各种流程的分析与设计。

达文波特的定义：企业流程创新（Innovation，BP），达到企业巨大改善的流程创新工作。

坎坡林（R. B. Kaplan）和莫多克（L. Murdock）的定义：核心流程再设计（Core Process Redesign），对企业是如何运作进行根本性的再思考，对其工作流程、决策、组织和信息系统同时并以集成的方式进行再设计。

肖特（J. E. Short）和温凯卓曼（N. Venkatraman）的定义：企业网络再设计（BN Redesign），对从属于更大的企业网络中的部分重要的产品与服务进行重新构造。

2）服务流程再造的概念、本质特点

借鉴以上流程再造的概念以及服务的特点，我们可以将服务流程再造定义如下：

服务流程再造（SBPR）是指服务企业或部门，从顾客需求出发，以服务流程为改造对象，对服务流程进行根本性的思考和分析，通过对服务流程的构成要素重新组合，产生出更为有价值的结果，以此实现服务流程的彻底的重新设计，从而使企业服务的各个流程给企业带来绩效的巨大改善。

通过前面再造的各种定义和服务的自身特点可看出，服务流程再造具有如下本质特征：

（1）SBPR的出发点——顾客的需求、面向顾客

服务流程再造是企业内外环境变化所共同作用的结果，但服务流程再造的直接驱动力是企业为了更快更好地满足顾客不断变化的需求做出快速反应，有效地提供顾客满意的产品和服务，是现代企业的根本追求。而在BPR的过程中，从顾客的需求出发分析这个流程，站在顾客的立场上分析、思考顾客希望得到什么样的服务。

SBPR面向顾客与现行企业的运作有着根本的不同。目前绝大多数的企业都在讲"顾客就是上帝"，然而现行的企业制度下，企业员工绩效的评价是由职能部门的经理来决定，因而，员工多数情况下，不是考虑怎么让顾客满意而是想方设法讨好上司。

---

① 芮明杰，钱平凡. 再造流程 [M]. 杭州：浙江人民出版社，1997：258-260.

再造后的企业中，员工的绩效以流程运作的结果来衡量，也就是顾客的满意度大小成为评价员工业绩的唯一标准。根本性的转变是SBPR的本质所在。

（2）SBPR的再造对象——企业的流程

企业的流程是指为完成某一目标（或任务）而进行的一系列逻辑相关活动的有序集合。它强调的是工作是如何进行的，而不是工作是什么。在传统的劳动分工原则下，职能部门把企业的流程割裂成一段段的环节，人们关注的焦点是单个大任务或工作，在现代市场白热化竞争的情况下，越来越显示出这种模式的弊端。而SBPR思考和改造的对象正是企业的流程，可以说以流程为核心是SBPR的理论精髓，是彻底打破传统劳动分工理论框架的基础。

（3）SBPR的主要任务——对服务流程进行根本性反省和彻底的再设计

SBPR是建立在对企业现行运作的流程"怀疑"的基础上，以最大程度满足顾客需求为思考的出发点，对现行工作方式即企业运作服务流程进行根本性反省和革命性创新。从这个意义上讲，SBPR是一场管理革命。企业服务流程是由活动、活动间的逻辑关系、活动的实现方式及活动的承担者四个要素构成的。因此，彻底再设计就是重新组合这些要素，以产生出更有价值的结果。如利用先进的信息技术重新构筑活动间的逻辑关系，使活动间的关系更符合工作的内在逻辑；削减或铲除企业处于监督等心理而人为加设的活动，从而使活动间的关系更为简洁，活动的转换更为通畅，从而使企业的运作效率大为改善。

（4）SBPR的目标——绩效的巨大飞跃

SBPR所追求的目标不是渐进提高和边际进步，而是绩效的巨大飞跃。通过企业服务流程的彻底革命，使企业管理发生质的变化。在福特汽车公司的采购流程再造刚开始时，用传统的方法，将其中的事物处理活动由计算机来处理，这样，使雇员人数下降了20%。尽管取得了效益，但这种效益不是飞跃性的。通过SBPR以后，使雇员的人数减少了80%。同时降低了工作差错，大大提高了工作效率。可见，SBPR的目标不是追求几个百分点的改善，而是达到绩效的巨大飞跃，也就是哈默所称的"戏剧性"提高。

在这一定义中，服务流程、顾客需求、根本性思考、要素重组以及巨大的改善是其关键词。这几个词中，我们最为强调的是"服务流程"这一概念，因为它不但是再造的目标，也是再造的关键所在，同时是再造的难点，因此，以流程为核心是SBPR的理论精髓。

12.2　服务流程设计和再造方法

12.2.1　流程图法

任何一种类型的服务企业的管理层在需要更好地了解创造和传递服务的过程时，都可以采用流程图的方法。流程图是流经一个系统的信息流、观点流或部件流的图形代表。在企业中，流程图主要用来说明某一过程。这种过程既可以是生产线上的工艺流程，也可以是完成一项任务必需的管理过程。流程图被应用于过程分析已经有多年的历史。在流程图的基础上，萧斯塔克提出了服务过程的"蓝图"概念，而简·金曼·布伦戴奇（Jane Kingman Brundage）则提出了"服务图"的概念。

1）蓝图法

服务蓝图是详细描画服务系统的图片或地图，服务过程中涉及的不同人员可以理解并客观使用它，而无论他的角色或个人观点如何。服务蓝图直观上同时从几个方面展示服务：描绘服务实施的过程、接待顾客的地点、顾客雇员的角色以及服务中的可见要素。它提供了一种把服务合理分块的方法，再逐一描述过程的步骤或任务、执行任务的方法和顾客能够感受到的有形展示。

服务蓝图包括有形展示、顾客行为、前台员工行为、后台员工行为和支持过程（见图12-5）。

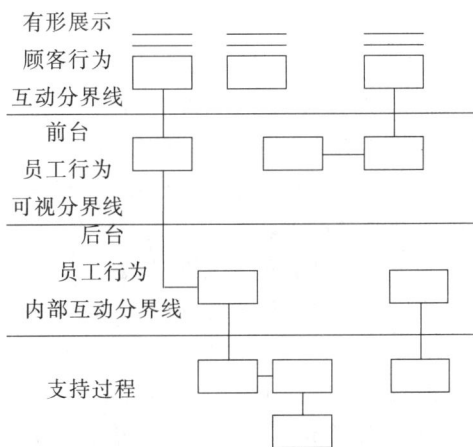

图12-5 服务蓝图构成

（1）有形展示。由于服务本身是无形的，顾客常常在购买之前通过有形线索或者有形展示来对服务进行评价，并在消费过程中以及消费完成后对服务进行评价。

（2）顾客行为。它包括顾客在购买、消费和评价服务过程中的步骤、选择、行动和互动。

（3）与顾客行为平行的部分是服务人员行为。那些顾客能看到的服务人员表现出的行为和步骤是前台员工行为，有些发生在幕后、支持前台行为的雇员行为被称作后台员工行为。

（4）支持过程部分包括内部服务和支持服务人员履行的服务步骤和互动行为。

根据服务蓝图模型，一项服务所需的每一工作及各工作间的相互关系都将在蓝图中画出。蓝图中还需要指出该服务的所有步骤和变化点。详细程度应符合特定的目的和要求。特别是共有型服务和竞争型服务的区分要在蓝图中指出来。从服务蓝图中可分析出使用资源时动态变化将如何影响服务过程及其结果。蓝图中还应该指明可能出现错误并破坏被感知的服务质量的失误点，以便在计划过程时采取预防措施。

制作蓝图首先要确定特定的顾客在使用特定服务的过程中，同服务企业发生的每一种相互作用。管理者要区分出核心产品和附加服务要素，事实上，蓝图就是一种可以清楚地指出哪些是附加要素的有用方法。

其次是把这些相互作用的活动按发生的时间顺序进行排列。服务传送过程就像一条河：一些活动发生在河的上游，另外一些则发生在河的下游。在每一个环节中，管理层都要问一下自己：顾客真正需要的是什么？这个环节中什么地方可能导致失败？

让我们用读者很容易联想到的一种服务的一个简化模型来说明服务蓝图：在一个高级酒店住一晚上。同许多服务一样，顾客同酒店发生的第一次接触涉及的是一项附加的服务，而不是核心产品。对于大多数的商务旅行者而言，这个环节就是预订房间，在旅行开始之前就需要花费一些时间来完成这个工作。到了酒店后，开车来的旅客把汽车停放到停车库，下一步就是接待处的登记，然后会有一名提行李的服务员护送客人到他们的房间。

总之，服务蓝图为管理者提供了一种更好地了解基本服务流程的手段，因而它是对这些流程进行控制的必要的第一步。营销人员发现这种技术对于描绘顾客在了解服务、提出服务要求、使用服务和付款的过程中经历的全套活动特别有用。管理者必须认识到，除非他们充分了解顾客同某个服务环境的接触和对这个环境的参与，否则他们很难提高服务质量和生产率。加快服务过程和剔除一些浪费时间和精力的不必要的环节常常是提高服务被感知价值的重要途径。

对于服务蓝图的绘制应该注意以下几个关键步骤：

（1）明确制定流程图的目的。关于何种类型的服务，会涉及什么样的顾客及在何种条件下使用，你希望了解什么？

（2）编写一张构成相关顾客经历的所有活动的清单。开始时，应对这些活动进行汇总（例如，不要把"登机"分解成"把登机牌交给服务员，走下登机桥，进入机舱，找到座位，把随身携带的行李放好，坐下"）。

（3）根据正常情况下接触发生的先后顺序，把顾客经历的每一步画成框图（如果遇到相当不同的顺序——它们证明存在不同形式的服务或对服务有不同需求的细分市场——可能需要另外备选的框图）。

（4）把为每一个前台活动提供支持的后台活动画成框图（这个工作对于检查服务质量问题和制订针对后台工作人员的内部营销计划特别有价值）。

（5）证实你的描述——从顾客那里得到支持，确保相关服务人员的参与（每个人对过程都有他/她自己的理解，一个开放的讨论可能有助于达成共识）。用一个间断的论述对流程图进行补充说明，描述各项活动和它们之间的相互关系。确保清楚地界定不同的角色。画流程图没有唯一正确的方法，两种结构完全不同的描述可能同样好地为你的目的服务。

关注主要顾客和服务人员对过程中某一个点上发生的问题的抱怨，因为这些问题为你在哪些地方应当关注细节的问题，在哪些地方想把"登机"这样的大步骤分解成更具体的几部分提供了很好的线索（"颗粒"这个用语通常来描述具体的程度，如果所有的"颗粒"问题都得到了回答，那么也就达到了所期望的程度）。

如果信息处理是一个重要的问题，那么你可能会希望通过一个平行的流程来揭示收集信息，建立、进入或更新纪录（数据库）这些活动发生的起点。

2）服务图法

服务图的概念本身非常简单明了。与蓝图不同，服务图的首要目标是从顾客的角度来安排企业的活动，确保服务的方方面面都能增加顾客享受服务时的价值，同时找到服务体系可以分解的转折点，防止为顾客创造的价值达不到预期目标。

服务图既可以简单化，也可以复杂化，这需视具体情况而定。[①] 下面是一张简单的服务图，列出了休迪斯医院的几个流程，如诊断、登记、入院、手术等（见图12-6）。

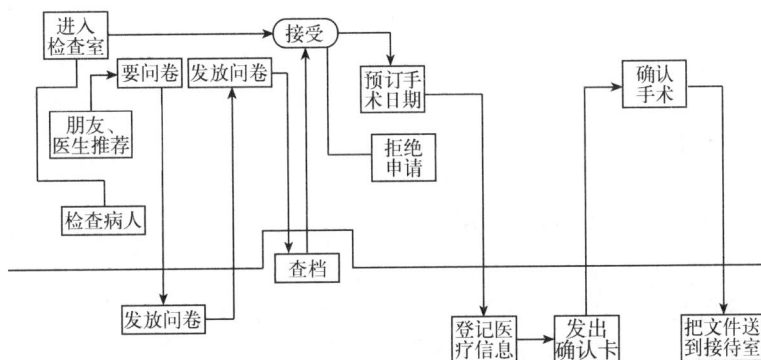

图12-6 医院服务图

图的左边列出了过程的参与者，水平方向列出了过程的各种步骤。在设计服务图时，一般需要企业的多位成员参与，人越多越好，这样可以集思广益。

然后要在服务图上画一条粗线，粗线上方的活动都是顾客可以看到的。它要求企业员工必须以顾客认可的方式准备这些可见度高的活动。在质量改进的可见步骤中，一般都是顾客考虑的因素。进一步讲，顾客可以看到的步骤一般都是顾客参与程度较高的环节，这意味着顾客对结果也要承担一定责任，这是取得优质服务的一个决定性因素。休迪斯医院就是如此，它通过顾客的眼睛来证明医院的出色服务。设计服务图的最后一步是识别最有可能失败的环节，通常这些环节包括：①服务过程中的有些步骤不能增加顾客享受服务时的价值，在大多数情况下这些步骤都是重复的；②在提供服务前未能有效地调整顾客的期望；③有些步骤中顾客的参与和合作非常重要，但顾客却没有认识到这一点；④有些步骤过分强调员工个人的判断力；⑤生产结构（服务让度系统）本身在某些环节上设计欠佳，或者缺乏可靠性。休迪斯医院尽量避免这些情况，例如它只要求病人在到达多伦多之前提供一次性的病情信息；病人到达之前会得到更多有关治疗后的信息；病人住院后会不断获得忠告，从而得知如何与其他病人沟通，以加速自身及病友的康复。（还有什么信号能比让病人自己走下手术台更清楚呢？）休迪斯医院要求外科手术严格按照规定的技术进行，以减少个人的判断。可见，整个服务系统的每个步骤都是时刻考虑病人的需要，医院提供了大量合适的娱乐设施，同时将病房布置得十分简陋，尽可能让病人少待在床上。

---

① 赫斯克特，萨塞，施莱辛格. 服务利润链 [M]. 牛海鹏，译. 北京：华夏出版社，2001：162-163.

复杂的服务图需要测量整个过程中每一步骤的时间和成本。但不管简单与否，设计出正确的服务图是成功的基础。

12.2.2　流水线法

流水线法的服务程序设计源于制造业的生产活动。众所周知，由于操作工人各自在生产流水线上完成一定程序的操作，因而效率很高，并且不易出现差错。于是，根据这一思想，有的企业也采用类似的方法来指导顾客服务，这种流水线法要求提供给顾客标准化的、程序化的服务活动。为此，企业制定了详细的制度、规范和服务内容，使服务人员做到有章可循。在《用于服务的流水线法》和《服务工业化》两篇典型的文章中，Theodore Levitt 论述了流水线法对服务效率的作用[①]：

制造业采用技术工艺性思考方式，这可以解释它的成功……与此相对照，服务业则希望从执行服务的人身上寻求答案。这是我们传统态度的一个自然结果：提高服务水平的方法被认为要依靠服务人员技巧和态度的改善。

采用流水线法时为了达到服务的高效率和规范化，一般要采用如下做法：

（1）对工作任务进行简化。

（2）明确劳动分工。

（3）尽量用设备代替服务员的工作。

（4）使服务员工决策权尽量减少。

（5）建立系统的服务制度和工作内容并使之标准化。

流水线法具有高效率、低成本、交易量大的优点。由于工作有章可循，工作内容已经标准化，工作方式制度化，又不用动脑筋去决策，因而工作比较容易进行。再加上时间久了，工作熟练，服务人员的工作效率就会大大提高。由于经常重复同样的工作，因而服务人员在演示、操作时损坏产品的概率就会降低，这样就降低了成本。当工作非常规范时，其交易量也会因效率高而剧增。此外，流水线法比较容易培训员工并使他们工作，而且给顾客一种工作比较规范的感觉。

麦当劳是一个很好的例子。员工受到训练，知道如何欢迎顾客，如何询问他们想吃什么，并给顾客一张可以再要食品的纸单。员工也学会了如何安排一份订单：把食品放在托盘上，然后把托盘放到顾客不用伸手去够的地方。收款用的纸单以及收款与找零的程序都是规范化的。最后，还有一张纸单，上面写着"谢谢你"，并请顾客下次再来。麦当劳的这种流水线式的做法成了快餐业的一个象征，不仅提高了工作效率，而且由于服务人员一般不容易出纰漏，令顾客比较满意。

12.2.3　授权法

20世纪90年代，授权法越来越受到推崇，被认为是治疗低品质和低效率顾客服务的一剂良药。

1）定义

授权法是通过赋予服务人员一定权力，发挥他们主动性和创造性的方法，它强调对服务人员的尊重，重视"人性化"的管理，反对让服务人员依照教条、规章、制度

---

① 王方华，高松，刘路辕，等. 服务营销［M］. 太原：山西经济出版社，1998：205.

等硬性地工作。

授权法认为制度、工作程序等许多细节性、强制性的规定是对服务人员人性的一种轻视和贬低。当企业通过制定一系列政策和工作规范，像提防小偷或匪徒一样要求服务员工时，授权法认为服务员工不可能有高度的参与投入感，不可能竭尽全力工作，更不可能真诚地关心顾客和企业的长期利益。而授权法则把服务人员从细枝末节的严格规定和规范中解放出来，让他们自己寻找解决问题的方式和方法，并对自己的决定和行动负责，唤起他们的工作投入感、责任感、创造性和对顾客的真切关怀。

2）"授权法"的实施

成功地在企业顾客服务中实行"授权法"，看起来是一件很简单的事情，实际上它是一件比较复杂的工程。不仅要求企业在理念上做出转变，还要求企业在制度、组织结构和行动上采取实质性的举措。员工绝对不会因为管理当局口头上美妙的动员和激励，就感到拥有了自主权。相反，企业必须从政策和组织机构方面进行改变以及采取实质性行动，才能让员工真实地感到他们拥有了更大的权力进行顾客服务工作，只有这样，授权才能成为一个持续的激励力量。①

研究表明，企业只有从以下四个方面采取行动，授权才能实现：

（1）在组织内进行适当的分权。

（2）组织信息共享。

（3）组织内的知识共享。

（4）组织成员共享组织的利润和报酬。

这四个方面必须都实现，授权法的作用才能发挥。我们可以用"授权公式"来表示四者之间的关系：

授权效果=分权×信息共享×知识共享×报酬共享

需要注意的是，公式中用的是乘号，而不是加号，因而，不管其他因素努力程度有多大，只要有一个因素是零的话，授权效果就为零。比如，有的管理者虽然给予员工一定的权力，但却没有提供给他们足够的信息，或者在报酬方面不公正，都会导致授权法起不到预期的作用，而这又是管理者容易犯的一个错误。这一点也是非常容易理解的，因为服务人员要进行积极而有效的工作，毕竟至少要涉及上述四个因素，缺一不可。

在分权方面，企业要给予员工自由处理日常工作和一些隐蔽问题的权力。特别是在一些需要顾客参与的顾客服务中，更需要如此，因为顾客不但直接受到服务错误的影响，而且关注服务员工是否改正。给服务员工这种自由和权力有两方面的好处：

第一，及时更正服务中的错误。尽管在服务中杜绝失误是不可能的，但服务员工及时更正错误的做法是最好的解决方法，不但令顾客感到真正的关怀，而且可以减少以后类似错误的发生。

---

① 王方华，高松，刘路辕，等. 服务营销［M］. 太原：山西经济出版社，1998：207.

第二，超过顾客期望，使顾客快乐。如果服务人员解决了服务失误，并可以提供一些顾客需要的特殊服务，则会令顾客非常惊喜。例如，员工顺便帮顾客运输一下购买的产品，提供药物治疗等。

当然，企业在分权时，绝对不能忘记让员工共享信息、知识和报酬。这是因为，员工不但提供给顾客本职内的服务，还要担任顾客的"向导"，满足顾客要了解的其他方面的信息和知识的要求。因而，企业应当使员工更多地了解顾客期望、反馈以及企业生产、销售，特别是顾客服务方面的信息和知识。只有这样，员工才能提供一个令顾客满意的服务。同样，企业也要根据服务员工的服务质量和企业财务业绩，让他们共享企业的收益，如发放股票，利润共享计划等，以激励他们。

3）授权的观念

通过以上四个方面的变化，企业可以在员工心目中创造一种"授权"的观念。这种"授权"观念包括以下三个方面：

（1）对工作中要发生的事件进行控制，自由选择完成工作的方法；可以自动地去满足顾客的期望；有权力决定工作如何设计，有能力对错误的发生做出反应。

（2）了解开展工作的环境，了解一件工作在整个顾客服务体系中与上游和下游活动之间的关系。

（3）能够对工作结果做出解释，知道工作质量、工作数量和报酬之间的关系。

4）授权法及其效果

"授权法"一旦为员工创造了一种"授权"观念之后，便会产生一系列积极的效果。由于员工处于满意状态，他们提供的优质服务就会使顾客满意，整个组织也会得益于顾客与组织之间的忠诚关系，形成高利润和竞争优势。[①] 表12-2表明了"授权法"与积极结果之间的关系。

表12-2   "授权法"及其效果

高度参与的管理实践	对员工创造的"授权"观念	积极结果
●权力 质量循环；工作丰富化；自我管理团队	●对工作完成的自行控制	●员工比较满意并有动力去工作
●信息 顾客反馈；个体表现资料；竞争者资料	●对工作本身及其在企业战略转折中的地位更加了解	●顾客满意甚至高兴
●知识 分析工作结果的技巧；群体过程技巧	●对工作结果有更多的理解	●组织得益于顾客满意与忠诚
●报酬 与服务质量、个体与集体报酬计划相关的报酬		

5）如何评估"授权"的效果

企业在权力、信息、知识和报酬四方面做出改变后，"授权"是否起到了作用？

① 王方华，高松，刘路辕，等. 服务营销［M］. 太原：山西经济出版社，1998：209.

员工是否拥有了"授权"观念？顾客是否比以前更满意？这些问题都需要在调查和评估后才能知晓，除了经验性的判断之外，企业应从下列类似问题中得到数据资料的支持。如：新的工作设计和结构安排使员工感到被授权了吗？授权后顾客满意程度提高了没有？企业可以通过以下几种方法获取信息资料：

（1）员工。最简单最直接的方法就是询问企业的员工是否感到"授权"。施乐（Xerox）公司就是通过这种方法来评估员工的感受。施乐公司认为一个被"授权"的员工应该感到："我能做必须做的事，仅仅受制于道德、伦理、法律、工作能力、价格限制。"施乐公司询问员工是否具备这种感受，然后评估"授权"状况。其他一些公司也询问，如果员工为了帮助一个顾客而超过了预算或违反了规章，他的老板或上司是否表示赞许？

（2）顾客。企业也可以通过调查顾客的方式来评估员工是否被"授权"。施乐公司希望顾客对于"授权"有一种渴望的想法——"一线的员工要能够而且迅捷地采取行动为顾客做正确的事情，由此使得与施乐公司打交道变得简单而且愉快"。当然，这种顾客感受可以与顾客满意结合在一起来考察"授权"的结果。

（3）被"授权"员工的比例变化。假设，有一个企业，其中一部分员工可以获取顾客反馈的信息，并享受利润分配计划。显然，如果这部分人数发生变化，那么企业的"授权"状况和效果也会发生变化。企业应当考察"授权"员工比例变化与顾客满意比例变化之间的关系。

（4）组织结构的变化。施乐、国际商用机器（IBM）、Canada等公司认为管理层次的减少和管理幅度的增大是"授权"成功的一个重要标志。Taco Bell公司就把前几年的东山再起归功于管理组织扁平化带来的授权作用。因而，组织结构的变化也是授权行为的一个特征。

以上四种方法从不同角度评价授权的效果。在实际中，企业可以选择其中的一种，也可以选择两种或两种以上的方法结合使用。应该说，如果把企业内部的评价（询问员工、授权员工比例变动、组织机构变化）与外部的评价（调查顾客）二者结合起来，就更能完整而准确地评估授权的效果。总之，企业仅在权力、信息、知识及报酬四个方面做出一定程度变化时，并不能认为"授权"已经成功，还要用上述方法进行评估和监测。

6）授权的优势和效率

"授权法"不但使员工具有高度的工作投入感，而且也会使顾客更加满意。员工这种自我负责，对顾客热情而周到的服务将会使企业获得一种持久性的竞争优势。具体地说，"授权法"具有以下优点：

（1）对顾客的服务需要迅速做出反应。没有一个顾客不希望自己的服务要求能迅速获得满足或回应。我们经常听到服务员工对顾客说："不，这违反了我们的规定"，或者"我必须向主管请示一下"，而如果是一个授权的服务员工，他会自动地采取打破常规的方式来尽量让顾客满意，使一个不高兴或者气愤的顾客变得满意和快乐，特别是在没有充分的时间来向主管请示时。一个授权的员工在接待顾客之前，就知道自己可以使用足够而必需的资源来满足顾客的需要。

（2）对不满意的顾客及时做出反应。如果服务过程中出了差错员工能立即改正，那么顾客就会满意，甚至成为企业忠诚的顾客。但是，我们经常听到一些服务员工在发生差错时，这样对顾客说："我希望我能做什么，但我不能""这不是我的错""我可以去请示主管，但他今天不在，您以后再来吧"等。而一个授权的服务员工则拥有权力、信息和知识去及时处理类似的问题，让顾客满意。

（3）员工对工作和自身产生更高的追求。如前所述，严格的规章制度对员工尊严是一种蔑视，影响他们工作的积极性和创造性。而一个授权的员工会感到他是工作的主人，不但对工作认真负责，而且认为工作是有意义的。几十年的"工作设计"研究表明，当员工可以控制并完成一件工作时，他们比较满意，这也可以减少跳槽率、缺席率和非正式小群体的数量。

（4）员工与顾客的合作更加愉快。调查研究已经证明我们长期以来的直觉判断：顾客对企业服务质量的评价受到服务人员礼貌、理解及责任感的影响。顾客希望员工真切地关心他们的需要，想他们所想，急他们所急。因而，服务人员的态度对服务质量和顾客感受有很大影响，如果企业关心员工的需要，那么员工就会关怀顾客的需要，而"授权法"恰能起到这个作用，它使员工在一种"满意"的状态下为顾客提供满意的服务。

（5）服务人员可以提供很好的建议。由于服务员工直接与顾客接触，因而了解顾客需要和现存服务体系中存在的问题。实际上，作为一线的员工他们很想提出他们的建议。如果企业经常倾听他们的建议，询问他们如何更好地提供服务，他们会提出许多有价值的建议和想法。

（6）良好的口碑和稳定的顾客关系。授权的员工提供的优质服务，不但会使顾客满意，形成良好的关系，而且顾客还会把这种喜悦传递给亲戚和朋友，为企业起到广告宣传作用，这也就是"3Rs"理论中的顾客保持和顾客传播。

从以上可以看出授权法具有其明显的优点，但由于缺乏调查数据的支持，这使得企业在采取授权法时有一种怀疑和不确定的感觉。但是，一些成功的典范和以往与授权相关的理论研究可以使企业确信授权的作用。施乐公司和 Taco Bell 公司就是成功的典范，它们在顾客服务方面就成功地采用了授权的做法。

12.3　服务利润链流程再造

在第 10 章中，我们已对服务利润链做了简单介绍，服务利润链在盈利能力、顾客忠诚度和员工满意度、忠诚度、生产力之间建立了联系。这条链中的连接环节如下：利润及其增长主要由顾客的忠诚度来激发和推动；顾客的忠诚度是顾客满意的直接结果；顾客是否满意在很大程度上受到提供给顾客的服务价值的影响；服务的价值是由满意、忠诚和富有活力的员工所创造的；而员工的满意度则又来源于一个能使员工有效服务于顾客的高质量的服务支持体系和相应的政策[1]（见图 12-7）。

---

① 洛夫洛克. 服务营销［M］. 陆雄文，庄莉，译. 北京：中国人民大学出版社，2001：577.

营运策略和服务传递系统

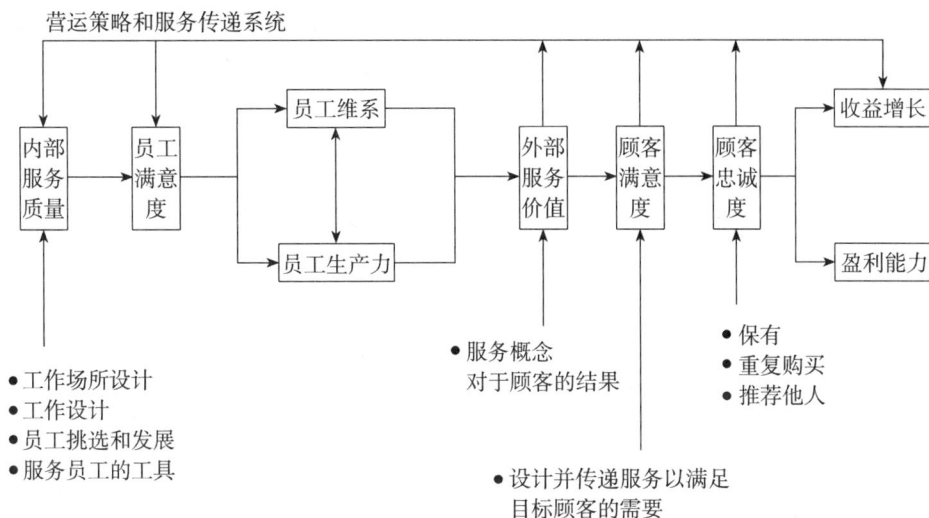

图12-7 服务利润链中的联结环节

12.3.1 服务利润链的理论来源

1）价值链理论

哈佛大学著名教授迈克尔·波特所提出的价值链理论，认为每一个企业都是用来进行设计、生产、营销、交货以及对产品起辅助作用的各种活动的集合。而竞争优势则来源于这些活动。例如，成本优势来源于一些完全不同的资源，如低成本货物的分销系统、高效率的组装过程或者使用出色的销售队伍。所有这些活动都可以用价值链表示出来，价值链列示了总价值，而且包括价值活动的利润。价值活动是企业所从事的物质上和技术上的界限分明的各项活动。它们是企业创造对买方有价值的产品的基石。波特教授将企业的活动分为两类，即基本活动和辅助活动[①]。基本活动支持目前和未来的基本增值活动。在向顾客提供产品的流程中，价值链上基本活动之间的紧密衔接有助于物流和信息流在这些活动之间的顺畅通过。每项活动及活动间的衔接都要强调对顾客的增值，确保各项活动能带来的价格增加不高于该活动的费用。

波特教授所谈到的服务仅指上述的系列活动，而本书所谈的顾客服务是一个具有系统性的体系。从内涵上说，顾客服务要求全体员工都要具备一种服务于顾客的理念，同时也要明白顾客服务的作用和功能，它不是一个可有可无的企业活动，相反，它既可以为企业带来稳定高额的利润，也可以使企业获得优于竞争对手的服务优势。

价值链的分析可以使我们对企业的活动有一个完整而系统的理解。通过价值链工具，我们认识到顾客服务在企业价值活动中的分布以及与其他价值活动的关系；企业价值链与顾客价值链之间的纵向联系，使我们清晰地认识到顾客服务等价值活动与用户价值活动之间的联系。而顾客服务与企业价值链内价值活动之间的关系以及它与顾客价值链中价值活动之间的纵向联系是形成服务优势的基础。

2）企业价值链的扩展——供应链理论

1985年，迈克尔·波特在其所著的《竞争优势》一书中提出了价值链的概念，

---

① 波特. 竞争优势 [M]. 陈小悦，译. 北京：华夏出版社，1997：45-46.

同时，提出供应商和买方价值链与企业价值链之间的各种联系为企业增强其竞争优势提供了机会。通过改善企业和供应商以及买方的价值链之间的关系，常常有可能使企业和供应商及买方三方受益。

从拓扑结构来看，供应链是一个由自主或半自主的企业实体构成的网络，这些实体包括一些子公司、制造厂、仓库、外部供应商、运输公司、配送中心、零售商和用户。一个完整的供应链始于原材料的供应商，止于最终用户（见图12-8）。

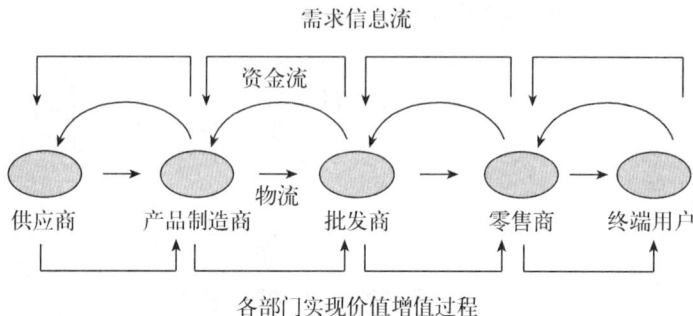

图12-8　供应链网络

供应链管理的基本思想是：任何一个企业都不可能在所有业务上成为世界上最杰出的企业，只有优势互补，才能共同增强竞争实力。这就摒弃了过去那种"小而全"的经营模式，转而在全球范围内与相关企业建立最佳的合作伙伴关系，形成一种长期的战略联盟，结成利益共同体，最终使自己成为世界上最具竞争力的企业。

根据有关资料的统计，供应链管理的实施可以使企业总成本下降10%，按时交货率提高15%，生产周期缩短25%～35%，生产率增值10%以上，资产运营业绩提高15%～20%。这些数据表明，供应链企业在不同程度上都取得了发展。

供应链管理提出的时间虽然不长，但是已经引起了许多学者和企业界人士的广泛关注。特别是国际上一些著名的大企业已经在供应链的实践中取得了成就。从20世纪80年代以来，工业发达国家中有近80%的企业放弃了"纵向一体化"模式，取而代之转向全球制造和全球供应链管理这一新的经营管理模式，使供应链从一种作业性的管理工具上升为管理性的方法体系。

国际上对供应链管理的早期研究主要集中在供应链的组成、多级库存、供应链财务等方面，主要解决供应链操作效率方面的问题。近年来的研究主要把供应链管理看作一种战略型的管理体系，研究扩展到所有加盟企业的长期合作关系，特别是在合作制造和建设战略伙伴关系方面，不仅仅是供应上的链接问题，更偏重长期计划的研究。

12.3.2　服务利润链与顾客满意

传统的顾客是指外部的顾客，是购买者的集合体。而随着营销的发展，尤其是内部营销的出现，顾客的概念也开始扩展了，不仅仅局限于传统意义上的顾客了。目前，顾客的概念包括两个方面，即外部顾客和内部顾客。这一概念对理解谁是真正的顾客是十分重要的。在实施改革，使企业变得以顾客为中心以前，你必须首先辨别清楚这些关系；同时，随着供应链的出现及应用，外部顾客的内涵也不断在外延，"外部顾客"和"内部顾客"的界限也越来越模糊,顾客边界不断漂移。其中主要有两大趋势:①外部顾客内部化;②内部顾客外部化(如图12-9所示)。

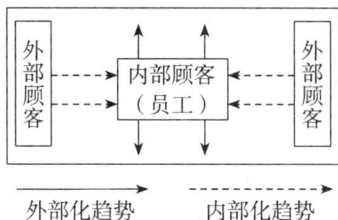

图12-9 顾客的变化关系

"顾客"不仅包括企业产品/服务的使用者,还包括企业的合作者、供应商、销售商、代理商等供应链中所有的成员。内部员工也是企业考虑的"顾客"之一。由此可见,"外部顾客"的满意是企业的最终目标,而要达成"外部顾客"的满意,企业必须从经营"起点"开始,确保每一个环节、每一类顾客的满意,才有可能获得"外部"顾客的满意,并以此实现经营目标,这是"顾客满意"管理战略的真正内涵及意义所在①。因此,"顾客满意"对企业而言,它首先体现的是一种经营、管理、运作的思维模式。

它从战略角度指导企业不偏离方向,并有效利用、分配各项资源,最大化地争取投资回报,同时从操作层面提出具体经营措施。那么,顾客满意对于服务利润链有何影响呢?它的作用是巨大的,其表现在对外部顾客和内部顾客两方面的影响上。

1)服务利润链与内部顾客满意(员工满意)

在多单位服务经营中顾客满意程度与员工满意程度紧密相关。大多数经理主管人员非常愿意要忠诚的雇员,正像他们愿意拥有忠诚的顾客一样。问题在于极少有经理肯花钱花时间去争取他们的忠诚。恰恰相反,如今不少企业执行的政策实质上是在打击甚至毁灭雇员的忠心。许多观察家已经开始感叹:我们是不是正在眼睁睁地看着企业忠诚日渐消亡。愤世嫉俗的人会说企业忠诚从来就没有过。

那么,雇员忠诚究竟会给企业带来什么?满意的员工能够带来满意的顾客,不忠诚的雇员绝不可能争取来忠诚的顾客。有几个很实在的理由能够说明这是千真万确的。①与顾客建立牢固的人际关系需要时间,而雇员的快速流动不可能带来良好的人际关系。②如果雇员忠诚,则他们学习提高效率的机会就多。③忠诚的雇员长期在公司工作,便会为公司节省大量的招聘和培训费用。④用来赢得雇员忠诚并激励他们士气的经营思想和政策,也可用来争取更多更好的顾客。

2)服务利润链与外部顾客满意

今天的外部顾客具有强烈的价值导向。顾客要求服务时,他们重视结果和过程质量,远远超过价格和获得的成本。优秀企业的竞争不仅仅是在某一点上的竞争,而是扩展到整个服务利润链上,而从其结果来看,外部顾客是整个链条的支撑者,他们决定了服务利润链的价值空间。那么,为什么要了解顾客满意度呢?它究竟能给服务利润链带来什么?研究表明,一般地,顾客满意度与公司利润成正相关。其原因主要有

---

① 中正协力. 深入剖析"顾客满意"[J]. 销售与市场:管理版,2001 (9):60-61.

以下几个方面：

●降低企业的交易成本。交易成本是指交易双方可能用于寻找交易对象、签约及履约等方面的一种资源支出，包括金钱的、时间的、精力上的支出。其主要包括搜寻成本（搜寻交易双方信息发生的成本）、谈判成本（签订交易合同条款所发生的成本）及履约成本（监督合同的履行时所发生的成本）三个方面。增强顾客满意，建立满意关系，企业可以对自己的顾客有一个全方位的了解，彼此之间可以达成一种信用关系。因此，企业可以大大降低搜寻成本、谈判成本和履约成本，从而最终促使企业的整体交易成本的降低。

●顾客之间的口碑相传。如果顾客满意，他们便会向别人推荐。例如，雷克萨斯汽车公司获得的新客户中，通过顾客相互介绍就比别的途径多得多。更为重要的一点是，根据别人推荐而找上门来的顾客，往往在其质量上更胜一筹。也就是说，与那些冲着诱人的广告、高声叫卖或价格减让的感性顾客相比，他们对公司更为有利可图，照顾公司的时间也更为长久些。

●在大多数行业中，忠诚关系经常直接地反映在长期顾客和长期雇员之间的相互交往及相互学习上。重购顾客往往对自己得到的价值称心如意，而他们的满意又是公司的雇员感到自豪、勤于业绩的动力源之一。敬业勤勉的雇员留在公司时间更长一些，从而对顾客了解得更多一些。这样改善了双方的关系，同时公司的业绩会更上一层楼。

3）"内部顾客"与"外部顾客"满意的关系

许多研究资料表明，内部顾客满意与外部顾客满意存在正相关关系。例如，图12-10中的资料是西欧货币中心银行营业部的研究结果。从图12-10中可以看出，顾客满意度与员工对自己服务能力的理解、员工对工作的满意度以及员工流动率等因素之间都存在密切的直接联系。根据这一研究结果，银行认为这些因素是获得长期利润的潜在动力[①]。

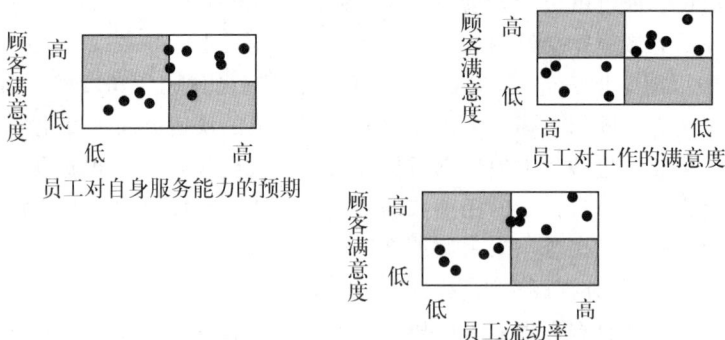

图12-10　员工满意与顾客满意的关系

因此，顾客满意是企业战胜竞争对手的最好手段，是企业取得长期成功的必要条件。满意的顾客往往也是忠诚的顾客，他们会更多、更经常地选购令其满意的企业的产品，他们甚至愿意为这些产品付出比其他产品高的价格。可以说，没有什么其他方

---

① 赫斯克特，萨塞，施莱辛格. 服务利润链［M］. 牛海鹏，译. 北京：华夏出版社，2001：34.

法能像令顾客满意一样在激烈的竞争中提供长期的、起决定作用的优势，而企业在竞争中通常采取的方法，比如新发明、先进技术、低廉的劳动力、法令、企业规模等最多只是提供了短期的缓解作用，而顾客满意使企业可以获得更高的长期盈利能力。

12.3.3 服务利润链再造工程

1）关系再造

（1）打造服务利润链原动力——再造企业与外部顾客关系

加大顾客参与企业服务流程的力度。

●顾客的直接接触就是服务流程中可见或互动的部分。它包括顾客以及与顾客相互接触的其他的决定质量的资源。这些就是真实瞬间出现时买卖双方直接的互动行为。互动部分中顾客作为一种决定质量的资源，直接参与服务生产系统。服务产品生产与消费服务的同时，他们还积极地参与服务的生产：有时候参与较多，像美发或在一家讲究的餐厅享受一顿三道菜的美餐；有时参与较少，像享用运输服务；有时候，比如住在旅馆，顾客接触的是一个大型的服务流程系统；在某些时候，比如使用自动取款机，顾客接触的仅仅是一个有限的子流程。然而，不论是哪种情形，顾客都积极地参与服务流程，鼓励顾客实现自我服务，这是控制顾客的最普通形式。

●塑造"以客为尊"的经营理念。顾客是企业生命之泉。"以客为尊"的经营理念是企业服务于顾客最基本的动力。明确提出、阐述和广泛宣传企业"以客为尊"的经营理念，采用整合营销战略，联合企业的各个部门以及供应商、中间商，共同为顾客满意的目标而奋斗。许多日本的大企业都加强了"顾客满意"职能。马自达汽车公司成立了一个直属总经理的部门，其专门任务就是让顾客满意，以及在企业内外协调一切有利于顾客的行动。又如海尔集团为了让顾客购买海尔产品时确保"零烦恼"，海尔人非常注重高层次的产品售后服务，无论谁买了海尔空调，都实行免费送货、安装、咨询，一个月内做到两次回访，确保每一台空调都能到位，从而让广大消费者"只有享乐，没有烦恼"[①]。

●建立服务利润链数据库。企业通过服务利润链数据库的建立，将可以收集大量的顾客和潜在顾客的数据，从而可以进行有针对性的沟通，进而提高顾客满意度。

小案例12-1

日本一家大集团副总裁到澳大利亚出差，当他住进丽滋·卡尔登饭店（Rits Carlton Hotel, 1992年美国国家品质奖服务类奖得主）后，他打电话给该饭店客房服务部门，要求将浴室内原放置的润肤液换成另一种润肤液，服务人员很快满足了他的要求。三周后，当这位副总裁住进美国新墨西哥的丽滋·卡尔登饭店时，他发现浴室的架子上摆着他所熟知的润肤液，一种回家的感觉便在他心里油然而生……丽滋·卡尔登饭店成功的秘密——全球联网的电脑档案，记载了超过24万名客户的个人资料，从而做到了使顾客"满意在他乡"[②]。

（2）铸造服务利润链的基石——向员工授权

美国南加州大学的高效组织研究中心在1987年、1990年和1993年对《财富》杂

① 曹礼和，田志龙. 试论企业的顾客满意战略［J］. 经济师，2001（4）：22-24.
② 王荷琴. 浅析在买方市场条件下企业的"顾客满意策略"［J］. 南京广播电视大学学报，2001（1）：52-55.

志排名的前 1 000 家公司进行了调查研究，同时也指出授权提高了员工满意程度和工作质量。在 2/3 的公司中，由于采用员工参与活动，它们的质量、服务和生产效率都得到提高。有一半的公司报告说竞争力和盈利能力增强，这一点可由授权与财务状况之间关系进行佐证，而授权则对服务利润链起着非常重要的作用。

企业为提供优质的顾客服务而采取授权，一般会出于三个目的：害怕落后于先进的管理实践而急于模仿；把授权作为一个战略工具，以提高产品或服务的质量，如麦当劳；创造一种独一无二的高效组织，这种高效来自一种新的组织方式。

如果企业出于前两种目的而采取授权的话，将会使授权的效果不明显，受到限制。显然，第一种目的是最不可取的。因为授权对于企业来说不仅是形式上的变化，还要涉及理念的变革。否则，企业就会自己欺骗了自己，以致否定授权的作用。第二种目的也会限制授权的功能发挥。如果企业把授权作为一个 TQM 的工具来使用，就不会把授权的观念和行为整合并溶解到企业的肢体和血液中去，至多在某项活动上发挥一点作用。第三种目的是正确的，因为它把授权当作一项变革，因而具有持久性和彻底性。

当然，使用授权也会增加成本。如企业必须花费相当的费用选择和培训两个优秀的具有"授权"观念的服务员工；由于要尽量满足顾客的各种服务需要，可能会使服务的过程减慢，也会使面对不同顾客的服务不一致；有时候服务员工可能做出一些错误的决策，令企业尴尬；顾客希望被公平对待的感觉可能落空，因为顾客希望良好的服务来自企业的规定，而不仅是偶尔的幸运。虽然授权可能导致以上问题的发生，但是一旦这些前期的阵痛消失，成功就会诞生。

2）服务利润链再造的组织机制

（1）再造学习型服务组织

自彼得·圣吉的《第五项修炼》出版以来，学习型组织的理念风靡全球。的确，学习型组织是企业发展的趋势。服务组织也必须迎接挑战，将组织再造成学习型组织。按照圣吉的定义，学习型组织是指通过培养弥漫于整个组织的学习气氛而建立起来的一种符合人性的、有机的、扁平的组织。圣吉所言建立学习型组织，需要进行五项修炼，即自我超越、改进心智模式、建立共同愿景、团体学习和系统思考，其中系统思考是五项修炼的核心，服务组织应该把握它的真谛，创造出有利于组织成员自我激励、自我管理和自我评价的组织环境；造就整体的合力、团队精神；达到管理人性化和制度化之间的平衡，以及员工进步和组织发展之间的协调一致。

（2）以市场为导向的服务组织

服务企业决不能是有一大堆没有必要的等级层次的官僚结构，因此，对于服务性组织应该精简机构以提高流程的效率，其中，重要的措施就是对传统的组织结构实施扁平化。任何追求市场导向和真实瞬间创造美好印象的服务组织必须使金字塔扁平化，也就是说，减少职权的等级层次，以便对顾客需求直接做出反应。顾客导向的企业应该建立适应环境变化的组织。把每个人都称为"管理者"，看起来好像只是一个文字游戏，但服务企业的管理者应该利用这一术语提醒雇员，以及大多数处于旧式金字塔上层的人物——他们的地位已经发生了根本性的变化。当过管理者的高层经理如果要成为一名领袖的话，那么他必须给在一线工作的员工有权制定所有的经营操作方面的决策。他们才是在"真实瞬间"中最直接影响顾客对企业印象的人。

3）服务利润链的文化再造

文化对于一个企业来说其重要性是不言而喻的，企业文化的建立不是一朝一夕的，而变革企业文化并创造服务文化这个任务则更加艰巨。但古语言"穷则变，变则通，通则久"，而当今我们正处于一个变革的时代，许多企业都困于"穷境"，摆在面前的路只有一条，就是"变"。按照企业文化的理论，企业文化常常保持较长时期的稳定，但也并不是一成不变的，当企业出现危机时往往迫使企业开始重新评价自己的价值观念，对于许多服务企业和部门已经到了对企业服务文化再造的时候了。

（1）进行培训，让员工接受新的企业文化。培训是促使文化塑造与变革的一个重要的策略，在文化变革的实施计划安排就绪后，就要督促员工参与培训、学习，让全体员工接受培训。通过专门培训，让员工知道什么是企业文化，企业文化有什么作用，企业为何及如何实施文化塑造与变革，新的企业文化对员工有什么新的要求，认识企业现有文化状态与目标文化的差距。

（2）领导者身体力行，信守价值观念。企业领导者的模范行动是一种无声的号召，对下属成员起着重要的示范作用。因此，要塑造和维护企业的共同价值观，领导者本身就应是这种价值观的化身。他们必须通过自己的行动向全体成员灌输企业的价值观念。首先，领导者要坚定信念。其次，要在每一项工作中体现这种价值观。最后，领导者要注意与下属成员的感情沟通，重视感情的凝聚力量。以平等的真诚友好的态度对待下属成员，就会取得他们的信任。感情上的默契会使领导者准确地预见周围世界对自己的行动的反应，形成一种安全感，对下属来说，则会产生"士为知己者用"的效用。

（3）建立激励机制，巩固企业文化。价值观的形成是一种个性心理的累积过程，这不仅需要很长的时间，而且需要给予不断的强化。人们合理的行为只有经过强化加以肯定，这种行为才能再现，进而形成习惯稳定下来，从而使指导这种行为的价值观念转化为行为主体的价值观念。因此，考评内容是企业文化的具体化和形象化，员工晋升时，要考虑他是否与企业文化相融合，让那些没有好好工作并难以和企业文化融合的人员离开企业，让员工明白企业在鼓励什么，在反对什么。给员工行为实施强化时，要注意几点：①应具有针对性，使被强化者能从中体会到更深更广的意义。例如，合理行为被肯定，也就是得到了社会的承认，被强化者就会有一种成就感，激励他行为的再生。②应考虑反馈的获得，也就是预测强化的应用。③注意强化的时效性，要及时强化，这样才能给人以深刻的印象。④强化手段的选择要因人而异。要把精神激励与物质激励结合起来，要考虑被强化者的需求，这样才能使效用最佳。行为得到不断强化而稳定下来，人们就会自然地接受指导这种行为的价值观念，从而使企业的价值观念为全体员工所接受，形成优良的企业文化。

本章小结

　　服务企业的流程是其运作的最基本要素，就如同积木的各个模块，而如何将这些模块合理地堆砌，则是服务企业所要考虑的首要问题。国外的许多理论值得借鉴，其中，尤以哈默和钱辟提出的流程再造理论应用最广。流程再造的理论在实践中主要应用于制造业，而相对于制造业，服务业的流程又有其自身特点，如何将流程再造理论应用于服务业的问题是本章要讨论的。12.1概述了流程再造的一些基础性的知识，使大家有一个感性的认识。12.2讲述了服务流程再造普遍使用的三种方法——蓝图法、流水线法、授权法。12.3着眼于服务流程的扩展，将波特教授的价值链理论和供应链理论与服务流程再造相结合，从战略的角度考虑服务利润链。

复习思考题

　　1.服务流程和服务流程再造的含义是什么？
　　2.服务流程的瓶颈是什么？
　　3.什么是授权法和流水线法？
　　4.服务利润链的理论来源是什么？
　　5.服务利润链的再造方法是什么？

案　　例

长沙机场的航旅服务流程再造

背景

　　随着互联网、物联网、大数据、人工智能等新兴技术的发展，旅客对机场的服务与运营要求越来越高。长沙机场自2016年客流量突破2 000万后提出了至2020年突破3 000万旅客吞吐量的目标。这对长沙机场的智慧化旅客服务提出了更高的要求。据此，长沙机场自2017年以来对机场的服务流程进行了再造，建设了智能化航旅服务平台项目。

举措

　　长沙机场调研旅客出行的各个环节，分析影响旅客出行的痛点：乘机遇到飞机延误的概率较大；在网上进行值机选座，但是到机场仍然需要更换纸质登机牌，办理行李托运，手续繁杂；值机、安检环节排队长；登机时飞机舱内时常拥堵，影响登机时长；旅客对乘机信息服务及时性、便捷性需求不断提升。通过以下新技术的落地，长沙机场为旅客提供了更好的服务：

1）信息化运行协作保障，大幅提高航班准点率

航班正点是每位乘机旅客关心的问题，作为机场来说服务品质提升最重要的就是提高航班准点率。2018年，长沙机场统一融合通信平台及机坪可视化指挥上线，实现机场多种通信方式的统一调度以及机坪航空器、车辆的可视化管理，有效提高机场航班整体协同保障能力。上线以来，长沙机场航班准点率稳步提升，连续每月保持在80%以上。

2）技术创新，优化旅客乘机和到达服务流程

为优化乘机流程，长沙机场推出"无纸化"乘机，"毫米"波安检门+"智能"安检行李回流通道以及"智能分舱登机"优化登机服务。

2017年8月，长沙机场全国首家推出全流程、全航班"无纸化"乘机服务，通过手机值机生成电子二维码替代传统的纸质登机牌，值机、安检、登机、舱门口二次复核全程无纸化，2019年1月16日，国际航班"无纸化"也正式启用。

为便捷旅客的安检，长沙机场推出"毫米"波安检门及"智能"安检行李回流通道。旅客过安检门时无需拿出随身物品，"毫米"波安检门可以自动检测并预警旅客身体上的危险品，不但安全快捷且辐射更小；旅客在行李安检时，不需将电脑电池等单独取出来，可直接将行李放在"智能"安检行李回流通道，CT安检机可对行李箱内的爆炸物及易燃物自动报警并提供360度高清三维照片供安检员分析。智能化安检在加强安全保障的同时也提升了旅客安检通关效率。

2017年6月，长沙机场对靠桥航班推出分舱登机精细化服务，有效减轻登机拥堵。2018年，长沙机场分舱服务升级推出智能分舱登机屏显，屏显内置一个1:1超清全息工作人员影像，登机前5分钟，智能分舱登机系统进行登机广播，以图文并茂的形式按机型分舱位告知旅客登机顺序，分舱引导更加清晰。

在到达方面，长沙机场推出"可视化"接机和"可视化"行李服务，通过监控镜头屏幕的实时转播，接机人员可以看到旅客下机后的实况，而旅客在提取行李时可以实时看到行李被"照看"的全过程。这两项举措有效缓解了接机人员及到达旅客的等待焦虑情绪。

3）全流程自助服务，减轻排队等待压力

2017年，长沙机场投入60台自助值机设备。2018年，长沙机场升级为全流程自助，结合人脸识别技术，覆盖值机、行李托运、安检、登机全部乘机环节。全舱式的自助值机、行李托运系统，能实现值机、行李托运的一体式自助办理，旅客只需三分钟即可完成全部操作步骤。而自助安检和自助登机通道，不仅支持登机牌、身份证、无纸化通关二维码的验证功能，同时也支持人脸识别验证。旅客在值机时进行了人脸识别的记录，则可通过人脸验证过安检并登机，大幅提升通关效率。

为了尽可能方便旅客，长沙机场推出更多自助服务。如为方便旅客出境手续办理，长沙机场口岸建设了出境自助通道。传统出境旅客出境前或在飞机上手工填写出境申请表，存在语言困扰，同时填写繁杂。长沙机场率先引进了两台"出国宝"国际游入境手续办理系统，只需在手机App上传个人出境信息，即可生成二维码，通过在"出国宝"简单扫码，即可以自助打印相关入境信息表。为了满足旅客乘机时遗失或忘带身份证的问题，引入四台自助临时身份证办理系统，旅客输入身份证号，刷脸即可办理临时乘机身份证明，更加方便快捷。

4）智能化的信息查询，带来全方位的旅客信息服务

通过统一后台数据库，基于一个身份认证，长沙机场打造线上线下一体化的旅客信息服务平台，结合了最新的AI等新技术元素，为旅客带来全方位信息资讯。

（1）线上平台：湖南机场"航享e+"公众号是机场的掌上信息平台，覆盖机场集团5个机场。该公众号不但能及时为旅客推送机场最新的讯息，同时为旅客提供航班查询、微信值机、机票预订、VIP贵宾预约、大巴购票、失物招领、720度全景等全方位服务功能，是旅客出行的"贴心管家"。

（2）线下平台：长沙机场想旅客之所想，为旅客提供各种便利的航站楼内信息化咨询服务。有问题，想打客服热线？长沙机场在出发层部署了7台"可视化"问询机，旅客摘下电话，即可视频连线机场的服务热线，让旅客觉得更加亲切，沟通更加顺畅。想查询下航班或楼内信息？长沙机场在航站楼的出发层、到达层均部署智能服务信息查询终端，可以扫描机票、身份证、护照以及基于旅客人脸识别信息，查询出发航班信息或到达行李转盘信息；也可查询楼内地图及到达路径或者值机柜台分布、乘机、商业、爱心服务、Wi-Fi等信息。登机口怎么去？智能机器人来带路。基于AI技术，长沙机场在航班楼内引入了两台智能客服机器人，支持楼内导航带路，指引旅客到达指定的登机口或商店。同时，该机器人也能通过人机对话，解答旅客关于航班、天气等信息问询，或者通过机器人的触摸屏实现航班查询，也支持通过人脸识别智能识别旅客，为旅客提供个性化航班信息查询服务。航站楼内还推出了智能手推车，在传统手推车的基础上加装了信息化屏显，具备了行李运输、航班信息查询、航站楼导航、移动充电、休闲影音、出发地目的地天气情况查询等服务功能。

效果

无纸化乘机、全舱式自助值机和行李托运，将旅客的排队流程由3个减少为两个，分舱登机和自助登机通道将一个普通航班旅客登机时间大约缩减了5分钟；"毫米"波安检门及"智能"安检行李回流通道减少了旅客安检通关时间，以上措施的实施，长沙机场一个航班平均排队时间平均减少了7~10分钟，效率提高了35%以上，大幅减轻旅客的排队压力。基于新科技推出的各项便民措施，如自助临时身份证系统、"可视化"接机、"可视化"行李、智能信息查询、"出国宝"、智能手推车等，大大方便了旅客的出行，获得广大旅客的好评。

以新技术的"智慧"化手段，在给旅客带来方便的同时，也优化了长沙机场的内部工作流程，降低了安全风险。如统一融合通信平台及机坪可视化指挥系统使机场协

同化运作更加畅通，在减轻地面指挥及保障人员协调压力的同时提升工作效率，降低运行风险；自助化智能化设备的投入，减轻了值机、安检、办证等工作人员工作强度，提高了安全保障；智能分舱登机设备图文并茂，减轻客运人员引导压力；智能化信息查询终端、AI机器人减轻了机场问询压力，这些都降低了机场的人力资源成本，提升机场运行保障能力。

资料来源　佚名. 创新服务案例：长沙机场用"智慧"点亮真情服务［EB/OL］.［2019-02-18］. http: //news.carnoc.com/list/482/482957.html.

第13章　服务营销管理

13.1　服务营销策划

服务营销策划是一项整体性的活动，是指企业为了达到一定的服务营销目标，在综合分析企业内外部环境的基础上，对实现目标所需的策略、战略和详细计划加以定义并进行控制和反馈的过程。如果一个服务企业希望在一个竞争性的环境中生存和发展下去，它就需要设定一套营销目标，并明确地认识组织目标目前所处的位置和希望到达的未来位置，以及如何从目前位置到达期望的未来位置，这便需要服务营销策划。

13.1.1　服务营销策划的过程

服务营销策划是一种计划工作，而计划工作是一个过程。计划是管理工作的出发点，对于服务营销管理活动来说，制定一套切实可行的营销策划是它的第一步。服务营销策划的过程主要分为四个阶段（见图13-1），即企业战略背景分析、处境核查、营销战略制定、资源分配与监控。

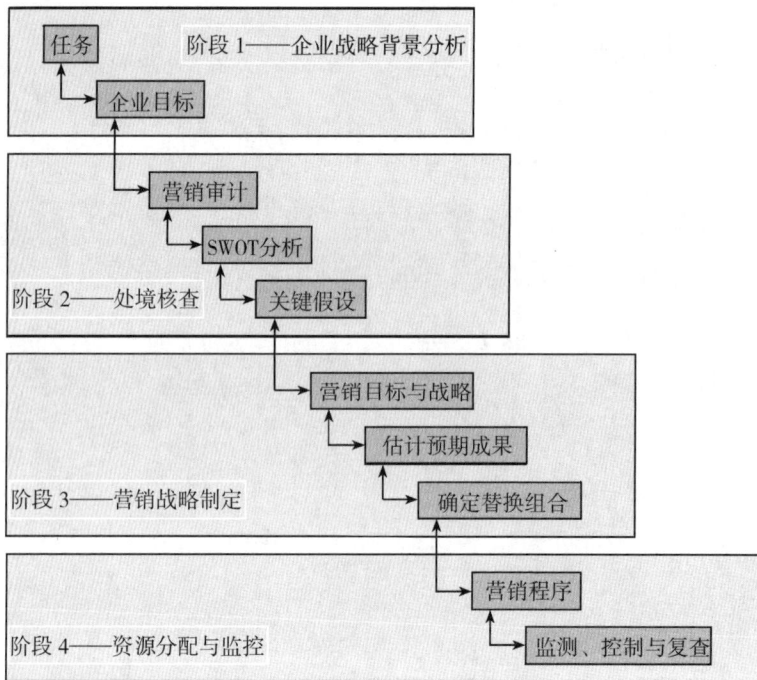

图13-1　服务营销策划的过程①

1）企业战略背景分析阶段

企业的背景分析主要是对企业的任务和各项目标加以确认和识别。首先要弄清企

---

① 佩恩. 服务营销［M］. 郑薇，译. 北京：中国人民大学出版社，1997：185.

业的任务，它是指社会赋予企业的基本职能或企业本身的基本作用。比如，大型酒店的任务是向顾客提供餐饮和住宿服务，大学的任务是教学和科研。其次要确认企业的目标。目标不是固定不变的，一定时期内一个企业及其部门都有各自的目标。企业的目标要与企业的任务相适应，否则企业的各项营销活动就会产生不协调，从而对整个营销策划的顺利完成造成影响。

2）处境核查阶段

处境核查是指企业对服务营销的内外部环境的综合分析，并确认企业的自身实力与营销定位。这一阶段主要有以下三个步骤：

（1）营销审计。这主要是对企业当前的各个细分市场的相关营销数据的收集与整理，以确定哪些因素决定服务营销的成败。数据可以来源于企业的内部，如员工的反馈或专门的审计小组提供的研究报告；也可以来源于企业的外部，如各种营销咨询机构以及各个企业对营销环境的评价。两个来源的数据需要联系当前的营销环境和未来可能的发展趋势进行整理，以便做出全面而合理的SWOT分析。

（2）SWOT分析。这种分析方法已经论述过了，即根据营销审计所得到的数据，将企业自身的优势（Strengths）与劣势（Weaknesses）及外部环境的机会（Opportunities）与威胁（Threats）进行综合分析的方法。通过SWOT分析，企业将更加清楚利用自身的哪些优势去把握服务营销环境的机会。

（3）关键假设。这是指服务企业在制定营销策划时，对营销策划运行的未来环境及其变化的一种估计。这种假设既影响到营销策划的制定，又影响到它的实施。它们应该是可能发生的环境变动的估计，比如GNP的变化、利率变动、通货膨胀率的变动、需求变动等。

3）营销战略制定阶段

这一阶段是服务营销策划最重要的一部分，主要由相互联系的三个步骤组成，即确定营销目标和战略、估计预期成果和确定可替换性的营销组合。营销战略的制定应该有一定的弹性，否则整个营销策划便失去了意义。

（1）确定营销目标和战略。这一步的主要任务是找出适合企业优势的目标市场，并确定所要达到的利润、收入或是市场份额。确定营销目标的目的是准确地描绘出企业服务营销活动所需要实现的东西，而营销战略意味着如何去实现这些营销目标，二者缺一不可。

（2）估计预期成果。服务营销所采取的每一项行动都应该有一个预期的特定成果。某一步行动如果没有具体的成果，就无法对业绩进行衡量，那么下游环节的工作就只好在不确定中开展了。预期估计的成果主要包括销售收入、销售成本、营销成本、制造费用和管理费用等。

（3）确定可替换的营销组合。服务营销组合是企业对核心服务、附加服务及其传递系统、货币价格和其他财务成本、营销沟通方式等的组合。这一步骤的目的是为寻找最佳的营销策略方案做准备。在营销策略方案正式被贯彻实施之前，总是有可能找到更加有效的营销策略方案的。服务企业的管理者总会对多个营销方案进行评价，以挑选出最适合企业资源有效利用的方案去实施。

4）资源分配与监控阶段

这一阶段有两个步骤，即营销程序的制定和监测、控制与复查。制定营销程序的目的是保证企业的所有员工都知道自己负责的事情，知道如何进行每个细分市场的物力与财力的分配，以确保营销策划取得成功。策略的实施要求按照精心设计的顺序完成每个步骤，某些行动是随后其他行动的前提条件。监测、控制与复查是策略与程序的执行沿着预定的方向前进的保证。企业的监控人员要做好持续性的状态分析，对中期和终期的业绩进行衡量，还要搞清目标与业绩之间的差异并进行过程修正行动。

小拓展13-1

服务营销策划成功与否的前提条件：

（1）要设定企业的营销目标，即企业欲达到的理想目标；

（2）要研究企业的营销状况，即企业所处的营销环境和营销状况。

服务营销策划成功与否还取决于：

（1）策划由谁担任？策划者的素质如何？策划者对企业情况的了解程度如何？

（2）策划过程掌握的资料是否充分？

（3）策划者的文化取向是否正确？

（4）可否有若干备选方案？

（5）策划书的阐述与设计是否准确规范等。

13.1.2　服务营销策划的内容

每个服务企业的营销单位都必须编制营销策划以实现它的目标，营销策划方案的内容也是营销过程中的重要产出之一。然而，营销策划方案是怎样编制的呢？应怎样对它加以控制呢？表13-1给出了一个营销策划方案的内容。

表13-1　　　　　　　　　　　一个营销策划方案的内容[①]

执行概要和目录表	提供所建议策划的简略概要
当前营销状况	提供与市场、产品、竞争、分配和宏观环境有关的背景数据
机会与问题分析	概述主要机会与威胁、优势与劣势，以及策划中必须处理的问题
目标	确定策划中要达到的关于销售量、市场份额和利润等领域的目标
营销战略	描述为实现策划目标而采用的主要营销方法
行动方案	回答应该做什么，由谁来做，什么时候做，需要多少成本等问题
预计的利润表	概述策划所预期的财务收益情况
控制	说明将如何监控策划的执行

对每一个新的服务产品、产品线或品牌，企业必须要制订一个营销策划方案，营销策划的内容也必须围绕新服务或产品来展开。

（1）执行概要和目录表。在服务营销策划的开头部分应该有一个关于本策划的主要目标和建议事项的简短摘要。执行概要使较高层管理者能迅速抓住策划的要点。在

[①]　科特勒.营销管理　分析、计划和控制［M］.梅汝和，梅清豪，张桁，译．9版．上海：上海人民出版社，1999：109.

执行概要之后便是内容的目录表。

（2）当前营销状况。这一部分提出关于市场、产品、竞争、服务传递和宏观的背景数据。这些资料来自服务产品经理手中的产品事实报告。

（3）机会与问题分析。在总结当前形势以后，要辨认这种服务或产品所面临的主要机会与威胁、优势与劣势。

（4）目标。企业在完成综合分析之后，要给出本服务或产品策划的财务目标和营销目标。

（5）营销战略。服务产品经理在制定营销战略的过程中要不断和其他职能部门取得联系，以确定它们的财务能力、生产能力及营销实现能力等。这样可以使目标更容易实现。

（6）行动方案。营销策划必须具体描述为了达到业务目标而将要采取的总营销方案。对每个营销战略必须详细回答下列问题：将做什么？什么时候做？谁来做？成本为多少？

（7）预计的利润表。在行动方案中，应该集中说明支持该方案的预算。预算一旦批准，就可以作为安排服务或产品的活动的基础。

（8）控制。营销策划最后一部分概述控制，用以监督策划的过程。通常目标和预算按月或季来制定。上一级的管理层每期都要审查这些结果。有些控制部分包括权变策划。权变策划概述管理层在遇到特殊的不利情况（如价格战或罢工）时应该采取的步骤。

通过以上分析，我们会形成一个服务营销策划方案的总体印象。下面是一个具体的服务营销策划方案的格式（见表13-2）。

13.1.3　服务营销策划有效实施的要求

服务营销策划与一般营销策划关键的差异点在于协调和实施，它们必定反映的不仅是营销、生产和人力资源相互作用的特征，而且是以过程为基础的小组（如品牌管理小组）成员之间进行实时协调的需要。一份好的服务营销策划方案不但要以事实和当前的假设为基础确定目标、策略，而且要提供一份完成使命，使用现有或可获得的资源的行动计划。然而，即使是最好的营销策划方案，也需要在实施上进行有效的工作。有效实施服务营销策划方案的要求如下：

1）建立必要的组织

一项策划方案的实施要具有负责的单位、个人或小团体，以免策划执行出现问题时找不到是哪方面的责任。建立营销组织的要求在下文中会有论述。

2）职责分工明确

实施策划方案过程中的职责分工必须明确。要从特定的时点执行工作的人和工作的内容两方面对职责进行定义。对任意一项工作而言，都可以通过人和内容两个变量确定的点找到具体的工作。

3）建立必要的程序和控制系统

有些重复性较强的工作要有实用的处理程序，并且允许总经理或其下属在不丧失战略控制权的情况下，授权给他们的下属人员。

表 13-2　　　　　　　　　一个具体的服务营销策划方案的格式①

状况分析（我们现在在哪里?）

①外部

•环境（政治、法律、经济、社会、技术等）

•顾客和市场

•雇员

•供应商和分销商

•竞争者

②内部

•目标

•优势与劣势

③问题与机会的归纳

营销策划目标（我们想要去哪里?）

①竞争者的地位

②财务结果

③市场份额

营销预算（需要多少，我们应当把它分配在哪里?）

•资源（资金、人员、时间）

•总金额和分配

营销策略（我们将如何到达那里?）

①定位

•目标细分市场

•竞争态势

•价值提议——独特的利益和降低成本的机会

②营销组合

•核心产品、附加服务和传递系统

•货币价格和其他非财务成本（如时间）

•营销沟通：广告、人员推销、促销等

营销行动计划（我们需要做什么?）

•所需要的行动的具体分解

•每个人的职责

•里程碑式的行动时间安排表

•期望从每一项行动中获得的有形的和无形的成果

监控系统（我们是否在向我们的目的地前进?）

•持续性的状态分析

•业绩的中期和终期衡量

•目标和业绩之间的差异引起过程修正行动

---

①　洛夫洛克. 服务营销［M］. 陆雄文，庄莉，译. 北京：中国人民大学出版社，2001：518.

4）保持策划方案执行的连续性

在策划运作的整个过程中都要保持策划方案执行的连续性，也就是说，要尽量避免仓促的临时决策，避免因为出现问题时不能从整个策划方案考虑而做策划的变动，但是又要给策划的变动留有必要的弹性和反应空间。

5）注意策划执行各方面的协调性

对于营销策划方案的执行，需要在较长的时间内将许多不同但相关的活动进行协调，包括在时间上、空间上以及各项活动实现的数量和质量上，都要进行细致的、连续的协调控制。

6）加强内部管理人员之间的沟通

在策划方案的实施中，每个参与的人员都不是孤立地完成自己的工作，相反，每个人都要知道自己和他人需要实现的目标，以及知道大家需要共同完成的特定工作。这样有助于每个人都清楚自己在策划执行过程中的作用和地位，使整个策划的实施更便于协调，从而使营销策划方案更加顺利地实现。

13.2 服务营销组织设计

13.2.1 服务营销组织概述

服务营销组织是指企业为了实现服务营销的目标和企业的任务，通过职能的分配和人员的分工，并授予人员相应的权力与职责而进行协调服务营销活动的有机体。它是企业服务营销管理的基础和重要保证。

在营销部门的演进过程中，经历了简单销售部门、销售部门兼有营销职能、独立的营销部门、现代营销部门、有效营销公司和以过程与结果为基础的公司六个阶段。当一个企业的服务营销处于不同水平的时候，它的服务营销部门具有上述某个阶段的特征。各个企业的服务营销组织结构之所以不同，是因为每个企业面临的内外部环境不同，需要执行各自不同的营销策略，而组织是为策略服务的。服务营销组织的基本差别主要有：

1）直线职能与参谋职能

服务营销组织或部门在整个企业组织中拥有直线职能还是参谋职能，是决定服务营销组织在企业中地位的关键因素。直线职能是指对完成企业目标有直接影响的职能，而参谋职能是指为了完成企业的目标而协助直线人员最有效地进行工作的职能。拥有直线职能与拥有参谋职能的服务营销组织所从事的活动是不一样的（见表13-3）。

2）集权与分权

集权通常是指在全国甚至全球层次上组织营销活动。集权的优势包括规模经济、更专业的技术以及统一的质量和形象。分权是指在较低层次的服务管理者可以拥有更多的决策权。企业集权的程度越高，等级制度往往越明显，组织通常呈纵向结构，留给较低层次服务管理人员的权力就少了、分权程度越高，则服务组织的市场反应能力就越强，因而分权的组织结构经常是横向的、顾客导向的。但是有些时候，把

表13-3   直线职能与参谋职能的区别

直线职能	参谋职能
•部门或服务产品层次的战略规划 •服务产品的执行（包括销售场地的管理） •销售管理与执行 •顾客服务（集中的和现场的） •现场促销计划的实施 •在特许业务中，进行特许经营的发展和特许经营者的招聘	•广告和公共关系 •服务营销研究和分析 •公司层次的战略规划 •服务产品的开发 •服务定价研究 •在某些特定领域的专家（有形后勤、特许政策场地评估和电子传递系统） •内部营销与培训计划

营销责任授权给当地业务层次或较低层次反而是不恰当的，主要有：

（1）产品的标准化在服务思想中是一个关键因素；

（2）每个业务单位的市场环境之间的差异很小；

（3）向当地公司购买者推销的服务或产品的数量很少或根本就没有；

（4）竞争也是相对标准化的；

（5）如果要求当地的管理层积极参与组织或监督营销工作，就会降低他们对一个经过严格设定，又有成本效益的运营系统的管理的有效性。

13.2.2　服务营销组织形式

按照服务营销组织导向的不同，可以将服务营销组织分为四种形式：

1）职能导向的服务营销组织

职能化的营销组织是最为常见的营销组织形式。这种服务营销组织是由各种职能专家组成的，他们主要向营销副总经理负责（见图13-2）。这种形式的服务营销组织的主要优势是管理层次少，组织协调方便，易于管理，比较适合服务项目和服务范围较为集中的企业。但是，当企业的规模不断扩大时，这种营销组织又会由于责任不清、内部竞争难以协调而显得效率低下。

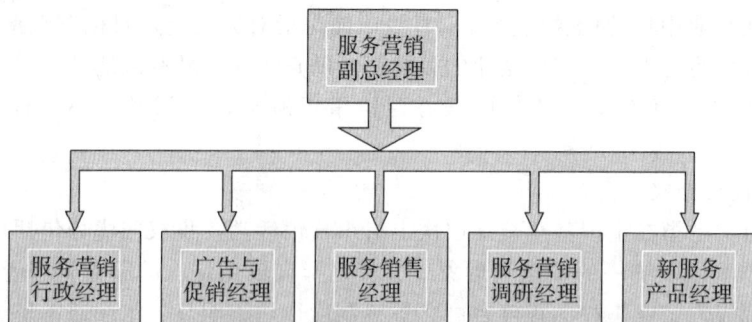

图13-2　职能导向的服务营销组织

2）地区导向的服务营销组织

有些跨国、跨地区的大型服务企业有着广泛的地域性市场。一般是要按照地理区域安排和组织服务营销活动。企业按照地理区域范围的大小，分层次设置地理区域性经理，层层负责（见图13-3）。有些企业为了支持销量较高的特色市场的营销活动，会增加地区的职能专家，负责完成该地区市场的服务产品调查、需求分析和营销策划等。地区导向的服务营销组织特别适用于跨国公司全球化的运作。

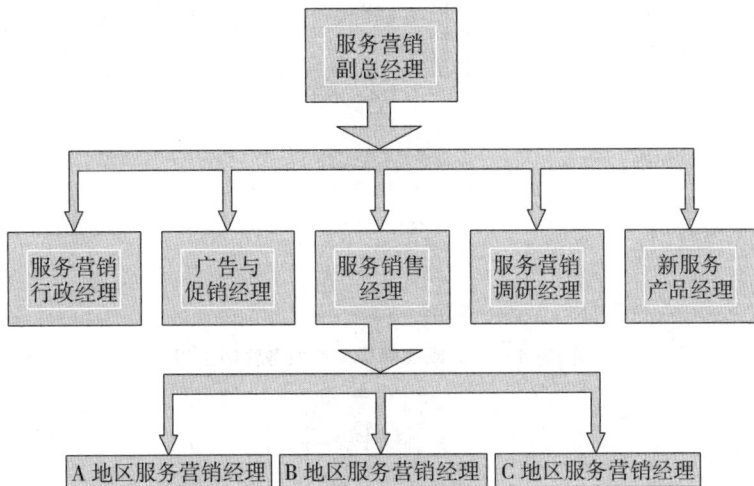

图13-3 地区导向的服务营销组织

3）产品或品牌导向的服务营销组织

当企业的服务产品或品牌种类比较多的时候，采用这种类型的营销组织比较适合。它往往是在职能导向层次上增加产品或品牌经理，负责各种产品的策略规划和修正。产品大类经理之下再设各个具体产品经理去负责各具体的产品（见图13-4）。这种组织形式的优点有：①产品经理能够实现产品的最佳组合；②服务产品能够迅速成长起来；③能够对市场出现的问题及市场状况的变化迅速做出反应；④小品牌可以免受忽视；⑤这种类型营销组织可以作为培养年轻经理的好场所，因为需要接触的企业内外部活动较多。然而这种类型的营销组织也存在一些问题，比如产品经理没有充分的权力开展经营产品的活动，只能通过说服和协商的方式取得其他部门的合作；产品经理一般任期较短，会对产品成长的连续性带来不利影响。

4）市场导向的服务营销组织

这种形式的服务营销组织是按照跨地区的细分市场建立起来的。当企业的服务产品销售在各个细分市场的差异性较大时，就需要按照市场专业化来组织服务营销活动。通常在每个主要的细分市场设一名市场主管或市场经理，负责制订主管市场的长期计划和年度计划，分析细分市场的各种因素变动情况，以及应该向该市场提供什么新产品等（见图13-5）。这种营销组织形式的最大优点就是服务营销活动是按照满足各类显然不同的顾客需求来组织和安排的，而不是集中在营销职能、销售地区或产品本身。

```
┌──────────────┐
│  服务营销     │
│  副总经理     │
└──────────────┘
```

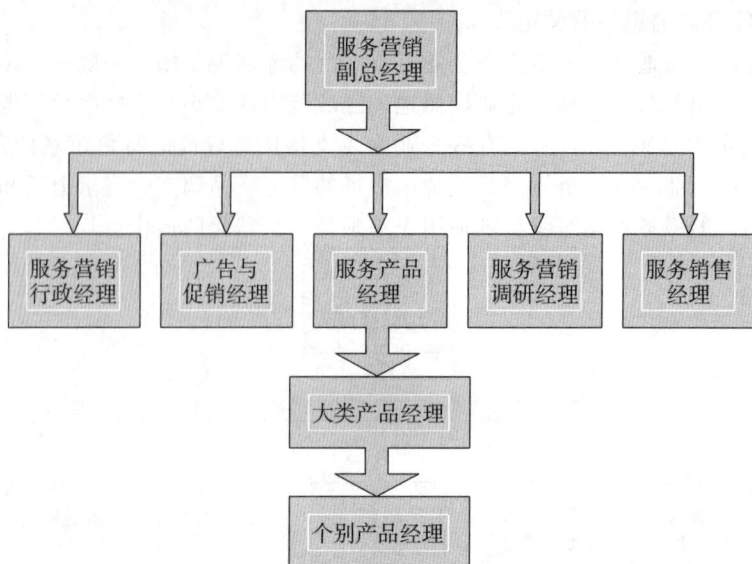

图 13-4 产品或品牌导向的服务营销组织

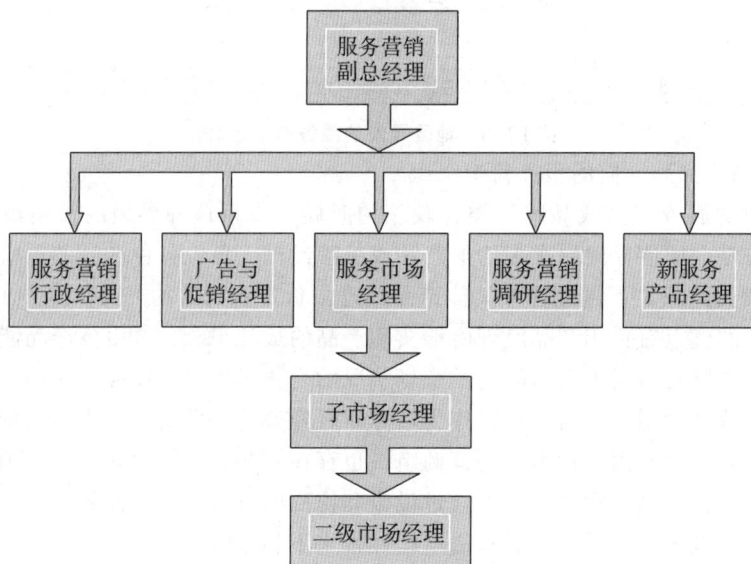

图 13-5 市场导向的服务营销组织

在市场导向思想，即顾客导向思想的指引下，很多企业开始将传统的金字塔式组织结构压扁或倒转，以便更充分地接触顾客，迅速做出市场反应。例如，图13-6所示的倒金字塔式组织结构，三个改变悄悄地发生了：①高层管理者不再是金字塔的塔尖，服务一线人员成为了战略成败的重要发言者；②对于服务操作中的现实决策很大程度上从参谋部门和管理层转移到了一线服务人员，可以对真实的瞬间进行更好的控制；③组织层次更倾向于减少，结构倾向于扁平化。

这四个导向的服务营销组织形式不是互相排斥的。事实上，一些大型的、复杂

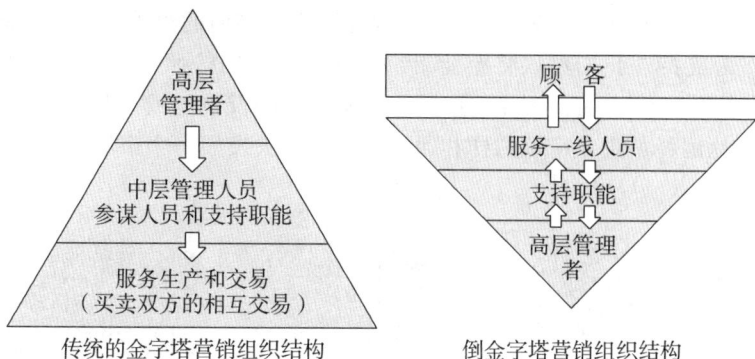

图13-6 市场导向的服务营销组织——金字塔组织结构的倒转

的服务组织把这四个形式的要素都包括在内了。在总部办公室可以找出作为职能参谋人员的市场专家；服务单位可以按地区进行组织，每个地区的销售代表分工负责不同的产品或为不同类型的顾客需求提供服务；同时顾客可以与客户经理（在全国或地区办事处）进行接触，他们对服务传递过程中每一个阶段的顾客需要或关心的问题负责。

13.2.3 市场导向服务营销组织的建立

通过上面的论述可以看出，无论是组织结构扁平化，还是金字塔倒置，都是强调企业要树立市场导向即客户导向的思想。对于服务企业来说，建立市场导向的服务组织是尤其重要的。虽然市场导向的理念很好接受，但如果真要建立起市场导向的服务组织，特别是对高层管理者来说，就不是那么容易的了。一般发展市场导向包括三个步骤：确认组织现有的导向类型；评价市场影响因素的当前水准；制订并实施发展市场导向的行动计划。

1）确认组织现有的导向类型

由于企业的导向模糊并与市场导向冲突，所以一般企业很难认识到它所有的市场潜力。那么如何确定企业的导向类型呢？召集企业的所有资深的管理者进行讨论不失为一个好办法。让这些管理者说出自己关于本企业导向的看法，可能会形成几种不同的导向类型的结果。这没有关系，关键是还要让他们给出认为合理的企业发展导向。这些导向一旦被确认了，就可以作为企业发展市场导向的非常有用的企业背景。

2）评价市场影响因素的当前水准

弄清了企业不同的导向类型之后，便可以进行企业当前市场影响因素的评价了。用来评价的市场因素一般有五个，即顾客哲学、完整的市场组织、充足的市场信息、战略导向、可操作的效率。对这五个因素评价的目的是找出对企业占统治地位的市场影响因素，以便提供建立市场导向组织的有力证据。

3）制订并实施发展市场导向的行动计划

我们假设企业的管理层认为发展市场导向是必需的，其实，不这样认为是不正常的。那么接下来的任务就是制订一个可行的计划。制订行动计划必须包括的步骤有：理清组织的和文化的变化空间；识别市场的优胜者；进行市场的需求分析；设计一个培训和发展的程序；组织关键的支持性活动。

　　理清组织和文化的变化空间，就是说要建立市场导向的组织必须有一整套的企业管理体系作为支持。我们可以将企业组织和文化的空间按照麦肯锡的"7S理论"进行划分，即从共有价值观、系统、作风、结构、策略及技能或人员几个方面去分析。图13-7系统地阐释了企业应该怎样和通过哪些方面去发展一个市场导向的服务组织。

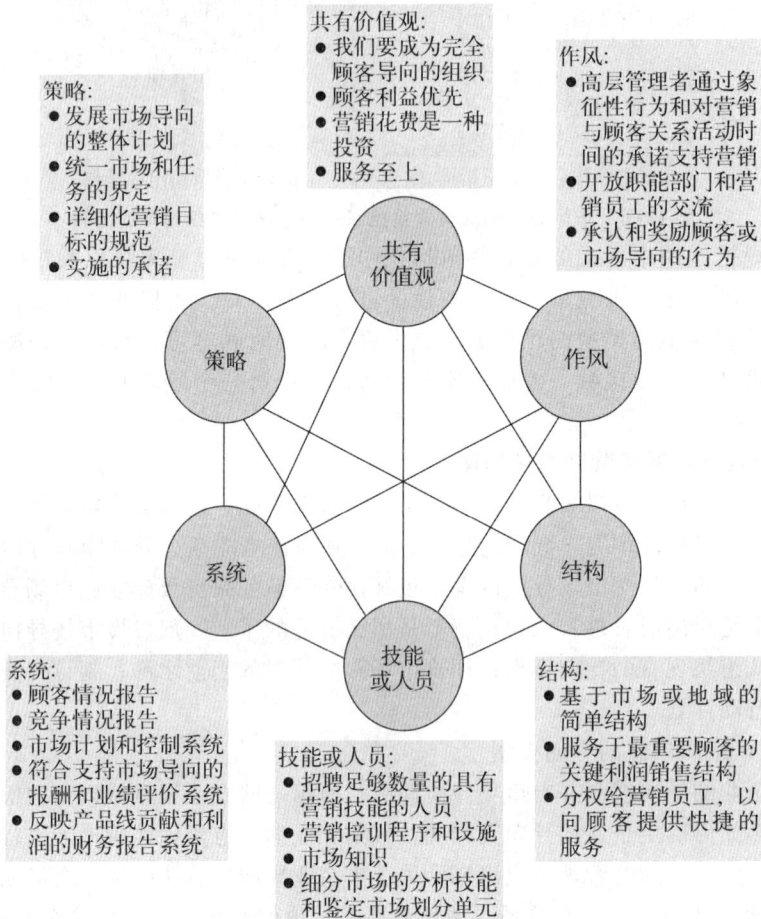

策略：
● 发展市场导向的整体计划
● 统一市场和任务的界定
● 详细化营销目标的规范
● 实施的承诺

共有价值观：
● 我们要成为完全顾客导向的组织
● 顾客利益优先
● 营销花费是一种投资
● 服务至上

作风：
● 高层管理者通过象征性行为和对营销与顾客关系活动时间的承诺支持营销
● 开放职能部门和营销员工的交流
● 承认和奖励顾客或市场导向的行为

系统：
● 顾客情况报告
● 竞争情况报告
● 市场计划和控制系统
● 符合支持市场导向的报酬和业绩评价系统
● 反映产品线贡献和利润的财务报告系统

技能或人员：
● 招聘足够数量的具有营销技能的人员
● 营销培训程序和设施
● 市场知识
● 细分市场的分析技能和鉴定市场划分单元

结构：
● 基于市场或地域的简单结构
● 服务于最重要顾客的关键利润销售结构
● 分权给营销员工，以向顾客提供快捷的服务

图中圆圈：共有价值观、策略、作风、系统、结构、技能或人员

图13-7　市场导向的服务组织发展图[①]

　　识别市场优胜者的目的，是找出行业领先者在转向市场导向过程中的成败经验。而进行市场的需求分析是管理活动所必需的，这个需求分析应该是对市场导向有深刻理解的管理人员做出的。需求分析可以作为设计市场导向发展程序的基础。发展程序中要体现出对组织人员市场观念的重视，尤其是对发展市场导向所必需的人员的知识、技能和理解态度。然后，一些关键的支持性活动就应该开展起来，以确保市场导向的成功建立。这些活动可能包括：建立市场任务小组；面向顾客组织活动，保持与顾客的近距离接触；吸收营销人才，外部招聘与内部发展相结合；适当借助外部的咨询机构开展广告、公共关系、销售、市场研究和管理培训，以满足顾客的需求；按市场观念建立起业绩评价和晋升系统；建立市场信息系统；确立一个有效的营销计划体

---

① 佩恩. 服务营销 [M]. 郑薇，译. 北京：中国人民大学出版社，1997：241.

系；识别企业的长期任务本质，在市场导向建立起之前，持续的符合市场导向的活动是必要的。

13.2.4 服务营销组织的发展

随着服务营销的发展，服务营销组织也逐渐演变出了新的形式。以过程和结果为导向的服务营销组织便是一种新的营销组织发展形式。许多企业现在把它们的组织结构集中于关键过程而非部门管理。部门组织被许多人看成顺利执行职能性业务过程的障碍，例如，在新产品开发、顾客获得和维持、订单履行和顾客服务工作上，为了获得过程结果，企业现在可任命过程负责人，由他管理跨职能的训练小组工作，然后把营销小组和销售员作为小组成员参与活动。最后营销人员对这个小组可以有一个实线联系责任，而营销部门与它是虚线联系责任。每个小组定期发出对营销部门营销人员的成绩评价。营销部门还有责任作计划以训练它的营销员工，安排他们加入新的小组并评价他们的总成绩（见图 13-8）。

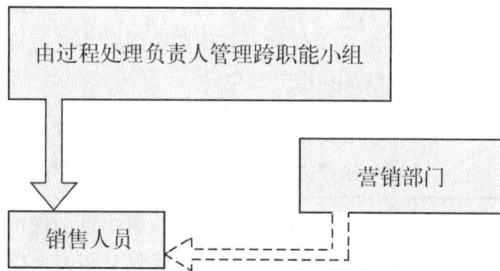

图 13-8　以过程和结果为导向的营销组织图①

这种类型的服务营销组织的一个代表新星是"水平组织"，它是围绕某一服务营销过程建立起来的。在组织内部，大幅度削减了等级和职能部门的界限，横向管理比高层集权、自上而下的等级制度管理更重要，组织结构扁平化的趋势越来越明显。组织中所有人都会在跨领域的团队中共同工作，完成核心程序，如产品的开发或销售的实现。这些人管理的是过程而不是人，重视团队精神。在一个业务流程中，董事长和基层职员之间可能只有三四个管理层（见图 13-9），整个组织的各部门最大限度地接近顾客，就像在一个宽大的足球场内，每一个球员的表现都暴露在万千观众眼前。

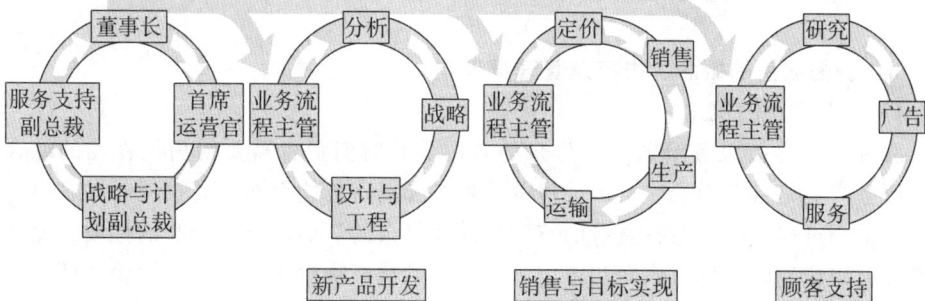

图 13-9　水平组织的过程管理图②

① 科特勒. 营销管理　分析、计划和控制［M］. 梅汝和，梅清豪，张桁，译. 9版. 上海：上海人民出版社，1999：815.
② 洛夫洛克. 服务营销［M］. 陆雄文，庄莉，译. 北京：中国人民大学出版社，2001：567.

从纵向的组织结构向水平组织结构过渡是目前许多企业的发展倾向，因为它集中企业的所有资源面向顾客，必然会给企业带来深刻的变化。企业要想建立水平的组织结构，必须在运作过程中掌握七大要点（见表13-4）。

表13-4　　　　　　　　　　水平组织结构的七大要点[①]

要点	关键解释
围绕过程而不是任务组织企业	围绕三五个核心业务过程建立企业组织结构，而不是按职能或部门设计组织结构，每一个专门小组去实现一个核心过程的目标。每一个过程都指定一个主管
等级层次扁平化	削减监督人员，合并分散的业务，去除不能增加附加值的工作，最大程度地削减每一个业务过程中的活动，用尽可能少的小组来完成整个业务流程
运用小组来管理每一件事	使小组成为公司组织中的基石。限制监督人员的作用，使小组实行自我管理。给团队确定一个共同目标，以此作为衡量小组业绩的标准
让顾客推动工作	让顾客的满意度而不是股票增值或盈利能力成为业绩的衡量标准和原动力。如果顾客满意，就会有利润，股价就会上扬
奖励团队业绩	改变评价和报酬系统，根据小组的评价结果而不仅仅是个人的业绩进行奖励。鼓励员工发展多方面技能而不是专业技巧，为此奖励他们
最大程度接触供应商和客户	让员工直接、经常和供应商、客户接触。当供应商或客户需要服务时，向其企业派驻代表，使他们加入到供应商或客户的团队中与其员工一起工作
信息公开及培训所有员工	不要仅仅把信息告诉那些需要知道的人。相信员工并向他们提供原始数据，培训他们如何利用数据进行分析，做出决定

13.3　服务质量管理及其评估方法

13.3.1　服务质量的概念、内容及管理框架

1）服务质量的概念

服务质量是指服务给消费者带来的效用及其对消费者需要的满足程度的综合表现。服务产品是一系列的非实体性过程，生产和消费不能全然分离，同时顾客也积极地参与生产过程，因而服务质量的感知是比较复杂的。而消费者本身的性质，比如文化修养、兴趣爱好、价值取向和审美观点等因素也影响着服务质量的评价。所以，服务质量较有形产品更难被消费者所评价。消费者对服务质量的评价不仅要考虑服务的结果，而且还要涉及服务的过程。

① 洛夫洛克. 服务营销 [M]. 陆雄文，庄莉，译. 北京：中国人民大学出版社，2001：569.

小拓展13-2

由于服务交易过程的顾客参与性以及生产与消费的不可分离性，服务质量必须经顾客认可，并被顾客所识别。应从以下方面对服务质量的内涵加以理解：

服务质量是顾客感知的对象；

服务质量要有客观方法加以制定和衡量，更多地要按顾客主观的认识加以衡量和检验；

服务质量发生在服务生产和交易过程之中；

服务质量是在服务企业与顾客交易的真实瞬间实现的；

服务质量的提高需要内部形成有效管理和支持系统。

2）服务质量内容

服务质量由服务的技术质量、职能质量、形象质量和真实瞬间构成。

（1）技术质量是指服务过程的产出，即顾客从服务过程中所得到的东西，包括服务本身的质量标准、环境条件、网点设置以及服务事项、服务时间、服务设备等。比如，宾馆为旅客提供房间和床位，饭店为顾客提供菜肴和饮料，航空公司为旅客提供运输服务等。对于这一方面的服务质量，顾客易感知，也便于评价。

（2）职能质量是指消费者是如何取得服务的结果的。它是服务过程的质量，在服务的过程中主要包括服务人员的服务行为、服务方式、服务态度、服务程序以及仪态仪表、言谈举止等等。很显然，对于职能性质量的评价，主要取决于顾客的感受，而顾客的感受又是同其自身的经历、兴趣偏好、个性、知识水平等因素相联系的。所以说，大多数情况下，顾客对职能性服务质量的评价是主观的，这也是服务质量比有形产品更难把握，更难以标准化的原因所在。技术质量与职能质量构成了感知服务质量的基本内容。

（3）形象质量是指服务企业在社会公众心目中形成的总体印象。它包括企业的整体形象和企业所在地区的形象两个层次。企业形象通过视觉识别、理念识别行为识别等系统多层次地体现。顾客可从企业的资源、组织结构、市场运作、企业行为方式等多个侧面认识企业形象。企业形象质量是顾客感知服务质量的过滤器。如果企业拥有良好的形象质量，些许的失误会赢得顾客的谅解；如果失误频繁发生，则必然会破坏企业形象；倘若企业形象不佳，则企业任何细微的失误都会给顾客造成很坏的印象。

（4）真实瞬间是指在特定的时间和地点，服务提供方抓住机会以特定的方式向顾客展示其服务质量的短暂过程。真实瞬间是服务过程中顾客与企业进行服务接触的过程。这个过程是一个特定的时间和地点，这是企业向顾客展示自己服务质量的时机。真实瞬间是服务质量展示的有限时机。一旦时机过去，服务交易结束，企业也就无法改变顾客对服务质量的感知；如果在这一瞬间服务质量出了问题，也无法补救。真实瞬间是构成服务质量的特殊因素，这是有形产品质量所不包含的因素。一个服务供应方提供的服务往往是由一系列的真实的瞬间构成的。比如，一位旅客入住旅馆，从走进旅馆大厅到接触服务员，从办理入住手续到走进订好的房间，直到最后离开旅馆，期间旅客与旅馆之间不知要发生多少个真实的瞬间。顾客通过多个真实的瞬间去感知服务供应方的服务质量，每一个瞬间又是稍纵即逝的，一旦时机过去，顾客就会离开了。因此，对于服务供应者来说，服务质量的管理应该开始于与顾客接触的各个情形——真实瞬间中。

3）服务质量管理的框架

服务质量管理是一个较为复杂的过程，其一般框架如图13-10所示。

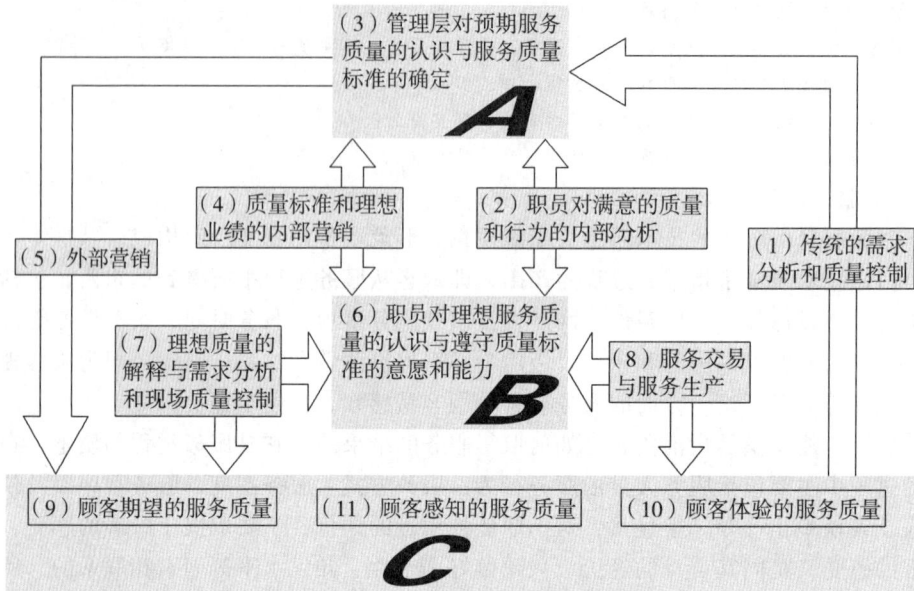

图 13-10　服务质量管理框架

由图13-10可见，管理活动涉及三个主体，包括：A.管理者，B.职员，C.顾客。在管理者的层次上，开始是传统的需求分析与质量控制措施（1），职员对质量与行为的内部分析（2），然后分析的结果和所收集到的信息可以用来决定质量标准（3），接着这些标准需要规划内部营销（4）和外部营销（5），并制定事后的控制措施。在职员层次上，职责不同的职员理解质量标准之后，就是按照标准来开始工作（6），服务人员除了进行服务生产和交易（8）之外，还要密切注意来自市场上的信号，分析顾客的需求与愿望（7），当初始需求发生变化并出现质量问题时，就要进行买卖关系中的质量控制。在顾客层次上，顾客将期望的服务质量（9）与实际体验的服务质量（10）进行对比，形成顾客的全面感知服务质量（11），外部营销可以对顾客的期望服务质量进行影响，而顾客的体验服务质量又是服务传递的结果，也是可控的。

小提示13-1

顾客期望服务质量会影响顾客对服务质量的判断，如果服务提供者过度承诺，顾客的期望服务质量就会提高，所进行的服务质量评价就会降低。服务提供者如果将顾客期望服务质量控制在一个相对低的水平，其进行服务营销的余地就会大一些，使顾客在购买服务的过程中产生愉悦感，提高顾客的忠诚度。

13.3.2　服务质量的评估过程和属性

1）服务质量的评估过程

一项优质服务既要求其符合企业制定的服务标准，又要求其满足顾客的需要，这是由服务质量的技术性和职能性决定的。顾客评估一项服务是否满足自己的需要的过程，同时也是顾客体验服务质量并与自己所期望的服务质量相比较的过程。于是，在顾客体验服务质量与期望服务质量之间便会形成一定的差异。这种差异为零时，表示企业所提供的服务恰好等于顾客的期望，那么这项服务便可以称之为优质服务。在通常情况下，这种差异是存在的，一种情况是顾客体验到的服务质量超过他们期望的服务质量，那么这项服务仍是优质的，另一种情况是顾客体验到的服务质量抵不上他们的期望质量，那么这项服务就是差的或是低劣的。

图 13-11 是顾客评估服务质量的过程示意图。其中，感知服务质量是顾客将期望服务质量与体验服务质量相比较后形成的服务质量的总体评价。顾客的期望服务质量是指在顾客体验服务质量之前头脑中对该服务的总体设想和预期，这种预期是受多方面影响的，影响的程度也是因人而异的。企业的市场沟通手段的运用、企业形象的塑造、周围顾客的口头宣传以及顾客的个体需求等因素都强烈地影响着顾客对一项服务质量的预期判断。比如，服务企业运用广告、宣传、人员推销、营业推广和公共关系等市场沟通手段去影响顾客，这些前期的真实的瞬间，直接或间接地将企业的服务形象传递给了顾客。好的企业形象在这一宣传或服务推广过程中发挥着正效应作用，即令顾客更倾向于接受来自该企业的好消息。其他顾客的口头宣传的重要性在于，口头宣传比企业自身的宣传更令顾客相信，如果一家企业的服务质量的顾客口碑是好的，会给企业的服务带来巨大的无形价值。顾客的个体需求是企业无法控制的影响因素，企业致力于发现和满足顾客的需求，而不是漠然处之。

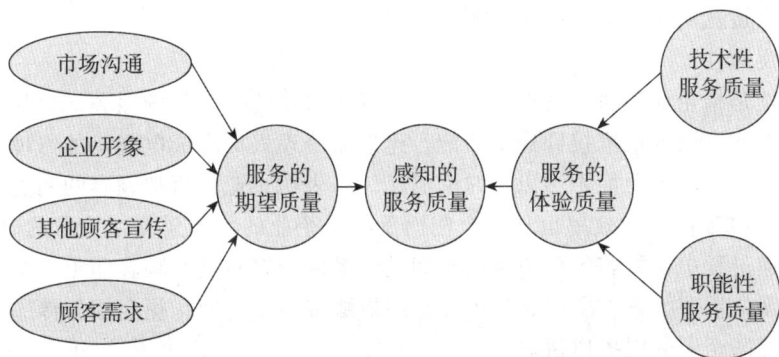

图 13-11　顾客评估服务质量过程示意图

顾客对服务的体验质量是指企业实际传递给顾客的服务，顾客只有亲身经历过该企业的服务之后才会有这一质量评价。体验服务质量的影响因素主要来自服务质量的两个方面，即服务的技术性质量和职能性质量。同影响顾客期望服务质量的因素一样，这两方面因素也是可以经过企业的营销努力而改变的，也就是说，企业既可以影响顾客对服务的期望质量，又可以影响顾客对服务的体验质量。为了使企业服务质量得以优化，企业应尽量使顾客的期望服务质量与体验服务质量保持接近。企业应避免出现夸大宣传或错误宣传而使顾客对服务质量的期望值过高的情况，那样会使期望值与体验值相去甚远，企业的服务质量无法满足顾客的需求，最终将会使顾客对服务质量的评价变得很坏。

2）服务质量的属性

利用顾客对服务的期望质量与体验质量之间的差异评价服务质量的理论被称为"差异理论"。那么，顾客究竟是通过哪些方面或标准去评价一项服务是否令自己满意呢？经过大量的调查研究，一些营销学家确定了顾客评价服务质量所使用的十大标准，包括可信度、安全、接近、沟通、了解顾客、有形要素、可靠性、反应性、能力和礼仪。后来研究发现，其中某些变量之间有着很高的关联度，因此就将它们综合成五大方面，即服务质量的五大属性——可感知性、可靠性、反应性、保证性和移情性。

（1）可感知性

可感知性是指服务的有形部分，比如服务人员的外表及服务现场的设施、设备、宣传资料等有形证据。我们知道，服务本身是一种行为过程，是无形的，具有不可感知的特性，所以顾客只能通过服务过程中可视的、有形的部分来把握服务质量。

（2）可靠性

可靠性是指企业准确无误地完成向顾客提供承诺的服务。可靠性要求企业应该尽量避免在服务过程中出现差错，因为服务差错给企业带来的不仅是直接意义上的经济损失，而且可能意味着失去很多的潜在顾客。例如，飞机晚点，不仅会给旅客造成利益上的损失，而且将严重破坏航空公司的形象，一旦发生这种可靠性上的差错，再向顾客说什么道歉的话都显得很无力了。

（3）反应性

反应性是指企业随时准备着愿意为顾客提供快捷的、有效的服务。比如顾客的电视机出了毛病，服务厂家接到通知后能否迅速派修理人员完成电视机的修理工作。对于顾客的各种要求企业能否给以及时的满足，将表明企业是否把顾客的利益放在第一位。同时，服务传递的效率也从一个侧面反映了企业的服务质量。大量的研究表明，在服务传递过程中，顾客等候服务的时间是关系到顾客感觉、顾客印象、企业形象和顾客满意度的重要因素，所以，尽可能地缩短顾客等候时间，提高服务传递效率无疑将大大地提高企业的服务质量。

（4）保证性

保证性是指企业的服务人员的知识技能、友好态度与胜任工作的能力，能使顾客对企业的服务质量产生安全感和信任感。研究表明，友好态度和胜任工作的能力在培育顾客对服务质量的保证性信心上，是缺一不可的。随着服务行业的发展，顾客对服务人员的知识水平和个人修养的要求正在不断提高。因此，对服务人员进行教育和培训，招聘高素质人才以完善企业服务质量的保证性已显得非常必要。

（5）移情性

移情性不是指服务人员的友好态度问题，而是指企业要真心关心顾客，从顾客需求出发提供个性化服务，积极了解顾客的实际需要，有时甚至是顾客个人方面的特殊要求。无论服务人员还是管理人员都应该让顾客容易接近，善于和顾客沟通，这样，将使整个服务过程更富于人情味，顾客也会认为企业的服务是优质的。

13.3.3 服务质量的评估方法

顾客对服务质量不同方面的满意程度是不同的。正确评估服务质量应该对顾客评估服务质量的内在情况进行研究。因此，一些营销学家将顾客感觉中的服务质量属性以一套22项的因素进行了分析和分类，如图13-12所示。通过问卷调查、顾客打分和综合计算得出服务质量的分数，这种服务质量的评估方法被称为SERVQUAL（服务质量），具体步骤如下：

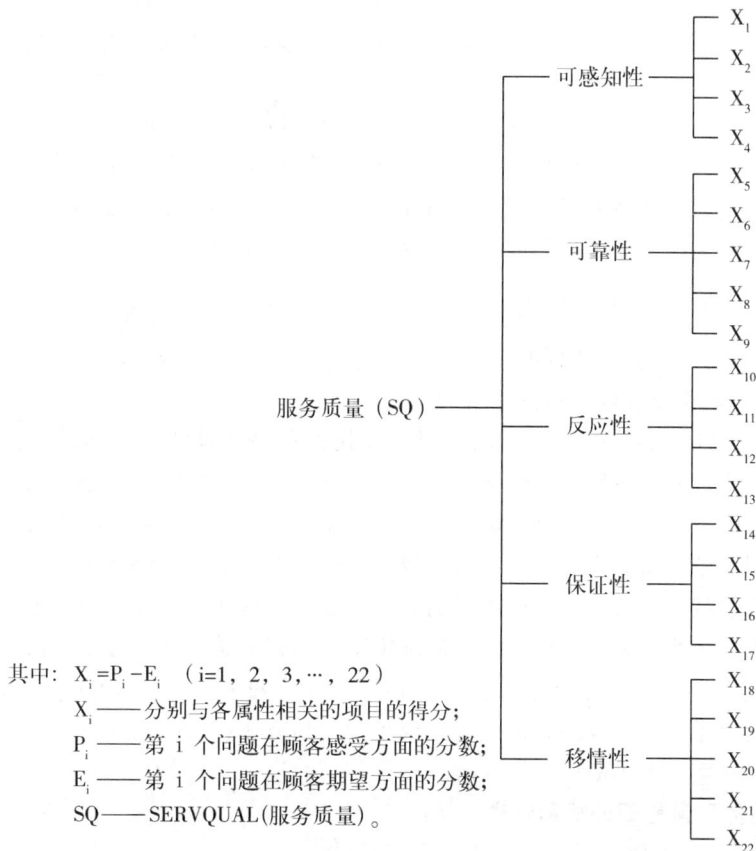

其中：$X_i = P_i - E_i$ （i=1，2，3，…，22）

X_i——分别与各属性相关的项目的得分；

P_i——第 i 个问题在顾客感受方面的分数；

E_i——第 i 个问题在顾客期望方面的分数；

SQ——SERVQUAL(服务质量)。

图13-12 服务质量22因素分析评估法

1）展开问卷调查，由顾客打分

调查问卷的内容包括服务质量的五大属性及与之相关的22个项目，每个项目要根据调查需要设计出具体的问题，并且便于顾客进行回答和打分。每个问题要求顾客在接受服务前打出对服务质量的期望值（E_i）和在接受服务之后打出服务质量的体验值（P_i）。由于顾客的感受和期望在语意的表达上是不同的，因而对于一个项目来说，应随调查目的的不同而将提问的方式改变一下。例如，在"可靠性"的第四个问题上，期望值问题应为："他们应该遵照承诺的时间为顾客服务。"检验值问题应为："此公司遵照承诺的时间为顾客提供了服务。"

2）计算SERVQUAL分数

根据"差别理论"，P_i与E_i在分值上一般是不同的，我们将每张问卷上各个项目的P_i与E_i的差值相加，便得到了单个顾客对服务质量的总评分值。其公式为：

$$SQ = \sum_{i=1}^{22}(P_i - E_i) \quad (i=1, 2, 3, \cdots, 22)$$

此时，公式表示的是单个顾客的总感知质量，将此时的分数SQ再除以22（问题数目），就得到了单个顾客的SERVQUAL分数，然后将调查中所有顾客的SERVQUAL分数加总再除以顾客数目，就得到了企业想要的平均SERVQUAL分数。

然而，上述公式成立的一个前提条件就是认为服务质量的五大属性在决定SERVQUAL分数时是同等重要的，而在实际生活中，不同服务的五个属性的重要性是不同的。比如，旅客对飞机航班的可靠性要求是最重要的，但服装店服务的可靠性对顾客来说却不一定是最重要的，倒是可感知性和移情性显得比较重要了。于是，我们将服务质量的五个属性进行重要性评估，得出每个属性在某一服务质量中的权重，然后加权平均就得出了更为合理的SERVQUAL分数。公式为：

$$SQ = \sum_{j=1}^{5} W_j \sum_{i=1}^{22}(P_i - E_i) \quad (i=1, 2, 3, \cdots, 22; j=1, 2, 3, 4, 5)$$

式中：W_j——第j个属性的权重；

　　　R——各个属性的项目问题数。

SERVQUAL评估方法提供了较为科学实用的服务质量评估工具，是目前国内外营销界普遍认可的服务质量评估模型。但是，它也存在一些不足之处，比如，主要是根据顾客对服务结果的满意度来确定服务质量是存在风险的，因为需要与先前的期望服务质量相比较，而如果顾客的期望值较低，实际感受情况又恰巧比期望的低水平略高，那么我们就无法认为顾客得到了高质量的服务。再比如，类似于复杂的法律案件或医疗手术的一些服务，顾客可能无法确定事先期望的是什么，甚至很长时间都无法知道专家们实际上完成的服务工作是好是坏。在这种情况下，SERVQUAL评估方法就显得很无力了，虽然作为普遍的服务现象的评估方法，它不失为有效，但是仍需在今后的研究和实践中不断发展和完善。

13.3.4　服务质量差距分析和管理

1）服务质量差距分析

根据"差别理论"的观点，服务企业的管理者的工作就是要平衡顾客对服务的期望和实际感受，使二者之间的距离缩短。帕拉索拉曼、贝里和泽塞莫尔三人经过研究找出了服务组织中可能存在的四种差距，它们又可能会导致顾客的服务期望质量与他们所得到的服务之间产生差距，如图13-13所示。

差距1：顾客对服务的期望与公司管理层对顾客期望的认知之间的差距。由于市场需求分析和研究的不准确，解释期望的信息不准确，或没有需求分析等原因，再加上企业的管理层次可能的臃肿而使顾客与企业管理层之间的信息传递受阻，就会造成企业管理层无法确切认识到顾客对服务的期望，或者即使是认识到顾客的期望，但却不知其对于顾客的重要性如何，企业就很难改进服务质量。

差距2：管理层对顾客期望的认知和服务质量规范之间的差距。产生这个差距的原因主要有：计划失误或计划不充分；计划管理混乱；组织无明确目标；服务质量的计划得不到高层领导的支持等。这样就会造成服务质量规范与管理者对顾客期望的认识不一致，即使是在顾客期望信息充分准确的情况下，质量规范的实施计划也会失败。

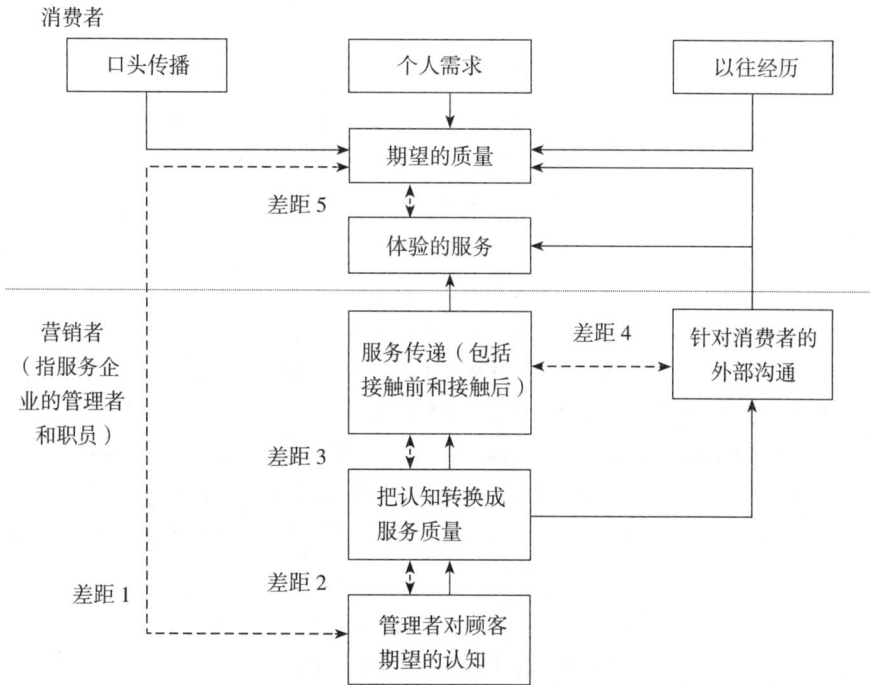

图13-13 服务质量差距分析模型

差距3：服务质量规范与服务传递之间的差距。如果服务质量规范定得过于复杂，过于苛刻；规范内容与现有企业文化发生冲突；服务生产管理混乱；内部营销不充分或根本就不存在内部营销；员工对服务规范有不同意见；技术和系统没有按规范为服务工作提供便利等情况发生的话，那么势必会使服务生产和交易过程中，员工的行为不符合制定好的质量规范，服务质量的保证也就更无从谈起了。

差距4：服务传递过程与针对消费者的外部沟通之间的差距。引起这一差距的原因可分为两类：一是外部营销沟通的计划和执行没有和服务生产统一起来；二是在广告等营销沟通过程中存在承诺过多的倾向。企业借助于广告、销售人员及其他媒介等做出的各种承诺会提高顾客对服务质量的期望，而当实际的服务水平并不如宣传中所说的那样好时，会给顾客对服务质量的评价造成负面影响。

上述四种差距直接决定着企业实际提供给顾客的服务与顾客期望之间的差距（差距5），即顾客感知服务质量。差距分析清楚地指出了服务质量管理中的几处陷阱，从而使服务质量管理变得有的放矢，为服务质量差别管理提供了理论指导。

2）服务质量差距管理

对于不同的服务种类来说，服务质量差距的解决办法也是不同的，因此，我们给出了一个一般性的服务质量差距管理一览表（见表13-5）。

表13-5　　　　　　　　　　　　　服务质量差距管理一览表

差距	解决方法	具体管理建议
差距1	努力了解顾客对服务的期望	• 通过研究、投诉分析、顾客的小组讨论等途径更好地了解顾客 • 让服务人员和管理层的上行沟通更加顺畅，依据得到的信息和观点，尽快采取行动
差距2	建立正确的服务质量规范	• 最高管理层要不断努力从顾客的角度去定义质量 • 管理者要为工作单位设计出以顾客为导向的服务规范 • 对管理人员进行培训，以加强其领导服务人员传递服务的技能 • 将重复性较大的服务进行标准化、程序化 • 进行绩效评估并定期反馈
差距3	要使服务的具体实施达到规范的标准	• 使服务人员明确自己的角色 • 选用最合适、最可靠的技术提高员工绩效 • 通过学习，让员工知道顾客的期望、认知和问题 • 提高员工人际交往的技巧 • 使员工参与标准的制定，以便消除员工之间的角色冲突 • 赋予管理人员和员工在工作现场做出决策的权力 • 加强员工的团队合作精神，进行团队奖励，将激励因素与优质服务的传递联系起来
差距4	要使服务的传递与承诺互相匹配	• 在作广告等策划时，最好能有生产人员来参与 • 可以考虑使用真正的员工作广告的主演 • 展开有销售人员和生产人员参与的顾客交流会 • 不同地点的服务标准统一性要有保证 • 服务中出现差错要给出确定的和合理的不可控的理由

3）服务再现

服务再现是指在出现服务质量问题时，企业对问题事件进行解决和进行服务补救的过程。在所有服务再现的事件中，企业处理投诉和解决问题的能力如何，将是决定企业保留还是丧失投诉顾客的一个重要因素。

当投诉得到满意的解决时，顾客保持品牌忠诚和继续购买那种商品或服务的可能性就更大了。有研究表明，对投诉解决结果表示完全满意的投诉者有再次购买同种商品意图的占69%～80%，而认为不满意的投诉者对再次购买同种商品感兴趣的只有17%～32%。因此，解决投诉问题的结果是否令顾客满意是服务再现的关键。

那么，有效处理顾客投诉问题的原则就应该有：①对顾客投诉做出快速反应；②承认错误但不要太多辩解；③表明你是从每一个顾客的观点出发认识问题的；④不要同顾客争论；⑤认同顾客的感觉；⑥给顾客怀疑的权利；⑦阐明解决问题需要的步骤；⑧让顾客了解进度；⑨考虑给顾客补偿；⑩坚持不懈地重获顾客的友善和信任。

13.4 服务企业的社会责任营销

13.4.1 服务企业的社会责任

1) 企业社会责任的定义

企业社会责任（Corporate Social Responsibility，CSR）是指企业在创造利润、对股东承担法律责任的同时，还要承担对员工、消费者、社区和环境的责任。企业的社会责任要求企业超越把利润作为唯一目标的传统理念，强调要在生产过程中对人的价值的关注，强调对消费者、对环境、对社会的贡献。

小阅读 13-1

企业社会责任思想的起点是亚当·斯密（Adam Smith）的"看不见的手"。古典经济学理论认为，一个社会通过市场能够最好地确定其需要，如果企业尽可能高效率地使用资源以提供社会需要的产品和服务，并以消费者愿意支付的价格销售它们，企业就尽到了自己的社会责任。

18 世纪末期，西方企业的社会责任观开始发生了微妙的变化，表现为小企业主们经常捐助学校、教堂和穷人。19 世纪以后，两次工业革命的成果带来了社会生产力的飞跃，企业在数量和规模上较大程度地发展，但这个时期企业的社会责任观是消极的。19 世纪中后期，随着企业制度逐渐完善，劳动阶层维护自身权益的要求不断高涨，加之美国政府接连出台《反托拉斯法》和《消费者保护法》以抑制企业不良行为，客观上对企业履行社会责任提出了新的要求，企业社会责任观念的出现成为历史必然。1970 年 9 月 13 日，诺贝尔奖获得者、经济学家米尔顿·弗里德曼在《纽约时报》刊登题为《商业的社会责任是增加利润》的文章，指出"公司主管人员除了为股东尽量赚钱之外应承担社会责任"。1976 年，经济合作与发展组织（OECD）制定了《跨国公司行为准则》，该准则虽然对任何国家或公司没有约束力，但要求更加保护利害相关人士和股东的权利，提高透明度，并加强问责制。

20 世纪 80 年代，企业社会责任运动开始在欧美发达国家逐渐兴起，它包括环保、劳工和人权等方面的内容，由此导致消费者的关注点由单一关心产品质量，转向关心产品质量、环境、职业健康和劳动保障等多个方面。一些涉及绿色和平、环保、社会责任和人权等的非政府组织以及舆论也不断呼吁，要求社会责任与贸易挂钩。迫于日益增大的压力和自身的发展需要，很多欧美跨国公司纷纷制定对社会做出必要承诺的责任守则（包括社会责任），或通过环境、职业健康、社会责任认证应对不同利益团体的需要。

20 世纪 90 年代初期，美国劳工及人权组织针对成衣业和制鞋业发动"反血汗工厂运动"。在劳工和人权组织等非政府组织和消费者的压力下，许多知名品牌公司也都相继制定了自己的生产守则，后演变为"企业生产守则运动"，其直接目的是促使企业履行自己的社会责任。但这种跨国公司自己制定的生产守则有着明显的商业目的，而且其实施状况也无法得到社会的监督。在劳工组织、人权组织等推动下，生产守则运动由跨国公司"内部生产守则"逐步转变为"社会约束"的"外部生产守则"。到 2000 年，全球共有 246 个生产守则，其中除 118 个是由跨国公司自己制定的外，其余皆是由商贸协会或多边组织或国际机构制定的所谓"社会约束"的生产守则。2000 年 7 月，《全球契约》论坛第一次高级别会议召开，参加会议的 50 多家著名跨国公司的代表承诺，在建立全球化市场的同时，要以《全球契约》为框架，改善工人工作环境，提高环保水平。《全球契约》行动计划已经有包括中国在内的 30 多个国家的代表、200 多家著名大公司参与。2002 年 2 月，在纽约召开世界经济峰会上，36 位首席执行官呼吁公司履行其社会责任，其理论根据是，公司社会责任"并非多此一举"，它是核心业务运作至关重要的一部分。2002年，联合国正式推出《联合国全球协约》，协约共有9条原则，联合国呼吁公司对待其员工和供货商时都要尊重其规定的原则。

2）企业社会责任的范围

目前，现有的关于企业社会责任范围的讨论主要是基于相关利益者理论和企业伦理理论。这两个理论的差别是企业伦理理论认为环境也是企业的责任，而相关利益者理论中不包括环境。综合来看，学界公认企业的社会责任有六项内容：股东、员工、消费者、政府、社区和环境。

（1）企业对股东的责任。在市场经济条件下，企业与股东的关系事实上是企业与投资者的关系，这是企业内部关系中最主要内容。古典经济学理论认为，企业是股东的代理人，它的首要职责是使股东利益最大化。随着市场经济的发展、人们生活水平的提高，投资的方式越来越多元化。人们投资的方式由原来的单一的货币投资转向股票、债券、基金和保险，投资股票直接成为企业的股东，投资各种债券、基金和保险成为间接的股东。在现代社会，股东的队伍越来越庞大，遍布社会的各个职业和领域，企业与股东的关系渐渐演变为企业与社会的关系，企业对股东的责任也具有了社会性。但是，企业对股东的责任和一般的社会责任不同，它是通过对股东负责的方式体现出来的。因此，企业对股东的责任主要包括如下几个方面：

① 尊重法律所规定的股东权利。法律的规定是每一个企业必须遵循的伦理底线，超出了这个界限就构成了企业的不道德行为。企业违背了法律的规定侵犯了股东的权益，是对股东严重的不负责任。

② 保障股东资金安全和收益。投资人把资金托付给企业，希望通过企业的投资获得丰厚的回报，企业应当满足股东这个基本的期望。企业不得拿着股东的钱去做违法的、不道德的事情，企业更不能用股东的钱任意挥霍，企业所从事的任何投资必须以能给股东带来利润为基本前提。

③ 向股东提供真实的经营和投资信息。企业向股东提供信息的渠道是财务报表、公司年会。由此投资人可以了解到公司的经营品种、经营业绩、市盈率、资产收益率、资产负债率等情况。公司必须保证公布的信息是真实的、可靠的，任何瞒报、谎报企业信息，欺骗股东的行为都是不道德的，企业对此要负道德和法律双重责任。

（2）企业对员工的责任。企业与员工之间最基本的关系是建立在契约基础上的经济关系，除此之外还有一定的法律关系和道德关系。经济关系简而言之就是劳动和雇佣关系；法律关系是对经济关系的法律规定；道德关系是在肯定经济和法律关系的前提下，揭示企业与员工之间还有相互尊重、信任的关系，企业对员工的发展也负有一定的责任。企业对员工的基本经济责任和法律责任是企业必须履行的伦理底线，企业在这方面对员工的责任有：保证员工的就业择业权、劳动保持权、休息休假权、安全卫生权、保险福利权和教育培训权。伦理底线规定的企业对员工的责任是抽象意义上的责任，企业真正对员工负责任还要靠具体的行动。企业在实践中实施对员工的伦理责任需要做到以下几点：

① 为员工提供安全、健康的工作环境。员工为企业工作是为了获得报酬维持自己的生存和发展，但是，企业不应以为员工提供工作为由而忽视员工的生命和健康。很多工作对员工的身体健康有伤害，如化工、采矿和深海作业，对于工作本身固有的伤害，企业必须严格执行劳动保护的有关规定。另外，工作环境的安排也必须符合健康标准，工人不得在阴暗潮湿的环境下长期作业，工作间要通风透气等，这些都是安全健康工作环境的基本条件。

② 为员工提供平等的就业机会、升迁机会、接受教育机会。企业为员工提供平等的就业机会，在职业选择上要反对各种各样的歧视。在就业政策中要体现男女平等，对少数民族地区企业要主动吸收少数民族人员就业。企业要为不同性别、年龄、民族、肤色和信仰的员工提供平等的职业升迁机会，不得人为划定限制。在接受教育方面企业要为员工创造良好的条件，使员工在为企业工作的同时有机会提高科学文化水平，使员工的自我发展成为可能。

③ 为员工提供民主参与企业管理的渠道，为员工提供自我管理企业的机会。员工在企业中虽然处于劳动者、被管理者的地位，但是劳动者一样有参与企业管理的权利，对企业的重大经营决策、企业的未来发展等重大问题有发表意见和建议的权利。企业尊重员工民主管理企业的权利，重视员工的意见和要求，能够调动员工的工作积极性，有助于工作效率的提高。

（3）企业对消费者的责任。企业对消费者负责在某种意义上是对社会负责的体现。企业对消费者的重要责任集中体现为对消费者权益的维护。按照消费者权益保护法，消费者有四个方面的权利，即安全的权利、知情的权利、自由选择的权利和听证的权利。

① 向消费者提供安全可靠的产品。消费者购买企业提供的产品是为了满足自己的物质和精神需求，而如果企业向消费者提供了有安全隐患的产品，不仅消费者的消费需求得不到满足，而且在未来还要付出人身伤害和财产损失的巨大代价，这一切企业负完全责任。

② 尊重消费者的知情权和自由选择权。企业使消费者尽可能多地了解其产品，在公平交易的前提下自由地选择产品。消费者的知情权和选择权是密切相联的，只有全面的知情权才有自由的选择权。任何消费者在购买产品之前有权通过产品的广告、宣传材料和产品说明书对产品的可靠性、性能等方面的知识进行全面的了解，以便在琳琅满目的商品中选择自己称心如意的商品。企业如果在产品的广告、宣传材料和说明书中过分夸大产品的功效，对产品的不足之处极力隐瞒或只字不提，产品的说明书、标签与内容严重不符，这种企业以自身的信息资源有意隐瞒产品的不足、夸大产品功效的行为造成交易过程中严重不公正，侵犯了消费者的知情权和自由选择权，是企业不尊重消费者，对消费者严重不负责的表现。

（4）企业对政府的责任。企业、政府是社会制度架构中的重要组织层次，在不同的制度体制下企业和政府的关系不同，履行责任的方式和内容也不同。在现代市场经济条件下，企业和政府的关系逐步由单纯的管理、控制走向监督、协调和服务。政府越来越演变为社会的服务机构，扮演着为企业、公民需要服务和实施社会公正的角色。在这样一种制度框架下，企业对政府的责任表现为"合法经营、照章纳税"，这是企业作为"社会公民"应尽的最基本的社会责任。

① 合法经营、照章纳税。这既是企业的经济责任，也是社会责任。企业是社会财富的创造者，政府是社会财富的管理者。政府依靠企业的合法经营、照章纳税集中管理社会的总体财富，通过价格、税收和福利政策实施社会财富的公平分配。企业合法经营、照章纳税是主动承担社会责任的体现。企业见利忘义、投机钻营、偷税漏税这些不良行为是对社会责任的逃避。

② 支持政府的社会公益活动、福利事业、慈善事业，服务社会。政府是代表国家对社会进行组织、协调、监督和管理的组织，它的最终目的是实现社会公正，它所代表的是社会公众利益。企业积极参与政府组织的社会公益事业、福利事业和慈善事业，是企业服务社会、造福人类的体现。

（5）企业对社区的责任。如果企业在一定的社区内，社区内的人员素质、文化传统对企业的员工素质和价值观有一定影响，良好的社区环境和高素质的人群是企业发展的有利条件。企业积极主动参与社区的建设活动，利用自身的产品优势和技术优势扶持社区的文化教育事业，吸收社区的人员就业，救助无家可归人员，帮助失学儿童等活动，不仅为社区建设做出了贡献，而且为企业的发展打下良好的基础。企业为社区建设所做出的努力，会变成无形的资本对企业的经营发展起到不可估量的作用。例如，企业积极支持社区的文化教育事业，提高了企业未来员工的素质；企业为消费者服务的宣传活动，拉近了企业与消费者距离，可以产生大量的回头客；企业热心于环保和公益事业，可以塑造良好的企业形象。总之，企业积极承担社区责任，扩大企业的知名度，提高企业的良好声誉，所有这一切都会作为企业的无形资本在企业的经营中带来巨大的效益。企业通过社区架起了连接社会的桥梁，企业为社区所做的一切有益的工作都会对社会产生重大影响。

（6）企业对环境的责任。20世纪以来，随着科学技术和生产力的飞速发展，环境日益恶化，特别是大气、水、海洋的污染日益严重。野生动植物的生存面临危机，森林与矿产过度开采，给人类的生存和发展带来了很大威胁，环境问题成了经济发展的瓶颈。企业既是破坏环境的主角，也是解决环境问题的主力。为了人类的生存和经济持续发展，企业一定要担当起保护环境、维护自然和谐的重任。

① 树立人与自然和谐的价值观，努力做到尊重自然、爱护自然、合理地利用自然资源。工业社会奉行以人类为中心的自然观，认为自然只是我们认识和改造的对象，自然资源是取之不尽用之不竭的，因而导致对自然资源掠夺式的开发利用，严重地破坏了自然界的平衡，导致了全球范围内环境的急剧恶化。世界各国在工业化进程中都面临环境问题的挑战，发展中国家正在重复发达国家走过的路，理性而科学地对待环境问题，深刻反思人与自然的关系，是现代经济社会中的企业所必须面对的时代课题。

② 以绿色价值观为指导，强化绿色角色意识，实施绿色管理，积极倡导绿色生产和绿色消费。企业要时时刻刻以绿色价值观为指导，树立绿色角色意识，把对环境负责和获取利润当成同等重要的问题来看待。任何生产投资计划和宣传计划一定要考

虑到对环境有什么影响；在管理的过程中贯彻绿色价值观和绿色角色意识，设法改变产品的工艺流程，提高技术含量，降低污染指数；财务部门开发出有效的环境评估系统，计算出破坏环境的潜在成本；营销部门积极倡导绿色消费理念，引导消费者走入合理健康、安全经济的消费轨道。

③ 严格自律按照绿色审计的要求，把绿色审计作为企业管理的一部分，进行严格的企业自我管理。绿色审计就是把环境因素作为企业管理的重要内容，看一个企业搞得好不好，衡量一个企业绩效的高低，都要考虑对环境造成什么影响，影响到什么程度。但是，企业不能被动地等着别人来检查，在别人的监督下才考虑环境问题，而应当主动地、自觉地意识到爱护环境是自己的责任，在企业的各项工作中严格自律，自我监督，自我检查，杜绝危害环境的任何不正确观点和做法。

▌小案例 13-1

积极承担社会责任，是沃尔玛取得成功的主要原因之一。鉴于企业的性质及特点，沃尔玛的企业社会责任体系主要包括三个方面，即社区、雇员和环境。在社区方面，沃尔玛充分认识到，公司的可持续发展与社区的可持续发展息息相关，所以公司在做出决定时都会考虑对社区的影响，包括在商店店址的选择上，公司既考虑到当地社区顾客的需求，并积极为全球各地的社区居民带来更多的就业机会。沃尔玛秉承"全球经营，回馈当地"的原则，努力使自己能够真正融入社区，成为社区的一员。沃尔玛对雇员的责任主要体现在尊重雇员平等社会地位，提供公平的培训及发展机会，制定行业内有竞争力的报酬体系，鼓励员工参与管理等方面。对于沃尔玛来说，环境的可持续发展是未来业务发展和世界发展的重要机会之一。沃尔玛对环境的社会责任目标简单直接：100%使用可再生能源；实现零浪费；出售对资源和环境有利的产品。这意味着公司需要力消减其对自然资源的消耗，也意味着公司不但自身要实现运营上的零浪费，也要和各方面合作，以保证供应链的零浪费。

3）企业履行社会责任的作用

（1）企业履行社会责任有助于解决就业问题。除通过增加投资，新增项目，扩大就业外，最重要的是提倡各企业科学安排劳动力，扩大就业门路，创造不减员而能增效的经验，尽量减少把人员推向社会而加大就业压力。1997年10月，国际认证标准体系SA8000发布并实施，该标准体系明确规定了企业须保证工人工作的环境干净卫生，消除工作安全隐患，不得使用童工等，切实保障了工人的切身利益。现在许多企业积极履行社会责任，努力获得SA 8000国际认证，不仅可以吸引劳动力资源，激励他们创造更多的价值，更重要的是通过这种管理可以树立良好的企业形象，获得美誉度和信任度，从而实现企业长远的经营目标。从这个意义上说，企业履行社会责任，有助于解决就业问题。

▌小拓展 13-3

SA 8000（Social Accountability 8000）即"社会责任标准"，是根据国际劳工组织公约，世界人权宣言和联合国儿童权益公约制定的全球首个道德规范国际标准，其宗旨是确保供应商所提供的产品皆符合社会责任标准的要求。SA 8000标准适用于世界各地、任何行业、不同规范的企业。SA 8000与ISO 9000质量管理体系及ISO 14000环境管理体系一样，皆为一套可被第三方认证机构审核的国际标准。它主要关注的是人，而不是产品和环境。SA 8000只有一个国际统一认证机构SAI（Social Accountability International），即社会责任国际。SA 8000标准对企业的要求包括：①不得使用或者支持使用童工；②不得使用或支持使用强迫性劳动，也不得要求员工在受雇起始时交纳"押金"或寄存身份证件；③应尊重所有员工结社自由和集体谈判权；④反歧视原则；⑤不得从事或支持体罚、精神或肉体胁迫以及言语侮辱；⑥工作时间要严格遵守当地法律要求；⑦企业支付给员工的工资不应低于法律或行业的最低标准；⑧应具备避免各种工业与特定危害的知识，为员工提供安全健康的工作环境，采取足够的措施，降低工作中的危险因素，尽量防止意外或健康伤害的发生，为所有员工提供安全卫生的生活环境，包括干净的浴室、洁净安全的宿舍、卫生的食品存储设备等；⑨高层管理阶层应根据本标准制定公开透明、各个层面都能了解并实施符合社会责任与劳工条件的公司政策；⑩员工辞职需要提前一个月写书面申请。

（2）企业履行社会责任有助于保护资源和环境，实现可持续发展。企业作为社会公民对资源和环境的可持续发展负有不可推卸的责任，而企业履行社会责任，通过技术革新首先可减少生产活动各个环节对环境可能造成的污染，同时也可以降低能耗，节约资源，降低企业生产成本，从而使产品价格更具竞争力。企业还可通过公益事业与社区共同建设环保设施，以净化环境，保护社区及其他公民的利益。这将有助于缩小城市尤其是工业企业集中的城市经济发展与环境污染严重、人居环境恶化间的矛盾。

（3）企业履行社会责任有助于缩小贫富差距，消除社会不安定的隐患。一方面，大中型企业可集中资本优势、管理优势和人力资源优势对贫困地区的资源进行开发，既可扩展自己的生产和经营，获得新的增长点，又可弥补贫困地区资金的不足，解决当地劳动力和资源闲置的问题，帮助当地脱贫致富。另一方面，企业也可通过慈善公益行为帮助落后地区发展教育、社会保障和医疗卫生事业，既解决当地政府因资金困难而无力投资的问题，帮助落后地区逐步发展社会事业，又通过公益事业达到无与伦比的广告效应，提升企业的形象和消费者的认可程度，提高市场占有率。

13.4.2 服务企业的社会责任营销

1）社会责任营销的定义

"责任营销"这一概念在菲利普·科特勒第11版的《营销管理》里面有过提及，当时是作为一种营销观念提出的，叫作"社会营销观念"。菲利普·科特勒认为社会营销观念的实质是在营销活动中考虑道德问题，并认为这一观念是对上述观念进行提升从而取代的新观念；到了《营销管理》的第13版，菲利普·科特勒提出了全面营销的观念，把绩效营销（包括社会责任营销和财务责任）与内部营销、整合营销、关系营销并称为全面营销的四大组成部分。所谓社会责任营销，简言之就是市场营销不仅仅涉及企业和顾客，而且也涉及社会，营销者必须从广义的视角认识和理解自己在道德、环境、法律和社会环境下的角色。对于社会责任营销可以有广义和狭义两方面的理解。

（1）广义的社会责任营销。广义的社会责任营销是企业在产品生产及流通的各环节，以履行一定的社会责任为己任，以关注及解决一定的社会问题为企业发展的基石，从而追求企业和社会共同的长远和谐发展的一种战略选择。

（2）狭义的社会责任营销。狭义的社会责任营销是指企业承担一定的社会责任的同时，借助新闻舆论影响和广告宣传，来改善企业的名声，美化企业形象，提升其品牌知名度，增加客户忠诚度，最终增加销售额的营销形式。

2）广义社会责任营销与狭义社会责任营销的区别

广义的社会责任营销概念立足于企业的长远发展，立足于企业和社会的和谐共赢，是企业发展战略层面的选择，它把社会责任内化于企业使命和宗旨，能够保证社会责任履行贯穿企业生命始终；狭义的社会责任营销概念考虑的是增加销售额的短期利益，把承担一定的社会责任作为一种市场营销的策略，这就难免会出现企业一方面在承担一定的社会责任（如希望工程、扶贫、爱心捐赠等），而另一方面又在践踏社会责任（如环境污染、商业欺诈、假冒伪劣产品等）的情形，使社会责任成为企业博取社会声誉的幌子和商业作秀。那么，狭义的社会营销责任营销就会演变成"缺乏社会责任营销"。

3）缺乏社会责任的营销行为

目前，企业缺乏社会责任的营销行为还是比较常见的（见表13-6），这不可避免地会对企业的相关利益者造成损害。

表13-6　　　　　　　　　企业缺乏社会责任的营销行为

营销因素	缺乏社会责任的行为	损害对象
产品/生产	以次充好、仿制伪造、偷工减料、食品农药残留超标、违规使用危险原料、违规排放等	消费者、环境、社区、员工
价格策略	高价卖低质量产品、提价社会紧缺必需品、串通其他企业联合涨价等	消费者、政府
促销策略	虚假广告、虚假承诺、捐款不兑现、夸大宣传、强行推销、盗取私人信息、腐败公关等	消费者、社区、政府
渠道策略	强买强卖、乱收费用、信用缺失等	消费者、中间商、政府
内部营销	做假账、拖欠工资和福利、独断决策等	股东、员工、政府

13.4.3　服务企业的社会责任营销管理

服务企业可以从如下几个方面进行社会责任营销管理：

1）塑造企业社会责任意识与文化

服务企业该从以下方面着手塑造社会责任意识与文化：

（1）企业应该建立明确的流程，确保社会问题以及新兴社会力量在最高级别得到充分探讨，并纳入公司战略规划中，从公司总体发展战略出发，将企业的社会责任贯穿到公司整体经营活动中。

（2）企业应该设置专门的机构来负责社会责任的推行，并设置相应的社会责任考核指标。

（3）培养企业员工的社会责任意识，使企业的每个员工在实际的日常行为中处处履行社会责任。

（4）持续定期编制企业社会责任报告，全面真实地展现企业公民形象。

2）成为特定社会责任的倡导者和推动者

企业可以差异化的方式锁定一些特定的社会问题，并成为这些社会问题的倡导者和推动者。企业应站在战略的高度上思考：哪些社会问题是有社会意义但并未受到足够重视且同自身行业密切相关，并可以使自身有限的资源发挥出最大的效用，以从中发现促进企业自身发展和履行社会责任完美结合的切入点。企业可以通过不同方式来倡导特定的社会责任（见表13-7）。

表13-7 企业社会责任营销的倡导方式[①]

方式	内容	案例——以麦当劳公司为例
社会营销	支持某种社会活动	在俄克拉荷马州，麦当劳公司在全州范围内对儿童免疫活动进行宣传
公共事业营销	通过赞助、许可同意和广告来宣传社会问题	麦当劳公司赞助悉尼动物园一只名叫Forest的大猩猩，赞助期为10年，目的是保护濒危物种
善因营销	向特定公益事业捐赠一定的收益	在麦当劳开心节，麦当劳指定每卖出一个大汉堡就从里面拿出一美元捐赠给罗纳德麦当劳儿童慈善机构
慈善事业	通过金钱、商品或时间来帮助非营利组织、团体和个人	麦当劳公司对罗纳德麦当劳儿童慈善机构的贡献
社区参与	在社区内提供食物或志愿者服务	麦当劳公司为1997年12月澳大利亚林区的救火消防人员提供餐食
承担社会责任的商业行为	调整并从事保护环境、人权和动物权利的商业活动	麦当劳公司要求供应商在养鸡场给母鸡提供足够的生存空间

小案例13-2

2016年8月29日至9月11日，肯德基推出了"心意桶"产品，每卖出一个"心意桶"，便为"捐一元"项目捐出一元钱，同时还联合自闭症天才画家毕昌煜和新锐设计师C.J.YAO推出时尚单品系列，用于回馈消费者及线上公益众筹义卖。通过慈善与艺术、时尚的有益结合，肯德基以坚持不懈的公益投入，温暖诠释中国情怀，向公众倡导"捐一元 爱在身边"的公益理念。[②]

3）建立健全社会责任制度

凡是在企业社会责任方面走在前面的国内外企业，它们都有一个共同的特点：企业社会责任的制度建设比较完备，有专设的负责社会责任事务的部门机构，有专门负责企业社会责任战略与策略制定与实施的首席责任官。在首席责任官领导下的负责社会责任事务的专门机构，可结合企业自身实际及国际普遍做法，制定企业社会责任守则，并协调其他部门的活动，使其在企业决策和执行的各个方面形成合力，共同体现出对股东、顾客、员工、供应商、商业伙伴、当地社区等相关利益者的关切。从对股东

① 科特勒，凯勒. 营销管理［M］. 14版. 王永贵，译. 上海：上海人民出版社，格致出版社，2012：31.
② Rosy. 卖炸鸡的肯德基为什么爱在"桶身"上变花样？［EB/OL］.［2016-09-20］. http://socialbeta. com/t/hunt-collection-20160920.

负责的角度，准确、及时地提供和发布经营信息；从对消费者负责的角度，不断开拓创新，向社会提供更加环保、资源利用更节约、更加安全便利的商品和服务；从对员工负责的角度，提供健康安全的工作环境，并使员工有不断学习和发展的空间；从对社区负责的角度，加强环保，避免各种污染，同时能够做到定期向社会披露在履行社会责任方面的相关信息。

4）积极参与国际责任标准认证

在国际贸易与投资领域，有很多国际惯例和国际标准。根据这些国际标准，企业可以将获得认证作为产品的一种差异性，占领市场，甚至越过一些国际贸易壁垒，因此在消费者市场和企业市场都可以创造出竞争优势，顺利进入国际市场。自 ISO9000 技术质量标准推出以来，国际社会继而推出了 ISO14000 环境标准、SA8000 社会责任标准，都是针对企业产品和服务的标准。如果说 ISO14000 标准尚未将环境保护以"社会责任"这一概念明确提出，那么 SA8000 标准则明确提出保护劳工权益是企业的社会责任。正因如此，ISO14001 标准颁布以来至 2003 年，已被 131 个国家和地区采用，共签发了 66 070 张认证证书，这些证书成为企业产品进入国际市场的"绿色通行证"。同样，获得 SA8000 认证，以此作为企业社会责任行为指示器，可以大大增加企业的社会资本，降低交易成本。

本章小结

服务营销策划是一项整体性的活动，是指企业为了达到一定的服务营销目标，在综合分析企业内外部环境的基础上，对实现目标所需的策略、战略和详细计划加以定义并进行控制和反馈的过程。服务营销策划的过程主要分为四个阶段：企业战略背景分析、处境核查、营销战略制定、资源分配与监控。

营销策划方案的内容是营销过程中的重要产出之一，它一般包括执行概要和目录表、当前营销状况、机会与问题分析、目标、营销战略、行动方案、预计的利润表和控制八个部分。然而，即使是最好的营销策划方案，也需要在实施上进行有效的工作。有效实施服务营销策划方案的要求有：建立必要的组织；职责分工明确；要建立必要的程序和控制系统；保持策划方案执行的连续性；注意策划执行各方面的协调性；加强内部管理人员之间的沟通。

服务营销组织是企业服务营销管理的基础和重要保证。各个企业的服务营销组织结构之所以不同，是因为每个企业执行各自不同的营销策略，而组织是为策略服务的。服务营销组织的基本差别主要是在直线职能与参谋职能之间以及集权与分权之间。

按照服务营销组织导向的不同，可以将服务营销组织分为四种形式：服务职能导向的营销组织、服务地区导向的营销组织、服务产品或品牌导向的营销组织、服务市场导向的营销组织。在市场导向，即顾客导向思想的指引下，很多企业开始将传统的金字塔式组织结构压扁或倒转，以便更充分地接触顾客，迅速做出市场反应。四个导向的服务营销组织形式不是互相排斥的。事实上，一些大型的、复杂的服务组织把这四个形式的要素都包括在内了。要发展市场导向必须确认组织现有的导向类型，评价市场影响因素的当前水准，制订并实施发展市场导向的行动计划。以过程和结果为导向的服务营销组织是一种新的营销组织发展形式。这种类型的服务营销组织的一颗代表新星是"水平组织"，它就是围绕某一服务营销过程建立起来的。

服务质量是指服务给消费者带来的效用及其对消费者需要的满足程度的综合表现。消费者对服务质量的评价不仅要考虑服务的结果，而且还要涉及服务的过程。从服务的过程与结果来看，我们便可得到服务质量内容的两个方面，即技术性质量和职能性质量。真实的瞬间是指在特定的时间和地点，服务提供方抓住机会以特定的方式向顾客展示其服务质量的短暂过程。一项服务往往是由一系列的真实的瞬间构成的。顾客评价服务质量的过程，也是顾客体验服务质量并与自己所期望的服务质量相比较的过程。

服务期望质量与服务体验质量存在着差异，这个差异的感觉形成感知服务质量。这个理论被称为"差异理论"，是由三位著名的美国营销学家帕拉索拉曼、贝里和泽塞莫尔共同提出的。服务质量具有五大属性，包括可感知性、可靠性、反应性、保证性、移情性。服务质量的评估方法，是指将顾客感觉中的服务质量的属性以一套22项的因素进行分析和分类，通过问卷调查、顾客打分和综合计算得出服务质量的分数，这种服务质量的评估方法被称为SERVQUAL评估方法。

服务质量管理需要进行服务质量的差距分析，服务质量的差距包括：顾客对服务的期望与公司管理层对顾客期望的认知之间的差距；管理层对顾客期望的认知和服务质量规范之间的差距；服务质量规范与服务传递之间的差距；服务传递过程与针对消费者的外部沟通之间的差距。四种差距直接决定着企业实际提供给顾客的服务与顾客期望之间的差距（差距5），即顾客感知服务质量。服务再现是指在出现服务质量问题时，企业对问题事件进行解决和进行服务补救的过程。企业处理投诉和解决问题的能力如何，将是决定企业保留还是丧失投诉顾客的一个重要因素。

企业社会责任是指企业在创造利润、对股东承担法律责任的同时，还要承担对员工、消费者、社区和环境的责任。目前，学界公认企业的社会责任有六项内容：股东、员工、消费者、政府、社区和环境。

广义的社会责任营销是企业在产品生产及流通的各环节，以履行一定的社会责任为己任，以关注及解决一定的社会问题为企业发展的基石，从而追求企业和社会共同的长远和谐发展的一种战略选择。狭义的社会责任营销是指企业承担一定的社会责任的同时，借助新闻舆论影响和广告宣传，来改善企业的名声，美化企业形象，提升其品牌知名度，增加客户忠诚度，最终增加销售额的营销形式。

企业可以从如下几个方面构建社会责任营销战略：塑造企业社会责任意识与文化；成为特定社会责任的倡导者和推动者；建立健全社会责任制度；积极参与国际责任标准认证。

复习思考题

1.什么是服务营销策划？它的过程和内容都有哪些？

2.论述服务营销组织的各种导向形式。怎样建立市场导向的服务营销组织？

3.什么是服务质量？包括哪两方面内容？

4.论述服务质量的五大属性。

5.服务质量管理中的差距都有哪些？

6.企业社会责任及其范围是什么？

7.企业履行社会责任的作用体现在哪些方面？

8.企业应如何构建社会责任营销战略？

案　　例

DHL 国际快递

　　虽然 DHL 不是个家喻户晓的名字，但它作为一家国际航空快递公司在商务界却广为人知。"快递找 DHL"是很多商务机构的习惯性思维。DHL 初创时只是旧金山的一家小公司，由三个企业家——艾德里安·戴尔西、拉里·希尔希洛母和罗伯特·林肯共同创立——开始时在夏威夷和加利福尼亚之间往来传递提单。

　　今天，DHL 国际快递已经成了一个为全球商务机构服务的重要国际快递公司。DHL 拥有 9 700 辆运送急件的机动车，137 架飞机，还有相互连接的 19 个服务中心和 1 900 个服务站。DHL 采用一个"中心向外辐射"式的国际服务系统，包裹、信件和其他文件在当地收上来后送到最近的服务中心，然后从这儿再送到大的服务中心，在此邮件根据运送方向被分类整理，运送到每个国家的服务中心，在那儿它们被再次分类整理，并开始最后一段运送到当地的历程。

　　布鲁塞尔中心是这个系统中一个很好的例子。每晚 10：30 开始，12 万余个文件和包裹开始到达这个大的服务中心，当邮件被卸下时，工人们把它们放到价值 1 500 万美元的分类机器上，几十条传送带很快将包裹运走，400 人对包裹进行分类，把它们放到其他传送带上，在早上 3 点钟之前把它们装到卡车和飞机上。

　　在另一间房子里，50 多人紧张地用几十种语言做着文字翻译工作，以便所有的包裹能够顺利结关，没有他们，包裹的递送就会被耽搁。这些公司内部的笔译员及出境结关服务是 DHL 的特色之处。另一个特色就是 DHL 雇用自己的人在国外发送文件及包裹，这与大多数利用当地机构发送邮件的其他公司形成鲜明对照。结果是，顾客可以确信，他们的邮件直到到达目的地都一直掌握在 DHL 公司手里。

　　DHL操纵着一个全球信息网，它可以使DHL跟踪每一个在运送过程中的邮件，这个系统的支柱是DHL网络——一个由DHL和IBM共同开发的高速数据网络。DHL雇员在邮件进入这个系统后，就把有关邮件运送信息输入这个系统，每一个邮件的空运单都有一个独特的条形码，它在邮件运送的每一个阶段都被输入DHL信息网络。这个系统给DHL管理部门提供了有关发送路线安排、邮递时间及份数方面的信息。这个系统可以使很多通过电子数据交换（EDI）服务与DHL网络联接起来，顾客可以直接跟踪他们自己的邮件。DHL还创造了一个叫作"方便邮递"的系统，它可以使顾客准备他们自己要邮递的文件，并在自备电脑上保留顾客地址的数据库。DHL将在顾客办事处免费安装"方便邮递"系统，或提供可在顾客的电脑系统中使用的软件。

　　除了连夜邮递、当日邮递（在美国和其他国家）和国际空运这样的传统服务外，DHL还成为了后勤服务的提供者。当大公司规模减小并企图降低成本时，它们就开始寻求从外部获得后勤服务，以减少在存货和仓库上的投资。一个很好的例子，就是DHL与日本久保田（Kubota）的合作。DHL的仓库腾出部分空间存放久保田电脑，当顾客给久保田的服务号码打电话时，他们实际上是接通了DHL公司，公司马上通过DHL系统把顾客所需的邮件运送过去。另一个例子是班顿（Bendon）有限公司，一家新西兰女内衣生产商。过去，班顿公司要花10天时间才能把货物运送到澳大利亚。但是，通过与DHL的联合，班顿现在在下午1点钟前能接下要求次日交货的澳大利亚的订单。通过DHL信息系统，班顿知道它所有运送的货物都结了关，并且收到了所有货物的运送报告。这些信息使班顿可以更快地给顾客开出发票，既提高了现金周转，又减少了库存。

　　资料来源　中科商务网.国际快递的发展启示［EB/OL］.［2016-11-12］.http：//www.zk71.com/ysfcargo_1442/products/ysfcargo_1442_746341381.html.

参考文献

[1] 科特勒，凯勒．营销管理 [M]．何佳讯，等译．15版．上海：格致出版社，上海人民出版社，2019．

[2] 科特勒，凯勒．营销管理 [M]．王永贵，等译．14版．上海：上海人民出版社，格致出版社，2012．

[3] 科特勒．营销管理　分析、计划和控制 [M]．梅清豪，译．12版．上海：上海人民出版社，2006．

[4] 科特勒，詹恩，等．科特勒营销新论 [M]．高登第，译．北京：中信出版社，2002．

[5] 特劳特，瑞维金．新定位 [M]．北京：中国财政经济出版社，2002．

[6] 菲茨西蒙斯．服务管理　运作、战略和信息技术 [M]．张金成，范秀成，译．8版．北京：机械工业出版社，2015．

[7] 菲茨西蒙斯．服务管理　运营、战略和信息技术 [M]．张金成，范秀成，等译．2版．北京：机械工业出版社，2000．

[8] 齐塞莫尔，比特纳，格兰姆勒．服务营销 [M]．张金成，白长虹，译．6版．北京：机械工业出版社，2015．

[9] 塞米尼克．促销与整合营销传播 [M]．徐素忠，张洁，译．北京：电子工业出版社，2005．

[10] 波特．竞争优势 [M]．陈小悦，译．北京：华夏出版社，2005．

[11] 波特．竞争优势 [M]．陈小悦，译．北京：华夏出版社，1997．

[12] 舒尔茨．整合营销传播 [M]．何西军，等译．北京：中国财政经济出版社，2005．

[13] 贝尔奇．广告与促销：整合营销传播视角 [M]．张红霞，庞隽，译．北京：中国人民大学出版社，2006．

[14] 贝尔奇．广告与促销 [M]．张红霞，李志宏，译．大连：东北财经大学出版社，2000．

[15] 朗德维，林顿．市场营销学 [M]．张欣伟，郭春林，译．北京：经济科学出版社，2000．

[16] 亨特．市场营销理论论争 [M]．陈启杰，等译．上海：上海财经大学出版社，2006．

[17] 佩恩．服务营销 [M]．郑薇，译．北京：中国人民大学出版社，1997．

[18] 格鲁诺斯．服务市场营销管理 [M]．吴晓云，冯伟雄，译．上海：复旦大

学出版社，1998．

［19］洛夫洛克．服务营销［M］．陆雄文，庄莉，译．北京：中国人民大学出版社，2001．

［20］罗杰斯．产品创新战略［M］．王琳琳，译．大连：东北财经大学出版社，2003．

［21］施密特，西蒙森．视觉与感觉——营销美学［M］．曾嵘，等译．上海：上海交通大学出版社，2000．

［22］佩帕德，罗兰．业务流程再造［M］．高俊山，译．北京：中信出版社，1999．

［23］赫斯克特，萨塞，施莱辛格．服务利润链［M］．牛海鹏，译．北京：华夏出版社，2001．

［24］卡菲勒．战略性品牌管理［M］．王建平，曾华，译．北京：商务印书馆，2000．

［25］佩里切利．服务营销学［M］．张密，译．北京：对外经济贸易大学出版社，1999．

［26］COUGHLAN，ANDERSON，STERN．市场营销渠道［M］．赵平，廖建军，孙燕，等译．北京：清华大学出版社，2000．

［27］贝克．市场营销百科［M］．李垣，译．沈阳：辽宁人民出版社，2001．

［28］小兰姆，麦克丹尼尔．营销学精要［M］．杨洁，李丽，王英男，等译．大连：东北财经大学出版社，2000．

［29］史蒂文斯，洛顿，雷恩．营销规划［M］．王琦，译．北京：机械工业出版社，2000．

［30］阿提斯．顾客服务301招［M］．申嘉，等译．北京：中国大百科全书出版社，2000．

［31］阿布里奇．服务、服务、服务［M］．戴骏，等译．长春：吉林人民出版社，1999．

［32］施门纳．服务运作管理［M］．刘丽文，译．北京：清华大学出版社，2001．

［33］萨尼，肯鹤．反传统营销：亚洲市场的竞争战略［M］．杨阳，译．北京：高等教育出版社，2004．

［34］菲斯克，格罗夫，约翰．互动服务营销［M］．张金成，译．北京：机械工业出版社，2001．

［35］叶万春．服务营销学［M］．北京：高等教育出版社，2007．

［36］叶万春，王红，叶敏，等．服务营销学［M］．3版．北京：高等教育出版社，2015．

［37］屈云波，靳丽敏，刘笔剑．网络营销［M］．2版．北京：企业管理出版社，2006．

［38］屈云波．网络营销［M］．北京：企业管理出版社，1999．

［39］熊银解．销售管理［M］．3版．北京：高等教育出版社，2011．

［40］熊银解．销售管理［M］．北京：高等教育出版社，2001．

［41］于宁. 服务营销［M］. 大连：大连理工大学出版社，2013.

［42］陈国庆. 营销策划学［M］. 广州：广东经济出版社，2004.

［43］陈胜权. 市场营销学经典教材习题详解［M］. 北京：对外经济贸易大学出版社，2005.

［44］方光罗. 市场营销学［M］. 大连：东北财经大学出版社，2003.

［45］郭国庆. 市场营销学通论［M］. 北京：中国人民大学出版社，1999.

［46］黄晓鹏. 企业社会责任：理论与中国实践［M］. 北京：社会科学文献出版社，2010.

［47］郝黎明，等. 市场营销实训教程［M］. 北京：机械工业出版社，2010.

［48］纪宝成. 市场营销学教程［M］. 北京：中国人民大学出版社，2002.

［49］李怀斌. 市场营销学［M］. 北京：清华大学出版社，2007.

［50］李怀斌. 企业组织范式研究［M］. 大连：东北财经大学出版社，2002.

［51］李怀斌. 战略营销学［M］. 北京：科学出版社，2005.

［52］吴健安，等. 市场营销学［M］. 北京：高等教育出版社，2004.

［53］张剑渝. 营销渠道——关系视角下的解读［M］. 成都：西南财经大学出版社，2005.

［54］庄贵军. 企业营销策划［M］. 北京：清华大学出版社，2005.

［55］陆雄文. 服务营销［M］. 北京：中国人民大学出版社，2001.

［56］邓胜梁，许绍李，张庚淼. 市场营销管理：理论与策略［M］. 上海：上海人民出版社，1998.

［57］陈祝平. 服务市场营销［M］. 大连：东北财经大学出版社，2001.

［58］王超. 服务营销管理［M］. 北京：中国对外经济贸易出版社，1999.

［59］刘震伟. 市场营销战略［M］. 上海：华东理工大学出版社，1998.

［60］韩光军. 超市营销［M］. 北京：首都经济贸易大学出版社，2000.

［61］韩光军，崔玉华. 超市营销［M］. 5版. 北京：首都经济贸易大学出版社，2016.

［62］卜妙金. 分销渠道管理［M］. 北京：高等教育出版社，2001.

［63］芮明杰，钱平凡. 再造流程［M］. 杭州：浙江人民出版社，1997.

［64］颜光华，刘正周. 企业流程再造［M］. 上海：上海财经大学出版社，1998.

［65］冯丽云，程化光. 服务营销［M］. 北京：经济管理出版社，2002.

［66］顾国建，金维莉. 超级市场营销［M］. 大连：东北财经大学出版社，2000.

［67］刘庆元，刘宝宏. 商业连锁经营和配送中心发展问题研究［M］. 大连：东北财经大学出版社，1999.

［68］王方华，高松，刘路辕，等. 服务营销［M］. 太原：山西经济出版社，1998.

［69］李海洋，牛海鹏. 渠道管理［M］. 北京：企业管理出版社，1996.

［70］谢立中. 西方社会学名著提要［M］. 2版. 南昌：江西人民出版社，2007.

［71］杨佩. 服务营销［M］. 天津：南开大学出版社，2015.

［72］熊凯，刘泉宏. 服务营销［M］. 北京：北京大学出版社，2013.

[73] 张闯. 营销渠道控制：理论、模型与研究命题 [J]. 商业经济与管理，2006 (3)：52-59.

[74] 方征，韩坚. 全球营销标准化与本土化问题研究进展评析 [J]. 学术交流，2006 (2)：78-81.

[75] 张壮宏. "连锁"竞争力 [J]. 经贸导刊，2000 (9)：29.

[76] 中正协力. 深入剖析"顾客满意"[J]. 销售与市场，2001 (9)：60-61.

[77] 曹礼和，田志龙. 试论企业的顾客满意战略 [J]. 经济师，2001 (4)：22-24.

[78] 王荷琴. 浅析在买方市场条件下企业的"顾客满意策略"[J]. 南京广播电视大学学报，2001 (1)：52-55.

[79] 范小军. 营销渠道变革与模式选择研究理论述评 [J]. 企业经济，2006 (3)：29-30.

[80] 崔代彬，周立公. 服务产品的有形展示 [J]. 商业研究，2000 (2)：124-126.

[81] 张文建，王晖. 旅游服务的无形性与有形展示 [J]. 桂林旅游高等专科学校学报，1999 (第A2期)：196-201.

[82] 孙伟，陈涛. 营销渠道冲突管理理论研究述评 [J]. 武汉科技大学学报 (社会科学版)，2006，8 (1)：27-31.

[83] WENER. The environmental phsychology of encounters [J]. The Service Encounter, 1985, 21: 102-112.

[84] FITZSIMMONS, MAURER. A walk-through-audit to improve restaurant performance [J]. The Cornell HRA Quarterly, 1991, 31 (4): 97.

[85] 吴建飞. 航空特快递送儿童 [N]. 新民晚报，1995-05-17 (3).

[86] 夏晓阳. 网络媒体挑战传统报业 [N]. 文汇报，1999-10-25 (11).

[87] 时习之. 店面奇特也招客 [N]. 国际商报，1996-04-09 (3).

[88] 一缘. 餐饮界频吹"女士风"[N]. 文汇报，1999-03-24 (9).

[89] 邢晓芳. 专业书店前景广阔 [N]. 文汇报，1999-05-05 (3).

[90] 顾佳. 工业旅游大有作为 [N]. 文汇报，1999-11-01 (6).

[91] 王九皋. 走"大专科小综合"的新路 [N]. 文汇报，1998-12-30 (3).

[92] 深深. 麦当劳 CMO：为什么数字化转型如此艰难 [EB/OL]. [2016-09-21]. http://socialbeta.com/t/99048.

[93] PRIZM. 市场细分法 [EB/OL]. [1999-12-08]. http://www.chinabaike.com/z/jingji/hg/708442.html.

[94] CLOVEY. 玩一把跨界营销，这次滴滴把照相馆搬进了车里 [EB/OL]. [2016-10-08]. http://socialbeta.com/t/didi-cross-border-marketing-2016-10.

[95] 家乐福选址和卖场设计规划原则. 中国商业展示网 [EB/OL]. [2015-11-08]. http://www. zhongguosyzs.com/xinxi/34410.html.

[96] ROSY. 卖炸鸡的肯德基为什么爱在"桶身"上变花样？[EB/OL]. [2016-09-20]. http://socialbeta.com/t/hunt-collection-20160920.

［97］佚名. 创新服务案例：长沙机场用"智慧"点亮真情服务［EB/OL］. ［2019-02-18］. http：//news.carnoc.com/list/482/482957.html.

［98］搜狐. 东航首创"周末无限飞"，提振航空旅游业［EB/OL］.［2020-06-18］. https：//www.sohu.com/a/402947935_280657？_trans_=000019_hao123_pc.

［99］陆亦琦. Uber的秘密：随行就市的差异定价［J］. 销售与市场，2015（6）：26-27.

［100］佚名. 星巴克的员工为何挖不走？深度剖析星巴克的"伙伴文化"［EB/OL］.［2020-03-20］. http：//www.51clc.com/article.php？id=1166.